宁夏社会科学院文库

赵撝谦《六书本义》研究

张治东 著

A Research on Zhao Huiqian's
Liushu Benyi

 社会科学文献出版社
SOCIAL SCIENCES ACADEMIC PRESS (CHINA)

总　序

宁夏社会科学院是宁夏回族自治区唯一的综合性哲学社会科学研究机构。长期以来，我们始终把"建设成马克思主义的坚强阵地、建设成自治区党委政府重要的思想库和智囊团、建设成宁夏哲学社会科学研究的最高殿堂"作为时代担当和发展方向。特别是党的十八大以来，在自治区党委、政府的正确领导下，坚持以习近平新时代中国特色社会主义思想武装头脑，坚持马克思主义在哲学社会科学领域的指导地位，坚持以人民为中心的研究导向，增强"四个意识"、坚定"四个自信"、做到"两个维护"，以"培根铸魂"为己任，以新型智库建设为着力点，正本清源、守正创新，不断推动各项事业迈上新台阶。

习近平总书记在哲学社会科学工作座谈会上强调，当代中国正经历着我国历史上最为广泛而深刻的社会变革，也正在进行着人类历史上最为宏大而独特的实践创新。这种前无古人的伟大实践，必将给理论创造、学术繁荣提供强大动力和广阔空间。作为哲学社会科学工作者，我们积极担负起加快构建中国特色哲学社会科学学科体系、学术体系、话语体系的崇高使命，按照"中国特色哲学社会科学要体现继承性、民族性，体现原创性、时代性，体现系统性、专业性"的要求，不断加强学科建设和理论研究工作，通过国家社科基金项目的立项、结项和博士论文的修改完善，产出了一批反映哲学社会科学发展前沿的研究成果。同时，以重大现实问题研究为主要抓手，建设具有地方特色的新型智库，推出了一批具有建设性的智库成果，为党委、政府决策提供了有价值的参考，科研工作呈现良好的发展势头和前景。

加快成果转化，是包含多种资源转化在内的一种综合性转化。2019年，宁夏社会科学院结合中央和自治区党委、政府重大决策部署，按照"突出优势、拓展领域、补齐短板、完善体系"的原则，与社会科学文献出版社达成合作协议，分批次从已经结项的国家、自治区级社科基金项目和获得博士学位的毕业论文中挑选符合要求的成果，编纂出版"宁夏社会科学院文库"。

优秀人才辈出、优秀成果涌现是哲学社会科学繁荣发展的重要标志。"宁夏社会科学院文库"，从作者团队看，多数是中青年科研人员；从学科内容看，有的是宁夏社会科学院的优势学科，有的是跨学科或交叉学科。无论是传统领域的研究，还是跨学科领域研究，其成果都具有一定的代表性和较高学术水平，集中展示了哲学社会科学事业为时代画像、为时代立传、为时代明德的家国情怀和人文精神，体现出当代宁夏哲学社会科学工作者"为天地立心、为生命立命、为往圣继绝学，为万世开太平"的远大志向和优良传统。

"宁夏社会科学院文库"是宁夏社会科学院新型智库建设的一个窗口，是宁夏社会科学院进一步加强课题成果管理和学术成果出版规范化、制度化的一项重要举措。我们坚持以习近平新时代中国特色社会主义思想为指引，坚持尊重劳动、尊重知识、尊重人才、尊重创造，把人才队伍建设作为基础性建设，实施学科建设规划，着力培养一批年富力强、锐意进取的中青年学术骨干，集聚一批理论功底扎实、勇于开拓创新的学科带头人，造就一支立场坚定、功底扎实、学风优良的哲学社会科学人才队伍，推动形成崇尚精品、严谨治学、注重诚信的优良学风，营造风清气正、互学互鉴、积极向上的学术生态，要求科研人员在具备专业知识素养的同时，将自己的专业特长与国家社会的发展结合起来，以一己之长为社会的发展贡献一己之力，立志做大学问、做真学问，多出经得起实践、人民、历史检验的优秀成果。我们希望以此更好地服务于党和国家科学决策，服务于自治区高质量发展。

路漫漫其修远兮，吾将上下而求索。宁夏社会科学院将以建设具有地方特色和区域特色的新型智库为目标，坚持实施科研立院、人才强院、开放办院、管理兴院、文明建院五大战略，努力建设学科布局合理、功能定位突出、特色优势鲜明，在全国有影响、在西部争一流、在宁夏有大作为的社科研究机构。同时，努力建设成为研究和宣传马克思主义理论的坚强阵地，成为研究自治区经济社会发展重大理论和现实问题的重要力量，成为研究宁夏地方历史文化的重要基地，成为开展对外学术文化交流的重要平台，成为自治区党委、政府信得过、用得上的地方特色和区域特色鲜明的新型智库，为建设经济繁荣民族团结环境优美人民富裕的美丽新宁夏提供精神动力与智力支撑。

宁夏社会科学院

2019 年 12 月

前　言

　　六书理论是汉代学者研究小篆字体之后，继承前人说法而总结归纳出的有关汉字造字结构规律的理论学说，基本上涵盖了大部分汉字造字结构的状况，是汉代学者对文字学理论的重大贡献。然而，由于汉字出于众人之手，经历了不同时代，在汉文化圈的不同地区流传，形体经过了甲骨文、金文、小篆、隶书、楷书、行书等阶段的演变甚至讹变，要用六书理论来分析所有汉字，难免有不够穷尽的地方。虽然后代学者对六书理论进行了不断修改和补充，使之细目多达数十类，但仍然不能尽合所有汉字。因此，六书理论是一个有着较大局限的理论学说。这主要是因为，不是先有六书理论然后按照它的条例进行造字，而是先有造字实践然后才有在这个基础上总结出的一些规律和特点。

　　自东汉著名文字学家许慎在其《说文解字》（以下简称《说文》）中系统阐释六书理论以来，历朝历代学者通过各种尝试和努力，试图修正其中不尽完善的地方。但是到目前为止，还没有出现完全超越六书理论而涵盖全部汉字结构的理论学说。因此，六书理论仍然是我们分析汉字造字本义及其结构规律的主要工具。明代文字学学者赵撝谦在郑樵《通志·六书略》、张有《复古编》等著述的基础上，苦心钻研许慎《说文》之要，对自己所收集的古文字资料加以精心考证，以当时的吴音为标准，结合文字的"音、形、义"三要素，对《六书本义》所收录的一千三百字给予了细致分析和阐释，形成鸿篇巨制《六书本义》。赵撝谦在其著述《六书本义》中，系统阐述了自己对六书理论的独到见解和看法，并提出了一些新颖观点，对我们今天研究汉字仍然具有着重要的学术参考价值。

赵撝谦《六书本义》自刊行以来，学界对该书的评论毁誉不一，有推举的也有批评的。明代焦竑《焦氏笔乘》称其"字学最精"，《四库全书总目提要·六书本义提要》认为："《六书本义》辨别六书之体，颇为详晰。其研索亦有苦心，故录而存之，以不没所长焉。"可见，赵撝谦《六书本义》在一定程度上为学界所认可。然而，令人遗憾的是，近代以来的学者对赵撝谦《六书本义》则很少给予关注，仅对其在语言学史中给予一般性介绍，如在胡朴安《中国文字学史》、何九盈《中国古代语言学史》、赵振铎《中国语言学史》、张其昀《"〈说文〉学"源流考略》等著述中，对赵撝谦《六书本义》只是作简要介绍，并未进行深入研究。

赵撝谦《六书本义》只是宋元明时期文字学理论研究的一个缩影，相对汉唐和清代文字学研究的盛况，宋元明时期是我国文字学发展史上的低谷时期，这一时期缺少影响深远、成就卓越的文字学著作。因此，这一阶段的文字学研究一直没有引起学界的广泛关注和足够重视，也很少有人对这一阶段的著作进行深入细致的分析和研究。但作为文字学史上一个特定的发展阶段，这一时期的六书理论研究显然不应被忽视。这一时期文字学著作中所蕴含的一些思想和理论观点，值得我们深入研究和发掘。

随着文字学研究的深入发展，近 20 年来学者逐渐开始关注宋元明时期的文字学理论研究。党怀兴先生首开对宋元明时期六书理论研究的先河，在《宋元明六书学研究》中对赵撝谦"文字孳乳学"理论、兼书说、谐声说、假借说、转注说等问题作了一定探讨，指出了这一时期文字学理论研究的成就及不足，并对其在文字学发展史上的地位作了中肯评价。随后，一些青年学者包括诸多博士、硕士学位论文也逐渐介入这一时期的六书理论研究，这些研究在一定程度上填补了宋元明时期文字学研究的空白。

总体而言，学界对宋元明时期文字学理论专著的研究还很不够，甚至有很多有关六书理论的著作至今尚未标点出版。王宁先生屡次提出："对宋元明以及清代前期学术史的研究要给予特别的重视，因为自清代乾嘉以来，这是一直被忽视的时代，被曲解了的时代，理清这一时代的学术家底，才能动手写通代学术史。"党怀兴先生也呼吁："提倡学术史专书研究，清理我们的学术家底，一本一本研究清楚，为今后写好通代语言学学术史奠定扎实的学术基础。"其实，在文字学发展史上，正是因为有了宋元明时期有关六书理论研究的过渡，才有了清代文字学研究的鼎盛。

公正地评价赵撝谦及其《六书本义》所涵盖的理论观点和学术思想是我们当代文字学学者的责任所在。一方面赵撝谦《六书本义》确实存在缺漏，另一方面一些学者墨守、维护许慎《说文》在文字学领域的宗法地位，再者学者们只看到了清代文字学研究前所未有的繁荣景象，却忽视了宋元明时期作为汉唐到清代的过渡，我们应该清醒地认识到它在文字学发展史上的独特地位和作用。

经过多年的苦心钻研和苦苦探索，站在前人研究的基础上，我们综合古今方家之说，尤其结合王宁先生的汉字构形学理论和苏培成先生的现代汉字学理论知识，结合王力等先生的音韵学理论知识，通过与许慎《说文》、戴侗《六书故》，以及郑樵《通志·六书略》和张有《复古编》等著述比较，从汉字的"音、形、义"三方面入手，对赵撝谦《六书本义》做出综合考察和研究，试就其在汉语言文字学史上的地位给予适当评价，同时也对今后的文字学研究资以借鉴。

通过对古今学者观点的分析比较，我们对赵撝谦《六书本义》所涉猎的每一个文字学现象都给予深入分析和研究，在研究赵撝谦《六书本义》六书理论的同时，系统梳理这一时期的汉字运用情况，对照甲骨文、金文、小篆、隶书以及现行简化汉字，厘清其中的发展脉络，以为我们更好地认识与运用汉字服务。

目　录

绪 论

一

古老的汉字，人称"出生不报，死而不葬"，是世界上唯一一种生生不息、未曾中断、历久弥新的文字。考古发现，大约出现在 6000 年前的半坡遗址刻画符号有可能就是汉字的雏形，殷商时期的甲骨文已经是我们当前所能见到的较为成熟的文字了。裘锡圭先生曾明确表示："即使只从商代后期算起，汉字也已经有三千三百年左右的历史了。"[①]

汉字是当前使用人口最多、流传范围最广的文字之一，具有集形象、语音和词义"三位于一体"的特点，这一特点在世界现存文字中是独一无二的。苏培成先生指出，汉字不但有形、有音，而且还有义。[②] 正因为汉字是"音、形、义"的统一体，所以我们才清楚，"梨"和"犁"虽然同音但意义却截然不同。即使脱离具体的语言环境，我们仍然知道"梨"是水果，而"犁"是农用工具。如果写成汉语拼音，脱离了具体的文字背景，单独的一个"lí"，我们就很难断定它到底表示什么意思了。

苏培成先生推测：历代积累起来的汉字总字数有 86000 之多，"每一个时代实际使用的字数并没有这么多。据研究，甲骨文所用的单字约有四五千个。从商朝后期到周朝末期，一般使用的文字的数量，很可能一直在

---

① 裘锡圭：《文字学概要》，商务印书馆，2006，第 28 页。
② 苏培成：《现代汉字学纲要》（第 3 版），商务印书馆，2014，第 6 页。

四五千左右徘徊。直到现代，据近年的统计，一般使用的汉字的数量也还是四五千的样子，加上罕用字不超过 10000 字"。① 有学者提出，在一般情况下，我们如果能够知道 3000 左右汉字的来源和演变情况，就可以很好地使用汉字、能够轻松进行书面交流了。

那么，怎样才能了解汉字的来源和演变历史呢？怎样才能掌握常用汉字的本义及其词义演绎情况呢？我们认为，每个汉字都有其产生、发展和演变的独特轨迹，若要更好地探求汉字的本义、了解汉字的发展史，就需要有一套科学的理论依据。在分析大量汉字音、形、义的基础上，汉代学者把汉字的产生方式归结为象形、指事、会意、形声、转注和假借等六种类型，即文字学上所谓的"六书"。

"六书"并不是预先制定出据以造字的原则，而是古人根据汉字的实际情况加以客观分析得出的有关造字的条例或规律。因此，"六书"的"书"并不是书本或书写的意思，而是指文字的产生方式，也就是文字的六种造字类型。一般认为，象形、指事、会意和形声是造字法，而假借、转注是用字法，即文字学史上由戴震所提出的著名的"四体二用说"。但是，关于假借、转注是用字法还是造字法，历来学界争论不休。

"六书"名称的提出可以追溯到战国时代，《周礼·地官·保氏》记载："保氏掌谏王恶，而养国子以道，乃教六艺：一曰五礼、二曰六乐、三曰五射、四曰五驭、五曰六书、六曰九数。"② 然而，《周礼》只记述了"六书"这个名词，却并未对其加以解释和说明，再加上现有文献不足，我们对这个时期"六书"的具体内容已不得而知。

到了两汉时期，汉字形体的发展已经发生了根本变化，经过甲骨文、金文和篆书等阶段，隶书已经成了当时通行的主要字体，对于先秦的文字制度，大多数人已不甚了了。③ 为了科学揭示汉字形体发展的演变规律和

---

① 苏培成：《现代汉字学纲要》（第 3 版），商务印书馆，2014，第 11 页。
② 李学勤：《十三经注疏·周礼注疏》，北京大学出版社，1999，第 352 页。
③ 黄德宽：《古文字学》，上海古籍出版社，2015，第 7 页。

对古文经书中保存的古文字给予深入探究，西汉时期出现了研究汉字形体变化的古文经学派。

古文经学派的倡导者刘歆首发"六书"之旨，杜林、卫宏、贾逵、郑众、马融、许慎等人紧随其后①，对汉字形体结构开始给予关注，并进行了深入而系统的研究，他们强调篆隶之别，主张包括对古文、奇字、篆书、隶书、缪篆、鸟书等汉字的"六体"之分，汉代古文经学派开启了人们对汉字形体结构和文字形义结构研究的先河，"六书"研究逐渐进入人们的视野。

关于汉字造字规律的理论最迟应该在汉代就已经形成，到两汉时期已经有三种不同的说法：班固《汉书·艺文志》曰："古者八岁入小学，故周官保氏掌养国子，教之六书，谓象形、象事、象意、象声、转注、假借，造字之本也。"②《周礼·地官·保氏》郑众注："六书，象形、会意、转注、处事、假借、谐声也。"③ 六书理论的集大成者当属东汉的文字学家许慎，许慎《说文解字》（以下简称《说文》）的问世标志着六书理论的正式形成。

《说文》是一部以分析汉字小篆形体为主，按照部首偏旁编排的字典式文字学著作。近两千年来，它不仅是文字学史上关于六书理论的首创之书，更是探讨古代文化、研究古文必不可少的桥梁和纽带，对我们今天研究汉字也仍具有较高的学术参考价值。许慎在《说文》中不仅明确提出了指事、象形、会意、形声、转注和假借等"六书"的概念，而且对每一书都给予了概念界定和字例分析，并对汉字造字的一般规律进行了系统分析和说明。

许慎在《说文·叙》中曰："《周礼》八岁入小学，保氏教国子先以六书：一曰指事，指事者，视而可识，察而见义，上、下是也；二曰象

---

① 黄德宽：《古文字学》，上海古籍出版社，2015，第7~8页。
② （汉）班固：《汉书·艺文志》，中华书局，1962，第1720页。
③ 李学勤：《十三经注疏·周礼注疏》，北京大学出版社，1999，第353页。

形，象形者，画成其物，随体诘诎，日、月是也；三曰形声，形声者，以事为名，取譬相成，江、河是也；四曰会意，会意者，比类合谊，以见指撝，武、信是也；五曰转注，转注者，建类一首，同意相受，考、老是也；六曰假借，假借者，本无其字，依声托事，令、长是也。"①

自许慎《说文》提出"六书"并给予具体释例说明后，一般都认为六书是汉字的六种造字方法，并对许氏之学给予肯定和尊崇。自汉至唐，人们对《说文》的研究基本停留在仿作阶段。到了宋代，《说文》的权威受到挑战，南宋学者郑樵秉持"凡许氏是者从之，非者违之"的态度开始研究《说文》，清代大儒戴震更是提出"指事、象形、会意、形声四者，字之体也；转注、假借二者，字之用也"的观点。"四体二用"说对后世影响巨大，直到现在仍有较大的号召力。

研究汉字的人都知道，六书理论是关于汉字形体构造的理论学说，一直是我国传统文字学的核心内容，更是人们探讨文字造字本义及其衍生义的主要依据。② 由于时代、科学水平和当时所见汉字资料的局限，古人的六书理论并不完善，而且"为了要凑'六'这个数，汉代学者在给汉字的构造分类的时候，显然很难从实际出发"③，所以自东汉许慎《说文》之后，不断有人对"六书"观点提出批评、修正和补充，以使之趋于科学合理。

近两千年来，六书理论得到了不同程度的发展，尤其是唐代李阳冰和五代宋初徐铉、徐锴兄弟对《说文》的校订和整理，为后世研究"六书"开启了新路径。到了两宋时期，宋儒一改前代墨守《说文》的成规，形成了对"六书"研究在我国文字学史上的重大变革。宋元学者不满汉儒皓首穷经的状态，敢于用天人感应、阴阳五行的观点解经，从理学的角度

---

① （汉）许慎：《说文解字》，中华书局，1963，第314页。
② 张治东：《宋元明时期汉字"异体"现象探疑——以赵撝谦〈六书本义〉为基点》，《宁夏社会科学》2017年第4期，第241页。
③ 裘锡圭：《文字学概要》，商务印书馆，2006，第98页。

看待"六书"。① 如果说徐锴《说文解字系传》对六书理论始有阐发，那么郑樵则是我国文字学史上"第一个撇开《说文》系统，专用'六书'来研究一切文字的人"。②

郑樵开辟的"六书"学，对宋元明三代产生了很大的影响。③ 自郑樵以后乃至元明，六书研究成了汉语文字学研究最核心的问题，出现了一大批以"六书"为纲研究文字的著作。经郑樵倡导，"六书"之学蔚然成风。④ 这主要表现在研究六书理论的学者阵势蔚为壮观，有宋代的毛晃、郑樵、戴侗，元代的杨桓、周伯琦、李世英、李文仲，明代的赵撝谦、赵宧光、刘泰、王应电、魏校、吴元满等。

近人沈兼士在谈到宋元明这一时期的文字学研究时表示："若以六书隐括《说文》全书，其法盖创自郑氏。自尔戴侗之《六书故》、周伯琦之《六书正讹》、杨桓之《六书统》、魏校之《六书精蕴》、赵古则之《六书本义》、赵宧光之《六书长笺》演之，遂成六书分类之学。徐韵流风，至清犹盛。致令一般治《说文》者，以为舍六书分类之外，别无他法。而此研究之结果，复不能利用之以治其他学问，是之谓孤立的研究。"⑤

虽然宋元明时期的学者十分重视对文字学的研究，但是后代学者对这一时期的文字学研究却有颇多争议。可谓推举者少，批评者多。民国初年的胡朴安在其《中国文字学史》中说："宋元明之文字学，在文字学史上有可纪之价值者，当推二徐之校定《说文解字》……其他著书者颇多，而皆无甚重要。如戴侗之《六书故》，既非《说文》之篆文，又非金文中之古文，非今非古，殊无根据。杨桓之《六书统》，其意在于纠正戴侗之失，而其刺谬则更甚于戴侗。赵撝谦之《六书本义》，其分部不照许氏之

① 张治东：《宋元明时期汉字"异体"现象探疑——以赵撝谦〈六书本义〉为基点》，《宁夏社会科学》2017年第4期，第241页。
② 唐兰：《中国文字学》，上海古籍出版社，1979，第21~22页。
③ 宋均芬：《汉语文字学》，北京大学出版社，2005，第12页。
④ 刘艳清：《清代"六书学"研究》，博士学位论文，陕西师范大学，2010。
⑤ 沈兼士：《沈兼士学术论文集·影印元至治本郑樵〈书略〉序》，中华书局，1986，第331页。

旧，任意出入，多所乖舛……大概多师心自用之说，此明人著书之通病也。"①

王力先生在《中国语言学史》中提到宋元明文字学研究时也表示："自大小徐以来，《说文》之学中断了八百年。王安石作《字说》，郑樵作《六书略》，有许多穿凿附会的话，为文字学家们不取。南宋戴侗作《六书故》，既非《说文》中的篆文，又非金文中之古文，字多杜撰，也受到了学者们的訾议。除此之外，谈文字学的人虽不少，但是在段玉裁以前，没有值得称述的人。"② 后代学者对宋元明六书学的研究也往往是泛泛而论，陈陈相因。更有甚者，无视宋元明有关"六书"著述的存在，在学术史上根本不予提及或一带而过。

总体而言，宋元明时期是我国文字学发展史上的低谷时期，这一时期的确没有出现过一部影响深远、成就卓越的文字学著作。因此，这一阶段的六书理论研究一直没有引起学术界的关注和重视，也很少有人对这一阶段的文字学著作进行深入细致的分析和研究。但作为文字学史上一个特定的发展阶段，这一时期的六书理论研究显然不应被忽略甚至遗忘。

尽管宋元明时期的文字学不为学界重视，但是我们发现这一时期文字学研究的许多观点都是值得肯定的，这一时期的学者对文字学许多问题的研究都起着承前启后的作用。近人赵振铎就说："戴侗的《六书故》、杨桓的《六书统》、周伯琦的《六书正讹》、赵古则的《六书本义》……都是这个系统的著作。清代以来，正统派的许学家们看不起它们，其实这些著作里面蕴涵着一些有关文字问题的新思想，值得发掘。"③

黄德宽等先生更是指出："宋元明三代以'六书'为名的著作甚夥，文字学突破了《说文》传统，形成了以'六书'为核心的'六书学'。这些著作大都能不拘陈说，自创新义，对文字学研究领域是一次重要的开

---

① 胡朴安：《中国文字学史》，中国书店，1983，第 248~250 页。
② 王力：《中国语言学史》，山西人民出版社，1981，第 109~110 页。
③ 赵振铎：《中国语言学史》，河北教育出版社，2000，第 293 页。

拓。……首先，他们能认识'六书'在文字学研究中的重要性，开辟了文字学研究的新领域。……其次，通过他们的努力，对'六书'研究趋于细致和深入，丰富和发展了文字学理论。"①

总体而言，文字学研究者对宋元明时期有关"六书"理论的研究还不够深入，甚至有很多有关"六书"理论的著作至今尚未标点出版。王宁先生屡次提出："对宋元明以及清代前期学术史的研究要给予特别的重视，因为自清代乾嘉以来，这是一直被忽视的时代，被曲解了的时代，理清这一时代的学术家底，才能动手写通代学术史。"②

党怀兴先生也呼吁："提倡学术史专书研究，清理我们的学术家底，一本一本研究清楚，为今后写好通代语言学学术史奠定扎实的学术基础。"③　其实，在文字学发展史上，正是因为有了宋元明时期有关六书理论研究的过渡，才有了清代文字学研究的鼎盛和现代科学汉字构形学的提出。

随着文字学研究的深入发展，近20年来人们开始逐渐关注起宋元明时期的文字学理论研究。党怀兴先生首开对宋元明时期"六书"学研究的先河，在《宋元明六书学研究》中对赵氏"文字孳乳学"理论、兼书说、谐声说、假借说、转注说等问题均做了一定探讨和研究，并指出了这一时期"六书"学理论的成就及不足，给其在文字学发展史上的地位做了一个中肯的评价和界定。

随后，一些青年学者也开始尝试从各个角度对这一时期的"六书"学理论给予关注和研究。譬如：陕西师范大学博士学位论文《清代"六书"学研究》（刘艳清，2010）、福建师范大学硕士学位论文《郑樵〈六书略〉研究》（兰碧仙，2003）、内蒙古师范大学硕士学位论文《〈六书本义〉研究》（郭长颖，2008）、陕西师范大学硕士学位论文《〈六书正

---

①　黄德宽、陈秉新：《汉语文字学史》，安徽教育出版社，2013，第93～95页。
②　党怀兴：《文献发掘与学术史的研究问题——兼谈王宁先生有关学术史研究的一些看法》，《古籍整理研究学刊》2004年第4期，第3页。
③　党怀兴：《宋元明六书学研究》，中国社会科学出版社，2003，第17页。

讹〉研究》（张磊，2007）等，这些研究在一定程度上填补了宋元明时期文字学研究的空白。

二

赵撝谦是明代文字学的开山始祖，也是明代研究六书理论的第一人。其代表作《六书本义》是一部以阐释"六书"理论为导向的文字学著作，也是宋元明时期最具有典型性的作品之一。《明史》《明儒学案》《明朝分省人物考》等资料显示，赵撝谦是浙江绍兴府余姚县（今余姚市）凤亭乡人，为宋秦悼惠王延美之后，到他这一代时已经家境式微，"幼孤贫，寄食山寺"。① 寄居食山寺期间，赵撝谦博闻强记，广泛结交往来学者。清朱彝尊《曝书亭集·赵撝谦传》记载：

> 友人一善一能辄往访，隆寒溽暑，恒徒步百余里，与朱右、谢肃、徐一夔辈定文字交；天台郑四表善《易》，则从之受《易》；定海乐良、鄞郑真明《春秋》，山阴赵俶长于说《诗》，迮雨善乐府，广陵张昱工歌诗，无为吴志淳、华亭朱芾工草书篆隶，撝谦悉与为友。②

正是由于赵撝谦这种涉猎广泛、刻苦钻研"隆寒溽暑，恒徒步百余里"不辞辛苦、勤奋好学的精神，才有了他日后在文字学、音韵学，以及"易学"思想修养等领域方面的极深造诣，史载其"博究《六经》、百氏之学，尤精六书"。③ 赵撝谦曾隐居坞山县万书阁，"筑考古台，读书其

---

① 高占祥主编《二十五史》第26卷，载（清）张廷玉等：《明史·列传第一百七十三·文苑一》，线装书局，2011，第2076页。
② （清）朱彝尊：《曝书亭集·赵撝谦传》，载《四库全书》，上海古籍出版社，2003，第106页。
③ 高占祥主编《二十五史》第26卷，（清）张廷玉等：《明史·列传第一百七十三·文苑一》，线装书局，2011，第2076页。

上。谓六经子史，历代阐发有人，惟音韵之学，世久不明，乃著《声音文字通》一百卷，《六书本义》十二卷"。① 隐居期间，赵撝谦博览群书，考取诸家论著，推断论其得失以成一家之言，他生平的著作诸如《六书本义》《声音文字通》《造化经纶图》《易学提纲》等，大都是在这一时期完成的。

张廷玉《明史》、朱彝尊《曝书亭集》和焦竑《焦氏笔乘》等书记载，赵撝谦曾有著述三百余卷，但其一生清贫，无力付梓刊印，致使大多散佚，仅有《六书本义》十二卷、《声音文字通》三十二卷、《学范》两卷、《造化经纶图》一卷、《赵考古先生文集》两卷传世。其中，《六书本义》较为集中地反映了赵氏的"六书"学思想。《六书本义》有关"六书"学理论的许多观点和思想，源于郑樵的《通志·六书略》和张有的《复古编》，赵氏的可贵之处在于，其研究并不拘泥于郑、张二人，更是打破了许慎《说文》和小篆的藩篱，研究方式别出心裁，故能自出新说，这对我们后来的研究者是很有启发的。

赵撝谦《六书本义》收录一千三百字，定三百六十个部首，以象天地生成之数，分为数位、天文、地理、人物、草木、虫兽、饮食、服饰、宫室、器用等十类，凡十二卷。卷前为《六书本义提要》，注明作者的大致情况及被录入《四库全书》的缘由，其后有《六书本义·原序》，次为《凡例》九则，再次为《六书本义纲领·六书总论》，后跟《象形论》《指事论》《会意论》《谐声论》《假借论》《转注论》等，最后为《天地自然河图》《六书相生总图》《以母统子之图》《以子该母之图》《谐声累加图》等 13 幅图考，《图考》之后是正文十二卷。②

通过对赵撝谦《六书本义》全方位的综合考察和研究，我们发现赵氏的"六书"理论并未宗法于许慎的《说文》，有很多观点都有其独到的

① （清）黄宗羲：《明儒学案·诸儒学案上一》，沈芝盈点校，中华书局，1985，第 1052 页。
② （明）赵撝谦：《六书本义》，载（清）纪昀等编《文渊阁四库全书》（经部·小学类）第 228 册，台湾商务印书馆，1983，第 285～298 页。本书中《六书本义》皆出自此版本，为避文繁，后不赘述。

见解和创新之处。尤其是赵氏能够较早以图表形式将汉字部件拆分与"六书"演化结合起来进行研究的尝试，对当代汉字构形学的研究具有很高的参考价值。赵撝谦《六书本义》"以母统子，以子该母，子复能母，妇复孕孙"的"文字子母"理论和"文字拆分叠加"理论对科学汉字构形学的研究具有极为深刻的影响。

囿于传统之见，清代以来的学者对赵撝谦及其《六书本义》多加贬斥，采取否定态度。赵撝谦《六书本义》自刊行以来，学界对该书的评论毁誉不一。明焦竑《焦氏笔乘》称其"字学最精，行世者惟《六书本义》及《学范》六篇"①；《四库全书总目提要·六书本义提要》认为："第于各部之下，辨别六书之体，颇为详晰。其研索亦有苦心，故录而存之，以不没所长焉。"可见，赵撝谦《六书本义》在一定程度上为学界所认可。

当然，从总体上说，清儒对赵撝谦《六书本义》持否定态度的较多。譬如，曹仁虎《转注古义考》就认为："至于赵古则辈，因此遂诋《说文》考、老之非，而实是许书之误也……明之赵古则、杨慎、吴元满皆以象形、指事、会意、谐声、假借、转注为次，盖转声之说起于宋时，其意谓假借不足，而后转声以演义，故以之居六书之末。既紊六书部位，又与转注之本义不合，未可从也。"②

近现代以来的学者对赵撝谦《六书本义》的研究也很少给予关注，仅对其在语言学史中给予一般性的介绍，比如胡朴安的《中国文字学史》，何九盈的《中国古代语言学史》，赵振铎的《中国语言学史》，张其昀的《"〈说文〉学"源流考略》，宋均芬的《汉语文字学》，黄德宽、陈秉新的《汉语文字学史》等著述中，对赵撝谦《六书本义》只是仅做简单介绍，并未进行深入分析和细致研究。

传统否定与鄙弃赵撝谦及其《六书本义》在文字学领域的研究成果

---

① （明）焦竑：《焦氏笔乘》，李剑雄点校，上海古籍出版社，1986，第 134 页。
② （清）曹仁虎：《转注古义考》，中华书局，1985，第 3 页。

实不足取，客观历史地看待前人的研究成果，才能全面勾勒和厘清我国文字学史的发展脉络。其实，赵撝谦《六书本义》在六书理论一些观点的阐发和文字的释义方面有许多地方是很值得称道的，马叙伦就说："元朝的戴侗、杨桓、周伯琦，明朝的赵撝谦、魏校、杨慎、吴元满、赵宧光，都很注意字形的研究。"[①]

其实，赵撝谦《六书本义》关于六书理论的一些观点颇有见地。赵氏通过自己的精心研究，创造性地阐发了自汉以来有关六书理论中一些较为简单、含糊的说法，提出"士之为学，必先穷理，穷理必本夫读书""六书明，则六经如指如掌"的观点，明确了"六书"在文字学史研究中的核心地位。在字义训释上，赵撝谦并不墨守《说文》释义，有些地方能够大胆给予新解，纠正《说文》说解之误，有的释义可与甲骨文、金文相契合。比如"酉"字，《说文》释作："就也。八月黍成可为酎酒。"[②]《六书本义》则释作："酿黍米以供祭祀宾客之饮也，仪狄造杜康润色之，象酉在缶瓮中，上有盖。""酉"，甲骨文写作"🍶"，像在一个大缸"🍶"中间加一横变成"🍶"，表示缸里有液体、酒汁，"🍶"像过滤酒糟的酒篓，造字本义当为"酿在大缸里的酒"。由古文字佐证，说明赵氏说解更符合文字的造字本义。

近些年来，随着文字学研究的不断深入，越来越多的学者开始关注并重视对赵撝谦及其著作《六书本义》的研究。譬如，内蒙古师范大学硕士学位论文《〈六书本义〉研究》（郭长颖，2008）和陕西师范大学硕士学位论文《〈六书本义〉研究》（刘艳清，2007）等，也有不少专门研究赵撝谦及其著述的论文，如《赵谦〈声音文字通〉卷数及性质考辨》（丁治民，2008）、《赵谦著述考》（张明明等，2007）、《十二卷本的〈声音文字通〉》（文映霞，2007）、《赵撝谦〈六书本义〉考》（张治东，2017）等，都从不同视角对赵撝谦及其学说著述给予关注和研究。

---

① 张标：《20世纪〈说文〉学流派考论》，中华书局，2003，第95页。
② （汉）许慎：《说文解字》，中华书局，1963，第311页。

然而，不尽如人意的是，这些研究始终没有跳出《六书本义》著作本身关于"象形、指事、会意、谐声、转注、假借"等"六书"研究的藩篱，以及对赵氏所提"兼书""六书体用"等理论观点只是从文字学理论入手做了一定的分析研究和价值评价等，对赵撝谦《六书本义》关于文字的释义和字形结构分析等情况则缺乏深入研究，也没有站在文字学整体发展的高度，将赵撝谦存世著述与以往有关文字学著作综合起来进行比较研究，更没有将赵撝谦《六书本义》"六书"理论研究放在整个文字学发展史中，从音、形、义三方面入手，结合其所涉猎的记号、俗字、异体字、古今字、同源字、同形字、同族字等各类语言文字现象进行全面系统分析。

值得关注的是，赵撝谦《六书本义》在文字释义和字形结构分析等方面，有其可圈可点的一面，据传赵撝谦家中藏有大量石鼓拓片，诚西周故物①，这可能是前文所说他不盲目迷信《说文》的一个有力支撑。同时，也说明赵氏在文字钻研方面有着相当的造诣。赵氏以翔实的古文字资料为依托，结合《说文》《尔雅》《方言》《广雅》《集韵》《广韵》《玉篇》《类篇》《六书略》等古文献材料，于每一字都进行了审慎解读和精当分析。据统计，赵氏有关文字的释例，有一半之多出自《说文》，虽然有些释义用他自己的话语表述，但实取义于《说文》，并就其中不合实际的释例进行了纠正。

对历史做出客观的分析评价，是对历史的最大尊重。公正地评价赵撝谦及其《六书本义》所蕴含的学术思想是我们当代文字学学者的责任所在。一方面，赵撝谦《六书本义》确实存在缺漏，致使其一些具有创新性的理论被湮没；另一方面，一些学者墨守、维护许慎《说文》在文字学领域的宗法地位，使学者们只看到了清代文字学研究前所未有的繁荣景象，却忽视了宋元明时期作为汉唐到清代的过渡，我们应该清醒地认识到它在文字学发展史上的独特地位和作用。

---

① （明）赵琦美：《赵氏铁网珊瑚》，载《四库全书》，上海古籍出版社，2003，第2页。

经过十余年的苦心钻研和探索，我们站在前人的研究基础上，综合古今方家之说，尤其结合蔡永贵先生的汉字字族学理论，王宁先生的汉字构形学理论和苏培成先生的现代汉字学理论知识，王力先生的音韵学理论知识，通过与许慎《说文》、戴侗《六书故》，以及郑樵《通志·六书略》和张有《复古编》等著述做比较，从汉字的形义、音义等方面入手，对赵撝谦《六书本义》所涉猎的文字释义情况及涵盖的语言文字现象做出综合考察和研究，试就其在汉语言文字学史上的地位给予一个适当评价，同时也对今后的文字学研究提供借鉴。

三

毋庸置疑，无论是从理论阐发，还是从释义实践，赵撝谦都对《说文》做了精心校订和修正，并且兼容并蓄，综合郑樵《六书略》和张有《复古编》，对《尔雅》《方言》《广雅》《集韵》《广韵》《玉篇》《类篇》等古文献资料给予研究和消化，在博采众长、继承前人优秀成果并对之进行融会贯通的基础上，通过多年认真钻研和细心考察，然后注入自己的思想和观点，集天下之书为一书，成就鸿篇巨制《六书本义》。

在六书理论的具体阐发上，赵撝谦《六书本义》多有创造性贡献。关于文字的造字本源问题，赵氏认为"象形"为"文字之本"，即由描绘客观实物之形而成的象形字是所有自源文字的基础。

在我国文字学史上，赵撝谦较早发现了文字拆分与叠加的基本脉络，认为象形"文"为文字孳乳发展的最初构件，其他"六书"则是在象形"文"的基础上通过拆分与叠加的方式衍生而出的。赵撝谦于《六书本义·六书总论》强调曰："六书未作，六书之体散在天地；六书既作，天地之用具于六书。……不过仰观天文，俯察地理，旁及鸟兽草木人物之宜，效其形、画其迹而已。故六书初一曰象形，文字之本也，次二曰指事，加于象形者也。"

关于文字之间的区隔，赵撝谦《六书本义·六书总论》曰："独体为文，合体为字。象形、指事，文也。象形，文之纯；指事，文之加也。会意、谐声，字也。谐声，字之纯；会意，字之间也。"

由此可见，赵氏这些独到见解和阐述，对后世汉字构形学以及文字学关于汉字二元构字方式的发现具有重要作用。

赵撝谦《六书本义》继承郑樵《六书略》，充分肯定了六书在文字学中的地位和文字释义对于解经晓理的重要性，"六书明，则六经如指诸掌"。又曰："士之为学，必先穷理，穷理必本夫读书，读书非识字义之所载、所该以俟。心悟神入，豁然贯通，则于上达乎。"赵撝谦充分认识和明确了"六书"在文字学中的关键作用和核心地位，这使文字学理论研究大大向前迈进了一步。

同时，赵撝谦还明确提出："昔者圣人之造书也，其肇于象形乎，故象形为文字之本。而指事、会意、谐声皆由是而出焉。"认为象形"文"为文字孳乳发展的最初构件，其他"六书"则是在象形"文"的基础上通过拆分与叠加的方式孳乳而出。

在"六书"分类中，赵撝谦《六书本义》承袭郑樵《通志·六书略》，采"正生""兼生"分类六书。但不同于郑樵《六书略》的是，赵氏于每一个细目都详细举例，以说明内涵。譬如，赵撝谦《六书本义》将"指事"分为"正生附本"和"事兼声"两类，其中"正生附本"，赵氏将之解释为，"正生附本，盖造指事之本，附于象形，如'本、末、朱、禾、未、束'之类是也"。

关于同形字问题，赵撝谦《六书本义》提出"同音并义不为假借""双音并义不为转注"等观点，就假借与同形、转注与同形的关系问题做了梳理。赵撝谦在《六书本义》中收录了大量同形字，并就同形字词义之间的关系做了详细说明。如："同音并义不为假借者，台说之台，即台我之台，皆得从口而为意，从**目**而为声也；壬担之任，既象治壬之形，壬娠之壬，亦象怀壬之形也。"赵氏结合同形字构造类型还提出了"因义之借""无义之借""同音并义不为假借""展转其声而注释为它字之用""因义转注""无义转注""双音并义不为转注"等概念，为我们今天继续研究同形字问题提供了理论基础和实践经验。

赵撝谦《六书本义》在系统分析汉字形体结构的基础上，提出"子从母生，孙从子出，各有所统"的文字"子母"说，认为文字最基本的字形是"母文"，由"母文"可孳乳出"子字"，再由"子字"孳乳出"孙字"。这里赵氏所谓的"母文"不仅具有孳乳分化能力，而且其自身也是一个形、音、义兼备的独立个体。后出孳乳字，包括"子字"和"孙字"，都是在"母文"形、音、义的基础上，通过"以母统子，以子该母，子复能母，妇复孕孙，生生相续，各有次第"的方法孳乳产生的，是母文意义的具体化、对象化和类属化。孳乳字与"母文"在意义上相通、形体上相承、读音上相同或相近。

赵撝谦《六书本义》站在解经传道的高度，清晰地看到了俗书对于文字发展的不利因素，并于《六书本义·原序》曰："至天宝间，诏以隶法写六经，于是其道尽废。然犹凡例不达，六义未确，终莫能明。以其指事为象形，会意为指事，既非矣，至有以转注为假借，会意为转注，则失之甚者也。于乎正书之不显，俗书害之也，俗书之相仍，六义不明也。"在承袭前代字学研究的基础上，赵氏察觉前人过度违背汉学理论带来了诸多弊端，其中影响最大的莫过于俗字的滥用。赵撝谦总结前人的成果，在《六书本义》中收集了大量俗字，并就俗字在汉字发展过程中的诸多影响提出了自己的见解和看法，为我们后来研究俗字提供了重要的理论参考价值和实践经验。

当然，由于受到时代、历史等各方面原因的限制，赵撝谦《六书本义》在很多方面还存在明显缺漏。比如，赵氏关于"假借""转注"的定义，常常把"假借""转注"和词义的引申、文字的通假等现象混为一谈；在造字祖源上既认为"象形"为一切文字的基础，同时又提出："八卦列于六经，为万世文字之祖。"不仅弄混了八卦和象形的关系，而且对文字的起源有着误导之嫌；在"六书"理论的架构上也存在明显缺陷……以上诸多局限，可能与他所处的时代环境以及文字学发展的特定阶段有着难以割舍的关系。

关于部首与列字，赵撝谦《六书本义》最令人费解处莫过于他对部首与列字方面的重叠问题。赵氏既将某些字立为部首，于他部下又重复罗列该字，这种情况在《六书本义》中有一百八十余处。赵氏却解释说："虽从母为子，而又能生它字者，既见于所生母下，而又别出为部，亦犹人皆出于父母，既长而又能生其所生也。"赵氏此举，不仅无法使文字结构更趋明朗，反而因为体例错乱，令人不知所从。况文字一旦为部首，即不能再分解，若能分解，自然也该归入他部，怎么能既入别部，又可兼作部首的道理？

列字体例不够统一，赵撝谦《六书本义》多采小篆列字，但部分字例却以古文、籀文列字。在《六书本义》中，以古文为正文者有及、回、畎、六、终、晶、丽等七字，赵氏既取小篆作正文，而这些字却以古文为之，一旦取古文、籀文列字之后，反而形成入部的困扰。因为赵撝谦《六书本义》收古文为字头，所以很难给这些字归部，于是将它们附于每卷之末，分别以附录处理，这说明赵撝谦在归部上的不确定。以籀文为正文者如"蒜"字，赵氏释"蒜"字不言隶体，却以"今但用某"诠释，这样极易和俗体相混，这显示了赵撝谦《六书本义》在编排体例上部首不足的缺陷。

赵撝谦《六书本义》在一定程度上混淆了假借与引申的关系，在《六书本义·假借论》中，赵氏关于"假借"的分类有一个明显疏漏，就是混淆了假借与引申的概念，如"因义之借"是因某些义本无其字，于是就取一义近且音同之字代替。"因义之借"所取借字，除具音同义近条件，最主要特征便是利用引申想象作用。而引申与假借是两类不同范畴的概念，赵氏在此却将二者牵强放在一起，实属不该。在具体字例的释义方面，赵氏将引申写作假借，使人容易混淆二者概念。譬如"皮"，《六书本义》："剥取兽革。生曰皮，理之曰革，柔之曰韦。从又指所剥皮。……借肌表肤。"在此处，"肌表肤"是"皮"的引申义，并非假借义。

在造字祖源上，赵撝谦《六书本义》以"象形"为"万世文字之祖"，认为指事、会意和谐声等皆是以"象形"为基础所孳乳出的造字方法。视"象形"为文字的起源本无可厚非，然而，赵氏在阐述这一思想的同时也受到了朱熹"易"学思想的影响，他说："《易》有太极，是生两仪，两仪生四象，四象生八卦。……朱子曰：'八卦列于六经，为万世文字之祖。'"这不仅弄混了八卦和象形的关系，而且对文字的起源也有误导之嫌，是不可取之处。

赵撝谦《六书本义》六书归类不够明确，在象形、指事、会意、谐声以及转注与假借等六书的归类上，常有混淆不清的地方。譬如：赵氏认为象形加物可以构成指事，其实我们应该根据附加的内容来定，若附加的内容可以成文又具有表意功能，那么此字即可归入会意，若具有表音功能则可归入谐声，而不是简单的指事。关于"转注""假借"二书是"造字说"还是"用字说"持徘徊不定态度，在字例阐释和具体运用上也自相矛盾，对二者区隔不甚明了。《六书本义》阐述转注、假借之别时，以转注为声转而义转，假借以音同而借义。两者分别，本已明确，但在转注、假借分类类别上，却有"同音并义不为假借""双声并义不为转注"，此为一字二义，音义相同字之情形。二例所言既皆为一字二义，何以一入转注，一入假借？令人费解。

赵氏本末倒置用六书界定文字的起源。众所周知，古人所指"六书"，一般都认为它是六种造字方法。准确地说，就是后人根据汉字的形体结构所总结出来的六种造字类型。从逻辑上讲，应该是先有汉字，然后才有六书理论。而赵撝谦《六书本义》认为先有象形，其他各书都是在此基础上产生的，以说明象形字在文字发展演变过程中的重要地位。这种提法不免让人生疑，到底是先有汉字，还是先有"六书"？因此，赵撝谦《六书本义》没有厘清文字的起源和"六书"在逻辑上到底是什么关系。

未能突破"六书"的局限认识汉字。宋元明时期，人们尚没有机会接触到诸如殷墟甲骨文等更多的古文字资料。所以，赵撝谦《六书本义》在讲解一些具体字例时，仍然采用小篆系统的汉字形体结构以传统六书理论来加以剖析和阐释，当遇到说解不清的状况时，就过多附会《说文》，列出所谓"兼书"来敷衍，有囿于"六书"局限之嫌。我们知道，汉字发展到楷书阶段，已经与造字之初的甲骨文有相当距离，即使小篆形体与甲骨文也不可同日而语。若用小篆字体去硬性探寻汉字本义，未免会走向片面或极端。

综上，尽管赵撝谦《六书本义》存在很多不够严谨和疏漏的地方。但总体来说，它在六书阐释和文字释义方面已经较《说文》有了很大突破，并在一定程度上对《说文》做了相当回归。《六书本义》有关六书理论及语言文字学现象的许多观点和思想，源于郑樵的《六书略》和张有的《复古编》，赵氏的可贵之处在于，其研究并不拘泥于郑、张二人，更是打破了许慎《说文》分析汉字小篆形体的藩篱，以翔实的古文字资料为基础，于每一字进行审慎解读，研究方式别出心裁，故能自出新说，这对我们后来的研究者是很有启发的。

第一章 概述

赵撝谦是明代文字学的开山始祖，也是明代研究六书理论的第一人。其代表作《六书本义》是一部以阐释"六书"理论为导向的文字学著作，也是宋元明时期最典型的代表作品之一。本章主要围绕赵撝谦的生平、师友及著述等情况，试就《六书本义》编排体例和收字释义等情况做一个简要介绍，以呈现《六书本义》的创作背景及其在文字学发展史上的学术价值。

第一节　赵撝谦生平、师友及著述情况

一　作者生平

赵撝谦，原名古则，后更名谦，浙江绍兴府余姚县（今余姚市）凤亭乡人。生于元顺帝至正十一年（1351），卒于明太祖洪武二十八年（1395），享年四十五岁。[①] 黄宗羲《明儒学案》载：

> 赵谦字撝谦，初名古则，余姚人也。秦王廷美之后，降为农家，就外傅于崇山寺，达旦忘寐。年十七八，东游。受业天台郑四表之

[①] （清）张廷玉等：《明史·列传第一百七十三·文苑一》，中华书局，1974，第7323页。

门。……洪武十二年，征修《正韵》。已别用中都国子典簿。然以其说授之门人宋燧者，多采入于《正韵》。在中都，又以同官不合而罢归。筑考古台，读书其上。谓六经子史，历代阐发有人，惟音韵之学，世久不明，乃著《声音文字通》一百卷，《六书本义》十二卷。（洪武）二十二年，召为琼山教谕，琼海之人，皆知向化，称为"海南夫子"。二十八年十一月一日，卒于广城，年四十五。先生清苦自立，虽盛暑祁寒，蹒跚走百余里，往来问学。尝雪夜与门人柴广敬剧谈，既乏酒饮，又无火灸，映雪危坐，以为清供。其著述甚多，而为学之要，则在《造化经纶一图》。……先生著述亦多散逸。万历间，集弱侯所表章者，仅先生字学之书。①

由黄氏记载可知，赵撝谦为宋秦悼惠王延美之后，到他这一代时已经家境式微，堪若贫农。赵撝谦幼年丧父，因家境贫寒，送寄于食山寺，与习佛者同游共学。尽管赵撝谦年少时生活穷困潦倒，但能安贫乐道，潜心学习，做到达旦忘寐，刻苦攻读，这是难能可贵的。赵撝谦寄居食山寺期间，常与学佛者游于四方，结交往来学者。清儒朱彝尊《曝书亭集·赵撝谦传》记载："友人一善一能辄往访，隆寒溽暑，恒徒步百余里，与朱右、谢肃、徐一夔辈定文字交；天台郑四表善《易》，则从之受《易》；定海乐良、鄞郑真明《春秋》，山阴赵俶长于说《诗》，迮雨善乐府，广陵张昱工诗歌，无为吴志淳、华亭朱芾工草书篆隶，撝谦悉与为友。"②

正是赵撝谦这种涉猎广泛、刻苦钻研"隆寒溽暑，恒徒步百余里"往来问学，不辞辛苦的求学精神，才有了他日后对文字学、音韵学，以及"易学"思想修养等方面的高深造诣，并有丰硕的著述成果。由朱彝尊《曝书亭集》记述我们可知，赵撝谦学识广博，对经学、道学皆有涉猎，

① （清）黄宗羲：《明儒学案·诸儒学案上一》，沈芝盈点校，中华书局，1985，第1051～1052页。
② （清）朱彝尊：《曝书亭集·赵撝谦传》，载《四库全书》，上海古籍出版社，2003，第106页。

而其对于文字、音韵学的研究则更为精到、深入。

值得一提的是，赵撝谦在十七八岁时，到天台郑四表门下学《易》，明儒黄宗羲《明儒学案》曰：“四表学于张以忠，以忠学于王伯武。伯武，胡云峰之高第弟子也。”① 《新安文献志》云：“胡云峰，炳文，字仲虎，婺源人。父斗元传易学于前进士朱洪范。”② 又《徽州府志・卷七》载：“（胡炳文）既长，笃志朱熹之学，上溯伊、洛，以达朱、泗之源。”③ 由此推断，赵氏在一定程度上承袭了朱熹的“易学”思想。

赵撝谦在《赵考古文集・奉吴喦学书》对自己的求学经历也有提及：“学有原者天台郑四表，工于《诗》者叶国谅，明于艺者澧南吴主一，涉猎经史者四明乐仲本、郑千之……仆尝于盛暑祁寒，时一日中，蹑跷走百余里，往来问于朱氏与肃、原泰。”④ 赵撝谦所交师友大多学有所专，曾分别参与《元史》《洪武正韵》《大明日历》等文字学、音韵学、天文学方面的编修工作。

《明史》《明儒学案》《赵考古文集》等资料显示，对赵氏学术影响较大的当属以下诸人：

朱右，字伯贤，临海人。参与编修《元史》《大明日历》《洪武正韵》等书，被明朝授予翰林编修官职。

郑四表，浙江天台人。擅长《易》经，赵氏曾受业《易》于郑四表。郑四表《易》学渊源深厚。郑四表学于张以忠，张以忠学于王伯武，王伯武学于胡云峰，胡云峰又出自朱熹之门。由此可知，赵撝谦《易》学当师承朱熹之学。

徐一夔，字大章，浙江天台人。洪武二年八月，同儒士梁寅、周

① （清）黄宗羲：《明儒学案》，沈芝盈点校，中华书局，1985，第1051页。

② 摘录于《文渊阁四库全书》，上海人民出版社、迪志文化出版有限公司，1999。

③ 摘录于《文渊阁四库全书》，上海人民出版社、迪志文化出版有限公司，1999。

④ （明）赵撝谦：《赵考古文集》，载《文渊阁四库全书》（集部・别集类）第1229册，台湾商务印书馆，1983，第681～682页。

子谅、胡行简等一起参与纂修《礼书》，书成的第二年又续编《元史》。不久被授以杭州教授，次年又编修《大明日历》，书成，又授翰林院官，以足疾辞归。

乐良，字季本，明于《春秋经》。赵撝谦曾跟随他习学《春秋经》。

迕雨，字士霖，擅长《乐府》。赵撝谦曾跟随他习学《乐府》。

赵俶，字本初，长于说《诗》。明朝洪武中期，被授予国子监博士官职。以年老乞归，加翰林待制。

张昱，字光弼，庐陵人，擅长歌诗。曾在元朝为官，任江浙行省左右司员外郎，行枢密院判官。明朝时因年老而未加起用，居西湖"寿安坊"，清苦淡泊，享年八十三岁。

吴志淳，字主一，擅长篆、隶、章、草等。元末知靖安、都昌二县。奏除待制翰林，为权幸所阻，避兵于鄞。

朱芾，字孟辨，擅长篆、隶、章、草等。明朝洪武初期，被授予编修官职，后改授中书舍人。

洪武十二年（1379），赵撝谦被授以中都国子监典簿，参与纂修《洪武正韵》。然而，因其与周围官僚意见不合被罢黜。赵撝谦"自信其说，不为显者所夺"①，于是以病为由归隐。因此，我们在《洪武正韵》中见不到赵撝谦的名字。值得欣慰的是，宋濂曾遣其子宋璲从学于赵撝谦，宋璲校《洪武正韵》时，赵氏之说多被采入。

赵撝谦辞授国子监典簿后，隐居坞山县万书阁，"筑考古台，读书其上。谓六经子史，历代阐发有人，惟音韵之学，世久不明，乃著《声音文字通》一百卷，《六书本义》十二卷"。②隐居期间，赵撝谦博览群书，

---

① （清）朱彝尊：《曝书亭集·赵撝谦传》，载《四库全书》，上海古籍出版社，2003，第106页。

② （清）黄宗羲：《明儒学案·诸儒学案上一》，沈芝盈点校，中华书局，1985，第1052页。

考取诸家论著，推断论其得失以成一家之言，他生平的著作诸如《六书本义》《声音文字通》《易学提纲》等，大都是在这一时期完成的。

赵撝谦在学术上的成就，得到了世人的赞扬。主持《永乐大典》编纂工作的解缙曾作文拜颂赵撝谦，称其为"教官，圣人之木铎"①；因其曾经出任琼山儒学教谕，故被岭以南之人尊称为"岭南夫子"或"赵夫子"②；赵撝谦罢官归隐后，曾在浙江坞山万书阁筑考古台，故时人又称之为"考古先生"。

赵撝谦精通"六经、百氏之学"，据传其家中藏有大量石鼓拓片，"诚西周故物"③，可见，赵撝谦当时已经掌握了足够的古文字资料。赵撝谦认为士之为学，必先穷理，穷理必本夫读书，读书必本识字。六书明，然后六经如指诸掌矣。

赵氏充分认识到"六书"对读经明道的作用，于是苦心钻研"六书"之学，"凡五誊始克成编，而名之曰《六书本义》"④，于洪武十一年（1378）春，赵撝谦完成《六书本义》。之后又以二十年的时间，完成《造化经纶图》等。

洪武二十二年，因吏部侍郎侯庸赏识赵撝谦被举荐为琼山教谕。⑤ 在琼海任内，赵氏"慨然以兴起斯文为己任，阮通治，造就后进，一时士类翕然从之，文风不变"⑥，通过编写、传授《童蒙习句》《学范》《造化经纶图》等著述，从文化心理构建、文化教育影响和文化形象塑造等各

---

① （清）王国宪、李熙、徐淦等纂修《民国琼山县志》（二），上海书店出版社，2001，第928页。

② （清）李亨特修，平恕、徐嵩纂《中国地方志集成·浙江府县志辑·乾隆绍兴府志》（二），上海书店出版社，1993，第239页。

③ （明）赵琦美：《赵氏铁网珊瑚》，载《四库全书》，上海古籍出版社，2003，第2页。

④ （清）朱彝尊：《曝书亭集·赵撝谦传》，载《四库全书》，上海古籍出版社，2003，第106页。

⑤ 浙江省地方志编纂委员会编《清雍正朝〈浙江通志〉标点本》，中华书局，2001，第4982页。

⑥ （清）王国宪、李熙、徐淦等纂修《民国琼山县志》，上海书店出版社，2001，第928页。

方面，对明初时期海南地区的文教事业做出了历史性贡献。《浙江通志》记载，"黎人皆知向化，尊称其为'海南夫子'"。① 后人更是给予其高度评价："海南子弟，得闻圣学，实自谦始。"②

赵撝谦曾参与纂修《洪武正韵》，并著有《声音文字通》一百卷，说明他对音韵学也有相当造诣。《明史》记载："（赵撝谦）博究《六经》、百氏之学，尤精六书，作《六书本义》，复作《声音文字通》，时目为'考古先生'。洪武十二年命词臣修《正韵》，撝谦年二十有八，应聘入京师，授中都国子监典簿。久之，以荐召为琼山县学教谕。"③

洪武二十八年乙亥冬十一月，赵撝谦卒于广东番禺，年四十有五。④ 临终之际，他对琼山弟子说："太虚之中不能不聚而为人物，人物又不能不散而还太虚。其聚其散皆理数相推，不能自已，岂有所为而为者？予身在太虚中，如冰在水而今将为水矣，冰与水时为之，何所留，亦何足恋？听其自然可矣。"⑤ 足见赵撝谦在《易》学修养方面已达很高境界，其人生境界也可见一斑。

二 著述情况

张廷玉《明史》、朱彝尊《曝书亭集》和焦竑《焦氏笔乘》等书记载，赵撝谦的著述曾传世三百余卷。但是，因其与同僚观点不尽相同，无人愿意为其向朝廷推荐，而他本人又一生清贫，无力付梓刊刻，所以现存的著述并不多，仅有《六书本义》十二卷、《声音文字通》三十二卷、

---

① 浙江省地方志编纂委员会编《清雍正朝〈浙江通志〉标点本》，中华书局，2001，第4982页。

② （清）李亨特修，平恕、徐嵩纂《中国地方志集成·浙江府县志辑·乾隆绍兴府志》（二），上海书店出版社，1993，第239页。

③ （清）张廷玉：《明史·列传第一百七十三·文苑一》，中华书局，1974，第7323~7324页。

④ （清）张廷玉：《明史·列传第一百七十三·文苑一》，中华书局，1974，第7323~7324页。

⑤ （清）徐乾学：《读礼通考·卷三十九》，载《四库全书》，上海古籍出版社，2003，第203页。

《学范》两卷、《造化经纶图》一卷、《赵考古先生文集》两卷传世。

（一）《六书本义》十二卷

赵撝谦《六书本义》收录一千三百字，定三百六十个部首，以象天地生成之数，分为数位、天文、地理、人物、草木、虫兽、饮食、服饰、宫室、器用等十类，凡十二卷。卷前为《六书本义提要》，注明作者的大致情况及被录入《四库全书》的缘由，其后有《六书本义·原序》，次为《凡例》九则，再次为《六书本义纲领》，包括《六书总论》《象形论》《指事论》《会意论》《谐声论》《假借论》《转注论》等。最后为《六书本义图考》，包括《天地自然河图》《伏羲始画八卦为文字祖图》《六书相生总图》《以母统子之图》《以子该母之图》《六义相关图》《谐声累加图》《正声转声同谐图》《声音俱谐图》《音谐声不谐图》《一声谐二音图》《一音谐二声图》《一音谐三声图》等13幅图考，《图考》之后是正文十二卷。

（二）《声音文字通》一百卷，现存三十二卷

《声音文字通》系一部以理数解释声韵、以声韵配合关系证明理数观念的韵书，原有一百卷，由于失传散佚，现仅存三十二卷。浙江范懋柱家天一阁藏本，《四库全书》载：

　　《声音文字通》明赵撝谦撰。撝谦有《六书本义》，已著录。是书乃所定韵谱也。考《皇极经世声音唱和图》，日、月、星、辰凡一百六十声为体数。去太阴、少阴、太柔、少柔之体数四十八，得一百一十二，为日、月、星、辰之用数。水、火、土、石凡一百九十二音为体数。去太阳、少阳、太刚、少刚之体数四十，得一百五十二为水、火、土、石之用数。

　　撝谦此书则取音为字母，声为切韵，各自相配，而注所切之字于上，凡有一音，和以十声，盖因邵之子图而错综引伸之。然以一卦配一音，又以一卦配十声，使音与声为唱和，卦与卦为唱和，欲于邵子《经世图》之外增成新义，而不知于声音之道，弥滋穿凿，殊无足

取。焦竑《笔乘》载："撝谦殁后，其门人柴广敬以是书进于朝，未及版行。"《明史·艺文志》载是书为一百卷。此本尚存三十二卷，盖别本之流传者。然卷首起自一之四，亦残阙之书，不足取证，以败楮视之可矣。

《声音文字通》是赵撝谦"积二十年然后成"[①]的鸿篇巨制，其《赵考古文集·遗言》云："……六经诸子史籍图记，皆以详悉，历代有人矣。惟音韵之学世久不明。音韵关乎国家同文之教，不可不明。"[②] 赵氏认为，音韵是关乎国家同文之教的关键。所以，他对这部著述极为用心，"经史文章大才累累皆以明著，惟音韵一事未复于古"。[③] 书成之后得到了学者的高度评价，"王仲迪以为痛扫前人之讹谬，一洗千载之陋习……其功不在孟氏辟异端之下"。[④]《声音文字通》的大部分内容被采录于《永乐大典》，《明史·列传第一百七十三·文苑一》记载："门人柴钦，字广敬，以庶吉士与修《永乐大典》，进言其师所撰《声音文字通》当采录，遂奉命驰传，即其家取之。"[⑤] 由此说明，赵撝谦《声音文字通》为世人所推重。

（三）《童蒙习句》一卷，已亡佚

《童蒙习句》通行本，《四库全书》载：

撝谦有《六书本义》，已著录。焦竑《笔乘》载："撝谦著书十

---

① （明）赵撝谦：《赵考古文集》，载《文渊阁四库全书》（集部·别集类）第1229册，台湾商务印书馆，1983，第701页。
② （明）赵撝谦：《赵考古文集》，载《文渊阁四库全书》（集部·别集类）第1229册，台湾商务印书馆，1983，第701页。
③ （明）赵撝谦：《赵考古文集》，载《文渊阁四库全书》（集部·别集类）第1229册，台湾商务印书馆，1983，第681页。
④ （明）赵撝谦：《赵考古文集》，载《文渊阁四库全书》（集部·别集类）第1229册，台湾商务印书馆，1983，第700~701页。
⑤ （清）张廷玉等：《明史·列传第一百七十三·文苑一》，中华书局，1974，第7324页。

种，此书居第八。惟《六书本义》及《学范》行世，余书则邱濬、李东阳、谢迁先后访于岭南，不获。"则此书为明人所未见，亦仅存之本矣。其例凡列一字，必载篆、隶、真、草四体，然小篆及真书各有定格，而隶、草变体至多，不能赅备，姑见崖略而已。撝谦本以小学名，此则乡塾训课之作，非其精义之所在也。①

《童蒙习句》和《学范》《造化经纶图》等一样，是赵撝谦在琼山任儒学教谕时所作。《浙江通志》记载，"（洪武）二十二年，（赵撝谦）召为琼山教谕"。② 在任期间，赵撝谦"慨然以兴起斯文为己任，阮通治，造就后进，一时士类翕然从之，文风丕变"。③ 功夫不负有心人，赵撝谦的努力得到了回报，一时琼海之人"皆知向化，称为海南夫子"。④ 赵氏对海南文化教育事业的拓荒之功，受到明邱浚《考古先生像赞》高度评价："南海木铎，后学山斗。"⑤

（四）《学范》二卷

我们现在能够见到的《学范》二卷本，系浙江巡抚采进本，现藏于浙江图书馆，为明嘉靖二十五年陈垲重刻本。⑥ 赵氏《学范·序》："洪武二十二年秋八月初七日，乡贡进士将仕郎广信府儒学教授四明郑真撰。"⑦ 由此段引文我们大致可以推测，该书完成于洪武二十二年（1389）农历八月之前。

---

① （清）永瑢、纪昀：《四库全书总目提要》，海南出版社，1999，第242页。
② 浙江省地方志编纂委员会编《清雍正朝〈浙江通志〉标点本》，中华书局，2001，第4982页。
③ （清）王国宪、李熙、徐淦等纂修《民国琼山县志》，上海书店出版社，2001，第928页。
④ 浙江省地方志编纂委员会编《清雍正朝〈浙江通志〉标点本》，中华书局，2001，第4982页。
⑤ （清）黄虞稷等：《明史艺文志·补编·附编》，商务印书馆，1995，第21页。
⑥ 张明明、丁治民：《赵谦著述考》，《中南大学学报》2007年第6期，第749页。
⑦ （明）赵撝谦：《学范》，载《四库全书存目丛书》子部第121册，齐鲁书社，1995，第313页。

《学范》系赵撝谦任琼山儒学教谕时，为教化世人所作。《四库全书·卷一百三十一·子部四十一·杂家类存目八》曰："是书分六门：一曰教范，言训导子弟之法；二曰读范，列所应读之书；三曰点范，皆批点经书凡例；四曰作范，论作文；五曰书范，论笔法；六曰杂范，论琴砚、鼎彝、字画、印章之类，撝谦颇以小学名，而此书所述至为舛陋。杂范一门，尤为不伦。盖家塾训蒙之式，用以私课子弟耳。悬以为学者定范，则谬矣。"①

《学范》是一部为规范人们言行举止和读书写作而作的具有教化意义的书，是赵撝谦修经治学和为人之道的心得集成。赵氏于《学范序》云："其具简，其用要，其说则古人之遗也。循此可以自得，若夫杂范，亦学者之所不废。于是而狗焉，则所谓玩物丧志，亦或不能免是非。"② 该书和《童蒙习句》《造化经纶图》一样，是赵撝谦在海南地区积极开展文化教育活动的主要宣教工具。因其教学不遗余力，达到了"琼海之人，皆知向化"③ 的功效。为此，赵撝谦也博得了"赵夫子"和"岭南夫子"的美称。

（五）《造化经纶图》一卷

《赵考古文集》载："洪武甲戌秋七月既望，余姚赵撝谦谨识"④，我们可以推测《造化经纶图》的成书时间大概在洪武二十七年（1394）农历七月之前。《造化经纶图》强调力学、主敬，认为如果能够"寡欲以养其心，观止以明其理，调息以养其气，读书以验其诚"⑤，则可达到"圣

① （清）永瑢、纪昀：《四库全书总目提要》，海南出版社，1999，第 676 页。
② （明）赵撝谦：《学范》，《四库全书存目丛书》子部第 121 册，齐鲁书社，1995，第 313 页。
③ （清）李亨特修，平恕、徐嵩纂《中国地方志集成·浙江府县志辑·乾隆绍兴府志》（二），上海书店出版社，1993，第 239 页。
④ （明）赵撝谦：《赵考古文集》，载《文渊阁四库全书》（集部·别集类）第 1229 册，台湾商务印书馆，1983，第 709 页。
⑤ （明）赵撝谦：《赵考古文集》，载《文渊阁四库全书》（集部·别集类）第 1229 册，台湾商务印书馆，1983，第 701 页。

贤之域不难到"的境界。①

资料显示,《造化经纶图》现存两个版本:一是《四库全书》本,附于《赵考古文集》卷末②;另一个是黄宗羲《明儒学案·琼山赵考古先生谦》本,附于赵古则传末。③ 两种本子略有出入,在内容上:《四库全书》本比《明儒学案》本多出一张《造化经纶第二图》;在条目上:《明儒学案》本又比《四库全书》本多出仁、不仁、义、不义、礼、无礼、智、无智、信、不信等十条守则,守则末注有:"已上原在图内,今书于外,以便观者",其后还兼收《考古绩戒书》五十二条守则。④

黄宗羲《明儒学案》评赵撝谦《造化经纶图》曰:"其著述甚多,而为学之要,则在造化经纶一图。"⑤ 可见,《造化经纶图》不仅是一部经世致用的劝诫书籍,更是人们交流学习的学术之作。

(六)《赵考古文集》二卷

赵撝谦于《赵考古文集序》末云:"顺治十四年丁酉端阳后二日后学黄世春序"⑥,由此可知,该书为顺治十四年（1657）由黄世春作序而刊行于世,《赵考古文集》是我们了解赵撝谦生平著述、学术思想和著述动机的重要参考文献。

《赵考古文集》系浙江巡抚采进本,现藏于北京图书馆,为二册黄世春作序钞本。《四库全书·别集五》录有此书,分两卷。卷一收序、记、

---

① （明）赵撝谦:《赵考古文集》,载《文渊阁四库全书》（集部·别集类）第1229册,台湾商务印书馆,1983,第701页。

② （明）赵撝谦:《赵考古文集》,载《文渊阁四库全书》（集部·别集类）第1229册,台湾商务印书馆,1983,第712页。

③ （清）黄宗羲:《明儒学案·诸儒学案上一》,沈芝盈点校,中华书局,1985,第1052页。

④ （清）黄宗羲:《明儒学案·诸儒学案上一》,沈芝盈点校,中华书局,1985,第1052~1062页。

⑤ （清）黄宗羲:《明儒学案·诸儒学案上一》,沈芝盈点校,中华书局,1985,第1052页。

⑥ （明）赵撝谦:《赵考古文集》,载《文渊阁四库全书》（集部·别集类）第1229册,台湾商务印书馆,1983,第655页。

书，卷二收传、跋、墓志、铭、杂著、诗、遗及附录。① 《四库全书·卷一百六十九·集部二十二·别集类二十二》载：

> 明赵撝谦撰。撝谦有《六书本义》，已著录。《明诗综》引黄宗羲之言，谓其诗集名《考古余事》，凡千首，不传于世。今考焦竑《国史经籍志》，撝谦集已不著录。黄虞稷《千顷堂书目》虽列其中，而不著卷数，则亦未见原本，信乎其久不传也。此本所录诗仅十余篇，古文亦只五十余篇。前有顺治丁酉黄世春序，称"其子孙式微已甚，而能录其遗集，出没于藏书之家，殆天将藉是而彰考古"云云。

> 盖其后人掇拾散亡，重衰成帙者耳。集后附遗言十六条，又载其裔孙诸生鹱《上琼州姜参政请复姓书》，及与浙中族姓札数通，盖撝谦没后，其幼子流寓海南，依母族冒吴姓，故鹱请于姜而复之。又撝谦所作《造化经纶图》，亦附于后，编次颇无条理。然传刻先集者多因祖父以附子孙，自宋元以来，即往往以文集为家牒，陋例相沿，亦不自是编始矣。撝谦以小学名家，不甚以文章著。此本又仅存残剩，未必得其精华，而意度波澜，颇存古法，究与钞语录者有别，是则学有原本之故也。②

赵撝谦学识渊博，涉猎广泛，著述硕厚。焦竑《焦氏笔乘》记载，赵撝谦所著"诸书达三百余卷"。③ 另外，《明史》《明儒学案》《曝书亭集》《余姚县志》《绍兴府志》《番禺县志》《琼山县志》《浙江通志》等书也对赵撝谦的著述有不同侧重的记述。然而，比较起来，只有周炳麟等所编《余姚县志·艺文上》对赵撝谦著述记载得最为翔实和全面。统计

---

① （明）赵撝谦：《赵考古文集》，载《文渊阁四库全书》（集部·别集类）第1229册，台湾商务印书馆，1983，第653~712页。

② （清）永瑢、纪昀：《四库全书总目提要》，海南出版社，1999，第884页。

③ （明）焦竑：《焦氏笔乘》，李剑雄点校，上海古籍出版社，1986，第134页。

《余姚县志》所载，赵氏著述共计 19 部达百卷之多。[①] 现简要列举如下：

1. 《六书本义》十二卷；

2. 《声音文字通》一百卷；

3. 《学范》六卷；

4. 《童蒙习句》一卷；

5. 《周易图说》十二卷；

6. 《易学提纲》四卷；

7. 《六书指南》六卷；

8. 《造化经纶图》一卷；

9. 《正韵》七十二卷；

10. 《正传音略》一卷；

11. 《历代谱赞辨略》二十六卷；

12. 《南宫续史断》二卷；

13. 《考古余集》嘉靖志原题一千篇；

14. 《戒书补》一卷；

15. 《考古文集》二卷；

16. 《考古遗集》六卷；

17. 《考古续集》一卷；

18. 《字学源流》一卷；

19. 《南游纪咏集》五卷。

虽然赵㧑谦生平著述十分丰富，但是其后代子孙贫弱式微，对其著作无力付梓印刊，使其著述大多散佚。至其第四代孙荣韶时，因家中遭遇火灾，赵氏所传的旧书、遗谱牒全部化为灰烬。[②] 清人黄虞稷等人在其所编《明史艺文志》中不无遗憾地记载道："先生平生著述自《学范》《六书

---

① （清）孙德祖、邵友濂、周炳麟纂修《光绪余姚县志》，上海书店出版社，1993，第568页。

② （明）赵㧑谦：《赵考古文集》，载《文渊阁四库全书》（集部·别集类）第1229册，台湾商务印书馆，1983，第116页。

本义》而外都无存者。"① 所幸"其后，门人柴钦，字广敬，以庶吉士与修《永乐大典》，进言其师所撰《声音文字通》当采录，遂奉命驰传，即其家中取之"。②

第二节 《六书本义》概览

一 创作动机

《六书本义》是我国明代文字学家赵㧑谦的一部以阐释六书理论为导向的字书。《四库全书总目提要·六书本义》云：

> 《六书本义》，十二卷，江苏巡抚采进本，明赵㧑谦撰。㧑谦，原名古则，余姚人，宋秦悼惠王之后。明初征修《洪武正韵》，持议不协，出为中都国子监典簿。罢归，寻以荐为琼山县教谕。事迹具《明史·文苑传》。焦竑《焦氏笔乘》称其字学最精。行世者惟《六书本义》及《学范》六篇。

在赵㧑谦以前，有关"六书"理论的著作已经相当丰富，例如有许慎的《说文》，徐铉、徐锴兄弟的《说文解字校定》和《说文解字系传》，王安石的《字说》，王圣美的《字解》，郑樵的《通志·六书略》，戴侗的《六书故》，杨桓的《六书统》和《六书溯源》以及周伯琦的《说文字原》和《六书正讹》等。在赵氏完成《六书本义》以前，有关"六书"理论的著述已相当丰厚，为何他还要对文字结构及六书定义再做整理呢？

---

① （清）黄虞稷等：《明史艺文志·补编·附编》，商务印书馆，1995，第21页。
② 高占祥主编《二十五史》第26卷，（清）张廷玉等：《明史·列传第一百七十三·文苑一》，线装书局，2011，第2076页。

赵撝谦《六书本义·原序》就此做了解答：

> ……后世宗之魏晋及唐，能书者辈出。但攻分点画波折，逞其姿媚而文字破碎，然犹赖六经之篆未易。至天宝间，诏以隶法写六经，于是其道尽废。其有作兴之者，如吕忱之《字林》、李阳冰之《刊定》、徐铉之《集注》、徐锴之《系传》、王安石之《字说》、张有之《复古编》、郑渔仲之《六书略》、戴侗之《六书故》、杨桓之《六书统》、倪镗之《六书类释》、许谦之《假借论》、周伯琦之《正讹》之类，虽曰有功于世，然凡例不达，六义未确，终莫能明。
>
> 其以指事为象形，会意为指事既非矣；至有以转注为假借，会意为转注，则失之甚者也。于乎正书之不显，俗书害之也，俗书之相仍，六义之不明也。古则自早岁即尝研精覃思，折衷诸家之说，附以己见，僎集六书之义，正其以母统子，以子该母，子复能母，妇复孕孙，生生相续，各有次第。……士之为学，必先穷理，穷理必本夫读书，读书非识字义之所载、所该以俟。

由其自序可知，赵撝谦著述《六书本义》的动机有三点。

1. 天宝间，诏以隶法写六经，于是其道尽废。赵撝谦所言"道"，即文字结构。宋、元、明三代，用俗字书写相当泛滥，民间撰写俗字一旦成习，时间一久即把正体遗忘。书写时若取谐音字、别字、错字来代替，不仅难达辞意，后人读了也不甚明白。尤其是在经书的传抄上，倘若也用俗体来写，要搞清六经旨意简直无法想象。

2. 赵撝谦认为大部分字书，皆凡例不达，六书未确。尽管宋元时期六书理论已发展到相当程度，但赵氏认为各家并没有真正掌握六书精蕴，对"六书"之间的诠释常有混淆不清之处，加上"俗字"书写泛滥，若没有一本好的字书对"六书"再做细腻周详的阐释和分析，对准确掌握文字的结构、本义及解读经书将造成相当大的障碍。

3. 《六书本义》有些理论观点承袭《六书略》和《六书故》而来，

正如赵撝谦所言："折衷诸家之说，附以己见，僎集六书之义。"赵氏提出，"士之为学，必先穷理，穷理必本夫读书"。而读书首先需要识字。只有明确了文字的字形结构和其所涵盖的各种义项，才能达到"六书明，然后六经如指诸掌矣"。

基于以上几点原因，赵氏穷毕生精力，完成力作《六书本义》。

众所周知，六书理论一直是我国传统文字学的核心内容，更是人们探讨文字结构及其意义的主要理论依据。汉魏以来，六书理论得到了相当程度的发展，尤其是徐铉、徐锴兄弟对《说文》的整理，为后世文字学研究开启了新路。宋元时期更是我国文字学史上的变革时期，宋元学者对《说文》进行了再分析，提出了许多新的观点。

明代的文字学多承袭宋元两代，但是又与宋元两代的学术有所不同。宋人敢于在前人的基础上大胆创新，他们不满汉儒皓首穷经的状态，敢于用天人感应、阴阳五行的观点来解经，从理学的角度来看待六经，所以宋人的著作多疑经、改经。而元朝的学术风气也大体和宋代相当。明代的学术虽然以宋元为基础，继承了宋人疑经的传统，但是在一定程度上对汉学又做了相当回归。

明儒察觉，宋人过度违背汉学带来了诸多弊端，其中影响最大的，莫过于俗字书写的泛滥。正是鉴于宋元俗字流行、正体不彰的状况，赵撝谦潜心"六书"研究，著作完成《六书本义》。由赵撝谦《六书本义·原序》"时洪武十有一年春正月朔余姚赵古则自序"可知，《六书本义》成书时间应该在洪武十一年（1378）前后。《六书本义》不仅是赵撝谦"六书"理论研究的力作，也是明代文字学研究的开山之作。

赵撝谦《六书本义》共收一千三百字，定部首为三百六十部，按照事类分为数位、天文、地理、人物、草木、虫兽、饮食、服饰、宫室、器用等十类，其中人物篇又分上、中、下三卷，共十二篇，凡十二卷，正好凑够了一年十二个月三百六十日的数目。综观全书，我们发现赵氏字书编排蕴含了天地生万物，圣人参天地，万物相生不息之理。

赵撝谦在《六书本义》对"六书"理论进行了系统论述，书前有

《六书本义·原序》，主要说明文字的起源、《六书本义》的写作目的及其基本内容；次之是"凡例"九则，之后是《六书纲领》，分"六书总论、象形论、指事论、会意论、谐声论、假借论、转注论"等七章，集中反映了赵氏的"六书"观点。

正文体例以十类十二卷三百六十部，统领一千三百字，每部之下，列举该部所收之字。《六书本义》于每一个字都标明其属于"六书"中的哪一类，而每字之下，先注音、次释义，再列举字的形体。有的字还要说明引申义、假借义、变体、俗体、方音等。

赵撝谦《六书本义》对文字的说解，得到了四库馆臣的肯定，《钦定四库全书总目提要》曰："于各部之下辨别六书之体颇为详晰，其研索亦具有苦心。"[1] 认为其说解文字"多有精解，颇有可取"。[2]

二 版本情况

由《六书本义·原序》"时洪武十有一年春正月朔余姚赵古则自序"可知，《六书本义》成书时间应该在洪武十一年（1378）之前。据考证，《六书本义》有七个版本，现列举如下。

1. 《六书本义》十二卷，江苏巡抚采进本，卷首有《提要》《原序》《凡例》《纲领》《六书论》及《图考》等，之后是正文十二卷，该版本现收录于由台湾商务印书馆出版的《文渊阁四库全书》中。

2. 《六书本义》十二卷、图一卷，今藏于南京图书馆，为明正德十二年邵蕡刻本，有清丁丙跋，题"余姚赵古则编注"，卷前有"纲领"一卷，图一卷，卷末有"泰川胡文质刊"。[3]

3. 《六书本义》十二卷、图一卷，今藏于国家图书馆、山东省博物馆、福建省图书馆、北京大学图书馆、无锡市图书馆，为明正德十二年

---

[1] 四库全书研究所：《钦定四库全书总目》，中华书局，1997，第549页。
[2] 四库全书研究所：《钦定四库全书总目》，中华书局，1997，第549页。
[3] 王重民：《中国善本书提要》，上海古籍出版社，1983，第57页。

（1517）邵賚刻本。①

4.《六书本义》十二卷、图一卷，今藏于中国社会科学院考古研究所、北京图书馆、西北大学图书馆，为明正德十五年胡东皋刻本。②

5.《六书本义》十二卷，残存 1 ～ 7 卷，今藏于北京师范大学图书馆，《北京师范大学图书馆中文古籍书目》记载，该书系金陵杨君觊刻本钞本。③

6.《六书本义》十二卷、图一卷，今藏于北京大学图书馆，《中国古籍善本总目》记载，该书系明正德十五年胡东皋刻本，清刘孚周校。④

7.《六书本义》十二卷、图一卷，今藏于中科院国家科学图书馆、北京图书馆、福建师范大学图书馆，为明万历三十八年杨君觊校梓本，卷前有《六书纲领》六页、《本义图》六页、《凡例》九则。有徐一夔序、环中老人携李鲍恂序、天台林右序和赵古则自序等。⑤

第三节　《六书本义》收字与字体

赵撝谦《六书本义》采十个类目、三百六十个部首，统驭一千三百字。其中一个类目编为一卷，《人物卷》收字最多，分为上、中、下三卷。全书共有十二卷。每部之下，皆依象形、指事、会意、谐声次第为序列字。《六书本义》在收字和字体上主要呈现以下两个方面的特点。

一　补充《说文》未收之字

赵撝谦《六书本义·凡例》曰："《说文》凡九千三百五十三文，重

---

① 中国古籍善本书目编辑委员会：《中国古籍善本书目》，上海古籍出版社，1985，第 440 页。

② 王重民：《中国善本书提要》，上海古籍出版社，1983，第 57 页。

③ 北京师范大学图书馆：《北京师范大学图书馆中文古籍书目》，中国出版对外贸易总公司，1983，第 40 页。

④ 翁连溪：《中国古籍善本总目》，线装书局，2005，第 170 页。

⑤ 傅增湘：《藏园群经眼录》，中华书局，1980，第 142 页。

一千一百六十三文，铉等新沾四百二字。今既定三百六十部为母，其不能生而为子者，附本生母下，虽非子而义晦者亦入焉，合一千三百字，其余义显者，但存其数。若成书，则有《声音文字通》在焉。《说文》当收不收，如希、由之类；当正不正，如酉、卪之类，今悉归本义。"

统计《六书本义》，共补充《说文》未收之字有 12 个：

卌，息入切，四十并也。从二廿相连为意。（《数位篇·廿部》）

由，夷周切，所经从处。《韩诗》注："东西耕曰横，南北耕曰由。"从田而指经行之径。古作遒。借因也。亦转繇。《汉宣纪》："上亦亡繇"。知又与粤通，书若颠木之有由蘖，作柚，非。（《理篇·田部》）

畾，鲁猥切，坺土为营壁也。从三田，即土意。亦加土作壘。古僵象形，作磊。亦作垒、作壃，非。靁、畾、讄、鸓、曑从其声。（《理篇·田部》）

免，美辨切，妇人生子免身也。从人勹，出人为意。亦作挽。借止也。（《人物上篇·勹包部》）

杀，所八切，戮也。上象二刃相交杀形，术声。亦作殺……减削也。作刹、煞，非。又弑同。（《人物下篇·杀部》）

昏，古潜切，塞口也。从氒省声。俗用捂，古作潜、諳等，从者与舌混，当辨。（《人物中篇·口部》）

个，古贺切，竹一枝也。《史》："竹万个"，从竹省半为意。亦作簡，支、隶字从之。转与翰同。《考工记》："梓人为侯上两个。"又与介同。（《草木篇·竹部》）

妥，土火切，安也。从爪、安省，爪手安妥之意。古转绥。（《虫兽篇·爪部》）

弗，此象以二物直穿之形，借习也。与遗、遗同，作惯，非。方音楚限切。（《饮食篇·象形三附》）

希，张里切，刺粉米无画也。《周礼》："司服希冕。"从巾，上

037

指剌文互形。书用烯，或混嵩、襕……借雄名，作鹅非。转同稀，又与睎通。(《服饰篇·巾部》)

刕，力至切，刀铦也。又里之切，剥也。亦作劦，并从三刀为意。转音黎，姓也。(《器用篇·刀部》)

匜，力侯切，侧逃也。从内于匚纳藏扁蔽之意。俗用漏，从丙讹。(《器用篇·匚部》)

二　收有八种字体

赵㧑谦极为重视汉字形体的发展演变轨迹，并对不同文字字体给予充分展现。《六书本义》以小篆为字头，在其所收字的下面，还兼收了某字的"古文字""古文奇字""籀""续""隶""通""讹""俗"等字体。这些不同的字体，充分反映了汉字字形发展的演变轨迹。《六书本义》对有些字例还收录了形符、声符不同的其他字形，或者是或体字，即我们今天所称的"异体字"或"古今字"等。赵㧑谦对字体的这种列举方法，充分展现了汉字的不同字体，较好地体现了文字形体演变的发展规律。

关于"古文字""古文奇字""籀""续""隶""通""讹""俗"等八种字体，赵㧑谦《六书本义》认为："字体变化古今多异，今夹以古、籀、续、隶、通、讹、俗八字定其是非。如二三写而继本文出者，曰亦上古所制之文，曰古别出者、曰古文、奇字，史籀改作者曰籀，古借用后世得出者曰续，新附文也。隶变、省楷书也；通转、借用者也。后人讹书者曰讹，妄改作曰俗。此二类皆注，曰非以明其不可用也。其诸家之非，及愚所正定者，皆不复辩论，务从简约尔。"

现列举有关字例，以资参考。

1. 古文奇字。赵㧑谦将古别出者称为古文奇字。如"仓"，《六书本义》："千冈切，谷藏也。从食省，下象仓形，古（古文奇字）作仺。"(《饮食篇·食部》)

2. 古文字。赵㧑谦将上古所制之文称为古文字。如"香"，《六书本

义》："虚良切，黍稷芳气。从黍曰为意。古作皀，隶作香省。"（《草木篇·黍部》）

3. 史籀文。赵撝谦将史籀改作者称曰籀或史籀文。如"坴"，《六书本义》："力竹切，高于曰坴。从土，先声。亦加自作陸，籀文作𡐍。"（《理篇·土部》）

4. 续文。赵撝谦将古借用后世得出者称曰续，或新附文。如："启"，《六书本义》："遣礼切，开户也。户开如口开之易，故从户、口为意，今但用啟，借肥肠也，续收臂从肉。"（《宫室篇·户部》）

5. 隶书。隶书是对古文字的主要变革，起源于秦朝，东汉时期达到顶峰，对后世字体发展影响深远。如"萅"，《六书本义》："枢仑切，四时之首。从日，草生于春，故又从艸，屯声。亦省作旾，隶作春。"（《天文篇·日部》）

6. 通转字。赵撝谦将假借字、通假字和转注字等称作通或通转字。如"卒"，《六书本义》："藏没切，隶人给事者。……又与猝、俎、崒通。"（《服饰篇·衣部》）

7. 俗字。俗字就是宋元明时期对流行的错字、别字以及不规范字的统称。如"冰"，《六书本义》："疑夌切，水寒结冻也。从水结冰为意，俗作凝。或转疑，作水，非。"（《天文篇·仌部》）

8. 讹字。赵撝谦将后人讹写了的古文称为讹字。如"戶"，《六书本义》："後五切，独门曰户。象形。……讹作户。"（《宫室篇·户部》）

第二章 《六书本义》体例

赵撝谦是明代文字学的开山始祖,也是明代研究六书理论的第一人,其代表作《六书本义》是一部以阐释六书理论为导向的字书,也是宋元明时期最具有典型代表的文字学著作之一,《六书本义》较为集中地反映了赵氏的"六书"学思想。在六书理论上,以"正生""兼生"分类各书。赵撝谦有关六书理论的许多观点和思想,都源于郑樵的《六书略》、张有的《复古编》和戴侗的《六书故》等。通过综合考察,我们发现赵撝谦《六书本义》对六书理论的认识并未完全宗法于许慎的《说文》,也有别于郑樵的《六书略》和张有的《复古编》,更不同于戴侗的《六书故》。

第一节 编排体例

赵撝谦《六书本义》以"子母相生"的方式,以十个类目分三百六十个部首统驭一千三百字。每部之下,皆依象形、指事、会意、形声等六书次第列字。凡无部首可入的,则置于卷末,以《附录》处理。在编排体例上呈现了自己独有的特点。下面我们依《六书本义·凡例》为本,就其编排体例做一个简要介绍。

一 《凡例》说明

现节录《六书本义·凡例》内容并阐释如下:

《凡例》

1. 《说文》原作五百四十部，唐林罕《小说》加一部，宋释梦英《字原》减一部，郑夹漈以为当作三百三十类，以去子不能生者二百十，皆为未当。今定为三百六十部，不能生者附各类后，能生而旧无者则增入之。

2. 部分旧无次第，今分十类，各有所属。子从母生，孙从子出，各有所统。先形、次事、次意、次声，虽从母为子，而又能生它字者，既见于所生母下，而又别出为部，亦犹人皆出于父母，既长而又能生其所生也。

3. 《说文》凡九千三百五十三文，重一千一百六十三文，铉等新沾四百二字。今既定三百六十部为母，其不能生而为子者，附本生母下，虽非子而义晦者亦入焉，合一千三百字，其余义显者，但存其数。若成书，则有《声音文字通》在焉。

4. 《说文》当收不收，如希、由之类；当正不正，如酉、阤之类，今悉归本义。

5. 六义自郑氏注经，班固作《志》，颜籀注《史》，夹漈成《略》，皆杂然无序，今述论七篇，以定其次序，庶几井然不可易也。

6. 每字先反切以知其声，次训释以知其义，次引证以明其用，次说六义以原造字本旨，次假借、次转注，各圈于上以为起端，其假借、转注之多者，每一义加又字于上。

7. 字异而义一者，虽各见本生母下，而不复重注，但曰："音义见某"。其推义而注于它字者，于本文下但曰："注见某"，曰："详见某"。

8. 翻切汉以前未有之，许氏《说文》，郑氏《笺》《注》，但曰读若某而已。齐梁以后，始有反切。今《说文》反切，乃朱翱以孙愐《唐韵》所加，多疏略舛误，今悉正之，其方音、叶音间载一二。

9. 字体变化古今多异，今以亦古、籀、续、隶、通、讹、俗八字定其是非。如二三写而继本文出者，曰亦上古所制之文，曰古别出者、曰古文、奇字，史籀改作者曰籀，古借用后世复出者曰续，新附文也。隶变、省楷书也；通转、借用者也。后人讹书者曰讹，妄改作者曰俗。此二类皆注曰非，以明其不可用也。其诸家之非，及愚所正定者，皆不复辩论，务从简约尔。

现对以上《凡例》九则"条例"做简要说明。

1. 《六书本义》定部首为三百六十部，主要吸收和借鉴了诸家的编排体例。其中，折中了《说文》的五百四十部，《字原偏旁小说》的五百四十一部，以及《六书略》的三百三十部等。其中，受郑樵《六书略》的影响最大。

2. 《六书本义》分十个类目编排字书，各类之下依部首排列，部内之字，皆依象形、指事、会意、谐声为序依次排列。如"土部"之下，先收象形"土"字，次收指事"块"字，次再收指事之"事兼声"者"金"字，后有会意"尧、尘、里、堇、坐、圣"等八字，最后又收谐声"封、埋、坒、杜、陆"等一百四十一字。

3. 《六书本义》以"子母相生"的方式，设立部首以统筹列字。编排字典部首是为了查阅的方便，赵撝谦《六书本义》以子母相生原理编列部首，打乱了《说文》编列部首的次序，在一定程度上增加了人们认识部首的困难，使查阅字书的程序更为烦琐。当然，尽管赵撝谦《六书本义》在列部次序上，孰先孰后毫无章法，但列字却井然有序。

4. 赵撝谦《六书本义》对《说文》当收而未收之字，如希、由之类；当正不正的字，如酉、旭之类，皆予以还原，以正字义造字本义。

首先，赵撝谦《六书本义》增收了《说文》当收而未收之字。如"由""希"二字。

> 由，夷周切，所经从处。《韩诗》注："东西耕曰横，南北耕曰由。"从田而指经行之径。古作繇。借因也。亦转繇。《汉宣纪》："上亦亡繇"。知又与繇通，书若颠木之有由蘖，作柚，非。（《理

篇·田部》)

　　希，张里切，刺粉米无画也。《周礼》："司服希冕。"从巾，上指刺文互形。书用烯，或混蔷、襕……借雉名，作鹈非。转同稀，又与睎通。(《服饰篇·巾部》)

　　赵撝谦《六书本义》增收《说文》当收而未收的字例还有冊、晶、兔、杀、个、妥、弗、希、劜、扄、昏等，在此不再一一罗列。

　　其次，赵撝谦《六书本义》纠正了许慎《说文》释义不当的地方。如"酉""庀"二字。

　　酉，《说文》："就也。八月黍成可为酎酒。"①《六书本义》："酿黍米以供祭祀宾客之饮也。仪狄造杜康润色之象酉在缶瓮中，上有盖。亦作酒。"

　　庀，《说文》："广庇也，从臤巳声。"②《六书本义》："《尔雅》：'落时谓之庀。'从户，巳声。亦作庖。旧同，今正。"

　　赵撝谦《六书本义》纠正许慎《说文解字》释义不当的字例还有酓、俞、困、壬、焱、氏等字，在此就不再一一罗列了。

　　5. 赵撝谦认为，郑玄注《周礼》、班固作《汉书·艺文志》、颜师古注《汉书》、郑樵作《六书略》等，对"六书"的说解皆杂然无序，故作《六书本义》重新阐释"六书"，以厘清"六书"之本义。

　　6.《六书本义》于每字之下先列反切以明其声，次训义，次说形。然后再说明假借、转注等情况。若假借、转注等情况使用频繁，便于每一义上加"又"字以补充说明。如"兒"，《六书本义》："如移切，孩子也。从人，上指小儿头囟未合状。作儿，非。方音研奚切。亦作倪、婗，

---

① (汉)许慎：《说文解字》，中华书局，1963，第311页。
② (汉)许慎：《说文解字》，中华书局，1963，第250页。

非。借姓，汉有兒宽。又与齯通。又衣名，作襧，非。”

7.《凡例》主旨可归结为两点：（1）凡字音、义相同的异体字，字义与前一字已说明，后一字便不再重复，赵氏会以“音义见某”来注明。如“光”，《六书本义》：“音、义见炗。从人，持火为意。”（2）某字义项已在另一字中详注过，赵氏便在本字下注曰：“注见某”或“详见某”。如“杲”，《六书本义》：“古老切，明也。注见東。”

8. 赵撝谦认为汉以前并没有反切注音法，今《说文》音切主要为朱翱依孙愐《唐韵》所添加，而其标音多疏略舛误，故于每一字必重新标音，以正其音读。除正音外，赵撝谦还给某些字标示方音。如“块”，《六书本义》：“苦怪切，土墣。从土，上屈指其状。亦作塊，俗借蕢、凷，方音苦溃切。”

9. 在字体方面，赵撝谦《六书本义》收有八种字体，对于这八种字体，赵氏给予了明确界定。他认为，“上古所制者称古，古别出者曰古文奇字，史籀改作曰籀（亦作史），古借用后世复出者曰续（新附文也）、隶书、通转借用者曰通，后人讹书者曰讹”。赵氏虽反对俗字，但也收录了不少俗字。以下列举各类字例，以资参考。

云，于分切，山川之气成雨者。……古作[illegible]，亦从雨作雲。（《数位篇·上部》）

𡿨，古畎字，注见巜。（《理篇·形十附》）

倉，千冈切，谷藏也。从食省，下象倉形，古（古奇字）作仺。（《饮食篇·食部》）

乍，助驾切，暂止也。从亾从一，出亾得一而或暂止之意。……借始也。石鼓文转同作。（《数位篇·亾部》）

坴，力竹切，高于曰坴。从土，夫声。亦加𨸏作陸，籀文作[illegible]。（《理篇·土部》）

启，遣礼切，开户也。户开如口开之易，故从户、口为意，今但用啟，借肥肠也，续收臂从肉。（《宫室篇·户部》）

菩，枢仑切，四时之首。从日，草生于春，故又从艹，屯声。亦省作旾，隶作春。（《天文篇·日部》）

土，统五切，地能吐生万物故曰土。象有物从地吐出形。转董五切，圜土狱城，又与杜通。（《理篇·土部》）

匦，力侯切，侧逃也。从内于匚纳藏屚蔽之意。俗用漏，从丙讹。（《器用篇·匚部》）

炁，徐醉切，从意也。上象气意，说则气舒散，炗声，俗但用遂。（《数位篇·八部》）

二 编排特点

赵撝谦《六书本义》在编排体例上，基本上是以许慎《说文》"同条牵属，据形系联"[1] 为基础的。但是赵撝谦在《说文》的编排原则上又做了一些调整，呈现自己的特点。现归纳如下。

（一）定部首为三百六十部

赵撝谦以"子母相生"的方式编定部首三百六十部，其于《六书本义·凡例》曰："郑夹漈以为当作三百三十类，以去子不能生者二百十，皆为未当，今定为三百六十部，不能生者附各类后，能生而旧无者则增入之。"

赵撝谦《六书本义》编排部首，受郑樵《象类书》影响最大，但是因为《象类书》早已亡佚，所以我们无法比较《六书本义》和《象类书》部首之间的差异。但他们都以该字能否孳乳再生为标准，如果是不能再生的字，则不能作为部首而被删去。

赵撝谦《六书本义·原序》曰："古则自早岁即尝研精覃思，折衷诸家之说，附以己见，撰集六书之义，正其以母统子，以子该母，子复能母，妇复孕孙，生生相续，各有次第。"由这段引文可知，赵撝谦以"子

---

[1] （汉）许慎：《说文解字》，中华书局，1963，第319页。

母相生"的方式，编定部首统筹列字。

赵㧑谦生活在一个程朱理学兴盛的时代，受宋元理学影响深远，尤其受朱熹"易学"思想影响至深，赵氏于《六书本义·原序》曰："……分为十类，以象天地生成之数；著为十二篇，以象一年十二月。部凡三百六十，以当一朞之日。"由此可见，赵㧑谦《六书本义》定部首为三百六十部，系配合一年三百六十日的天数。

赵㧑谦《六书本义·伏羲始画八卦为文字祖图》又曰："《易》有太极，是生两仪，两仪生四象，四象生八卦。……邵子曰：'一分为二，二分为四，四分为八。'朱子曰：'八卦列于六经，为万世文字之祖'。"赵氏将文字学的发展和八卦太极联系在一起，说明赵㧑谦《六书本义》将部首定为三百六十部与其程朱理学思想是紧密联系在一起的。

当然，赵㧑谦《六书本义》编定部首，还依据了他的"文字子母"理论，"主类为母，从类为子；生字为母，从母为子；显为母，阴为子；约为母，滋为子；用者为母，不用者为子；得势为母，不得势为子"的文字孳乳观，认为文字最基本的字形是"母文"，由"母文"可孳乳出"子字"，再由"子字"孳乳出"孙字"，而其孳乳分化的层级关系是"子从母生，孙从子出，各有所统"。

同时，赵㧑谦《六书本义》还提出："《说文》凡九千三百五十三文，重一千一百六十三文，铉（徐铉）等新沾四百二字，今既定三百六十部为母，其不能生而为子者，附本生母下，虽非子而义晦者亦入焉，合一千三百字，其余义显者，但存其数，若成书则有《声音文字通》在焉。"

当然，赵㧑谦《六书本义》关于文字的部首编排，关键还是他能够博采百家之长，以成自家之说。据《六书本义·凡例》："《说文》原作五百四十部，唐林罕《小说》加一部，宋释梦英《字原》减一部，郑夹漈以为当作三百三十类，以去子不能生者二百十，皆为未当。今定为三百六十部，不能生者附各类后，能生而旧无者则增入之。"

（二）以"正生""兼生"分类"六书"

在"六书"分类上，赵㧑谦《六书本义》承袭郑樵《六书略》，以

"正生""兼生"分类"六书"。关于二者差异和区分，赵氏在《六书本义·象形论》曰："……此十种直象其形，故谓之正生。推之则又有所谓兼生者二焉，其一曰形兼意，日、月之类是也；其二曰形兼声，垒、箕之类是也，以其兼乎它类，故谓之兼生。"

《六书本义》对象形、指事皆设有"兼生"，象形兼生为"形兼声""形兼意"，指事兼生为"事兼声"。二书兼生结构与谐声、会意结构近似，按理应将其归入会意、谐声，赵氏却不将二者放入会意、谐声，主要可能是考虑到二书兼生结构中，各有一不成文形符，字义须透过附加的形符才能表达完整。

依赵氏说解，凡不属于独体性质者，不能称作"正生"，分类十分详细。赵撝谦《六书本义》"六书"当中，真正属于"正生"者，只有"象形"之"直象其形"。至于指事之"正生附本"，会意、谐声之"正生归本"皆由"正生"象形推衍而来。

其实，"六书"分类"正生""兼生"，并非赵氏首创。郑樵早在《通志·六书略》已采用"正生""兼生"分类各书[1]，郑樵关于"六书"的分类，虽然繁多细杂，却只有名称概念，而没有具体说明，也没有解释这样分类的缘由。如将"指事"分为"正生附本"和"兼生"两类，其中"兼生"又分为"事兼声""事兼形""事兼意"。相比而言，赵撝谦不仅指明了各书分类的名目，而且还举字例做了详细说明。

赵撝谦认为文字最基本的字形是"母文"，由"母文"滋生出"子字"，再由"子字"衍生出"孙字"，而其孳乳分化的原则是"以母统子，以子该母，子复能母，妇复孕孙，生生相续，各有次第"。赵撝谦以"子母相生"的方式，设立部首统筹列字。再以十个类目编列部首，于每一部之下按形（象形）、事（指事）、意（会意）、声（谐声）的顺序排列所衍生的字，各书的兼书排列于其后。

采用"兼书"反映了赵撝谦《六书本义》对汉字部件构成的新认识，

---

① （宋）郑樵：《通志·六书略》，王树民点校，中华书局，1995。

赵氏将《说文》中笼而统之的字形分而细化，对汉字的构成部件、构成方式做了更加深入的研究和分析。说明赵撝谦对文、字之间差别的认识，已不仅仅限于独体、合体。在探寻汉字构字部件的拆分与叠加时，赵氏发现，象形、指事可以由独立的形符再附加其他有辅助表意功能的形符构成。

当然，元明时期人们尚未有机会接触到诸如殷墟甲骨文等更多的古文字材料，所以，赵撝谦《六书本义》在说解一些具体字例时，仍然采用小篆系统来剖析"六书"。当遇到说解不清的状况时，就会过多附会《说文》，列出所谓"兼书"来敷衍，有囿于"六书"局限之嫌。我们知道，汉字发展到楷书阶段，已经与汉字初创时期的甲骨文有相当距离，即使小篆形体与甲骨文也不可同日而语。若用小篆字体去牵强探寻汉字本义，未免会走向片面或极端。

（三）分类方法深受易学思想影响

赵撝谦《六书本义》在造字祖源上，以"象形"为"万世文字之祖"，认为指事、会意和谐声等皆是以"象形"为基础所孳乳出的造字方法。视"象形"为文字的起源本无可厚非，然而，赵氏在阐述这一思想的同时也受到了朱熹"易"学思想的影响，他说："《易》有太极，是生两仪，两仪生四象，四象生八卦。……八卦列于六经，为万世文字之祖。"

赵撝谦年少时曾受业于天台郑四表门下学《易》，于易学有所研究，在《六书本义》正文前就录有一幅《天地自然之图》："天地自然之图，虙戏时龙马负图出于荥河，八卦所由以画也。……此图世传蔡元定得于蜀之隐者，秘而不传，虽朱子亦莫之见。今得之陈伯敷氏，尝熟玩之，有太极函阴阳、阴阳函八卦之妙。"

由此，我们可以看出，赵撝谦受易学思想影响甚深，而且《六书本义》将正文字例按事类分为十类十二卷，正好象征了一年中的十二个月，将《说文》五百四十部合并归纳为三百六十部，也是为了配合一年三百六十日的天数轮回："以当一朞之日，目该万有余数，以当万物之数"，这一分类方法和其生生不息的易学理念是紧密相关的。

（四）编排次第严谨

与许慎《说文》"始一终亥""据形系联"不同，赵撝谦《六书本义》按照事类将所收一千三百字分为十类，以"子母相生"的方式编排部首，充分显示了赵撝谦《六书本义》在编排体例上的严密性。与许慎的《说文》相比，是一个较大进步。

考察许慎《说文》的部首次第，并无严密体例。"据形系联"是其主要的编排原则，但其内部收字仍不免杂乱。使人往往有"寻求一字，往往终卷"之感。打乱许慎《说文》的部首顺序，应当说起于徐锴的《说文解字系传》。该书从整体上看虽仍按照《说文》部首顺序排列，但是徐锴模仿《周易系辞传》，以生生不已的精神，重新拟定部首顺序，这一举动是重排《说文》部首的开始。

之后便是宋末元初的戴侗，他在《六书故》中按照事类将文字分成九卷："书始于契，契以纪数，故首数，次二天，次三地，次四人，次五动物，次六植物，次七工事，次八杂，次九疑。"① 赵撝谦在一定程度上继承了戴侗的分类思想，但较戴侗分类更加细致，从名称上看更为合理。且其前后顺序贯穿了"天地生万物，万物荣生，生生不息"之理。

（五）依"子从母生，孙从子出"的原则编排各部及其属字

赵撝谦《六书本义》依据郑樵《通志·六书略》："立类为母，从类为子"② 的"文字子母说"，提出："子从母生，孙从子出，各有所统。先形、次事、次意、次声，虽从母为子，而又能生它字者，既见于所生母下，而又别出为部，亦犹人皆出于父母，既长而又能生其所生也"的文字孳乳观和部首编排原则，倡导："以母统子，以子该母，子复能母，妇

① 党怀兴：《论戴侗的〈说文解字〉研究》，《陕西师范大学学报》（哲学社会科学版）2001 年第 3 期，第 134 页。
② （宋）郑樵：《通志二十略》，王树民点校，中华书局，1995，第 344 页。

复孕孙，生生相续，各有次第"的部首编排次序。

《六书本义纲领·六书总论》曰："母能生，子不能生，主类为母，从类为子，生字为母，从母为子，显为母，阴为子，约为母，滋为子，用者为母，不用者为子，得势为母，不得势为子，母主形主义，子但主声。"赵㧑谦按照"子从母生，孙从子出"的文字孳乳原则，认为文字最基本的字形是"母文"，由"母文"孳乳出"子字"，再由"子字"衍生出新的字体，赵氏称之"孙字"。赵氏在对文字系统进行全面分析的基础上，归纳出了文字的"子母"说，并在《六书本义》每一卷之后都附有他认为《说文》部首中不能生的字，"其不能生而为子者，附本生母下，虽非子而意晦者亦入焉"。可见，赵氏对于文字形体的孳乳发展过程有着相当的把握。

（六）某字既是某部属字又可独立成部

《六书本义·凡例》曰："虽从母为子，而又能生它字者，既见于所生母下，而又别出为部，亦犹人皆出于父母，既长而又能生其所生也。"这既是赵㧑谦《六书本义》"以母统子，以子该母，子复能母，妇复孕孙"的文字分化孳乳方法，也是其在部首编排方法上的一个独特之处。

依照赵㧑谦《六书本义》"子从母生，孙从子出"的分化孳乳原则，有些"子"属于所生之"母"，故作为其母的属字，同时这些"子"又可以生"孙"，故又将其列为部首，下属其所生之"孙"。《六书本义》在每一卷之后都附有赵氏认为《说文》部首中不能生的字，"其不能生而为子者，附本生母下，虽非子而意晦者亦入焉"。这样的安排基本上是从汉字的孳乳衍生的角度考虑的，现以《六书本义》卷四人物上篇人部第五十八为例：

人部第五十八凡二百八十一字：

形一：人，

事九：兒、身（独立成部）、兆、先（独立成部）、夂、久、兒（独立成部）、佩、欠，意三十五①：从、北（独立成部）、众、匕、仁、充、兄、尸（独立成部）、元、先、羌、侵、尤、企、允、壬（独立成部）、老（独立成部）、卧、戌（独立成部）、付、弔、伐、色（独立成部），

声二百三十六：凶、敩（微）、介、兑、㑉、兀、秃……

从衍生层面上看，"人"为父辈，"兒""身"等为子辈，而"身"下所统之"躳"为孙辈。这一独特的部首编排体例，更能通过部首反映汉字孳乳的系统，并体现出字的本义，其部首编排法于古于今都是独特的。

（七）《六书本义》部首编排呈现特点

《六书本义》采十个类目、三百六十个部首，统驭一千三百字，共分为十二卷。每部之下，皆依象形、指事、会意、谐声次第为序列字。正文编排，是以类目统驭部首，再依部首列字。列字次第，依象形、指事、会意、谐声为序。凡无部首可入的，则置于卷末，以《附录》处理。

《六书本义》在部首安排上，呈现以下特点。

1. 部首之下，多以凡从某部多含某义，说明该部类别义。《六书本义》中，以此说明类别义者计十二部。现节录其内容以说明。

一部第一，一部所从，或主数义，或指天地，或指其物，凡十二字。（《数位篇》）

辛部第六，所从凡六字，皆主辛皋辛苦意。（《数位篇》）

二部第七，二部所从多主天地为意，凡四字。（《数位篇》）

---

① 赵撝谦《六书本义》于各部之下，多标出所收字数，但所收字数却常与实际收字不合，或标示字数而未列出字例，只以"声十九""事五"等字眼含糊带过。关于赵氏于部首下标示字数与所收实际字数不合，或某部只列文字，不见解说等情况，赵氏取舍依据的是什么？赵撝谦在其《六书本义·凡例》做了解释："今既定三百六十部为母，其不能生而为子附本生母下，虽非子而义晦者亦入焉，合一千三百字，其余义显者，但存其数，若成书则有《声音文字通》在焉。"

八部第十，所从多取分八之意，或取象气形，从数义者，惟肖一字。（《数位篇》）

晶部第二十四，此部所从皆象形，而兼取其意。（《天文篇》）

尸部第六十八，从尸者取人义，旧以从屋省者混之，今正，凡十八字。（《人物上篇》）

韦部第八十八，声十九，所从皆主皮韦之义，惟韩字取口帀之义。（《人物上篇》）

大部第八十九，凡从大者有二义，或主大人意，或主大小意，凡卅一字。（《人物上篇》）

包部第一百十七，或主包藏意，或主包胎意，亦有但象形者，凡十八字。（《人物上篇》）

自鼻第一百卅，凡十三字，旧分三部，今正。自所从有主自窍之义，有主自我义。（《人物中篇》）

寸部第一百卅三，从寸主二义，或取法度，或主近右手意，十一字。（《人物中篇》）

匕部第三百五十三，匕有二义，有取匕箸义者，有取匕并义者，凡七字。（《器用篇》）

赵㧑谦此举，主要承袭《说文》于每部之下，列"凡某之属皆从某"，以说明部首所标示之类别义。但赵㧑谦所采类目分卷，已有大范围的类别义标示，又在部首下再作类别义区分，难免累赘。

2. 每一部首下多标示所收字数，考察《六书本义》正文，在二百多个部首下标示了其所收字数，不过这些数据多有不精确之处。如《天文篇·日部》下有："凡九十六字"，而实际收字却只有二十。也有在部首下虽标示字数，却无收字者。如《理篇·里部》下标"声二"实则无字。

3. 也有不标示字数的。有一百多部部首之下未标示所收字数。如《人物上篇·尺部》下则未标示字数，也未收字。

4. 部首与列字混乱。《六书本义》于部首安排上，时时出现既是部首，又是他部列字的错乱情况。如《数位篇·一部》下收"百"字，一部之后又立"百"部。即赵撝谦《六书本义·凡例》之二中所谓"子从母生，孙从子出，各有所统。先形、次事、次意、次声，虽从母为子，而又能生它字者，既见于所生母下，而又别出为部，亦犹人皆出于父母，既长而又能生其所生也"。部首表一字类别义，若该字既为部首，又可入他部，则其为何类别，令人难以掌握。

第二节 说解体例

一 基本体例

（一）分卷、分部

赵撝谦依据郑樵"立类为母，从类为子"的"子母相生"方式，编订部首为三百六十部，每部之下皆依象形、指事、会意、谐声等六书次第依次列字。《六书本义》部首确立多是依据文字形旁，以形为经，但立部次第，却不同于《说文》的"据形系联"，而是依"正生"象形为十类，分全书为天文、数位、地理、人物、草木等十类，凡十二卷，每卷依其类别，归类部首，统摄文字。虽然赵氏在列部次序上，孰先孰后毫无章法，列字却井然有序。

在分部上，也深受郑樵《通志·六书略》的影响，将《说文》的五百四十部精减为三百六十部。部首之下，大都说明部首在本部所收之字中所起的作用，或指明本部所收字的共同特征，并标明本部所收字的数目。如："一部第一"下注：一部所从，或主数义，或指天地，或指其物，凡十二字。

　　　　一部第一凡十二字：

　　　　形一：一，

　　　　形兼意二：七、凡，

事三：上、下、丕，

意五：天、王、与、吏、再，

声一：百（独立成部），

……

象形九附：三、乂、五……

部内之字，皆依形、事、意、声的顺序进行排列，如"一部"之下，先收象形"一"，并在其字头上标明"形一"，表示"一部"收象形字一个。次"形兼意二"，表示"一部"收"形兼意"字两个，分别为"七""凡"二字。然后，"事三"，收所属指事之"上、下、丕"三字。再次为"意五"，收所属会意之"天、王、与、吏、再"五字。最后"声一"才收所属谐声之"百"字。每部之后又有《附录》，赵㧑谦《六书本义》认为这些字都是"不能生者"，也就是说，这些字既不能单独作部首，又不隶属其他部首，所以就将这些字"附录"在各部之后。

（二）音、形、义"三位一体"的解释原则

赵㧑谦《六书本义》对文字的分析讲解，首先于每字之下先列出反切标注读音，接着训释意义，然后剖析字形。对文字的音、形、义解释完毕后，再说明文字的假借、转注、词义引申等情况，以及剖析文字的异体字、古今字、通假字、俗字等其他文字现象。如：

東，都龙切，日出方，从日在木中。夹漈曰："木，叒木也。日所升降，在上曰杲，在中曰東，在下曰杳。"并会意字。借姓。转都郎切，丁東声也。借当，通续作瑭。（《天文篇·日部》）

夫，凤无切，丈夫也。从一、大，丈夫之意。……转音扶语词。（《人物上篇·大部》）

皕，彼力切，二百也。从二百为意。借，迫近也，续作逼。（《数位篇·百部》）

丘，祛尤切，土之高者，象丘阜在地上形。亦作坵。（《理篇·

丘部》）

兒，如移切，孩子也。从人，上指小儿头囟未合状。作皃，非。方音研奚切。亦作倪、婗，非。借姓，汉有兒宽。又与鶂通。又衣名，作裲，非。（《人物上篇·人部》）

相，息谅切，省视也。从目，对木为意。借为宰相公相字，转乎声交相也。又饰器也。又与续收缃、厢二义同。（《人物中篇·目部》）

赵撝谦《六书本义》对说解字例于每字先列出字头，再注出楷书字形（也有漏标情况），然后以反切注明其读音，然后训释字义，分析字形。文字的音、形、义解释完毕后，又以“亦作某”“古作某”“隶作某”“俗作某”等术语辨析该字的各种文字现象，再说明引申、假借、转注等情况。倘若引申、假借、转注的情况频繁，则又于每一义上加“又”字。如：

石，常亦切，在天为星，在地为石。从厂，下指石形，古作。与拓通，十斗也。又四钧曰石。又与硕通，《前匈奴传》：“石画之臣。”（《理篇·厂部》）

不，凤无切，草木房也。《诗》：“鄂不韡韡。”象乎鄂连蒂形。俗混柎、扶，作跗、趺，非。转芳浮、芳有、芳宥三切，不然之词，亦作否。又与弗同。或市殳切。（《草木篇·象形十六字附》）

归，尻口切，妇人谓嫁曰归。从妇省，从止，谓归止，阜声。史作。借及故处曰歸。（《人物下篇·止部》）

索，昔各切，丩枲麻为绳也。从木从糸，杂枲茎糸丝为索之意。隶作索。借为萧索字。又莫索，犹言扪孙，作摉，非。（《服饰篇·糸部》）

西，先齐切，鸟宿巢上也。象鸟在巢。……亦作棲、作栖，非。借日入方名。（《虫兽篇·西部》）

长，仲良切，发之长也，象毛发垂。古作夫、厃。借凡物长永字。转盂两切，齿高位尊之称。又直谅切，膡也。又与转张同，作涨、浪、胀、痕并，非。（《人物下篇·长部》）

中，丑列切，中木初生也。象艸初生有枝叶形，借与微同，又与艸同。（《草木篇·中部》）

韭，己有切，菜名。一种而久生故名，象二本生地上形。作韮，非。（《草木篇·韭部》）

咠，七入切，聂语也。从口就耳为意。今诗用缉合，正古文。《诗》："咠咠幡幡。"[1]（《人物中篇·口部》）

二 注音、释义、析形

（一）注音

赵撝谦曾被明太祖征召入京参与纂修《洪武正韵》[2]，说明赵撝谦深谙音韵之学，尤其对当时的中原音韵有着深入研究。在《六书本义》中，赵撝谦对字音的标注，除了反切以外，还有转音、方音、或音、本音等其他几种标音方式。下面做简要说明。

1. 用反切标注读音

岳，逆角切，山高而尊者，五岳。从山，上指高大竿起形。亦作嶽，作岳、巊，非。（《理篇·山部》）

奊，乳沈切，疲弱也。从而大为意。颊毛盛大则肤理弱也。亦作媆。……作輭、软，非。方音乃管、奴困二切，作愞、嫩，非。（《人物上篇·大部》）

---

[1] 按：此句当为"缉缉翩翩"，后同。

[2] （清）朱彝尊：《曝书亭集·赵撝谦传》，载《四库全书》，上海古籍出版社，2003，第106页。

　　巍，鱼回切，崔巍山貌，从鬼声。亦作隗、魏，作峞，非。（《理篇·山部》）

　　勹，班交切，胎衣生貌。裹也。象形。（《人物上篇·勹包部》）

　　義，宜寄切，心之制事之宜也。从我，美省义，为我美之意。亦作谊、作谊，非。（《人物上篇·我部》）

　　居，斤於切，处也。从尸，启处几上为意。（《人物上篇·尸部》）

　　赵撝谦《六书本义》在给字例用反切注音的时候，还有用二切、三切等注音的现象，如：

　　企，遗尔、去智二切，举踵望也。从人举止为意。古从足从𧿮，亦作跂。（《人物上篇·人部》）

　　片，匹见切，分枲茎皮也。从中，下垂指所分枲皮。俗但用片。方音匹刃切，详见片。（《草木篇·中部》）

　　粦，离真、良刃、良刀三切，兵死及牛马之血粦，鬼火也。从炎，舛声。燐非。借粦洵深崖貌。通用邻，续作嶙峋。又车声，续作辚。又田垄。作疄，非。（《天文篇·炎部》）

　　芔，莫古切，众草也。从四中为意。俗用莽，摸朖切。（《草木篇·中部》）

2. 转某声

　　赵撝谦《六书本义》除用反切注音外，还用转某声、又音、双音、俗音等注音的方式。需要说明的是，某字转某声，是因为某字词义已经发生变化。《六书本义》出现转声类型，大约有以下几种情况。

　　（1）转某某切

　　单，多寒切，孤薄也。……转时连切，单于，匈奴号。（《人物

中篇·卑部》)

大，徒匈切，人壮者称。象四肢舒大形。……方音唐佐、它达二切。转它匈切，甚也。亦借泰，作太，非。（《人物上篇·大部》）

三，苏甘切，数名。……转仓含切，相错也。（《数位篇·象形九附》）

勿，文拂切，州里所建之示也。象其柄而有三游之形。……转莫勃切。（《服饰篇·象形八附》）

亯，许良切，进献熟物也。象以器盛所献物形，而上下有盖。……转并庚切，饪也。作烹、錞，非。又虚庚切，通也。（《饮食篇·亯部》）

食，实职切，凡熟烹之物咀食者曰食。……转祥吏切，饭也。飤同，作饲，非。（《饮食篇·皂部》）

向，许谅切，窗户室取明处。从宀，中指定其处。……转式谅切，姓。（《宫室篇·宀部》）

所，火五切，伐木声，户声。……转爽阻切，处所。又语词。（《器用篇·斤部》）

豈，可亥切，还师振旅乐也。……转去几切，非然词。（《器用篇·豈部》）

（2）转声

赵撝谦《六书本义·谐声论》曰："声者，平、上、去、入四声也。"由此可知，转声乃是平、上、去、入四个声调所形成的音变。

临，犁箴切，监也。……转去声，吠哭也。（《人物上篇·卧部》）

巾，居银切，佩巾也。又名纷帨，象巾在系形。借为头冃曰巾。转去声。（《服饰篇·巾部》）

衣，於希切，上曰衣，下曰裳，人之所依也。……转去声，施于

身也。(《服饰篇·衣部》)

牵，轻烟切，引牛前也。……转去声。(《虫兽篇·牛部》)

重，直容切，重畾也。从王壬出在上之意，东声。……转上声，轻之对。又去声，可重也。(《人物上篇·壬部》)

（3）转音

赵撝谦《六书本义·谐声论》曰："音者，角、徵、羽、商、宫、半徵、半商。"赵撝谦所说的"音"指声母，即"唇、舌、齿、牙、喉、半舌和半齿"七音，转音就是指七音互相转化的音韵现象。例如：谷，孤录切，泉出通川为谷。上象半水下注，下象受水之处，方音俞玉切。……转音六，匈奴名。(《理篇·谷部》)

由字例可以看出，"谷"，赵撝谦《六书本义》注音为"孤录切"，而声母"孤"属牙音见母，赵氏认为"谷"可转音作"六"，而"六"的音又为"力竹切"，"力"为半舌音的来母字，两音的发音部位不同，故为转音。

其，从丌声，亦作箕，借语词，转音奇语词。(《器用篇·形十九附》)

内，忍九切，兽足践地也。……转音求。(《虫兽篇·内部》)

虚，丘於切，大丘，从虍声，作墟，非。转音魋空也。(《理篇·丘部》)

숲，於今切，云覆日也。从云，今声。古作今，亦作黔，通借阴。转去声，숲所覆，通用荫，转音作荫、麝，非。(《数位篇·云部》)

夫，凤无切，丈夫也。从一、大，丈夫之意。借武夫，作砆、玞，非。转音扶语词。(《人物上篇·大部》)

奠，堂练切，措酉置于丌上奠祭之意……转音亭，水止也。(《器用篇·丌部》)

巨，果羽切，工所用为方者。从工，中指所为之方。亦作榘或转距、𥅆、萬。俗作矩。转音巨大也。又与续讵同，岂也，谁也。又去声音。（《人物上篇·工部》）

3. 又音、又切

分，方文切，析也。从刀而八分为意。……又府吻切，《尔雅》："律谓之分。"又与愤同。（《数位篇·八部》）

臧，兹郎切，善也。……借吏受贿也，作贓，非。……又才浪切，五臟六腑，作臓，非。（《人物上篇·臣部》）

先，萧前切，行前进也。从人之为意。……又上声，先马，官名，或转用洗。（《人物上篇·人部》）

從，墙容切，又才用切，随行也。从从、辵为意。隶作从。转七容切，从容、舒和貌。……又足用切，放也。又鉏江切，高也。记從從尔。（《人物下篇·辵部》）

令，力正切，发号也。从卩集众出令之意。借善也。转乎声，使也。……又音怜，地名。（《器用篇·卩部》）

由上述字例可知，"又音、又切"都是由义变导致了音变。

4. 凡某字从其声

晏，乌谏切，日旱也。从日安省声，亦不省作晏，借安也，又柔也，又温和也。匽、宴字从其声。（《天文篇·日部》）

5. 俗音

焱，以冉、以赡二切，火华盛也。从三火为意，亦作㷅，作燗、焰，非。方音呼昊切，俗音熛。（《天文篇·火部》）

6. 方音

（1）方音某某切

囷，区仑切，圆廪，从禾于口中为意。借庆貌。又贝大而俭者囷，作蜠、胭，非。方音巨陨切。（《数位篇·口部》）

叕，陟卫切，联也。象交络互叕之形，亦作缀。方音陟列切。（《服饰篇·象形八附》）

舚，奴兼切，以舌取物也。象吐舌在口，而有文形。……方音它点、它念二切。（《人物下篇·形十四附》）

兄，呼庸切，男子先生者，长者，以言教其下，故从人口为意。方音呼荣切。转同况。（《人物上篇·人部》）

告，沽沃切，牛触人，角箸横木，所以告人也。从口，近牛为意。方音居号切。俗混用牿、牯。（《人物中篇·口部》）

（2）方音某字如某

山，师间切，土石崇高之名，象二峰并起形，中虚所以通气，为云雨泉原，古重作屾，方音屾字如诜。（《理篇·山部》）

囟，思进切，头会脑盖，象形……方音如四。（《人物上篇·囟部》）

戊，古武字，指戈有垂刃。……方音如茂。（《器用篇·戈部》）

虤，鱼鳏切，虎怒。从二虎并斗为意。方音如颜。（《虫兽篇·虎部》）

车，尺遮切，舆轮总名。……方音如居。（《器用篇·车部》）

胥，新於切，蟹醢也。从肉，疋声。方音如卸。借皆也，相也，又同蝑、諝。（《饮食篇·肉部》）

颁，毗宾切，涉水频戚不前也。……方音如宾。（《人物下篇·页部》）

（3）方音用某

舛，尺沇切，相庎也。从两夂相背为意，方音用踳。（《人物上篇·夂部》）

吴，胡比切，大言也。《诗》："不吴不敖。"从矢口为意。大言，则矢口以出声也。……作吴，非。今但用方音谔，作哗，非。转音吾郡国，又姓。（《人物中篇·口部》）

棥，符袁切，籓也。从林，中指编织交错形。……作樊。方音用藩。（《草木篇·林部》）

奞，思晋切，鸟张羽奋飞也。从大隹，能迅飞之意。今用迅。方音如绥。（《虫兽篇·隹部》）

兀，象形。方音乎声。（《器用篇·几部》）

（4）转声

壬，如林切，儋负也。《诗》："我壬我辈。"前后象器物，中象横木壬之。……方音上去声。（《人物下篇·形四十附》）

李，蒲妹切，子荠乱也。……方音入声。（《人物上篇·子部》）

要，伊尧切，身中，象窈窕形。……转去声，妙也，愿也。（《人物下篇·臼部》）

邕，於容切，邑四方有水自邕成沱也。川邑为邕，障塞之意。《周礼》："有邕氏掌治水也。"……方音上去二声。（《理篇·川部》）

申，升人切，持简达上也。……方音入声。（《人物下篇·臼部》）

隶，徒耐切，及也。……方音上声，作迨。（《人物中篇·又有部》）

（5）引经

某，莫栖切，酸果也。李阳冰曰："此正梅字也。"从木，上指

其实，非甘也。……亦从每声，作梅、楳。（《草木篇·木部》）

枼，与涉切，郑樵曰："古葉字"。（《草木篇·木部》）

蒦，胡麦切，拿取也。从又，萑声。……《汉志》："尺者，蒦也。"亦作彟、作彠，非。（《人物中篇·又有部》）

師，霜夷切，二千五百人为師。……《汉书》："乌弋国出師子。"作狮、獅，非。（《理篇·𠂤部》）

昆，公浑切，同也。比日为昆，太阳照临，并同之意。借后也。……又西夷名，《诗》用混弗，《孟子》用昆，盖方音微不同而字亦随用也。（《天文篇·日部》）

艸，采早切，百卉总名。从二屮为意。《汉书》用屮讳用草。（《草木篇·屮部》）

止，诸市切，足止也。《汉志》："斩左右止。"象形。作趾，非。借息也。（《人物下篇·止部》）

7. 亦声

孝，古爻切，放也。从子，爻亦声。今用教。（《人物上篇·子部》）

育，余六切，养子也。从𠫓肉为意，肉亦声。亦从㐬作毓。……借肥壤也。作堉，非。（《人物上篇·𠫓部》）

豦，弜鱼切，司马相如云："豦，封豕之属。"《尔雅》："豦讯头。"郭氏曰："大如狗，似獮，黄黑色，多髯奋迅，其头能举石。擿人貜类也。虍亦声。"（《虫兽篇·豕部》）

㕯，奴骨切，涩于言也。从内取不出意，亦声（内亦声），亦作讷，方音女滑切。（《人物中篇·口部》）

8. 借音

宫，居雄切，室也。从躳省声。借音名，刑名。（《宫室篇·宀

部》)

兔，土故切，兽名。视月而生，故曰"明视"。象踞后尾起形。借草名，作菟，非。(《虫兽篇·兔部》)

马，母下切，畜代行者。……借石名，作玛、码，非。(《虫兽篇·马部》)

(二)释义

关于文字的释义，赵撝谦《六书本义》一般采用义界的方法，对词所表示的概念内涵做出界定，这样同类词语之间的意义差别就会较为清晰地体现出来。如：

牙，牛加切，牡齿也。象其上下交错形。(《人物中篇·牙部》)

斤，举欣切，斫木斧。象斤斫木之形。或混斳。借十六两为斤。转去声，察也。(《器用篇·斤部》)

或采用直训法，即以词训词。如：

夕，祥亦切，莫也。(《天文篇·月部》)

寻，旳则切，取也。(《人物中篇·见部》)

叒，日旳切，顺也。(《人物中篇·又有部》)

路，鲁故切，行道也。(《人物下篇·足部》)

在解释本义时，赵撝谦《六书本义》一般都是直接解释本义，言简意赅。如：

省，息井切，察视也。从目从屮，目之明察屮然之意。(《人物中篇·目部》)

丘，去尤切，土之高者。象丘阜在地上形。(《理篇·丘部》)

在解释字义的时候，赵撝谦《六书本义》还大量引用书证，通过典故来说明字义。如：

> 韯，息廉切，山韭也。《尔雅》："山中有之。"从韭，韱声。俗讹韯，非。凡从皆然。（《草木篇·韭部》）
>
> 军，拘云切，《周礼》："万二千五百人为军。"从勹车，营阵之意。（《器用篇·车部》）

赵撝谦《六书本义》采用以引文献为证的方式来解释文字，这种引经据典的释义方式大大增强了文字释义的权威性，对后世影响较为深刻。

1. 引经

引经的主要作用是，说明本义、引申义、假借义、俗字、方音等。如：

> 昆，公浑切，同也。比日为昆，大阳照临，并同之意。借后也。……又西夷名，《诗》用混弗，《孟子》用昆，盖方音微不同而字亦随用也。（《天文篇·日部》）
>
> 菐，蒲沃切，烦渎也。……《孟子》用僕。（《人物中篇·收部》）
>
> 谷，孤录切，泉出通川为谷，上象半水下注，下象受水之处。方音俞玉切，借穷也，《诗》："进退维谷。"（《理篇·谷部》）
>
> 咠，七入切，聂语也。从口就耳为意。今《诗》用"缉合"，正古文《诗》："咠咠幡幡"。（《人物中篇·口部》）
>
> 事，茌吏切，职也。……转同刺，《汉书》："事刃于公之腹。"（《人物中篇·口部》）
>
> 曾，才登切，词之舒也。……《示儿编》云："曾字除人姓及曾孙外，皆当音层。"（《人物中篇·曰部》）
>
> 焱，互启切，火光不定也。从三火，门声。虫名，《尔雅》："焱

火，即照。”以其有光而借荧，非。（《天文篇·火部》）

师，霜夷切，二千五百人为師。……《汉书》：“乌弋国出師子。”作狮、狮，非。（《理篇·自部》）

童，徒红切，男有罪曰奴，奴曰童，女曰妾。古以罪人之子没官供给使者。从辛，重省声。……借童龙日欲明貌，续作曈昽。又未冠者，冉史：“童男女七十人俱歌。”本作僮。又牛羊未角皆曰童，易童，牛之告。《诗》：“俾出童羖。”（《数位篇·辛部》）

巩，居陇切，手勾也。从丮，工声。俗作執。《孟子》拱把通用。（《人物下篇·丮部》）

幻，胡贯切，相诈惑也。从反予反道相予，幻惑之意。《张骞传》：“混用眩。”（《人物上篇·予部》）

巿，分勿切，韨也。……《左传》混用黻。（《服饰篇·巾部》）

2. 引通人说

为证实文字的本义或厘清文字的构形理据，赵撝谦《六书本义》不时引用前人的说法。

豦，弱鱼切，司马相如云：“豦，封豕之属。”《尔雅》：“豦讯头。”郭氏曰：“大如狗，似夔，黄黑色，多髯奋迅，其头能举石。擿人玃类也。虍亦声。”（《虫兽篇·豕部》）

某，莫梧切，酸果也。李阳冰曰：“此正梅字也。”从木，上指其实，非甘也。……亦从每声，作梅、楳。（《草木篇·木部》）

枼，与涉切，郑樵曰：“古葉字。”（《草木篇·木部》）

廾，居竦切，臼手也。从屮、右手相向为意，扬雄作𢪏，通用拱。（《人物中篇·又有部》）

3. 引用典故

寺，祥吏切，廷守也。从寸，法度之外，止声。浮屠初入中国时

止于鸿胪寺，后以佛氏所居曰寺。（《人物中篇·寸部》）

兔，土故切，兽名。视月而生，故曰"明视"。象踞后尾起形。（《虫兽篇·兔部》）

军，拘云切，《周礼》："万二千五百人为军"，从勹车，营阵之意。（《器用篇·车部》）

帀，作沓切，周也。李阳冰曰："之，往也。"到而还之，既往复还，周帀之义也，故从反为意。（《草木篇·之部》）

赵撝谦在《六书本义》中大量引用了《说文》《尔雅》《方言》等古代小学类书以及其他文献典籍的说解来解释字义。主要是因为这些典籍对文字的释义言简意赅，并且经过了时间的验证。引用古籍文献对字义解释，大大增强了《六书本义》的权威性和可读性。当然，大量引用古典文献对文字的释义，也说明赵撝谦很注重对前人研究成果的继承和发展。

赵撝谦《六书本义》较为注重从文字的形体结构去分析文字的本义。从释义方式来看，他一般是先列出本义，然后再指明引申义或假借义。

例如"晶"，赵撝谦《六书本义》："吹盈切，精光也。从三日为意，借精通。晴，非。"（《天文篇·日部》）

赵氏先指出"晶"的本义"精光也"，然后再列出其引申义"晴朗"。

再如"威"，赵撝谦《六书本义》："于非切，姑也。汉律，妇告威姑，从女戌声。借仪也，武也。又虫名，《诗》：'伊威在室。'"（《人物上篇·女部》）

这一字例与上例相同，赵氏也是先列出"威"的本义，然后再分析其假借义。

类似字例还有：

田，亭年切，树谷曰田。象田形而有阡陌之制。……又与畋通。（《理篇·土部》）

兒，如移切，孩子也。从人，上指小儿头囟未合状。……又与齯通。（《人物上篇·人部》）

包，亦从巳于中为意。借含容也。又与苞同。转与庖同。（《人物上篇·勹包部》）

勿，文拂切，州里所建之示也。象其柄而有三游之形。……《周礼》借物。借禁止之词。（《服饰篇·象形八附》）

尌，殊句切，种植也。从寸持种，壴声。俗用樹。（《人物中篇·寸部》）

由上述举例可以看出，赵撝谦《六书本义》对文字本义的探究以及对文字引申、假借义的阐述，更多的是为了揭示词义发展的变化轨迹，从而追溯文字发展变化的源流。他的这种在词义研究方法上对词义整体结构的把握，以及将词义按引申义、假借义系统排列的释义方式，与许慎《说文》仅从字的本义出发探求文字形、音、义的关系相比，更具有系统性和逻辑性。

（三）析形

1. 析形原则

赵撝谦《六书本义》以"六书"分析字形，因形说义。即通过剖析文字字形，来阐释词义。利用文字音、形、义"三位一体"相结合的析形原则，对其所收录的一千三百字逐一进行了分析和解释。如"斗"，赵撝谦《六书本义》释作："当口切，酌器。柄长三尺，象有魁柄之形。讹作斗，亦转豆。借量名。又水虫。"（《器用篇·斗部》）由字例可以看出，赵氏通过对"斗"字形体的剖析，来说解其意义。指出其本义后，又理出了"斗"字的假借义和引申义。

2. 厘清同源字

赵撝谦《六书本义》在继承戴侗《六书故》和郑樵《通志·六书略》等学说的基础上，提出了"子从母生，孙从子出，各有所统"的文字孳乳观，其中，"以母统子，以子该母，子复能母，妇复孕孙"是《六书本义》在部首编排方法上的一个突出特色，也是赵撝谦在文字子母理论和文字孳乳分化理论上的一个创新。

赵氏将同源字字源分为母字源和子字源，认为母字源是具有孳乳分化能力并且能够独立成字的象形字，子字源由母字源衍生而来，同时又具备衍生下一级同源字的能力。现以《六书本义》卷四"人物上篇·人部"为例：

人部第五十八凡二百八十一字：

形一：人，

事九：兒、身、兆、先、夂、夊、兒、個、欠，

意三十五：从、北、众、匕、仁、充、兄、尸、元、先、羌、侵、尤、企、允、壬、老、卧、戍、付、弔、伐、色，

声二百三十六：凶、散、介、兌、佰、兀、秃……

由上述字例可以看出，文字孳乳分化的递进层级是，"人"为父辈，"兒""身"等为子辈，而"身"下所统之"躬"为孙辈。这一独特的部首编排体例和文字孳乳方法，通过部首反映了汉字字形同源孳乳分化的演变过程，也体现了汉字字形的本义渊源。

3. 说明古今字

古今字是汉字在汉语使用过程中出现的一种特殊的语言文字现象，它的产生与汉语的丰富和发展以及汉字自身构形理据的表意特征有着极为密切的关系。在汉字产生的初期，常常出现一字兼表数义的情况，为了明确词义、减少理解上的困扰，古人在原字的基础上另造新字以承担原字的某一义项，分化新造的字与原字就构成了一对古今字。

赵撝谦《六书本义》收录了大量古今字，现简要列举如下。

（1）亦作某

左，则贺切，相工事也。从左手与工上为意。亦作佐。（《人物

上篇·工部》)

其,此从丌声,亦作箕。借语词。转音奇语词。(《器用篇·形
十九附》)

(2)又与某同

中,丑列切,中木初生也。象艸初生有枝叶形,借与徹同,又与
艸同。(《草木篇·中部》)

食,实职切,咀食者曰食。……转祥吏切,饭也。飤同,作饲,
非。(《饮食篇·皀部》)

(3)今用某或转同某或又今书与某同

孝,古爻切,放也。从子,爻亦声。今用教。(《人物上篇·子
部》)

乍,助驾切,暂止也。从亡从一,出亡得一而或暂止之意。……
借始也。石鼓文转同作。(《数位篇·亡部》)

司,辛兹切,臣司事于外者,司家与后道相反,故从反后为意。
转与续伺同,作覗,非。(《人物中篇·后部》)

曰,鱼欮切,言词也。从口,上指言而气出形,又今书与粤同。
(《人物中篇·口部》)

(4)今(俗)但用

启,遣礼切,开户也。户开如口开之易,故从户、口为意,今但
用啟。(《宫室篇·户部》)

厷,亦从又意,今但用肱。(《人物下篇·形四十附》)

（5）通用某

　　侌，於今切，云覆日也。从云，今声。古作仴，亦作黔，通借阴。转去声，侌所覆，通用薩，转音作荫、廕，非。（《数位篇·云部》）

　　从，自離切，相听许也。从二人相并为意。通用從。（《人物上篇·人部》）

（6）又与某通（同）或转与某通（同）

　　包，亦从巳于中为意。借含容也。又与苞同。转与庖同。（《人物上篇·勹包部》）

　　卒，藏没切，隶人给事者。……又与猝、俎、崒通。（《服饰篇·衣部》）

　　昏，呼昆切，日冥也。从日，氏省，日氏下则昏之意。或作昬，民声。……借昏姻字本作婚。……又与惛、惽、殙通。（《天文篇·日部》）

（7）作某非或作某

　　莫，莫故切，日冥也。从日茻声，作暮非。借艸名。《诗》："言采其莫。"转末各切，不可也。（《天文篇·日部》）

　　州，之由切，水中可居地。象重川周绕其旁之形，古作州，作洲，非。（《理篇·形十附》）

　　匊，居六切，物在手，从勹盛米为意。作掬，非。（《人物上篇·勹包部》）

　　止，诸市切，足止也。……象形。作趾，非。（《人物下篇·止部》）

（8）史作某或籀文作某

奢，式车切，侈大也，者声。史作奓。（《人物上篇·大部》）

坴，力竹切，高于曰坴。从土，先声。亦加自作陸。籀文作𡎝。
（《理篇·土部》）

（9）俗作某或俗混用

叚，古雅切，借也。从又持所借物。……俗混用假。（《人物中
篇·又有部》）

巨，果羽切，工所用为方者。从工，中指所为之方。亦作榘或转
距、句、萬。俗作矩。转音巨大也。（《人物上篇·工部》）

（10）借与某同或借同某

旨，掌氏切，曰也。从匕声。……借与恉同。（《人物中篇·甘
部》）

會，黄外切，合聚也。从亼曾省，合亼而增益之意。……借同
繪。（《数位篇·亼部》）

4. 指出俗字

赵撝谦《六书本义·原序》曰："至天宝间，诏以隶法写六经，于是
其道尽废。……于乎正书之不显，俗书害之也，俗书之相仍，六义不明
也。"鉴于宋元明三代俗字流行、正体不彰的状况，赵撝谦潜心"六书"
研究，在《六书本义》中收录了大量俗字，以供世人研究。

（1）俗混用

窜，囊宁切，安也。从心，在宀下，而有饮食之皿，安窜意。作

宵，俗混宁。(《宫室篇·宀部》)

叉，则绞切，手足甲也。从又指叉生右手，俗混用爪。(《人物中篇·又有部》)

（2）俗作

姦，尻颜切，厶也。从三女为意。……俗用奸。作奸，非。(《人物上篇·女部》)

冰，疑夌切，水寒结冻也。从水结冰为意，俗作凝。或转疑，作氷，非。(《天文篇·仌部》)

（3）俗但（专）用

又，云九切，右手也。象右手以三指取物形。俗专用右。(《人物中篇·又有部》)

豙，徐醉切，从意也。上象气意，说则气舒散，豕声，俗但用遂。(《数位篇·八部》)

（4）俗用

丕，敷悲切，华落也。从不在地上，一指地。俗用披。(《数位篇·一部》)

匚，力侯切，侧逃也。从内于匸纳藏屏蔽之意。俗用匾，从丙讹。(《器用篇·匚部》)

（5）今用或转同

予，演汝切，推予也。象上予下受形，下垂者益下之道，今用

与，转同余。(《人物上篇·予部》)

日，鱼欺切，言词也。从口，上指言而气出形，又今书与粤同。(《人物中篇·口部》)

矢，阻力切，头顷也。从大指其页曲。今用侧。(《人物上篇·大部》)

(6) 亦作

囗，于非切，环绕也。象四口形，亦作围，借卫。(《数位篇·口部》)

岳，逆角切，山高而尊者。五岳，从山上指高大耸起形。亦作嶽，作岳、巒，非。(《理篇·山部》)

(7) 引经

来，郎才切，小麦。《诗》："贻我来牟。"象其枝叶有芒刺形。亦作徕。……借到也。作徕、俫，非。(《草木篇·来部》)

咠，七入切，聂语也。从口就耳为意……《诗》："咠咠幡幡"。(《人物中篇·口部》)

(8) 作某……非

誩，渠映切，争言也。从二言为意。亦作竸、作竞，非。(《人物中篇·言部》)

吅，许元切，讻也。从二口为意。作喧，非。(《人物中篇·口部》)

躬，居雄切，身也。从身吕为意。作躳，非。又恭谨貌，作翰，非。(《人物上篇·身部》)

（9）俗知是……字

右，于救切，口手协助也。从又以为从口以齐之意。俗知是又字。作佑，非。（《人物中篇·又有部》）

（10）俗隶作

雯，居衡切，改也。从攴，过则攴之使改，丙声。俗隶作更。（《人物中篇·又有部》）

天，它年切，得阳气成，象连地外无不覆主物者，从一大为意。俗作兲、顚，未详何义。后世草书作乙，即乾为天卦之连。（《数位篇·一部》）

（11）隶作

香，虚良切，黍稷芳气。从黍甘为意。古作皂，隶作香省。（《草木篇·黍部》）

萅，枢仑切，四时之首。从日，草生于春，故又从艸，屯声。亦省作旾，隶作春。（《天文篇·日部》）

5. 辨别异体字

汉字是"音、形、义"的统一体，在长期的发展、演变过程中，产生了大量读音相同、功能相同而形体不同的异体字。赵㧑谦在《六书本义》中采录了大量异体字，分别用"俗作某""隶作某""亦作某""古作某""史作某""籀文作""讹作某""通用某"等解说术语标注出来，现简要罗列如下。

（1）亦（隶）作某

畾，鲁猥切，圮土为营，壁也。从三田。即土意，亦加土作壘。……亦作壘、作靁。（《理篇·田部》）

靁，郎丁切，雨磤也。从雨，品谐音。亦作零，非。（《理篇·雨部》）

下，亥雅切，氏也。亦作丅、一。变作𠄟，隶作下。（《数位篇·一部》）

赵撝谦《六书本义》在上述字例中，通过"变作某""隶作某"等解说术语，指明了汉字在发展演变过程中的变体和隶定后的写法。

（2）详见某或音义见某

炎，古皇切，火焰也。从火，上指炎焰之炎，偶似廿而实非也。详见光。（《天文篇·火部》）

光，音、义见炎。此从人，持火为意。（《天文篇·火部》）

在这一组字例中，赵撝谦《六书本义》虽未说明"炎""光"二字互为异体字，但他以"光"字音义见于"炎"，说明这两字为形体不同而音义相同的异体字。

（3）古作某

尗，式竹切，豆总名。象蔓引歧枝根荚之形。非上小成文。古作叔、作菽，非。（《草木篇·象形十六字附》）

香，虚良切，黍稷芳气。从黍日为意。古作皀，隶作香省。（《草木篇·黍部》）

（4）又与某同

屮，丑列切，中木初生也。象艸初生有枝叶形，借与彻同，又与

艸同。（《草木篇·中部》）

学，辖觉切，效也。从教，冂取蒙昧意。从臼攴教。作孝，非。又与敩同。（《人物下篇·手部》）

（5）史作某或籀文作

奢，式车切，侈大也，者声。史作奓。（《人物上篇·大部》）

坴，力竹切，高于曰坴。从土，先声。亦加自作陆。籀文作陸。（《理篇·土部》）

（6）俗作（混）某

天，它年切，得阳气成，象连地外无不覆主物者，从一大为意。俗作兂、䡒。（《数位篇·一部》）

寍，囊宁切，安也。从心，在宀下，而有饮食之皿，安寍意。作宵，俗混宁。（《宫室篇·宀部》）

（7）古重作某

鱼，虞尻切，水虫。象口尾而腹有鳞。古重作鰅，上非人，中非田，下非火，而偶似之。（《虫兽篇·鱼部》）

（8）转与某通

陈，沱鄰切，伏羲以木德王所，都宛丘。从阜，从水，甫声。……转与陙通。（《理篇·阜部》）

（9）省作某

萅，枢仑切，四时之首。从日，草生于春，故又从艸，屯声。亦省作旾，隶作春。（《天文篇·日部》）

曐，桑经切，万物之晶，上列为曐，象三曐形，生声。……亦省作星。（《天文篇·晶部》）

（10）讹作某

県，古垚切，断首倒悬也。从到首为意。通用枭。（《人物下篇·页部》）

戶，後五切，独门曰户。象形。……讹作户。（《宫室篇·户部》）

（11）今但转某

疋，山於切，足也。或曰即足字。……转语下切，正也，今但转雅。（《人物下篇·止部》）

启，遣礼切，开户也。户开如口开之易，故从户、口为意。今但用啟。（《宫室篇·户部》）

6. 辨正错字

赵撝谦《六书本义》对《说文》当收而未收之字，当正不正之字，皆给予还原，以正造字本义。如：

（1）以为某，非也

啻，施智切，语时不啻之词，犹言何但。……毛氏以为蹄，非也。（《人物中篇·口部》）

（2）今正

　　戺，鉏里切，砌也。《尔雅》："落时谓之戺"，从户，巳声。亦作戺。旧同，今正。（《宫室篇·户部》）

（3）当辨

　　昏，古活切，塞口也。从𠬞省声。俗用搭，古作涽、諙等，从者与舌混，当辨。（《人物中篇·口部》）

7. 注明假借、转注字

赵撝谦《六书本义》全书收字一千三百个，每类字首都标注"象形、指事、会意、谐声"等名目，唯不见"假借""转注"。虽然在字首没有标示，但在解说术语上却较为清晰地做出了解释和说明。

（1）指明假借字

A. 借某

　　易，夷益切，蜥蜴、蝘蜓、守宫也。象头、尾、四足形。作蜴，非。借交变也。因为交易、变易。……转以鼓切，不难也。（《虫兽篇·象形廿附》）

　　囗，于非切，环绕也。象四囗形，亦作围。借卫。（《数位篇·囗部》）

　　商，尸羊切，商度也，从言省于同上，商度之意也。……借星名，又国名。（《人物中篇·言部》）

B. 借与某同

　　初，楚居切，裁衣之始。从刀前衣为意。借为凡事之始。（《器用篇·刀部》）

　　耳，忍止切，主听者。象其轮廓有文形。……借与尔同，语已

词。又绿耳，马名，作騄、駬，非。（《人物中篇·耳部》）

丩，居求切，瓜瓞类其蔓结丩起也。象缭绕形……借同纠。（《草木篇·象形十六字符》）

C. 又与某通

明，眉兵切，光照也。从月照窗光明之意。古从日月作⽇⽉，隶省作明，非。从目，借焦明，鸟名，作鵬，非。转与萌通。蒗明，县名。又与盟通。本用孟。（《天文篇·月部》）

D. 引经

台，盈知切，我也。《书》："台小子。"又说也，……亦作怡。又呼来切，笑也。续收咍，并得从口意，㠯声。（《人物中篇·口部》）

壬，如林切，担负也。《诗》："我壬我辈。"前后象器物，中象横木壬之。……又怀孕也，亦象怀壬之形。（《人物下篇·形四十附》）

谷，孤录切，泉出通川为谷，上象半水下注，下象受水之处。方音俞玉切，借穷也，《诗》："进退维谷。"（《理篇·谷部》）

（2）指明转注字

A. 转与某同

甘，沽三切，物味之美者。从口，中指所含美味……转与酣同。（《人物中篇·口部》）

B. 今但转

疋，山于切，足也。或曰即足字，弟子职问："疋何止？"上指腓肠之形。转语下切，正也，今但转雅。（《人物下篇·止部》）

C. 转（又）同某

鷯，蒲登切，大鸟名，亦作鹏，又同凤，神鸟，并象其飞。（《虫兽篇·象形廿附》）

凤，方冯切，天地噫气也。有八风，凡物露风则生虫，故风从虫，凡谐音。借声教也……转同讽。（《虫兽篇·虫部》）

D. 转某某切

长，仲良切，发之长也。象毛发垂……借凡物长永字。转豆两切，齿高位尊之称。又直谅切，胜也。（《人物下篇·长部》）

E. 引经

来，郎才切，小麦。《诗》："贻我来牟。"象其枝叶有芒刺形。亦作徕。……借到也。作徕、俫，非。（《草木篇·来部》）

8. 辨析同形字

赵撝谦在《六书本义》中收录了大量同形字，并提出"因义之借""无义之借""同音并义不为假借""展转其声而注释为它字之用""因义转注""无义转注""双音并义不为转注"等观点，就假借与同形、转注与同形的关系问题做了梳理，为我们今天探寻同形字的产生原因和产生途径提供了一定的理论依据和实践基础。

（1）构形来源与构字理据的多重性，是产生同形字的主要途径之一

因为汉字不是一时一地的产物，汉字书写者或个别字形的首创者在记

录汉语词汇的时候，偶然选用了相同的造字方式或构件材料，便会产生异词同形现象。如"回"字，赵撝谦《六书本义》："回，力隈切，阴阳薄动成声也。……作雷。转与囘通，作回、廻、迴，非。""回""囘"一作水源，一象雷，造字之初因形状相似，而采用了相同的字形。

（2）书写变异造成同形字

从甲骨文、金文、篆书，到隶书、楷书、行书、草书等，汉字形体历经多次演变。在这个过程中，汉字笔画得到增减、省改或简化，构件发生讹变、更易和类化等，使得原本不同的两个字形讹变成了同一个字形。如"刀"，赵撝谦《六书本义》："刀，都劳切，兵器，象形。借小船，俗用舠。"此处，"刀"之"小船"义并非假借而来，而是书写变异所致。

9. 探析同族字

同族字是汉字在记录汉语的过程中，为了满足汉语词汇不断丰富和发展的需要，经自我调整、自我改造、自我完善而发生的文字内部孳乳分化现象。赵撝谦《六书本义》收录了大量同族字字例，为我们研究同族字奠定了坚实的理论基础和实践经验。依据赵氏"文字子母"理论和蔡永贵先生的同族字理论，我们认为，同族字中的孳乳分化字以具有完备音、形、义的母文为基础，通过加注若干具有特定意义的类属标志，从而使母文所担负的一些模糊不清的意义更加具体和明晰，孳乳分化出的同族字与母文在音、形、义上具有一定的相承关系。如"昏"字，赵撝谦《六书本义》："日冥也。从日，氏省，日氏下则昏之意。""昏"本表日之昏暗，后引申为心、目、水等的不明状态，由于古人举行婚礼多在傍晚进行，故又派生出"结婚"的义项，古人在为"昏"的这些本义、引申义和派生义造出"惛""瞌""涽""婚"等字之前，"昏"兼表这些词的本义、引申义和派生义等多个义项。后来，古人在旧的字形"昏"上，分别加注具有一定区别意义的类属标志，产生了新的字形"惛""瞌""涽""婚""殙"等，以分别记录"昏"字所承担的上述意义。

研究同族字中的母文孳乳分化现象，不仅是探析汉字内部孳乳发展规律的一个新视角，也是了解汉语词汇在汉语的动态发展中如何进行派生和发展的一个新视角。同族字主要是语言与文字发展的不平衡，以及汉民族创制文字时的造字思维所致。其中，语言与文字发展的不平衡性是汉字字族产生的根本原因，而造字思维的继承性、类推性和创新性是汉字字族产生的重要原因。

（1）语言与文字发展的不平衡性

语言与文字发展的不平衡是汉字字族产生的根本原因。在汉语的动态发展过程中，汉语词汇的丰富和发展呈开放式发展，数量可以达到无穷，而文字形体却总有一定的限量，无论文字怎么发展变化，都难以满足词汇不断丰富和发展的需要。在语言和文字的相互适应过程中，以有限的字形记录无限发展的词汇，必然会出现矛盾、失去平衡。于是，人们在创制汉字的过程中，首先找到了用假借手段来解决这一矛盾的办法。然而，假借带来的交际困难也随之出现。为了明确分散原字或母文所承担的各项意义，包括引申义和假借义，人们便以原字或母文的本义、假借义或引申义为义核，加注与特定意义相关的类属标志，孳乳出与原字或母文各有关意义相对应的成系列的一组汉字，以分担原字或母文所担负的部分职责。如"立"字，赵撝谦《六书本义》："立，力入切，驻也。从大立于地上，一指地。""立"本是"站立"之"立"的本字，后引申出"帝王或诸侯即位"之义，《左传·隐公三年》："桓公立，乃老。"① 为了分担"立"之"即位"的表意负担，古人添加形符人旁造出了"位"字。新产生的字与原字或母文形体相承、意义相通、读音相同或相近。

（2）造字思维的继承性、类推性和创新性

汉字是汉族先民超凡智慧的结晶，它的产生和发展深受汉民族思维方式的制约和影响。汉族先人利用本民族固有的造字思维模式创制了一系列集意蕴、绘画、建筑等美感于一身的方块汉字，这些汉字在某种程度上具有一定的相似性和相承性，新字往往会在原字的基础上通过添加相关的类属标志孳乳而出。在汉语发展的初期阶段，初具规模的汉字与汉语词汇的

---

① 《汉语大字典》（缩印本），四川辞书出版社、湖北辞书出版社，1992，第1131页。

结合是建立在人们对当时自然和社会的认识基础之上的。随着社会的发展，人们的认识水平和思维意识得到不断提高，对事情的分辨能力也随之增加，从而对事物的认识更加准确、细腻和具体，对原来混沌不清、区隔不明的事物渐趋明朗，有了一定的区分度。反映在文字上，便会在原字或母文分担的各个义项基础上，加注一定的区别符号或类属标志，使之在意义表达上更加清晰、准确。如"哥"字，赵撝谦《六书本义》："哥，居何切，咏声也。从二可长引其声以诵之意。亦作歌、謌。"古人在造字过程中，为了便于记忆和类推，字形之间往往具有一定的继承性和类推性。

第三章 《六书本义》"六书"探释

明代文字学家赵撝谦在郑樵《通志·六书略》、张有《复古编》等著述的基础上，苦心钻研许慎《说文》之要，对自己所收集的古文字材料加以细心考证，以当时的吴音为标准，结合文字的"音、形、义"三要素，对其所收录的1300字给予了深入分析和研究，形成鸿篇巨制《六书本义》。赵撝谦在其著述中，系统阐述了自己对"六书"的独到见解，并提出了一些新颖的观点，对我们今天研究汉字仍具有重要的学术参考价值。本章我们主要以赵撝谦《六书本义》为基点，综合古今方家之说，试就"六书"的定义、性质、特点及其在文字学中的作用给予浅显探析，以就教于方家。

第一节 象形探释

在造字本源问题上，赵撝谦《六书本义》认为"象形"为文字之本，即由描绘客观事物之形而成的象形字是所有自源文字的基础。赵氏指出"象形"是最早的造字方法，指事、会意和谐声等皆是以"象形"为基础孳乳而出的造字方法。赵氏还视象形"文"为汉字孳乳衍生的最初构件，"六书"以"象形"为"万世文字之祖"，通过文字的拆分与叠加，孳乳衍生出了更多汉字。

一 论象形为造字之本

赵撝谦《六书本义·象形论》开篇即开宗明义地强调："昔者圣人之造书也，其肇于象形乎，故象形为文字之本。而指事、会意、谐声皆由是而出焉。"于《六书本义·六书相生总图》又曰："约而言之，三十二类归之六书，六书归之四书，假借、转注不生故也。四书归之象形、指事，指事则又出于象形者也。"赵氏认为，"象形"是所有自源文字共有的造字基础，"象形"为"造字之本"。

关于"象形"为造字之本，赵撝谦于《六书本义·六书总论》强调曰："六书未作，六书之体散在天地；六书既作，天地之用具于六书。大哉，圣人之造书也，其得天地之用乎？观夫日月列星之悬象，云雷风雨之变态，山川之流峙，万物之纷错，莫非天地自然之书？自昔大嗥飞龙之利，不过仰观天文，俯察地理，旁及鸟兽草木人物之宜，效其形、画其迹而已。故六书初一曰象形，文字之本也，次二曰指事，加于象形者也。"

赵撝谦《六书本义》明确指出，圣人造字依据的是"象形"原理，"象形"是"造字之本"。世界文字发展史也充分证明，语言是社会的产物，文字是语言的载体。在人类文明交往的原始时期，人们主要通过画画来记事，图画和语言相结合产生了文字。正如李孝定先生在其《汉字史话》中所说："图画具备了形和意，一旦与语言相结合，赋予图画以语言的音，于是具备了形、音、义等构成文字的三要件，便成为原始的象形文字。"[①]

关于文字与图画的关系，郑樵在其《通志二十略》有过精辟论述："书与画同出，画取形，书取象，画取多，书取少。凡象形者，皆可画也，不可画则无其书矣。然书穷能变，故画虽取多而得算常少，书虽取少而得算常多。六书也者，皆象形之变也。"[②] 可见，图形文字来源于记事

---

① 孔祥卿等编《汉字学通论》，北京大学出版社，2006，第56页。
② （宋）郑樵：《通志二十略》，王树民点校，中华书局，1995，第234页。

图画是一个不争的事实。

赵撝谦还明确提出，象形"文"是构成汉字的基础，而"字"则是由"文"孳乳而来，"举凡初文附加声符或形符，字义未受影响，此后其谐声或会意字，皆以初文分类六书"。① 关于"文"和"字"的区别，赵氏在《六书本义·凡例二》做了较为形象的阐述："子从母生，孙从子出，各有所统。先形、次事、次意、次声，虽从母为子，而又能生它字者，既见于所生母下，而又别出为部，亦犹人皆出于父母，既长而又能生其所生也。"

通过比较许慎等文字学家关于文字起源学说的探讨，我们发现，赵撝谦《六书本义》六书理论中的"文字孳乳说"和"文字拆分与叠加说"，是在批判和继承前人"六书"学说的基础上，以"象形"为文字"造字之本"，在阐述自己对文字孳乳理论的过程中，较早将汉字构件拆分与叠加结合起来"演化六书"，为我们厘清了汉字孳乳发展的过程，赵氏的"六书"学理论对后世文字学研究的发展具有重要的传承和启迪作用。

赵撝谦《六书本义》认为象形"文"为文字孳乳发展的最初构件，其他"六书"则是在象形"文"的基础上通过拆分与叠加的方式衍生而出的。《六书本义·六书总论》曰："独体为文，合体为字。象形、指事，文也。象形，文之纯；指事，文之加也。会意、谐声，字也。谐声，字之纯；会意，字之间也。"

关于"六书"的衍生方式，赵撝谦《六书本义纲领·六书总论》曰："又当识子母之相生，母能生，子不能生，主类为母，从类为子，生字为母，从母为子，显为母，阴为子，约为母，滋为子，用者为母，不用者为子，得势为母，不得势为子，母主形主义，子但主声。"

赵氏提出文字孳乳衍生的条件是"主类为母""母主形主义"，"母能生"之"母"，既是可以表示字义大类的部件，也是构成其他汉字的基

---

① 周美华：《赵撝谦〈六书本义〉"六书说"述要》，《中国文哲研究通讯》2009 年第 3 期，第 175 ~ 200 页。

础。赵氏所言"母文"一般都是象形"文",而"从类为子""子但主声",也就是由母文衍生而来的字,而衍生的过程一般是在象形"文"的基础上附加指事符号构成指事字,或者由母文会意构成会意字,或者加声符构成谐声字。

从《六书本义》的编排我们可以明确看出,这些表示字的读音的"子"字是依附于"母"文而存在的。在"显为母,阴为子;约为母,滋为子;用者为母,不用者为子;得势为母,不得势为子;母主形主义,子但主声"一句中,赵氏对汉字构件及其衍生能力做了明确的说明,"显、阴"是说所指意义相同的两个字,意义比较明显的是母文,意义比较隐晦的是子文;"约、滋"是指意义相同的两个字,笔画简约者为母文,笔画繁杂者为子文;"用与不用"是指意义相同的汉字,经常被用者为母文,不常用者为子文;"得势"是指书写笔画顺畅的字,"不得势"是指书写笔画不顺畅的字;"母主形主义,子但主声"指母文是表示字义大类的主要部件,子文只能表示声音、充当声符。

通过分析比较我们发现,赵㧑谦不仅认为"象形"是"六书"之本,而且"六书"以象形"文"为构字原件孳乳出了众多汉字。赵氏充分肯定了"象形"在"六书"中的地位,足见他对汉字的内在结构和发展演变过程有着较为深刻的理解和认识,即"象形"不仅是"六书"发展演变的基础,也是汉字发展演变的基础。基于这一理论,《六书本义》在列各部属字的时候都将象形字放在首位。赵氏所列的"六义相关图"(见图1)也是从"象形"开始的。

如图1所示,谐声字"索"是经过象形、指事、会意这几个阶段的叠加,由一个个的部件而构成了最终的字。《六书本义》所收一千三百字基本都是按照"六书"这一衍生顺序排列的,充分展现了汉字"子母相生"的孳乳过程。

赵㧑谦"六义相关图"后面还有"谐声累加图"(见图2),反映了谐声字的形成过程,和"索"相似,各个汉字部件经过一级一级累加逐级构成了最后的谐声字。

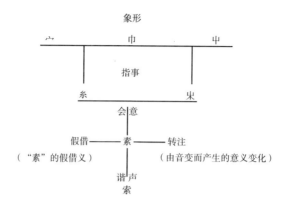

图 1　六义相关图

资料来源:《六书本义》,第 297 页。

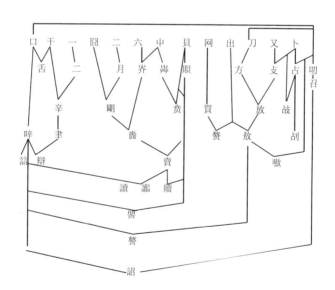

图 2　谐声累加图

资料来源:《六书本义》,第 297 页。

如图 2 所示,赵氏用"口、干、一、囧、二、六、中、贝、网、出、刀、又、卜"等十三个形素,由形素或构件分为若干层次逐步累加构成

"聿、啬、贅、敖、刮、誩、辯、賣、嗷、讀、䕻、贖、嘼、瞀、詔"等字。赵氏这种用图表分析汉字累加关系的形式，为我们厘清了谐声字构成的层级系统和"六书"演化的过程。他的这种汉字拆分和叠加意识，对后世汉字部件的拆分和汉字构形学的研究都是很有启发的。赵氏的文字孳乳理论揭示了汉字衍生的基本规律，找到了汉字构字的基本部件，对我们今天研究汉字仍有重要的借鉴意义和参考价值。

二　阐释检讨《六书本义》"象形"定义及分类

赵撝谦在《六书本义·象形论》中对象形下了如是定义："象形者，象其物形，随体诘诎，而画其迹者也。"关于象形的定义，许慎在《说文解字·叙》曰："象形者，画成其物，随体诘诎，日月是也。"[①] 许、赵二人对"象形"的定义基本相同。关于"象形"细则，赵氏则主要承袭宋人郑樵《通志二十略》，依"正生""兼生"原理分类象形。

（一）正生

赵氏"象形"定义，提出"正生""兼生"说，除了用以区别正例、变例外，也提出了和指事的差异。《六书本义·六书总论》曰："独体为文，合体为字。象形、指事，文也。象形，文之纯；指事，文之加也。"赵氏认为"象形""指事"皆是"文"，而"象形"为不附加任何内容由"直象其形"而成，指事则取一象形文附加部分内容而成。

依"直象其形"所造象形字，赵氏命名为"正生象形"，这也是承袭郑樵而来。赵氏将"正生象形"分成十类："数位之形，则一、囗之类是也；天文之形，则云、回（雷）之类是也；地理之形，则水、厂之类是也；人物之形，则子、吕之类是也；草木之形，则禾、朩之类是也；虫兽之形，则虫、牛之类是也；饮食之形，则酉、肉之类是也；服饰之形，则衣、巾之类是也；宫室之形，则壶、郭之类是也；器用之形，则弓、矢之类是也。此十种直象其形，故谓之正生。"

---

① （汉）许慎：《说文解字》，中华书局，1963，第314页。

赵氏所谓"正生象形",是指具有独立音义的象形字,这其实正是后来段玉裁所说"独体象形"。赵氏认为,这类"象形字"为"万世文字之祖"。因"正生象形"具有独立音义,所以赵氏便将"直象其形"视为一切文字形成之基础,撰写《六书本义》时,也取由"直象其形"法所形成的十个类目,统摄一千三百字。其目的在于强调:文字起源于"正生"象形文,由"正生"象形文孳乳而成。

赵氏"象形"分类,虽承袭郑樵,但郑樵除分正生十形,也包括"象貌、象数、象位、象气、象声、象属"等侧生六类。[①] 其中"象数"和"象位"可并入"数位之形","象气"可并入"天文之形","象声"可并入"谐声","象貌"和"象属"可并入一切象形文。赵氏在郑樵基础上,能摒弃侧生,也可谓慧眼独具。

《六书本义》在凡是正生象形的字前皆标示"形"。全书中属"正生象形"者,计二百七十八字,如:

> 气、火、回、山、厂、川、水、小、永、谷、田、土、丘、州、
> 人、大、子、女、士、民、臣、力、囱、心、工、包、目、耳、口、
> 牙、自、又、手、臼、廾、彳、止、首、长、吕、厶、中、之、木、
> 禾、来、竹、韭、瓜、氏、出、不、才、齐、耑、尔、丰、帝、录、
> 术、毛、牛、羊、豕、犬、马、象、鹿、兔、冉、角、革、隹、鸟、
> 至、羽、非、飞、卵、爪、毛、西、龟、虫、卜、豸、鼠、鱼、贝、
> 苋、焉、它、巴、丁、尤、燕、米、易、肉、卤、串、衣、图、井、
> 互、示、弓、网、刀、主、几、基、豆、鬲、鼎、户、玉、泉、斗、
> 瓦、血、壶、斤、网、干、矛等。

以上是笔者通过考究字形所列出的一些字例,但对赵氏二百多正生象形字,并未全部列出的原因是赵氏将今天我们已经确定为记号和指事的字也

---

① (宋)郑樵:《通志二十略》,王树民点校,中华书局,1995,第246~250页。

列入了象形字，如一、二、三、四、十、凶、白等。在"正生象形"二百余字中，赵氏在收字和释形上，呈现如下几个特色。

1. 以记号字或指事字为象形字。在象形字归类中放入了今天我们已经确定表示数字的指事字和表示颜色及巫术卦相等的记号字，如：

一，益悉切。易数之始，象丌数横古，从弋声。（《数位篇·一部》）

十，是执切，数之具也。纵一当五，横一当五，象算数布筹之形。（《数位篇·十部》）

白，《说文》："西方色也。阴用事，物色白。从入合二。二，阴数。凡白之属皆从白。"① 按："白"，甲骨文写作"白""白"。从甲骨文我们无从找出其象形义来，也无法验证许慎观点的正确性。从古文献中我们也只能找出"白"较古的义为"白色"。如《论语·阳货》："不曰白乎，涅而不缁。"② 笔者以为，"白"造字之初是一个表示"白色"的记号字。

黑，《说文》："火所熏之色也。从炎上，出囱。囱古窗字。"③ 赵氏释作："火所熏色。从炎上出囱突为意。作黑，非。"按："黑"，甲骨文写作"黑"。《尚书·禹贡》："厥土黑坟。"④ 从甲骨文验证，许慎关于"黑"字的解释并不合乎逻辑。从其他方家的推测中，我们也找不出关于"黑"字更确切的意思。综上，笔者认为，"黑"字造字之初也应是一个表示"黑色"的记号字。

吉，《说文》："善也。"⑤ 赵氏释作："善也。士无择言，故从士口为意。"按："吉"，甲骨文写作"吉""吉"等。《诗·召南·摽有梅》："求我庶士，迨其吉兮。"⑥ 很明显，"吉"的初文系一记号字。

凶，《说文》："恶也。象地穿交陷其中也。"⑦ 赵氏释作："地穿交陷

---

① （汉）许慎：《说文解字》，中华书局，1963，第160页。

② 《汉语大字典》（缩印本），四川辞书出版社、湖北辞书出版社，1992，第1104页。

③ （汉）许慎：《说文解字》，中华书局，1963，第211页。

④ 《汉语大字典》（缩印本），四川辞书出版社、湖北辞书出版社，1992，第1969页。

⑤ （汉）许慎：《说文解字》，中华书局，1963，第33页。

⑥ 《汉语大字典》（缩印本），四川辞书出版社、湖北辞书出版社，1992，第242页。

⑦ （汉）许慎：《说文解字》，中华书局，1963，第148页。

也。借不吉非。"按:"凶",甲骨文写作"⋈""∞"等。《诗·王风·兔爰》:"我生之后,逢此百凶,尚寐无聪。"[1]

赵氏生活在一个程朱理学兴盛的时代,程朱理学对于赵氏的影响颇为深刻。赵氏在《六书本义·伏羲始画八卦为文字祖图》中曰:"《易》有太极,是生两仪,两仪生四象,四象生八卦。……朱子曰:'八卦列于六经,为万世文字之祖'。"

《六书本义》定部首为三百六十部,系配合一年三百六十天天数所定。由前段引文可知,赵氏将文字学的发展和八卦太极联系在了一起,将一些我们今天已经确定了的一些记号字或指事字划入象形字中,主要是为其"象形为万世文字之祖"的理论作依据。

2. "正生象形"文中,正文并非全部录篆文,也夹有古文、籀文及重文。

(1)以古文为正文

《六书本义》中,以古文为正文者有七字,该七字的篆文皆不属于象形,于是便以该七字的古文列字,将该七字古文结构,一并归入"正生象形"。该七字分别是"及、回、畎、六、终、畾、丽"七字。又在该七字中,有三字赵氏是以古文、篆文作互见者。现节录如下:

乁,极入切,相逮也。象从上及下形,互见及。(《数位篇·象形九附》)

及,极入切,捕人追逮之谓。从又及人为意,古作乁。(《人物中篇·又有部》)

回,胡隈切,水旋流处,象盘回形。(《理篇·形十附》)

巜,古畎字。注见巛。(《理篇·形十附》)

巛,古外切,沟洫之类。……象其形。俗借用浍。(《理篇·巛部》)

① 《汉语大字典》(缩印本),四川辞书出版社、湖北辞书出版社,1992,第129页。

屵，力竹切，菌六地蕈也。丛生田中与苋皆柔脆之物。从屮，下象二本丛生叶连之形，古但象形作𡴍。（《草木篇·屮部》）

屮，音义注见屵。古作茻重之。（《草木篇·象形十六字附》）

𧘇，之戎切，衣之成也。象形。……今但用终。（《服饰篇·象形八附》）

厽，音义见畾字。（《宫室篇·象形八附》）

畾，鲁猥切，坺土为营壁也。从三田，即土意，亦加土作壘，古僵象形作品。（《理篇·田部》）

丽，郎计切，旅行也。象行而肚其体格之形。……或借麗（《人物下篇·形十四附》）

赵氏既取小篆作正文，唯此七字却以古文，一旦取古文后，反而形成入部的困扰，于是赵氏只得将该七字，分别以附录处理，如此也显示《六书本义》体例及部首不足的缺陷。又"𧘇""屵""厽"等三字古文，《六书本义》中并不作它字部首，依《说文》体例，会把"𧘇""屵""厽"三字，置于"及""六""畾"三字下作重文。今赵氏作互见，可能因为《六书本义》旨在阐释文字形构，于是既有篆文，又具古文形体者，以互见做说明。至于另外某些字，他认为"古文"方为正文者，便只列古文，而不取篆文互见。

（2）以籀文为正文者

菻，伊昔切，咽也。上象口，下象颈脉理形，今但用嗌。（《人物下篇·形十四附》）《说文》："菻，籀文嗌。"[1]

赵氏曰："今但用嗌"，乃是误将隶定视作俗体。许慎《说文》取小篆列字，不录隶书，《六书本义》虽同取小篆列字，但对某些字也兼收它体，凡收隶体者，则以"隶作某"或"隶省作某"标示。今"菻"字不

---

[1] （汉）许慎：《说文解字》，中华书局，1963，第30页。

言隶体，却以"今但用某"诠释，极易和俗体相混，这也是《六书本义》列字不够严谨之处。

（3）以重文为正文者

《六书本义》中，因取"重文"作"正文"，使得原为会意、谐声字，皆因重文形体而变成了"正生象形"文。此于《六书本义》中共有三例，即"𤄷"（渊之或体）、"𠮩"（沇之或体）、"𣰋"（裘之或体）等。

由以上内容可知，赵氏因取古文、籀文、重文等作正文后，使原本小篆为形声或会意者，变成了"正生象形"。虽说赵氏以古文、籀文及重文作正文后，造成体例不一，或入部之困扰，但就文字结构而论，某些字之古文形体，的确是象物之形，也较能反映出造字本义。

（二）兼生

凡象形字不能列入"正生"者，赵氏称作"兼生"。所谓"兼生"，是"以其兼乎它类，故谓之兼生"。意思是说，一字除了有象形文外，还附加了部分辅助义的内容。附加的结果会使结构看似会意或谐声，但赵氏不将这些字纳入会意、谐声，而以"形兼意"及"形兼声"命名，列入象形兼生。为何这些字看似谐声、会意，赵氏却将它们以"形兼意""形兼声"命名呢？现释析如下。

1. 形兼意

《六书本义》里属"形兼意"者计四十二字，赵氏并没有对"形兼意"下定义，只说："形兼意，日、月之类是也。"

许慎在《说文·叙》中以"日""月"作象形的代表字，段玉裁进一步指出这二字为独体象形。① 同样是象形，许、赵二人分类却有如此差异。《说文·日部》："从囗、一。象形"②，段玉裁注："囗象其轮廓，一象其中不亏。"③ 许慎在《说文》中，凡"从某某"释形者，皆表会意，

---

① （清）段玉裁：《说文解字注》，上海古籍出版社，1981，第755页。
② （汉）许慎：《说文解字》，中华书局，1963，第137页。
③ （清）段玉裁：《说文解字注》，上海古籍出版社，1981，第302页。

依此"从口、一"则为会意，但许慎又补充注以"象形"二字。"月"字，《说文·月部》："象形。"段玉裁注："象不满之形。"①《六书本义》则如此解释"日""月"二字：

> 日，外象圆形。从一易数于中为意。（《天文篇·日部》）
>
> 月，月有盈亏，故其形缺之，阴溯阳而不得正。故从二而反之为意。（《天文篇·月部》）

《六书本义》释此二字，皆释以"从某"附加一不成文图形。其中"从某"是用来表示太阳和月亮发光之意。但日、月二字，主要是由"外象圆形"和"其形缺之"以描写其轮廓，故"日""月"二字，赵氏以为不可作会意，而以"形兼意"说明。

《六书本义》所列举"形兼意"字，除"日""月"二字外，还有以下一些例子。

> 雨，王巨切，水从云下者，一象天，冂象云水淋其间为意。（《理篇·水部》）
>
> 脑，乃老切，头髓也。从匘已定意，匘比箸于𡿺也，上象有发形。（《人物上篇·匘部》）
>
> 要，伊垚切，身中，象窈窕形，从臼以持为意，从女上有匘臼在中又为意。（《人物下篇·臼部》）
>
> 瓜，姑乎切，蔓菰，象蔓生实形。俗用苽。（《草木篇·瓜部》）
>
> 盾，坚尹切，瞂也。所以扞身蔽目者，从目主意。上象其形而有执手处。（《人物中篇·目部》）
>
> 頁，此从人意而象形。（《人物下篇·页部》）
>
> 牢，郎刀切，闲牛咼。从牛外象圈养匋市形。（《虫兽篇·牛部》）

---

① （清）段玉裁：《说文解字注》，上海古籍出版社，1981，第313页。

以上"形兼意"字例,都用一象形字附加一不成文辅助意符号构成。这一不成文符号具有辅助义的作用。赵氏所谓"形兼意"字,既有象形的部件,又有表意的部件,因为它以表形为主,表意部件只起辅助义的作用,因此,将其归入象形。如"雨"为"一象天,冂象云水淋其间为意"。高亨称之为"合体象形",即"一字之结构,其一部分是固有之字,而别一部分则象物形"。[①]《六书本义》中类似例证还如"器""者""龙"等字。

2. 形兼声

《六书本义》对"形兼声"也没有专门定义,只说:"形兼声,星、其之类是也。"

除"星""其"两字外,《六书本义》所收"形兼声"字还有十七字,现举例分析如下:

> 星,桑经切,万物之晶,上列为曡,象三曡形,生声。古作�、
> ○、☆。(《天文篇·晶部》)
> 其,注见☒,此从丌声,亦作箕。(《器用篇·形十九附》)
> 鼻,亦从畀声,今但用此,作鼻,非。(《人物中篇·自鼻部》)
> 有,注见又。此从肉声,非从日月之月。(《人物中篇·又有部》)
> 罔,亦从亡声。(《器用篇·网部》)

由赵氏所举"星"字,我们可以看出"星"造字之初当为一象形字,"○""☆"均像悬挂于空中的星体,但我们今天分析"星"当为一个"从日,生声"的形声字。赵氏将"星"放入"形兼声"中,恐是考虑到"星"形体从古文到隶体的演绎过程;另外"鼻"的初文是"自","自"是"鼻子"的象形字,后来"自"用作人称代词后,便在其下加

---

① 高亨:《文字形义学概论》,齐鲁书社,1981。

声符"畀",成了形声字;"有"的初文是"又","又"是"右手"的象形字,后在其下加声符"肉",成了形声字;"罔"的初文是"网",加声符"亡"成"罔",变成了形声字。赵氏不将以上三字归入"谐声"类,可能考虑到文字的初文本义情况。今天,我们则将形符+声符所构成的字,统统归入了形声字。

三 《六书本义·象形论》要点小结

1. 在造字祖源上,赵氏以"象形"为"万世文字之祖",认为"象形"是最早的造字方法,而指事、会意和谐声等,皆是以"象形"为基础而孳乳出的造字方法。赵氏以"象形"为"万世文字之祖",阐述了其文字孳乳衍生的理论,较早地发现了文字拆分与叠加的发展过程,这些独到见解和阐述,对后世文字学的发展具有重要的启迪和传承作用。

2. 赵氏"象形"定义,同许慎的定义一致,都指依据物体弯弯曲曲的形象,画其轮廓而成。赵氏称此为"直象其形",也是象形字的正例。段玉裁称为"独体象形"。赵氏认为"正生"象形,为最原始的造字基础,因此他将《六书本义》依"正生"十类区分卷数,统驭部首。并以"正生"象形,作为"象形"造字的正例。

3. "象形"除了"正生",也有"兼生"。"兼生"是以象形文,附加一些辅助义内容,它是"象形"造字的变例。其类型有二,即"形兼意"和"形兼声"。依赵氏说解,凡不属于独体性质者,不能称作"正生",分类十分详细。"兼书说"反映了赵氏对汉字构成的新认识,将《说文》中笼而统之的字形分而细化,对汉字的构成部件、构成体做了更为深入的研究。

"形兼意"或"形兼声",皆由一个以上的"形"组成。其中"形"有成文和不成文两种。

(1)"形兼意"或"形兼声"中,有一类结构是由初文附加一独立之形符或声符而成。这类字结构为会意或谐声,但赵氏却不将其放入会意、谐声,主要是考虑了文字的初文本义情况。

（2）"形兼意"或"形兼声"字，其中有部分"形"不成文，附加上"声"或"意"后，字义才能表达完整。由此可知，凡附加的"形"或"声"，表意功能仅具辅助作用。故赵氏将其列入"象形"，而不列入"谐声"或"会意"。

4. 在《六书本义》中，某些字篆文为"会意""谐声"，一旦采古文、籀文后，可能会破坏体例的一致性，而造成入部和归类的困扰。不过小篆毕竟不是文字最初的形体，有些字的古文形体，的确较能明确表达文字的本义。《说文》也偶尔会出现以古、籀字体作正文，以小篆为重文者。因此，赵氏便以古文、籀文及重文为正文，帮我们较为清晰地厘清了汉字初文本义的情况及文字孳乳发展的历程，确有可取之处。

四 附记

"六书"是建立在小篆的形体基础之上的，它并不具有普遍的适用性。小篆以前的甲骨文、金文，以及小篆之后的隶书、楷书，都有一些无法利用"六书"理论进行诠释的现象。如独体字在小篆里绝大部分还保留象物的特征，但是这些字在隶变、楷化以后已经义化，再称为象形已不妥当。楷书中相当一部分独体字是黏合而成，如果按独体象形字的结构去分析，就难以理解了。郑樵《六书略》，不取小篆，系以楷体。而《六书本义》虽祖述《六书略》，却已能认识到小篆列字的优势，取小篆列字，显示明初字学，已能摆脱宋学部分束缚，以重返汉学治学途径。

裘锡圭先生曾表示："在文字产生之前，除了一般的文字画之外，人们还曾使用过跟所表示的对象没有内在联系的硬性规定的符号，把这种符号用作所有权的标记，或是用来表示数量或其他意义。"[①] 我们现在把这种硬性规定了意义的符号称作"记号"，"记号"字就是一种无法利用"六书"理论加以分析和归类的文字符号。"记号"具有独特的性质和特点，在汉字发展史上具有不容忽视的作用。在人类的早期阶段，人们曾用

---

① 裘锡圭：《文字学概要》，商务印书馆，2006，第3页。

记号来记事或占卜。用于占卜活动的这些记号演化成后来用于推"易"的八卦符号；另一部分记事或占卜的记号则演化成汉字符号归入汉字体系。

（一）记号具有"不可识、不可象"的特点

因为其不可识、不可象，造成了人们识记上的困难，于是大多数记号已被人们遗弃。因此，造字之初，记号并没有被大量吸收进汉字体系。正如裘锡圭所说，在文字形成过程刚开始的时候，通常只有少量流行的记号被吸收成为汉字符号。① 在造字之初，除了裘锡圭所举的"五、六、七、八"等表示数字的记号外，还有表示颜色的记号，表示巫术吉凶的记号，表示权利、族徽象征的记号等。

1. 表示数字的记号

十，《说文》："数之具也。一为东西，丨为南北，则四方中央备矣。"②"十"，甲骨文写作"丨""丨"等。③

千，《说文》："十百也。从十，从人。"④"千"，甲骨文写作"千""千"等。⑤甲骨文像一个"人"下拉了一横，这个形体无法和人体有关的字义联系起来，也不能和许慎的解释吻合。窃疑当为数字"千"的记号。

2. 表示颜色的记号

白，《说文》："西方色也。阴用事，物色白。从入合二。二，阴数。白，古文白。"⑥"白"，甲骨文写作"白""白"。从甲骨文我们无从找出其象形义来，也无法验证许慎观点的合理性。从古文献中我们也只能找出"白"较古的义为"白色"。如《论语·阳货》："不曰白乎，涅而不缁。"⑦

---

① 裘锡圭：《文字学概要》，商务印书馆，2006，第4页。
② （汉）许慎：《说文解字》，中华书局，1963，第50页。
③ 《汉语大字典》（缩印本），四川辞书出版社、湖北辞书出版社，1992，第25页。
④ （汉）许慎：《说文解字》，中华书局，1963，第50页。
⑤ 《汉语大字典》（缩印本），四川辞书出版社、湖北辞书出版社，1992，第25页。
⑥ （汉）许慎：《说文解字》，中华书局，1963，第160页。
⑦ 《汉语大字典》（缩印本），四川辞书出版社、湖北辞书出版社，1992，第1104页。

黑，《说文》："火所熏之色也。从炎上出困。困古窗字。"[①]"黑"，甲骨文写作""。《尚书·禹贡》："厥土黑坟"。[②]从甲骨文推断，许慎关于"黑"字的解释并不合乎逻辑。从其他方家的推测中，我们也找不出关于"黑"字更确切的意思来。

3. 表示巫术卦相的记号

吉，《说文》："善也。"[③]"吉"，甲骨文写作""""等。《诗·召南·摽有梅》："求我庶士，迨其吉兮。"[④]

凶，《说文》："恶也。象地穿交陷其中也。"[⑤]"凶"，甲骨文写作""""等。《诗·王风·兔爰》："我生之后，逢此百凶，尚寐无聪"。[⑥]

（二）记号还具有"简易、便捷"的特点

当汉字进入成熟阶段以后，记号便开始利用其便捷、易写的优势将象形、指事等六书纳入自己的体系加以同化，使一些原本属于"六书"的字也逐渐重新变成记号或半记号字。时至今日记号字已逐渐发展成为屈居于形声字之下的第二类汉字，与表意字、形声字形成了三分现代汉字天下的局面。以下数据是通过对《常用字字表》和《次常用字字表》所列3500个汉字进行统计分析得出的结论，在这3500个汉字中，表意字有133个，占3.8%；表音字有7个，占0.2%；形声字有1996个，占57.03%；记号、半记号字有1364个，占38.97%。[⑦]

当汉字字形演变至隶书、楷书之后，一些原本象形的字亦逐渐脱离象形的框架，成为记号字或半记号字。变成记号字的有：象形字""隶变

① （汉）许慎：《说文解字》，中华书局，1963，第211页。
② 《汉语大字典》（缩印本），四川辞书出版社、湖北辞书出版社，1992，第1969页。
③ （汉）许慎：《说文解字》，中华书局，1963，第33页。
④ 《汉语大字典》（缩印本），四川辞书出版社、湖北辞书出版社，1992，第242页。
⑤ （汉）许慎：《说文解字》，中华书局，1963，第148页。
⑥ 《汉语大字典》（缩印本），四川辞书出版社、湖北辞书出版社，1992，第129页。
⑦ 柳建钰：《记号字半记号字及其在现代汉字中基本情况探讨》，《宁夏大学学报》（人文社会科学版）2005年第1期，第53~54页。

后成为"鱼",指事字"二"隶变后成为"上",会意字"彐"隶变后成为"友",形声字"秊"隶变后成为"年",假借字"扌"隶变后成为"我",转注字"川"隶变后成为"齐""斋"等。

以上隶变后的字"鱼""上""友""年""我""齐""斋"若不追根溯源,我们很难将其与其造字之初的意义联系起来。另外一些字则成为半记号字,如"口"隶变成"方"这个记号后,又以"方"为形符或音符造出了大量的半记号字,如"放""仿""防""妨"等。

因此,笔者认为,记号这种被人们用来记录跟所表示的对象没有内在联系的硬性规定的符号,也应是一种独特的造字方法,尤其在中古以后,被人们运用得更是得心应手。例如"乒""乓"等字。

还有些学者以为记号字就是指事字,例如唐兰先生在其《中国文字学》中就表示:"指事文字原来是记号,是抽象的,不是实物的图画。这些记号可能在文字未兴以前,早就有了,在文字发生时,同时作为文字的一部分。"[1] 笔者以为唐兰先生的论断有失严谨,也背离了许慎关于指事"视而可识,察而见意"的八字定义。我们知道,记号是一种被人们硬性规定了读音和意义的符号,具有"不可识,不可象"的特点,比如数字✕(五)、八(六)、十(七)、八(八)等,若不强行记忆,难以识别。而指事则是:"视而可识,察而见意",属于象形表意字体系,如上、下、本、末、未、朱等字,都是由成文或不成文的象形符号 + 指事性符号组合而成的,具有象形表意字的可识别性。

第二节　指事探释

"指事"是一种重要的造字方法,历来为汉字学者所重视。但是,许慎"视而可识,察而见意"八字界说过于简单且纰漏较多,致使后人对"指事"的理解有颇多分歧。本节通过阐释检讨明儒赵撝谦《六书本义·

---

① 唐兰:《中国文字学》,上海古籍出版社,1949,第98页。

指事论》并综合古今方家观点发现，指事字不仅是对象形字字符资源的再次利用，而且是对象形构形造字法的深化。指事字利用象形字形符象征某类物体的"能指"功能，通过添加特定的指事符号借以表达新的语义，在充分展现象形字潜在能指性功能的基础上，使汉字的所指功能得以充分发挥。

一　阐释检讨《六书本义》"指事"定义、性质及特点

《六书本义》是明代文字学家赵撝谦所作的一部以阐释六书理论为导向的字书，在《六书本义》中，赵氏视象形形符为汉字孳乳发展的最初构件，强调象形为"万世文字之祖"，认为"指事"是继"象形"之后"加物于象形"的第二造字法。《六书本义·指事论》曰："事犹物也，指事者，加物于象形之文，直著其事，指而可识者也。圣人造书，形不可象则属诸事，是以其文继象形而出。"由这段引文，可对"指事"的性质、特点及造字法次第做简略归纳。

（1）指事由象形附加物（不成文指事符号）而成，以"象形"为基础，可与赵氏象形为"万世文字之祖"相呼应。

（2）所加"物"为事，是"指而可识""形不可象"的指事性符号。

（3）"形不可象则属诸事"，说明象形所指代的是具体形象的物，而指事则指代的是抽象"事"的概念。

赵氏定"指事"为"加物于象形之文""形不可象则属诸事"乃分别承袭郑樵《六书略》和张有《复古编》而来。

郑樵曰："指事类乎象形：指事，事也；象形，形也。指事类乎会意：指事，文也；会意，字也。独体为文，合体为字，形可象曰象形，非形不可象指其事曰指事，此指事之义也。"[①]

张有曰："事犹物也，指事者加物于象形之文，直著其事，指而可识

---

① （宋）郑樵：《通志二十略》，王树民点校，中华书局，1995，第253页。

者也。如'本''末''叉'之类。"①

可见赵氏之"形不可象则属诸事"乃承袭郑樵之说而来;"加物于象形之文"则承袭张有之说而来。赵氏依据"象形"为"文字之本"的观点,对"六书"进行了深入剖析和归纳,在继承和发展前人文字孳乳学说的基础上,从汉字的形体构造出发,指出了指事字在象形形符上添加指事符号的构形特点,反映了他对汉字内部结构特征和发展演变规律的深刻理解和认识。

由此我们亦知,赵氏"指事"定义,与许慎"指事者,视而可识,察而见意"相差甚远,主要是因为许慎关于"指事"的八字界说,指出的只是指事字的辨认方式,并没有揭示指事字的构形特点。正如有学者所说,象形的"画成其物,随体诘诎"、会意的"比类合谊,以见指撝"、形声的"以事为名,取譬相成",都是着眼构形表意而做的界说,但"视而可识,察而见意",则是从认知角度来定义指事的,这样的界说缺乏区别性特征。② 而且,许慎所举"上、下"字例亦欠典型而难以类推,也没有专用于分析指事字的术语。有鉴于此,王筠《说文释例》曰:"六书之中,指事最少,而又最难辨……所谓'视而可识',则近于象形;'察而见意',则近于会意。"③ 姚孝遂先生也指出,"视而可识",混同于"象形",因为"象形"字也是"视而可识"的;"察而见意",迹近于"会意",因为"会意"字也是可以"察而见意"的。④

正是许慎关于"指事"的八字定义过于笼统和含混,从而导致后人对"指事"概念理解的不一致。段玉裁《说文解字注》曰:"象形者,实有其物,日、月是也;指事者,不泥其物,而言其事,上、下是也。"⑤

---

① (宋)张有:《吴均增补增修复古编·说文解字六义之图》,书目文献出版社,1998,第401页。

② 喻遂生:《文字学教程》,北京大学出版社,2014,第224页。

③ (清)王筠:《说文释例》,武汉市古籍书店,1983年影印本,第5页。

④ 姚孝遂:《许慎与〈说文解字〉》,中华书局,1983,第22页。

⑤ (清)段玉裁:《说文解字注》,上海古籍出版社,1981,第1页。

又"形谓一物,事赅众物,专博斯分,故一举日、月;一举上、下。上、下所赅之物多,日、月只一物"。① 依段氏言,可知《说文》象形与指事,并无交集,凡是言"物"者必为象形,言"事"者则为指事;且象形只能说明一物,指事则可兼指万事。那么,试问"木""刀"等是一物,而"本""刃"等又为几物?所以,段玉裁的解说也欠考虑,不尽周详。

当然,许慎关于"指事"的界定虽然含糊不清,但是他在《说文·叙》中所说的另一段话,对我们理解"指事"却很有启发。他说:"仓颉之初作书,盖依类象形谓之文,其后形声相益谓之字。字者言孳乳而浸多也。"②

一般来说,文之"依类象形",或象具体之形,或象抽象之形,具体之形为"象形",抽象之形为"指事"。不论是具体或抽象,文字的形体结构都是独体的,故赵氏曰:"独体为文。"

然而,指事字与象形字虽皆为独体字,但是二者是有本质区别的。指事字的字形组成部件中虽然有象形成分,然而却是用来指称某种事物的,这种事物是抽象的,事物的本身是无法用具体形状描摹出来的。简而言之,象形字在于绘物,指事字在于说事。

但是,单以抽象或具体来论及"象形"与"指事"之别,也不完整。因抽象与具体是就字形显示字义的方式来划分的,而"依类象形"则是就形体结构而言的,我们应该从形体结构上找出它们的根本区别。正如董希谦所说:"象形、指事、会意、形声是从字形出发划分出来的结构类型,我们在辨别它们的类别时,就主要依据文字的结构特点。考察象形字、形声字和会意字是这样,考察指事字也应该是这样,不应该离开字形,另立标准。"③

杨树达先生也说:"指事乃就字形为说,非就字义为言也。"④

---

① (清)段玉裁:《说文解字注》,上海古籍出版社,1981,第755页。
② (汉)许慎:《说文解字》,中华书局,1963,第314页。
③ 董希谦:《许慎与说文解字研究》,河南大学出版社,1988,第23页。
④ 杨树达:《文字形义学》,上海古籍出版社,1988,第126页。

因此，为造字法分类应该主要依据文字的形体结构特点。象形字是通过临摹事物的外形，或其具有特征性的部分来成其字的，它仅代表该形所临摹的事物。而指事字则不同，指事字的字形所指称的对象是一种抽象的事理，指事字通过字形构件的指向来示意，并且以形说事，意在形外。

对此，黄德宽先生明确提出："指事字中的标指符号并非以形见意，它完全可以被其他形状不同的符号取代。"① 可见，指事性符号是指事字区别于象形字的根本所在。象形字的象形符号具有可象性、可识性，而指事字的指事符号则起指示、标示作用，非具可象性。

赵撝谦《六书本义·六书总论》曰："六书未作，六书之体散在天地；六书既作，天地之用具于六书。大哉，圣人之造书也，其得天地之用乎？观夫日月列星之悬象，云雷风雨之变态，山川之流峙，万物之纷错，莫非天地自然之书？自昔大皞飞龙之利，不过仰观天文，俯察地理，旁及鸟兽草木人物之宜，效其形、画其迹而已。故六书初一曰象形，文字之本也，次二曰指事，加于象形者也。"

赵氏为强调象形"为文字之本"，便取指事由象形延伸以"盖造指事之本，附于象形，如'本、末、朱、禾、未、束'之类是也。……事犹物也，指事者，加物于象形之文"，为区别二者差异又补充曰："象形、文也，指事、亦文也；象形之文纯，指事文之加也。"

由上可知，赵氏以象形形符为汉字的基础构件，认为指事是以象形形符为基础，通过添加指示性符号，造出了"事"有所指的指事字。且凡指事字，其结构必有一象形"文"。之所以将指事归之为"文"，是因为从形体结构上看，其基本结构仍是一个独体的汉字形符，其指事性符号的重要作用只是表现在造字的符号性质和表意的实际功用上，并不具备独立存在的实际意义，必须借助象形形符才能表达其所指旨归。

也就是说，指事是以象形字或象形形符为基础，通过添加指事性符号对其所要表达的对象意义进行指定、限制或者引申。指事字利用象形字形

---

① 黄德宽：《汉字理论丛稿》，商务印书馆，2006，第130页。

符象征某类物体的"能指"功能，通过添加特定的指事符号由该物体的属性或特征、状态引起心理联想，由此将形符的作用变为"所指"。①

正如张泽渡先生所说："为了满足新的语言意义表达需要，古人要不断构制新文字。而且在新文字跟已有文字之间，必须保持一种视觉心理上的连续性，才不至于造成表达与交流的障碍。如此一来，利用已有书写符号进行改造就成了最佳途径。"②

可见，指事字既是对象形字字符资源的利用，又是对象形构形造字法的深化。由此，我们亦不难发现，象形字的特点是"依类象形"的形象化符号，指事字的特点是添加表示字义主旨的指事性符号。所以，就指事字而言，正因为这种指事性符号，才使它具有区别于象形字而自立为一个类别的本质条件。

然而，正是赵氏一味强调其"象形为万世文字之祖，指事为加物于象形"的理论观点，从而忽略了"五、六、七、十、廿、卅"等纯符号性字符的归属问题，并且生硬地将数字"一"划归象形字例，确有牵强之嫌。明代学者赵宧光对赵氏的观点进行了批判和修正："指事者，指而可识也，一、二、三之类，彼将曰象其数，独不知数可心道，不可目取，非物也。赵古则（撝谦）等人所引当在后例，非正例也。指事有二，一独体指事，谓一、二、三、十之类；一附体指事，上、下、本、末之类。"③

因此，从指事字的形体结构与其所表示的对象之间的关系入手，我们认为，"指事"应当表述为，用纯粹的指事符号或在象形形符的基础上加注指事符号从而造出一个新字的独立造字法。归结起来，其重要特征有二：一是在象形形符上加注指事符号，这是辨别指事字的关键；二是其所指的事，并非具体的物象本身而是抽象概念。

---

① 张泽渡：《汉字六书指事构形法》，《贵州大学学报》（社会科学版）2009 年第 3 期，第 79 页。

② 张泽渡：《汉字六书指事构形法》，《贵州大学学报》（社会科学版）2009 年第 3 期，第 78 页。

③ 杨清澄：《指事义例的评析》，《怀化学院学报》1987 年第 3 期，第 83 页。

二 《六书本义》"指事"类别

赵撝谦《六书本义》指事分类，依象形"正生""兼生"，将指事分为"正生附本"和"事兼生"两类，其内容可简略分析如下。

（一）正生

指事、象形的形体结构都同属于"文"，但指事由象形加物（指事性符号）而成。其中"象形"文以"正生象形"为限，凡以此结构所造之指事字，称为"正生附本"，亦为指事字之"正例"。《六书本义》指事属"正生附本"者计一百四十九字，结构约略可分成以下四类：

1. 不成文象形符号 + 指事性符号

　　上，高也。横一以指其体，上短者指其物。其物在体之上曰上；在下曰下，皆指其事。（《数位篇·一部》）

　　下，底也。详见上。（《数位篇·一部》）

"上""下"两字一直是人们用作"指事"的代表字。"上"甲骨文写作"二"①，"━"为地平面的不成文象形符号，"‐"指代地平面上的物体，在此具有指事义的作用，合起来表示方位"上"的抽象概念。同样，"下"有着类似的构造方式。

2. 象形字 + 指事性符号

以"象形字 + 不成文符号"所形成之指事，为"正生指事"正例。《六书本义》用作这一类型的指事字有：

　　旦、光、欠、兜、尺、交、兂、尢、天、亦、立、母、巨、勺、曰、甘、只、舌、谷、叉、丑、尹、父、寸、史、帚、争、受、申、曳、疋、足、于、分、乎、平、屯、丰、本、末、朱、未、禾、束、

----

① 《汉语大字典》（缩印本），四川辞书出版社、湖北辞书出版社，1992，第3页。

朵、某、桼、秀、麦、发、萬、酋、肩、胃、希、市、糸、衰、卒、
向、穴、且、彭、圭、血、引、刃等。

以上诸字，皆由一"正生"象形，附加不成文指事性符号组成，其内容
也和正生象形相同，分成十类，故赵氏称为"正生附本"。

正生附本之字的结构内涵，赵氏于《六书本义·指事论》中有详尽
论述："盖造指事之本，附于象形，如'本、末、朱、禾、未、束'之类
是也。夫木象形文也，加一于下则指为本；加一于上则指为末；加一于中
则指为未；以其首曲而加，则指为禾；以其枝叶之繁而加则指为朱；以其
条干有物而加，则指为束，其字既不可谓之象形，又不可谓之会意，故谓
之指事。"

本、末、朱、禾、未、束六字，皆是由一正生象形"木"字，于不
同方位添加指事性符号"一"，所形成的新字、新义。唯"一"于字书多
作数字，而在此则表示指事性符号。为作区别，《六书本义》对每一字，
皆有详细说明。

> 本，补衰切，木根也。从木，一指其根。（《草木篇·木部》）
> 末，米曷切，木杪也。从木，一指其上。（《草木篇·木部》）
> 朱，钟输切，赤心木。从木，中指赤心。（《草木篇·木部》）
> 未，无沸切，木兹茂也。从木，指其枝叶加絫。（《草木篇·木
> 部》）
> 禾，古兮切，木之曲头止不能上也。从木，上指头曲。（《草木
> 篇·木部》）
> 束，七赐切，中木芒也。从木，中指束芒。（《草木篇·木部》）

这六个字都是由"木"，在不同方位增添指事性符号"一"以表示树根、
树杪、赤心、枝叶、木芒和曲头等。同为一画，所加方位不同，字意也随
之改变。

3. 象形性符号 + 不成文符号

《六书本义》"指事"字例中，由"象形性符号 + 不成文符号"形成之指事，赵氏以"从某从某"结构释形。

乍，助驾切，暂止也。从亡，从一，出亡得一而或暂止之意。（《数位篇·亼部》）

中，陟隆切，不偏倚也。从口以定其处，从丨以指其中。（《数位篇·口部》）

"乍""中"二字，皆以"从某从某"释形。赵氏凡以"从某"（某为独立之文）释形者，皆以会意归类。而未将"乍""中"二字归入会意，是因为赵氏在这两字之末又做了说明。透过说明，可理解"乍"之"一"，"中"之"丨"，皆是不成文指事性符号，并非独立之文，其中的"亼""口"也是不成文象形性符号，故赵氏以"乍""中"二字，放入指事。

4. 会意 + 不成文符号

郑樵《六书略》"指事"类，于"兼生"设有"事兼意"，其"事兼意"便是赵氏的"会意 + 不成文符号"，郑樵释为："指事有兼会意者，则曰事兼意"①，《六书本义》属此结构之指事计六字。

畺，居良切，界限也。……从二田，三隔指所限。（《理篇·田部》）

畫，胡麦切，界也。从聿以畫于田，四匡指界畫状。（《理篇·田部》）

佩，蒲妹切，大带也。从人佩巾，上指结佩之状。（《人物上篇·人部》）

---

① （宋）郑樵：《通志二十略》，王树民点校，中华书局，1995，第233页。

眷，古倦切，顾视也。从二目，中指所视之物。（《人物中篇·目部》）

离，穿其切，山神兽。从内从凶，恶类也，上指其首。（《虫兽篇·内部》）

带，当盖切，绅也。从重巾，上指系带连属而固结。（《服饰篇·巾部》）

以上六字，皆由两个独立之文附加不成文符号组合而成。赵氏没有将"会意＋不成文符号"放入"会意"的原因，可能与该"会意"中的两个独立之文多为正生象形，以及所附加的符号为不成文符号有关，因为这样也符合"指事者，加物于象形之文"的定义。

（二）兼生

赵氏"兼生"只有"事兼声"一类，"事兼声"承袭郑樵而来。郑樵于《六书略·事兼声》曰："指事有兼谐声者，则曰事兼声。"[1] 意即声符仅在标音，不影响字义。赵氏《六书本义·指事论》则如是定义"事兼声"："又有兼谐声而生之一类曰事兼声，齿、金之类是也。"

《六书本义》收"事兼声"者计十字，现列举如下：

旁，蒲光切，溥及也。从二自上及下也，二垂指旁达状，方声。（《数位篇·二部》）

坙，古零切，水脉也。从川在地下，一指地，壬省声。（《理篇·川部》）

金，居吟切，五色金也。从土，中指金，今声。（《理篇·土部》）

曾，才登切，词之舒也。……从曰，上指气，罒声。（《人物中篇·曰部》）

---

① （宋）郑樵：《通志二十略》，王树民点校，中华书局，1995，第233页。

齿，丑止切，齗骨也。男八月生，女七月生，从口中指所含之齿，止声。（《人物中篇·口部》）

遧，职吏切，碍不行也。从止，一曲指所碍物，惠声。（《人物下篇·止部》）

棥，符袁切，藩也。从林，中指编织交错形。……作樊。方音用藩。（《草木篇·林部》）

牵，轻烟切，引牛前也。一曲指引牛之縻，玄声。（《虫兽篇·牛部》）

巂，直例切，豕老后，蹄废者。从象、中，又指足废形状，矢声。（《虫兽篇·喙部》）

巂，均窥切，周燕指佳页有冠，同省声。（《虫兽篇·佳部》）

以上所列"事兼声"字，皆由一象形文，附加声符及不成文符号所构成。以一"正生象形"附加不成文符号，乃《六书本义》"正生指事"正例。唯此十字除具指事正例，又多了声符，声符在此仅表音，字义主要集中于"正生指事"上，因为多了表音的声符，赵氏便以"事兼声"归类。然而"事兼声"既有形，又有声，笔者以为应当列入"形声"类，赵氏此举令人费解。

三 《六书本义·指事论》旨归

综上所述，可对赵撝谦《六书本义·指事论》简要归纳如下。

（1）指事的结构以象形形符为基础，附加上不成文指事符号，但其义之所重者为"形不可象"，故赵氏曰指事"既不可谓之象形，又不可谓之会意"，以说明指事与各书之别。

（2）指事同象形皆分为十类，内容也以"正生""兼生"区别。但"正生指事"是由"正生象形"附加内容（指事性符号）而成，故赵氏命名为"正生附本"。除此之外，还有不成文象形符号＋指事性符号建构而成的指事字。

（3）"正生"指事字共有四种类型，一为"象形＋不成文符号"，此为"正生附本"正例。另外，还有"不成文象形符号＋指事性符号""象形性符号＋不成文符号""会意＋不成文符号"类型的指事字。而"象形性符号＋不成文符号"中"从某从某"之形符，以赵氏解说为不成文符号。由此可知指事正例，皆有一不成文符号。

（4）"兼生"为指事变例，内容只有"事兼声"一类。事兼声虽具声符，但"声符"仅表音不表意，义之所重皆在符号上。而"事兼声"一类既有形，又有声，笔者以为应当列入"形声"类，而赵氏却划归指事类，着实令人费解。

（5）由"正生""兼生"指事内容，显见《六书本义》所论指事，必与指事性符号有关系。凡字有形符为指事符号者，无论其他形符为象形、会意、谐声，皆可视为指事。依此知赵氏区分象形、指事、会意、谐声在于组成形符是否有一不成文指事性符号。

（6）《六书本义》将指事分成"正生附本"四类，及"兼生"一类，是受郑樵影响。其中"正生"类"象形＋不成文符号"，与郑樵"兼生"之"事兼意"；"兼生"类之"事兼声"，也与郑樵"兼生"之"事兼声"同。除郑樵外，赵氏也兼采张有论述，故其指事字也较郑樵更趋科学、合理。

从以上分析归纳我们可以看出，赵氏关于指事的界说虽然有不尽合理的地方，但赵氏能从汉字的形体结构特征出发，依据文字据形系联的原则，从字形形符与对象之间的关系分析指事字的造字原理，足见他对汉字的内部结构和发展演变过程有着较为深刻的理解和认识。

赵氏以"象形为万世文字之祖"，认为汉字以象形形符为文字孳乳发展的最初构件，其他"六书"包括指事在内，通过拆分与叠加的方式衍生出了众多汉字。他的这种汉字拆分与叠加的意识，对后世汉字部件的拆分及汉字构形学的研究是很有启发意义的。现代构形学理论认为汉字是由有限的形素组成了数以万计的单字，而构形单位是构件。如王宁先生创立的汉字构形学，是目前为止最为科学的一种分析汉字的构形模式的理论，其中很多观点在《六书本义》中都可找出端倪。

更为可贵的是，赵氏从文字孳乳发展的演变规律中为我们找到了指事字存在的主要依据，指出指事性符号是指事字存在的根本性特征，正是这种区别性特征才使指事位列六书而未被否定。

四　结语

在原始记事图画中，不仅有具体的图形，也有一些抽象的符号。这是因为，现实生活中有许多抽象的概念需要记录，有很多复杂的思想也需要表达。所以，在实际生活中，人们也会用一些标识性符号来帮助记事，比如：用刻木来记事，用箭头指示方向，用十叉表示交换等，这些表达方法引入文字就是较为原始的"指事"造字法。就是放在现在社会，我们也会在现实生活中看到这类符号。有纯粹约定的符号，比如红绿灯交通信号，救护车、消防车、警车的不同笛声，还有数学符号等。还有一类符号也需要社会约定，这类符号能够引起人们对意义的联想，因而容易为人所理解和记忆。比如农药瓶上的骷髅符号，提醒小心触碰的油罐车等。用抽象而又直观的符号来表达"指事"义项的方法是可行的。在汉字造字过程中，人们利用标记符号来表示抽象概念，主要还是因为这些符号本身能够引起人们对意义的联想。在原始人的生活中，数字是最需要记录的，所以计数的符号可能出现得很早。比如"一""二""三""三""十""廿""七""卌""千"等。

通过分析比较我们发现，指事字既是对象形字字符资源的充分再利用，又是对象形构形造字法的进一步深化。指事字利用象形字形符象征某类物体的"能指"功能，通过添加特定的指事符号来表达新的语义，在充分展现象形字潜在的能指功能的基础上，使汉字的所指功能得以充分发挥。从这一角度讲，指事字也是对象形字形符的延伸和再利用，是对象形字构形原理的拓展发掘。

第三节　会意探释

会意是"六书"之一，也是一种重要的造字方法。会意是在象形和指事的基础上发展而来的，它以象形字和指事字为基础构件，充分利用意象性思维和逆向性思维，抓住社会生活中各类事物相互关联的本质特征，用形象的组合的画面意境，揭示了事物的抽象概念，集中体现了汉字的表意特征和古人的造字思维方式。下面，我们依据赵撝谦《六书本义》关于"会意"的界定和阐释，综合古今方家之说，试就会意造字法的特点、内涵做简要探析。

一　阐释检讨《六书本义》"会意"定义、内涵及特点

赵撝谦在《六书本义·会意论》中曰："象形、指事，文也；谐声，字也，会意，文字之间也"。在《六书本义·六书总论》中又曰："独体为文，合体为字。象形、指事，文也。象形，文之纯；指事，文之加也。会意、谐声，字也。谐声，字之纯；会意，字之间也。"赵氏既说："会意、谐声，字也"，又说："谐声字也；会意，文字之间也。"同为会意，何以游走于"字"与"文字之间"呢？

最早赋予"会意"内涵的是东汉的许慎，他在《说文·叙》中曰："会意者，比类合谊，以见指撝，武、信是也。"[1] 高亨就此解释说，"会意字乃合二字（或三字、四字）而成，会其意以为新字之义者也。比，犹并也；类，谓字类也；谊，即字义之义；撝，犹挥也……比类合谊者，谓并二字（或三字、四字）而会合其义也；以见指撝者，谓以此表现造字者意所指挥之点也"。[2]

按照许慎《说文》"会意者，比类合谊，以见指撝"[3] 的定义，通常人们认为，会意是继"依类象形"的"文"之后的"字"的范畴里的一种书体。除了"武、信"这两个经典字例外，还如："采"，《说文·木部》："捋取也。从木，从爪。"表示采摘树上的果子；"涉"，《说文·水

---

[1]　（汉）许慎：《说文解字》，中华书局，1963，第314页。
[2]　高亨：《文字形义学概论》，齐鲁书社，1981，第79页。
[3]　（汉）许慎：《说文解字》，中华书局，1963，第314页。

部》：“徒行厉水也。”表示两脚一前一后蹚水过河；“析”，《说文·木部》：“破木也。一曰折也。从木，从斤。”表示找出木头的纹理将其破开之意，等等。

会意字一般由两个或两个以上的意符组合而成，这个意符既可以是形符也可以是意符。由于单个的图形或符号所能表达的概念和思想有限，于是产生了把多个形体组合在一起共同表意的会意造字法。正如许慎《说文·叙》曰：“会意者，比类合谊，以见指㧑，武、信是也。”① “比类合谊，以见指㧑”，就是用两个或两个以上的形体联合起来，用其表达复杂意义的方法。最初的会意字多是形合式会意字，从字形构造上看，就像一幅由几个意象组合而成的意境画，这幅新组成的画面体现了新的概念和意义。

当然，这个新的意义和意境并不等于几个组成结构的意象之和，而是具有更为丰富的含义。例如，“寇”字，本义是“盗贼”，甲骨文写作“𡨚”②，外部像房屋的形状，内部左边是个“人”形，右边的“攴”像手拿棍棒的样子，寓意为手拿棍棒侵入他人家中行凶盗窃。通过对该字字形结构的分析，我们可以看出，古人在造字时，绝不仅仅是将“寇”理解为“屋、人和手拿棍棒”的简单组合，而是巧妙地利用三者的关联性，将各构件共时出现所产生的寓意进行了生动的想象。类似字例还如“暴”“弃”“受”“涉”“羞”等。随着人们认识的发展和抽象思维能力的加强，会意字的组合方式逐渐由形合式会意字向意合式会意字转变，主要是因为会意造字中的意符，由最初绘画性较强的象形符号，逐渐演变成了简单易写的意符符号或记号符号。例如后来出现的“歪”“尖”“孬”等字，都是意合式会意字。

可见，会意构形法包括形体的会合和意义的会合两种方式。无论是以形会意，还是以意会意，都体现了人们利用意象性思维“以形传意、意

---

① （汉）许慎：《说文解字》，中华书局，1963，第314页。
② 《汉语大字典》（缩印本），四川辞书出版社、湖北辞书出版社，1992，第393页。

会其中"的造字方式。当然，会意字各个构件本身所具备的含义与汉字所表达的整体概念在意义的表达，并不是会意字各个组成构件的简单相加或相减，而是灵活运用各个构件组合或减体后的意联关系，借以表达整个汉字的意义。正如裘锡圭先生所说："凡是会合两个以上意符来表示一个跟这些意符本身的意义都不相同的意义的字，我们都可以看作会意字。"①

除了上述意象性思维的组合关系外，赵撝谦又提出了"反其文而取于意"的逆向性思维造字的概念，赵氏于《六书本义·会意论》曰："会意者，或合其体而兼于义；或反其文而取于意。拟之而后言，议之而后动者也，其书出于象形、指事。"由此可知，赵氏所谓"反体会意"，是指人们通过逆向性思维的方式，利用一"象形"或"指事"文通过反体，把该"象形"或"指事"文倒写或反写后，字义也随之相反，依此逻辑所造象形或指事之反体，赵氏称为"反其文而取于意"。

赵撝谦《六书本义》关于"会意"的界定包括两个方面的内容，即"合其体"和"反其文"，组成"会意"的元素主要为"象形""指事"。"合其体"即"合其体而兼于义"，也就是上述我们所分析的会合式会意字，由两个或两个以上之同文或异文以组成新字、新义的方法。依照会意字组成形符数目的多少，赵氏将其命名为二体、三体、四体或五体"会意"；若形符相同，则不论数目多寡，皆以同体会意归类。

"反其文"即"反其文而取于意"，主要依"象形"或"指事"文的反体以造新字、新义的方法。"反其文"除了"象形""指事"文的反体外，还包括"会意"的反体，另外，省体会意是由一"象形"或"指事"文省略部分形体而成，不为合文，也不似反体，但其结构仅由一独立之文所构成，不属合体之类，为了讨论的方便，将其暂归"反其文"之类。例如反"从"为"比"，反"后"为"司"，倒"大"为"屰"，省"月"为"夕"等。

通过以上分析和说明，现在我们不难回答赵氏关于会意"何以游走

① 裘锡圭：《文字学概要》，商务印书馆，2006，第122页。

于字与文字之间"的问题。赵氏一再强调:"独体为文,合体为字。"所谓"既是字又是文字之间",是就会意字的组成结构而论的。赵氏依"合其体"和"反其文"分类会意。在"反体会意""省体会意""同体会意""二体会意""三四五体会意"诸分类中,"同体会意""二体会意""三四五体会意"三类均由两个或两个以上的"象形"或"指事"文组成新字、新义,这样造出的新字可称"字",而"反体会意""省体会意"类中,有些则是通过"象形"或"指事"的单体文通过倒写或反写以造出新字、新义,通过这种方法造出的会意字,还是以单体文出现,但这种字不以正体出现,而以反体出现,故称其"文字之间也"。由此,我们还可以得出这样一条规律,会意是汉字由独体走向合体,由象形走向意合的关键和枢纽。

二 《六书本义》"会意"类别

赵㧑谦用"合其体"和"反其文"的方法将"会意"分为五类,"曰反体会意、曰省体会意、曰同体会意、曰二体会意、曰三四五体会意"。下面做具体铺叙。

(一)合其体

"合其体"是由两个或两个以上的"象形"或"指事"文组成的会意字。内容可约略整理成如下五大类。

1. 同体会意

"同体会意"即人们通常所谓的"同文会意",是由两个或两个以上相同的"象形"或"指事"文所构成。《六书本义》属"同体会意"者计八十二字,依其组成形态可归纳成五类。

(1)同形左右并列

同形左右并列者计三十四字,皆以"从二某"释形。

  茻、辡、秝、从、比、赫、竝、奻、夶、兹、覞、聑、朙、吅、拜、屮、誩、玨、林、秝、竝、鞣、豩、麤、雔、㹠、狀、龖、䏌、絲、玨、沝、所。

在重复同一偏旁而成的会意字里，有些字的字形也利用了偏旁之间的位置关系。例如同样是由两个"朿"构成的字，偏旁并列的是"棘"字，上下重叠的是"棗"（枣）字。"棘"是多刺的灌木，而"棗"（枣）则是高大的乔木。

（2）同形上下重叠

采同形上下重叠者计有六字。

> 多，重也。从两夕重绎之意。（《天文篇·夕部》）
> 炎，从二火为意。（《天文篇·火部》）
> 哥，从二可。（《人物中篇·可部》）
> 棗，并朿为棘，上下之为棗。（《草木篇·朿部》）
> 戔，二戈同斗，伤残之意。（《器用篇·戈部》）
> 友，同志为友，从二又。（《人物中篇·又有部》）

（3）三体同形

以三体同形重叠构字者计二十五字。

> 卉、焱、磊、晶、麤、晶、众、羴、姦、劦、惢、聶、品、森、雦、猋、毳、蟲、轟、屮、晶、犇、鱻、劦、叕。

以上诸字，除了"麤"以"鹿行超远也"释义未见释形外，其余皆以"从三某"。

（4）四体同形

采四体同形者，皆以"从四某"释形，计有三字：珏、丱、晶。

高亨先生将"同体会意"称为"同文会意"，即"合相同之字而成一会意字"。[1]

---

[1] 高亨：《文字形义学概论》，齐鲁书社，1981，第178页。

（5）二某相向

所谓"二某相向"，是指由两个相同的"象形"或"指事"文，以互为相反、相向的方向并列以构成新字、新义。凡此类构字，赵氏皆以"从二某相向""相逼""相北""相背"等诠释，或直举两相反形符以释形。

　　䨊，二自相逼。（《理篇·阜部》）

　　北，二人相北。（《人物上篇·人部》）

　　舛，二夂相背。（《人物上篇·夂部》）

　　卯，二臣相背。（《人物上篇·臣部》）

　　叉，左、右手相向为意。（《人物中篇·又有部》）

　　廾，左、右手相外。（《人物中篇·又有部》）

　　行，左右彳、亍同举为意。（《人物下篇·彳部》）

　　卯，二卩相向。（《器用篇·卩部》）

　　郒，二邑相向为意。（《器用篇·邑部》）

高亨先生将"二某相向"单独划分为一类，称其为"对文会意"，即"合相同之字而成，但彼此之形相反，以见其意，如二人相背而成北，二止相反相承而成步，是也"。①

2. 二体异形会意

"二体异形会意"，是由两个不同的"象形"或"指事"文组成。由于形符只有两个，皆为独立之文，每一形符皆具独立音、义，故赵氏将依此结构所结合的形体称为"二体会意"。"二体会意"在《六书本义》中，共列了三百二十字，如：

　　天、王、与、吏、再、辛、支、世、丈、别、公、分、内、亡、

---

① 高亨：《文字形义学概论》，齐鲁书社，1981，第178页。

乘、匈、侖、今、會、合、龠、四、囙、困、圉、東、杲、杳、昆、
晉、早、皀、易、飂、畫、昏、明、外、冰、灰、灾、焦、光、炅、
赤、黑、熏、广、宀、屮、反、弔、伐、好、妾、玄、胤、毒、取、
劳、加、男、見、相、令、印、邑、初、則、武、匠、匹、卬等。

"二体会意"在《六书本义》所有会意字中比例最多，约占70%。段玉
裁于《说文解字注》中就二体会意做了说明："会意，会者，合也，合二
体之意也。一体不足以见其义，故必合二体之意以成字。"①

3. 三体异形会意

"三体异形会意"是由三个"象形"或"指事"文所组成的新字、
新义，其形符共有三个，每个形符皆为独立之文，且具备独立的音、义。
《六书本义》收三体异形会意计四十四字：

辟、僉、聖、奮、爕、陸、侵、老、孝、付、夏、旻、夾、奏、
妻、筋、庆、巫、直、苟、詹、對、丞、雙、兼、奐、攸、学、后、
畏、冠、繭、宓、夷、胤、巽、弃、春、祭、省、睿、雍、或、朕。

4. 四体异形会意

"四体异形会意"是由四个独立的"象形"或"指事"文结合组成，
以构成新字、新义。由于形符共有四个，每一形符也皆具独立音、义，故
称为"四体会意"。《六书本义》收"四体会意"计十四字：

巫、暴、堯、鼊、兢、履、爱、曓、奏、葢、瞿、彟、寒、麈。

5. 五体异形会意

"五体异形会意"为会意字结构最少见者，《六书本义》只收"鬱"

---

① （清）段玉裁：《说文解字注》，上海古籍出版社，1981，第755页。

字，结构也同于二、三、四体会意，是由五个独立的象形或指事文组成，每一形符皆具备独立音、义。

高亨先生将二、三、四、五体会意合称为"异文会意"，即"合互异之字而成一会意字"。①

通过上述"合其体"会意分类的阐述，现对《六书本义》"合体会意"做简要整理。

（1）所谓"合其体"，是指由两个以上的"象形"或"指事"文组成。各体之间皆具有独立音、义，不相隶属，互相依存，缺一不可。

（2）"合其体"中，凡一字之组成形符完全相同者，称为"同体会意"，其余则依组成之形符数，而分成二体、三体、四体、五体会意。

（3）"同体会意"之组成数目不定，但形符需相同。

（4）《六书本义》收合体会意达四百六十一字，其中以二体会意数量最多，占百分之七十之多，这说明"二体会意"为同体会意的正例。

（5）赵氏依构成会意形符的同异与否，区分合体会意为"同体会意"和二、三、四、五体。其意虽好，却难免形成重复。如"㗊"字，是由四个"口"所组成，以同体会意称之能说得通，以四体会意称之也能说得通。由此可见，赵氏分类会意未免过于细碎。高亨先生将两个以上独立之文所构成会意字，依照组成会意形符的同异与否，分为同文会意和异文会意。② 高亨先生的分类少却了赵氏分类上的烦琐，相比之下，更加简易明了，便于掌握。但就赵氏对会意的分类来说，赵氏能将会意分为五体之多，足见他对会意的研究至为深入，对于今人钻研会意不无裨益。

（二）反其文

1. 反体会意

赵氏于"反体会意"，举"辰"为例："反体者，如永乃水之长也，象其形焉，辰则水之邪流别者，故反永则为辰之类是也。"

---

① 高亨：《文字形义学概论》，齐鲁书社，1981，第178页。
② 高亨：《文字形义学概论》，齐鲁书社，1981，第178页。

由赵氏所举"厌"字，知"反体会意"是一"象形"或"指事"文经反写或倒写后以成新字、新义的方法。将该"象形"或"指事"文写成反体后，字义也随之相反，依此逻辑所造象形或指事之反体，赵氏称为"反体会意"。"反体会意"除象形、指事的反体外，还包含会意反体及"省体会意"反体。《六书本义》收"反体会意"计二十四字。

左民安先生在《汉字例话》中也提到了"反文倒文会意"概念，他说"反文倒文会意，就是把一个字或反写或倒写而产生新的意义"。[①] 以下我们将依象形反体、指事反体、会意反体、"省体会意"反体四种形式，对"反体会意"做简要说明。

（1）依象形反体所造反体会意共有两类：一类为纯粹象形反体，暂命名为"象形反体"；另一类则据"象形反体"再次改变形体，以构成新字、新义，在此暂命名为"反体象形的反体"。

A. 象形反体

《六书本义》依象形反体所造会意字，共计十三字，赵氏命名为"反体会意"。

厌，反永则分厌之意。（《理篇·永部》）

匕，到人。（《人物上篇·人部》）

尸，人偃卧之，反体为意。（《人物上篇·人部》）

𠫓，到子为意。（《人物上篇·子部》）

幻，反予。（《人物上篇·予部》）

屏，反丮为意。（《人物下篇·丮部》）

亍，反彳为意。（《人物下篇·彳部》）

𣥂，反止为意。（《人物下篇·止部》）

县，到首为意。（《人物下篇·页部》）

𠃌，从反万为意。（《人物下篇·万部》）

---

① 左民安：《汉字例话》，中国青年出版社，1984，第10页。

巿，反之为意。(《草木篇·之部》)

ㄓ，反爪为意。(《虫兽篇·爪部》)

昌，反亯。(《饮食篇·亯部》)

这十三个"象形反体"字，皆取一独立象形文，作"反某之意""从反某为意""到某为意"等处理，象形字被反写后，意义也由正生象形文相反而成。由于反体，使义不可象、不可指，自然不入象形、指事，且结构不具声符，故以会意归类。

B. 反体象形的反体

ㄐ，尽也。从反匕为意，今但用殄。(《人物上篇·匕部》)

"匕"字，《六书本义》："自有变无也，从到人，人死亡去之意。""匕"为人之反体，故其字义与活人成反义。"ㄐ"义"尽也"，"尽也"与死亡义近，皆与"人"相反。既与人义相反，则"ㄐ"可直接由"人"反体而成，不必再由"匕"相反而成。可赵氏却要绕个大弯子：从"人"到"匕"再到"ㄐ"，太过琐碎。据上述说明，可对"反体会意"做简单整理。

a. 反体会意之正例，是由一正生象形变体而成。

b. 正生象形一经变体，字义与原义相反，且无物可象，无事可指，故以会意归类。

c. 反体会意之变例，是由一反体会意，再次反体而成，反体后字义与构成之反体会意义近似，与原正生象形相反。

d. 反体会意变例，是由一反体会意，再次反体而成，故知反体会意之变体，造字程序必在反体会意之后，依此也可见文字演变轨迹。

(2) 依指事反体造字

依指事反体而会意，《六书本义》共收"冎、午、先"三字，现节录其内容与其所依正生指事比较如下：

身，躬也。从人，余指身及四肢形。（《人物上篇·人部》）

𨈠，归也。从反身𨈠归之意，今但用依。（《人物上篇·身部》）

夂，行迟曳夂夂然。从夂，上指有所曳。（《人物上篇·夂部》）

午，阔步也。夂步狭反则阔之意也。（《人物上篇·夂部》）

欠，张口气悟也。从人，上指气出形。（《人物上篇·人部》）

㒫，饮食气㒫不得息曰㒫，从反欠为意。（《人物上篇·欠部》）

以上所列"𨈠、午、㒫"三字，字义皆与原正生指事相反，造字原理与"反体会意"正例同，皆由原正生指事反体后，字义变反，无物可象，无事可指，遂以会意归类。

（3）依会意反体造字

依照一类会意字之反体，以建另一类会意字，《六书本义》共收"丸、比、司、乏、丏、继"等字，现节录其内容及正体如下：

仄，狭隘也。从人居岸下为意。（《理篇·厂部》）

丸，圆也。顷仄而转者，仄者欹不可回，故反仄意为丸。（《理篇·厂部》）

从，相听许也。从二人相并为意。（《人物上篇·人部》）

比，偏党也。反从为意。（《人物上篇·从部》）

后，继体君也。从人，口施令以告四方之意。（《人物中篇·口部》）

司，臣司事于外者，司家与后道相反，故并从反后为意。（《人物中篇·后部》）

正，当也。从一、止，凡事之当于理者，则一定而不易。（《人物下篇·止部》）

乏，藏矢器正以受矢，乏以藏，矢丏以蔽之，故并从反正为意。（《人物下篇·正部》）

丏，蔽矢短墙。（《人物下篇·正部》）

绝，断丝也。从刀，绝断二丝省为意。（《服饰篇·丝部》）

继，从反绝为意。（《服饰篇·丝部》）

印，执政所持刻文合信者，从爪持卩为意。（《器用篇·卩部》）

通过以上分析，我们可知，构成会意字的元素不仅仅是"象形""指事"，会意字也可作为会意对象，纳入会意字体系。

2. 省体会意

由于省体会意的组成结构，和反体会意中取象形或指事之反体性质近似，皆由单一之"文"组成，与合体无关，故暂列于"反其文"项下。赵氏于"会意论"，举"夕"字阐释"省体会意"："省体者，如'月'形兼意字也，夕则月见，故月省则为夕之类是也。"

由"夕"字，知赵氏谈"省体会意"，是由一象形文省略部分形体而成，其结构虽取自正生象形，唯字义需省形方可见，由是赵氏便称其为"省体会意"。由于省体会意的组成结构和反体会意近似，多由一"象形"或"指事"文所组成，与合体无关，无法列作合体，故以"省体"归类。《六书本义》列有"省体会意"共计十字：

夕，莫也。月初生则莫见西方，故从半月，为省体会意。（《天文篇·月部》）

孑，无右臂也。从子，而杀其右臂，与孓、了并为省体会意。（《人物上篇·子部》）

孓，无左臂。（《人物上篇·子部》）

了，左右臂俱无，而了绝也。（《人物上篇·子部》）

凵，张口也。从口而开其上，省体会意。（《人物中篇·口部》）

片，判木右半也。从木而省其半，与爿字并省体会意。（《草木篇·木部》）

爿，李阳冰曰："右为片，左为爿"。（《草木篇·木部》）

不，伐木余复其生者，从木而杀其首为省意。（《草木·木

部》)

　　个，竹一枝也。《史》："竹万个"，从竹省半为意。(《草木篇·
竹部》)

　　孔，疾飞也。从飞而不见其羽，省体会意。(《虫兽篇·非部》)

　　综观赵撝谦的会意字系统我们发现，赵氏将会意字都归到两大系统之
下，一为"反其文"，一为"合其体"。"反其文"系统的构成元素主要
有象形反体、指事反体和会意反体。其中，象形反体又分正例和变例，变
例是以象形反体的正例为基础的，是指象形反体之反体。"合其体"系统
是指由两个或者两个以上的同文或者异文组成的会意字。因为构成会意字
的形符数量不同，所以用二体、三体、四体、五体会意来区别。如果是形
符相同的会意字，都归入同体会意。在二、三、四、五体会意中，二体会
意的数量最多，五体最少，这反映了汉字简约性的造字特点。

　　通过以上分析和比较，我们可知，会意字以象形字和指事字为基础构
件，充分利用人们的意象性思维和逆向性思维，抓住社会生活中各类事物
相互关联的本质属性，用形象的组合和画面的意境，揭示了事物的抽象概
念，集中体现了汉字的表意特征和古人的造字思维。会意字较为集中地体
现了汉字的表意特征。在汉字的构造功能上，会意字具有鲜明的特点，它
是汉字由独体走向合体，由象形走向意合的关键和枢纽。会意构形方法的
基本特征是"会合"，无论是以形会意，还是以意会意，会意字各个构件
本身所具备的含义与汉字所表达的概念都具有意义上的联系。也就是说，
会意字整个字所表示的含义并不是各个构件的简单相加或相减，而是灵活
运用各个构件组合或减体后的意念关联来表达整个汉字的意义。

三　《六书本义》对"会意"的贡献

　　赵氏关于会意的研究，对我们今天认识和研究会意仍具有相当深远的
参考价值。现在仍有很多学者沿用赵氏关于会意的界说和分类。左民安先
生在其《汉字例话》中将会意分为五种类别：同体会意、异体会意、改

变形体会意、组合解释分类和反文倒文会意。[1] 梁东汉先生在其《汉字的结构及其流变》中将会意分为六种类别：并列和重叠相同的字、拼合两个或两个以上不同的象形字、拼合解释这个字的两个或两个以上的字、使用不象形字的形象化的会意方法、增加或者减少笔画、反写或倒写某一个字。[2] 高亨先生在其《文字形义学概论》中将会意分为三类：异文会意、同文会意和对文会意。[3] 就其内涵而言，大多是换汤不换药，如出一辙。其他学者关于会意的认识也大多类似于此。不管怎么说，学界关于会意的认识和理解，同赵氏的分类和界定大致相同。要说变化，也就是改正了赵氏分类和界定某些方面的不足而已。就这一点而言，赵氏能在600多年前有此认识也是难能可贵的。当然，我们认为，赵氏对于会意最大的贡献，莫过于他对会意"反其体"的提出以及会意"字"与"文字之间"的理解。通过分析比较和阐释，我们发现，赵氏不仅为我们清晰地梳理了会意造字的方法和路径，而且从逆向思维的角度为我们找到了古人造字时的另一种认识事物的思维方式。

四　结语

表意文字是人类思维进步在文字中的具体体现。作为表意体系文字，汉字具有一个明显的特点，那就是通过字形往往便可以辨识其意义。如"休"字，《说文·木部》："息止也。从人依木。"表示人倚树下休息；"羴"，《说文·羴部》："羴，羊臭也。"表示众多羊聚集到一起羊膻味浓重之意。还如"析""男""并"等字，只要稍加分析，便能很容易辨别出它们的意义来。通过分析表意字的形体构造和寓意方法，我们还可以了解古代社会的很多状况，诸如政治制度、祭祀戎事、婚丧嫁娶、衣食住行以及先民的思维方式等。比如"妻"字，甲骨文写作"𡚽"，"从女，从

---

[1]　左民安：《汉字例话》，中国青年出版社，1984，第10页。
[2]　梁东汉：《汉字的结构及其流变》，上海教育出版社，1959，第114页。
[3]　高亨：《文字形义学概论》，齐鲁书社，1981，第79页。

又",表示抢夺女性为配偶,这是上古劫婚习俗在汉字中的真实再现和具体反映。

在汉字体系中,传统六书中的象形字、指事字和会意字都是属于表意体系的文字。其中,象形文字通过描摹事物的轮廓或具有特征的部分来展现其意旨,例如,"日""月"二字,"日",甲骨文写作"⊡";"月",甲骨文写作"☽"。在这里,"日、月"显然没有追求单纯的形似,而是立足于反映事物的突出特点和规律特征。太阳看上去是圆的,但在"随体诘诎"时,却并没有画圆、涂实,而是呈现有点方形的轮廓,并在其中加一条线,取其内涵充实之意;"月"有阴晴圆缺,古人取其缺,"☽"像一弯新月之形,突出了"月"字的周期规律特征。还如"牛""羊""犬"等字,都体现了古人在造字时的意象性思维。

象形字在"实象"虚化的过程中,充分利用了事物的突出特征,体现了意象性思维的最基本原则。但从造字方法来看,世间万物不可能都能意象性地参照具体事物的轮廓描摹出来。因此,简单描摹实物形状的象形字远远不能满足人们交际的需要,于是指事字和会意字便应运而生,而指事字只是在象形字的基础上添加一些指示性符号借以表达事物抽象概念的一种简单提升。要为人世间和自然界的种种行为和现象造字,必须突破简单描摹的局限,找到事物间相互关联的本质特征,通过字与字之间的意境关系,造出更多更能反映事物抽象概念的字。会意冲破了象形、指事的局限,扩大了造字的范围。会意在象形、指事的基础上,充分利用人们的意象性思维和逆向性思维,抓住生活中各类事物间相互关联的本质属性,用形象的组合和画面的意境,揭示事物的抽象概念。

综上所述,我们不难发现,象形、指事、会意这三种造字法都是脱胎于图画的造字方法。在原始绘画中它们是三种表现手法,引入文字中就是三种造字法。因为它们与图画的这种千丝万缕的关系,必须根据是否与语言单位形成固定的联系才能判断它们是不是文字。陈梦家先生和刘又辛先生等在其"三书"说理论中,将象形、指事、会意合称为表形字。这样,会意和象形、指事一道构成了汉字造字的基础。当然,正是因为它们表形的基础性作用，所以一直未能突破汉字符号整体表意的语言功能，正如周雪梅先生所言："表意字局限性很大，象形、指事、会意之法只能通过直观的形象来表示词语中一些具体的事物，不能满足完整记录汉语的需要。"① 尤其是一些语气助词、虚词或表示抽象概念的词，只能通过假借的方法才能予以解决，然而，假借又造成了一字兼表数义的矛盾，给阅读造成诸多不便，极易产生理解上的歧义，为了突破这些局限，人们从象形表意、借字表音中得到了启发，利用在表意字上添注声符或形符的方法产生了形声字。

第四节　谐声探释

明儒赵撝谦所作《六书本义》是明代文字学的开山之作，也是明代第一部以阐释"六书"理论为导向的字书。在"六书"名目中，赵撝谦《六书本义》在象形、指事、会意、转注、假借等称谓上，皆与许慎《说文》一致，唯有"谐声"有别于许慎之"形声"，那么二者有何差异，本节以《六书本义·谐声论》为基点，比较古今方家观点，试就"谐声"定义、性质、特点及其在文字学中的作用做一浅显探析。

"谐声"一词最早出现在郑众所著《周官·保氏注》中，后来郑樵《六书略》沿用了这一名称，赵撝谦在继承批判前贤哲人"六书"说的基础上，认为文字是"子从母生，孙从子出"的动态孳乳发展过程，提出："然其（谐声）为字，则主母以定形，因母以主意，而附他字为子，以调和其声者也"，亦取"谐声"名称。

"谐声"是一个动宾式结构，顾名思义，"谐声"即"谐之以声"。赵氏"主母以定形""附他字为子，以调合其声"，在于说明，"谐"的对象是"声"，"声"即语音，而非声符。因此，赵氏认为用谐声法造出

---

① 周雪梅：《略论形声字声符的示音功能》，《佳木斯大学社会科学学报》2005年第1期，第125页。

的字，是语音和文字和谐一致的结果，并非仅是形符与声符的简单组合。从这个意义上讲，"谐声"显示了形声字动态历时的创造过程，反映了"谐声"造字法的本质特点。

一 阐释检讨《六书本义》"谐声"定义

赵撝谦《六书本义》"谐声"定义，依据郑樵《通志二十略》及张有《复古编》谐声理论而来。郑、张二人都以"子、母"关系说明谐声，现节录二人观点如下：

> 立类为母，从类为子，母主形，子主声。《说文》眼学，眼见之则成类，耳听之则不成类；《广韵》耳学，耳听之则成类，眼见之则不成类。故《说文》主母而役子，《广韵》主子而率母……《说文》以母统子，《广韵》以子该母。①
>
> 谐声者：或主母以定形，或因母以主义，而附他字为子，以调合其声者也，如鹅、鸭、江、河之类。②

赵氏承袭二人观点，也以"子、母"相合为主旨定义"谐声"，"然其为字，则主母以定形，因母以主意，而附他字为子，以调合其声者也。原夫造谐声之法，或取声以成字，或取音以成字，声者，平、上、去、入四声也，音者，角、徵、羽、商、宫、半徵、半商七音也"。赵氏于《六书本义·六书总论》又曰："许叔重作《说文》，定五百四十类为字母。"由此可知，赵氏所言"母"，除了指形符外，也指部首，即"初文"。因此，赵氏所谓"主母以定形""附他字为子，以调合其声"，主要是指在"母文"上加注声符或形符以构成谐声字，这其实就是我们今天所说的在

---

① （宋）郑樵：《通志二十略》，王树民点校，中华书局，1995，第344页。
② （宋）张有：《吴均增补增修复古编·说文解字六义之图》，书目文献出版社，1998，第401页。

表意字上加注声符或形符构成形声字的方式。在表意字上加注声符或形符产生新字的方式，是早期形声字产生的主要途径。裘锡圭先生在《文字学概要》中也指出："最早的形声字不是直接用意符和音符组成，而是通过在假借字上加注意符或在表意字上加注音符而产生的。"①

众所周知，象形是最早的造字方法，人们依据物体的轮廓，造出了一个个象形字，为书写、记事打开了方便之门，而象形"画成其物"的方式，亦决定了其在交流上的局限，因为它不能解决事物专有名词和行为动词等的书写形式，而且也不能为所有实词创造出特定的专有符号，于是人们又使用指事和会意造字法，解决了书写上的一些困惑，但总体而言，"表意字局限性很大，象形、指事、会意之法只能通过直观的形象来表示词语中一些具体的事物，不能满足完整记录汉语的需要"。② 尤其是一些语气助词、虚词或表示抽象概念的词，只能通过假借的方法才能予以解决，然而，假借又造成了一字兼表数义的矛盾，给阅读带来诸多不便，极易产生理解上的歧义，为了克服这些局限，人们从象形表意、借字表音中得到了启发，利用在表意字上添注声符或形符的方法造出形声字。

形声字突破了纯表意字的局限，语言中凡是无形可象、无物可指、无意可会的字，都可用形声造字法造出新字来记录。郑樵《通志二十略》对此有过精辟论述："谐声与五书同出，五书有穷，谐声无穷，五书尚义，谐声尚声，天下有有穷之义，而有无穷之声。"③ 关于形声字的产生方式，历来学者说法不一，但概括起来，不外五种形式。

第一，在表意字上添加形符或声符。如"取"添加形符"女"，"鳳"添加声符"凡"。

第二，在假借字上添加形符或声符。如"益"借为"利益"之"益"后，添加形符"水"表"溢"。

---

① 裘锡圭：《文字学概要》，商务印书馆，2006，第151页。
② 周雪梅：《略论形声字声符的示音功能》，《佳木斯大学社会科学学报》2005年第1期，第125页。
③ （宋）郑樵：《通志二十略》，王树民点校，中华书局，1995，第301页。

第三，形符和声符直接组合而成。如"组""符"等。

第四，改造表形字和假借字而成的形声字。如"牀"改作"床"。

第五，在形声字上添加形旁。如"傲""熬"等字。

蔡永贵先生通过自己多年的钻研和考察指出，"经考察现有的一些重要的古文字资料，我们认为，从表意字到形声字中间主要经历了改造假借字的阶段，母文上加注事类符号（类属标志）分化新字的阶段，以及在表意字上注音的阶段，然后才改变了最初的无意识、不自觉的状态，发展到了有意识、自觉地创造真正的形声字的阶段"。①

由以上阐述可知，赵氏"谐声"定义，指明了早期形声字产生的主要途径，并找到了形声字的产生渊源。在"六书"造字方法中，因"谐声"造字难度最小，最易理解和使用，故赵氏《六书本义·谐声论》开篇即曰："六书之要在乎谐声，声原于虚，妙于物，而无不谐故也。"只要依据谐声原理，造一个字，比象形、指事、会意要容易许多。

当然，赵氏"谐声"，也确有其历史局限性，不像"形声"概念更为宽泛和灵活，"形声"不仅可以理解为"形之以声"的动宾关系，也可以理解为"形符＋声符"的并列关系，还可兼而用之，利用"形声"名称，可以为我们更为便捷灵活地造出各种所需的字符。因此，相比之下，许慎"形声"名称更易为大家所接受。

二　《六书本义》"谐声"类别

（一）正生

"正生"谐声，是取"音谐"或"声谐"，以构成谐声字。所谓"音""声"内涵，赵氏在《六书本义·谐声论》中有详细说解："原夫造谐声之法，或取声以成字，或取音以成字。声者，平、上、去、入四声也；音者，角、徵、宫、羽、商、半徵、半商七音也。"赵氏认为，古人

---

① 蔡永贵：《论形声字的形成过程》，《宁夏大学学报》（人文社会科学版）2006年第3期，第13页。

造字，一类是以四声相谐，即"取声以成字"；另一类则是以双声或声近谐声，即"取音以成字"。

"取声"或"取音"规则，可归纳成以下几类。

1. 取声以成字

（1）取"同声而谐"者，指本字与声符，除具同音关系外，"声调"也完全相同。赵氏《六书本义·谐声论》曰："有同声者则取同声而谐，如倥、铜而谐空、同声之类是也。"

赵氏所举"倥""铜"二字的同声而谐，不仅同声，而且同音。"倥""空"都作"苦红切"，同为溪母、一东平声韵。[①]"同""铜"都作"徒红切"，同为定母、一东平声韵。[②]"倥""空"和"同""铜"音切，不仅声调同为平声，声类、韵类也完全相同。

（2）转声而谐

取"转声而谐"者，指本字和声符间为同音关系，只是声调不同。《六书本义·谐声论》曰："无同声者，则取转声而谐，如控、洞而谐空、同声之类是也。"

赵氏的"转声而谐"，指两字的发音相同，只是声调不同。"控"为"苦贡切"，属溪母、一东去声韵；"空"为"苦红切"，为溪母、一东平声韵。[③] 两字韵同属东韵，但"控"为去声，"空"为平声，两字同音而调不同。

（3）旁声而谐

取"旁声而谐"者，指本字和声符，韵不同而声、调皆同。《六书本义·谐声论》曰"无转声者，则取偏旁声而谐，如叻、江而谐刀、工声之类是也"。"工"为"古红切"，属见母、一东平声韵[④]；"江"为"古

① 沈兼士主编《广韵声系》，文字改革出版社，1960，第7页。
② 沈兼士主编《广韵声系》，文字改革出版社，1960，第297页。
③ 沈兼士主编《广韵声系》，文字改革出版社，1960，第8页。
④ 沈兼士主编《广韵声系》，文字改革出版社，1960，第4页。

双切",为见母、江韵平声①,两字韵不同,但声母都为见母,声调都为平声。

2. 取音以成字

(1)取正音而谐

取"正音而谐"者,指本字和声符间,声母同为双声。《六书本义·谐声论》曰:"无旁声者,则取正音而谐,如箫、昵而谐肃、尼音之类是也。"

赵氏所举"箫"为"苏彫切",属心母、萧韵平声;"肃"为"息逐切",属心母、二脂平声韵②,故"箫""肃"两字双声。又"昵"作"尼质切",为娘母、质韵入声;"尼"作"女夷切",为娘母、脂韵平声③,"昵""尼"二字也为双声。

(2)取旁声而谐

取"旁声而谐",指本字和声符间,声母看似声相远,但上古却为双声。《六书本义·谐声论》曰:"无正音者,则取旁音而谐,如知、威而谐矢、戍之类是也。"

"知"为"陟离切",属知母、一支平声韵;"矢"为"式视切",为审母、一旨平声韵。④又"知"系"知、澈、澄、娘"与"照系三等"(照、穿、床、审、禅)古归舌定纽,中古后,一变为舌上,一变为舌齿音。文字在上古早已形成,当时谐音之字,到了中古由于音变,读音也随之改变。今赵氏举"取旁声而谐"字例,也是古今音变的最佳例证。

(3)取同音而谐

取"同音而谐"者,指本字和声符间,声、韵关系相近。《六书本

<hr />

① 沈兼士主编《广韵声系》,文字改革出版社,1960,第6页。

② 沈兼士主编《广韵声系》,文字改革出版社,1960,第669~670页。

③ 沈兼士主编《广韵声系》,文字改革出版社,1960,第466~467页。

④ 《汉语大字典》(缩印本),四川辞书出版社、湖北辞书出版社,1992,第1078~1079页。

义·谐声论》曰："取同音而谐者，如凤、開而谐凡、开是也。"

"凤"为"方戎切"，属非母、一东平声韵①；"凡"为"符咸切"，属奉母、凡韵平声。② 两字声母同为轻唇音；韵虽不同，但皆为平声。

由上可知，赵氏"谐声"，是由形符及表音声符所构成。"声符"谐声之法，有音谐和声谐两类，谐声的标准，是以上古音韵作标准的。

（二）兼生

赵氏谐声"兼生"，只有"声兼意"一类。"声兼意"源自郑樵"谐声兼生"的观点。③"声兼意"者，赵氏《六书本义·谐声论》曰："若其别则有声兼意：如'礼''贯'之类是也。"

《六书本义》未收"礼""贯"二字。今依《说文》作解说。

> 礼，履也。所以事神致福也。从示，从豊，豊亦声。④
> 贯，钱贝之贯，从毌、贝。古玩切。⑤
> 毌，穿物持之也。……古丸切。⑥

"贯""毌"同属见母、换韵去声。⑦

以上分析可见，赵氏所谓"声兼意"，就是有一类声旁既作声符又作意符，即今天我们所谓的"亦声字"。赵氏"声兼意"字的声符，是一个形音义皆备的、具有分化孳乳能力的母文。关于亦声，在《六书本义》

---

① 《汉语大字典》（缩印本），四川辞书出版社、湖北辞书出版社，1992，第 1862～1863 页。

② 《汉语大字典》（缩印本），四川辞书出版社、湖北辞书出版社，1992，第 116 页。

③ （宋）郑樵：《通志二十略》，王树民点校，中华书局，1995，第 234 页。

④ （汉）许慎：《说文解字》，中华书局，1963，第 7 页。

⑤ （汉）许慎：《说文解字》，中华书局，1963，第 142 页。

⑥ （汉）许慎：《说文解字》，中华书局，1963，第 142 页。

⑦ 《汉语大字典》（缩印本），四川辞书出版社、湖北辞书出版社，1992，第 995～996、1510 页。

中也有不少亦声字例：

> 孝，从子，爻亦声。（《人物上篇·子部》）
>
> 育，从子、肉为意，肉亦声。（《人物上篇·亐部》）
>
> 同，涩于言也。从内取不出意，亦声。（《人物中篇·口部》）
>
> 犀，尾亦声。（《虫兽篇·牛部》）
>
> 豪，虍亦声。（《虫兽篇·豕部》）
>
> 瞿，䀠亦声。（《虫兽篇·隹部》）

由以上字例分析可知，赵氏"声兼意"之声符，兼具表意示音。谐声之"声兼意"，是既能够提示意义又能够体现读音的构字方法，因亦声字偏旁兼表音义，从而具有一定的示源功能，亦声字的这一特征对于汉字语源学研究和古文字的考释具有重要的启示作用。

（三）变生

1. 多形

顾名思义，由两个以上的形旁组成的形声字即"多形"。赵氏将其称为"三、四体谐声"。《六书本义·谐声论》曰"三体、四体如归、徵之类。归从妇省，从止，阜声。徵从彳、从攴、从人，岂省声"。

由赵氏所举"归""徵"二字，知所谓"三体、四体"，指谐声字组成元素数量。当谐声字二形一声构成，称为三体；三形一声组成者，称为四体。依赵氏所论，谐声字既可分成三体、四体，自然也可分成二体、五体等类型。如果只把谐声分三体和四体，其他各体，又该如何归类？裘锡圭先生《文字学概要》简而言之将其称为"多形"。

2. 多声

多声就是由两个以上的声符所组成的形声字，赵氏将其称为"累加而谐声"，指谐声字的声符可再分析，分析至无声字为止，此时所见的无声字，才是谐声字的真正本音。由于其声符可像花瓣一样，一层又一层的分析下去，因此本字所呈现的声符，就是由最原始的声母不断累积的结果，赵氏将这类声符，称为"累加而谐声"。殊途同归，裘锡圭先生称此为"多声"。①

对于"累加而谐声"，赵氏举有例证："如讀誦之'讀'，主言以为意，从衒賣古價之'賣'者，谐其声也。賣则从貝为意，又从顺睦之睦而谐，累相加而厌烦者，此谐声之道所以无穷也。""讀"，从言，賣声。"賣"，则是以貝为意，从"六直"得声。"六直"，从固先声。因此，"讀"的声符实则是"先"，而谐声字声符不变，不断变化形符，就可以产生不同的意义，造出一大批新字，这就是"此谐声之道所以无穷也"的原因。从这一点来说，赵氏抓住了谐声造字法的本质特点。

3. 从声而省

"从声而省"，指声符表面上属于某声，但实际上某声是从某字简省而来，因此在探讨声符时，就应以简省而来的某字，作为真正声符。如"黍"字，赵撝谦《六书本义》："赏吕切，禾属而黏者。孔子曰：'黍可为酒。'从禾，雨省声。"（《草木篇·禾部》）裘锡圭先生称此为"省形"。②

赵氏《六书本义·谐声论》曰："又有所谓从声而省者，盖省文有声关于义者，有义关于声者，如甜之从舌以为意，舌之所嗜者甘故也。谓恬之从舌，则非矣。盖从甜省为声，而关于义故也。如營之从熒省声也，以呂为义，以熒为声故也。谓勞从熒则非矣，盖从營省为义，而关于声故也。"

由此可知，赵氏把省声分为"声关于义"和"义关于声"两类，但无论是哪一类，省掉的声符和本字之间，都有意义上的联系。"恬"，本义指"安"。看似从心舌声，但"恬""甜"二字共为"徒兼切"，因此，"恬"与"舌"读音相去甚远，实为从心甜省声，省去了其声符中的"甘"。而且，恬的"安"义与甜的"甘"义有相通之处，而与舌的"在

---

① 裘锡圭：《文字学概要》，商务印书馆，1988，第157～164页。
② 裘锡圭：《文字学概要》，商务印书馆，1988，第157～164页。

口，所以言也、别味也"意义相关比较大，因此，"恬"乃"甜"的省声。

总体而言，赵氏"谐声"虽继承郑樵，取"母主形""子主声"，但郑樵"谐声"分类，要远比《六书本义》复杂得多。郑樵分"谐声"为"正生""变生"二类，"变生"下分"子母同声""母主声""主声不主义""子母互为声""声兼义""三体谐声"等六类。[①] 郑樵将"谐声"分得如此之细，唐兰先生也不能苟同，唐兰先生认为："我们只须分析哪一边是形，哪一边是声，就可以不牵涉母跟子的问题了。"[②] 唐兰先生指出，郑樵始终围绕"子、母"名称打转，但对谐声定义，不仅没有帮助，反而把人搞得一头雾水。

赵氏对"谐声"虽也提出"母、子"说，却没有像郑樵那样对"谐声"做太细致的分类，仅由"母形、子声"说明谐声；以"声谐、音谐"说明谐声方式。这足以说明赵氏则在谐声论上，较郑樵有更进一步的理解。

三 《六书本义》"谐声"结构

"谐声"在结构上，不外由形符和声符所处位置决定，其中形符和声符如何组合，声符又具备哪些内容？这是谐声字最需要探讨的问题。下面将对赵氏谐声字的组合结构，做初步探讨。

汉字除具表音、表意功能外，在字形安排上，也力求美观、和谐。谐声字虽由形符和声符所构成，但在组合结构上，也具有多样性。以下仅归纳赵撝谦《六书本义》"谐声"内容。

1. 左定意而右谐声（左形右声）

　　　　左定意而右谐声者，松、柏之类是也。

《六书本义》中，左形右声者还如：

---

① （宋）郑樵：《通志二十略》，王树民点校，中华书局，1995，第230页。
② 唐兰：《中国文字学》，上海古籍出版社，1979，第75页。

朝、我、临、耿、将、廷、此、路、稽、耤、黎、既、即、就、施、弦。

2. 右定意而左谐声（左声右形）

右定意而左谐声者，雞、都之类是也。

《六书本义》中，左声右形者还如：

夗、尉、在、次、疑、壮、聽、知、尋、尌、段、改、敉、歸、利、制、戬、所。

3. 定意于上而谐声于下（上形下声）

定意于上而谐声于下者，莲、雪之类是也。

《六书本义》中，上形下声者较多，如：

百、童、娄、覒、需、霝、牵、耆、壽、監、夸、奢、去、育、毗、裒、罗、息、聿、奉、失、前、奔、每、主、毒、若、产、柰、年、黍、甬、羔、羞、虒、習、尾、熊、裔、亶、京、亭、卷。

4. 定意于下而谐声于上（上声下形）

定意于下而谐声于上者，群、當之类是也。

《六书本义》中，定意于下而谐声于上的谐声字还如：

　　畣、夢、冬、票、宂、㤯、坖、奎、虚、青、孝、㣇、仝、弌、
台、言、名、召、畣、喜、旨、竟、爱、复、量、癸、暴、孝、志、
仝、事、夒、寺、辱、異、更、農、走、葉、箕、箸、牽、員、賈、
貢、賣、責、骨、宵、隋、氣、康、食、胃、布、帛、席、素。

5. 形定于外，而声谐于内者（内声外形）

　　形定于外，而声谐于内者，圍、圃之类是也。

《六书本义》中，内声外形者还有：

　　彦、夜、熒、黄、尼、威、居、冢、音、隆、南、豦、衡、蘸、
鹽、表、宫、家、定、害、室、游、戌、匡、匪、匿。

6. 意定于内，而声谐于外者（内形外声）

　　意定于内，而声谐于外者，徽、與之类是也。

《六书本义》中，内形外声者计有十一字：

　　真、虜、唐、訇、可、句、度、葬、尾、風、袁。

　　另外，裘锡圭先生在《文字学概要》中，还提出了"声占一角"和
"形占一角"的概念。

7. 声占一角

　　旗（从㫃其声）、房（从户方声）、病（从疒丙声）、徒（从辵
土声）、近（从辵斤声）等。

8. 形占一角

疆（从土彊声）、载（从车𢦏、𢦏通灾）、颖（从禾顷声）、滕
（从水朕声）、修（从彡攸声）。①

由以上分析我们可以看出，赵氏总结的谐声字结构非常接近于裘锡圭
先生对形声字结构的分类。

四　《六书本义·谐声论》要旨归纳

由以上内容，可对《六书本义·谐声论》做简要整理。

1. 透过赵氏对谐声字的介绍，可知赵氏以为，"正生"谐声必由一形
一声组成；凡组合元素为两个以上者，则为"变生"。至于"兼生"，指
"声符兼义"的现象，即今天我们所说的亦声字。"声兼意"，是既能够提
示意义又能够体现读音的谐声造字法。因亦声字偏旁兼表音义，从而具有
一定的示源功能，亦声字的这一特征对于汉字语源学研究和古文字的考释
具有重要的启示作用。

2. 以"子、母"说明谐声，是受了郑樵和张有的影响，但也反映了
赵氏对"谐声"造字法动态历时创造过程的清晰认识。

3. 赵撝谦坚持以"谐声"为正名，除了祖述郑樵和张有，主要原因
还在于他认为，谐声字的声符与谐声字之间，具有音谐和声谐的关系，凡
依此原则所造的谐声字，也称为正生谐声。除了"正生"谐声外，也提
出"变生"和"兼生"，这也是承袭郑樵"谐声"论而来，只是郑樵统
称"变生"。

"兼生"设"声兼意"，"变生"设"三、四体"谐声等。其中"声
兼意"和"亦声"雷同。"三、四体"谐声虽立意可取，但谐声字结构，
除三、四体外，尚有二体、五体等多形多声现象，且其内容又不限于一个

---

① 裘锡圭：《文字学概要》，商务印书馆，2006，第 166 页。

声符。因此，赵氏立"三、四体"谐声，显然不能将谐声结构完整介绍。

4. 在结构上，赵氏把谐声字的组合，分成"左定意右谐声""右定意左谐声""定意于下而谐声于上""定意于上而谐声于下""形定于外而声谐于内""意定于内而声谐于外"六种。关于形声字的结构，裘先生还提出"声占一角"和"形占一角"的组合结构。

5. 采"谐声"命名，不尽理想。"谐声"与"形声"的差异，在于"谐声"只注意到了文字和语音和谐一致的情况，而没有从形声造字法的外延再做深入探讨和分析，"形声"则说明文字有形有声，"形声"之初，文字形、音、义三者彼此融会贯通，建构了诸多形声字。而古人造形声字，是始于"声符"兼义，后来文字渐渐孳乳，无法兼顾声义，才有声符不兼义的情况。以"谐声"命名，容易形成形声造字次第错乱，难以使形声字的内涵和外延得以真实呈现。

五　形声字产生的原因

形声字是在象形、指事、会意等表形字的基础上，产生的一半表形、一半表音的文字。从甲骨文到现行汉字，形声字所占的比例由 20% 上升至 80%，展现了汉字声化的主要趋势。那么，形声字是怎么产生的呢？归结起来，形声字产生的原因，大致可以从三个方面来探究。

（一）表形字的穷于创造

表形字是图画式的描摹事物，而客观事物无穷无尽，既要用简单的笔画——描摹而又要有所区别，事实上是不可能的。如用"犮"表示犬，因为犬的身体偏瘦而尾巴较长，但狼、狐等动物也有类似的特点，于是加声符"良""瓜"来作区别。正如周雪梅先生所言："表意字局限性很大，象形、指事、会意之法只能通过直观的形象来表示词语中一些具体的事物，不能满足完整记录汉语的需要。"[1] 在书面交流中，一些表示抽象概

---

① 周雪梅：《略论形声字声符的示音功能》，《佳木斯大学社会科学学报》2005 年第 1 期，第 125 页。

念的词或人称代词、语气助词、虚词等，都需要通过假借才能使表达的空缺得到解决，比如人称代词"我""他""它"等，语气助词"也""乎""耶"等。

（二）假借字的大量使用引起了文字的混乱

表形字穷于创造的局限，使假借字继之而起。虚词、抽象词汇无形可象的问题，都可以用假借字来解决。例如，表示计量单位的"斤"，赵撝谦《六书本义》："举欣切，斫木斧。象斤斫木之形，或混釿。借十六两为斤。转去声，察也。"（《器用篇·斤部》）然而，假借又造成了一字兼表数义的矛盾，给阅读造成诸多不便，极易产生理解上的歧义，在很多古籍文献中不难找到类似的例子，我们可能知道有些古文字的造字本义，但还是不能通读全文，就是因为这些字可能作为假借字记录了其他词。为了克服这个局限，人们从象形表意、借字表音中得到了启发，利用在表意字上添注声符或意符的方法造出形声字。

（三）表形字内部表音成分的产生

表形字内部表音成分的滋长，使人们看到了用形音结合的方式造字的可能和优点，从而促进了形声字的产生。譬如"羞"字，本义是"进献食物"，表意初文从"又"持"羊"，后来"又"改为形近的"丑"，就成为从"羊""丑"声的形声字。[①] 一般来说，形声字在表形字、假借字之后产生。因此，表形字在使用过程中，其内部表音必然有一个酝酿和发生的过程。比如亦声字，就是会意字中含有表音成分的有力佐证。表形字内部表音的现象，启发了人们在认识表音字释读中的作用，从而促进人们自觉地创造形声字。因此，我们可以认为，表形字的内部声化过程是形声字产生的主要原因。

六　结语

汉语语素单音节的特点，使得汉语中同音词和同音词语素特别多，利

---

① 裘锡圭：《文字学概要》，商务印书馆，2006，第153页。

用不同的形符可以从文字上区别同音词和同音语素。赵撝谦《六书本义》将形声造字法取名"谐声",说明形声字的造字途径侧重在声符,形声字的声符是排在第一位的。利用表意形符和表音声符合成一个字,是形声造字法的重要职能。从甲骨文到现行汉字,形声字所占的比例由20%增加到80%,展示了汉字发展的基本趋势。裘锡圭先生曾指出:"汉字形成完整的文字体系之后,新增加的字多数是通过加偏旁或改偏旁等途径从已有的字分化出来的。这些字绝大部分是形声字。此外,由于图形表示字义是造表意字的重要方法,汉字象形程度的不断降低,对造表意字很不利,并使很多表意字的字形无法再起到原有的表意作用,但是形声字一般却不受影响。这不但促使人们多造形声字,少造表意字,而且还促使人们陆续把一些表意字改成形声字。"① 从汉字发展演变的整个历史过程来看,形声字突破了表形字的局限,杜绝了由假借现象引起的文字混乱现象。表形字内部表音成分的滋长,使人们看到了用形音结合的方式造字的可能和优点,可以说,形声化使汉字的系统性得到大大增强。甲骨文中形声字的数量还不多,金文中形声字的数量开始大为增加,这一时期形声字的形符和声符的系统性也不够强,而到战国时期,形声造字法已经成为产生新字最重要的方式。到了小篆,形符的类化和声符的系统形成,标志着汉字形声体系的形成。从此,形声造字成了汉字系统孳乳发展的主要方式。

第五节 假借探释

赵撝谦在《六书本义·假借论》中借用郑樵语开篇即开宗明义地强调:"六书之难明为假借之难明也。六书明,则六经如指诸掌;假借明,则六书如指诸掌。"一语点出了假借在语言文字中的重要作用和在文字学及"六书"中的重要地位。当然,也说明了假借在文字学中的认知难度。

假借是中国传统文字学的经典论题之一,也是近代以来语言学领域的

---

① 裘锡圭:《文字学概要》,商务印书馆,2006,第32页。

重要课题之一。关于假借的性质、特点及其在文字学中的地位和作用，自汉代以来一直为学界所争论，难有定论。本节以赵撝谦之《六书本义·假借论》为基点，比较古今学者关于假借的讨论，试就假借的定义、性质、特点及其在文字学中的作用做浅显探析。

一 "假借"在语言文字学中的地位

众所周知，汉字是音、形、义的统一体。当一个图形符号和一定语言单位的联系固定下来的时候，才可以表意和拥有读音。反过来说，如果一个图形符号只是用来记事或表达思想，没有据音使用的痕迹，是否与语言单位形成固定的联系，是无法判定的。因此，有没有假借是判断一个图形符号究竟是图画还是文字的"试金石"。

许慎《说文·叙》曰："假借者，本无其字，依声托事。"① "本无其字"指的是，语言中的一个词原来没有为它造出专用的字，而"依声托事"则是指，古人依据读音把它的意义寄托于一个读音相同或相近的已经产生的字身上。合起来可以这样说，因为这个字原来是为另一个词所造，现在假借过来成为该词的专用字。

人们创造文字的根本目的是将语言或话语完整地记录于书面，以扩大社会交际的时空范围。在记录的过程中，象形表意字显然满足不了交际的需要，在这种情况下，"最直接、最有效的方法之一，就是以假借为手段，利用原有的表意字符的词音框架，记录尽可能多的词，从而使自身'初作'时期的'不备'状态得到改变"。何丹先生认为，假借在文字的起源过程中不可或缺，并明确指出："没有假借，就无法启动文字对语言进行完全式记录的进程。"②

在中国传统语言学中，向来把假借与汉字的起源联系在一起。高亨先

---

① （汉）许慎：《说文解字》，中华书局，1963，第 314 页。
② 何丹：《图画文字说与人类文字的起源——关于人类文字起源模式重构的研究》，中国社会科学出版社，2003，第 200～201 页。

生曾就假借在文字起源中的作用进行过扼要叙述："无本字而假借，乃人类运用文字必有之现象。盖文字为记事物之用，上古之世，文字甚少，而所记事物甚多。文字常不敷用。欲记一事物，而无其字，唯有取同一音之字以当之。相沿既久，竟成通例，此无本字之假借所由生也。"① 人类通过假借，才得以记录那些用象形表意字难以记录的关键词语……假借现象是人类文字从省略式记录过渡到完全式记录整个过程中的桥梁——它在自源文字系统的形成过程中，自始至终扮演着重要的角色。②

二 阐释检讨《六书本义》"假借"定义、性质及特点

赵撝谦在《六书本义·假借论》中引用了郑樵关于假借的定义。夹漈曰："学者之患，在于识有义之义，而不识无义之义。假借者，无义之义也。假借者，本非己有，因他所授，故于己为无义。"由此段引文可知赵氏谈假借，大抵祖述郑樵，以为假借为"假借者，本非己有，因他所授，故于己为无义"③。这与许慎《说文·叙》"假借者，本无其字，依声托事"④ 对于假借的定义基本是一致的，他们都认可假借是无本字假借。

在文字学中，人们一般将假借分成"有本字假借"和"无本字假借"。高亨先生在其《文字形义学概论》中说："有本字之假借，实言之：即用此字作彼字，是为两字通用；通称此字曰借字，彼字曰本字；借字、本字必两音相近。某事物之名既有本字，自不当用借字，而古书竟有此种假借者，其因有二：其一，古时字少，某事物之名，初无本字，记之者不得不用他字，其后虽已造本字，而习惯相沿不改，此乃由无本字假借进为有本字之假借也。其二，文字既多，人不能全数识别，亦不能全数记忆，

---

① 高亨：《文字形义学概论》，齐鲁书社，1981，第258页。
② 何丹：《图画文字说与人类文字的起源——关于人类文字起源模式重构的研究》，中国社会科学出版社，2003，第205页。
③ （宋）郑樵：《通志二十略》，王树民点校，中华书局，1995，第319页。
④ （汉）许慎：《说文解字》，中华书局，1963，第314页。

当其人撰文之时，某事物虽有本字，其人或竟不知，或知之而偶忘，自不免借用音近之字以当之。况古代经传，多由先生口授弟子，弟子耳闻之，手书之，依其音，书其字，仓卒之间，往往不能求其字之必正，但求其音之无误而已。郑康成曰：'其始书之也，仓卒无其字，或以音类比方假借为之，趣于近之而已。'（《经典释文·叙录》引）其言甚是。此非由无本字假借进为有本字之假借者也，乃古人写别字也。"①

由高亨先生这段引文我们可知，"有本字假借"乃是古人在经书中常用的通假字。"有本字假借"大致可分为两类。

第一，由无本字假借衍生出的"有本字假借"。有的词本来用假借字表示，但是后来又为它造了本字。如"戚"，忧戚的"戚"本来借用表斧类兵器的"戚"字来表示，后来又加"心"旁造出本字"慼"或"慽"。可是当造字者造出本字"慼"或"慽"时，人们已经习惯使用起初的假借字"戚"了。这种有本字而不用，却用了一个相沿成习的起初假借字的状况，即由无本字假借衍生出的"有本字假借"。我们可暂且称之为"永久性通假"。② 如"昆"，赵撝谦《六书本义》："暑，公浑切，兄也。从晜，及也，及枉弟上者兄之意也。俗借昆，作暑，非。"（《器用篇·弟部》）类似字例还如"伯"与"霸"，"颠"和"蹎"等。③

第二，古人在撰写古籍时临时找了一个音近的字代替，我们固且称之为"临时性通假"。关于假借，段玉裁也有过论述："大抵假借之始，始于本无其字，及其后也，既有其字矣，而多为假借，又其后也，且至后代讹字亦得自冒于假借，博综古今，有此三变。……以许书言之，本无难易二字，而以难鸟、蜥易之字为之。此所谓无字依声者也。至于经、传、子、史不用本字，而好用假借字。此或古文积传，或转写变易。……如此

① 高亨：《文字形义学概论》，齐鲁书社，1981，第261~262页。
② 仲洁：《一种特殊的通假字——兼论通假的定义》，《宁夏大学学报》（人文社会科学版）2001年第6期，第38~39页。
③ 仲洁：《一种特殊的通假字——兼论通假的定义》，《宁夏大学学报》（人文社会科学版）2001年第6期，第38~39页。

之类，在他书可以托言假借，在许书则必为转写讹字。"① 段玉裁认为，假借是始于"本无其字"，后来有些字渐渐被造出，因此凡是使用假借字，就是写错字。同时他特别强调："在他书可以托言假借，在许书则必为转写讹字。"②

至于经书中所见的通假现象，是否可以视为假借呢？章太炎先生有过精辟的论述："《说文》所谓假借……非别字之谓也。否则，许君何不谓'本有其字，写成别字，假借是也'乎？"③ 同时他还进一步强调："保氏教国子时，岂县知千载后有五百四十部书邪？……余以转注、假借，悉为造字之则。泛称同训者，后人亦得名转注，非六书之转注也；同声通用者，后人亦得名假借，非六书之假借也。"④

综上，我们不难看出，通假是不能混同于假借的。不管是永久性通假，还是临时性通假，都不能等同于假借。因为两者有本质的区别，假借是"本无其字，依声托事"，具造字功能；而通假则是"本有其字的同音借用"，书写别字，不具备造字功能。关于假借乃是造字之法在后文将做详述。

赵撝谦《六书本义》全书收字一千三百个，以子母相生概念，编定部首为三百六十部，再以十个类目编列部首，每部之下，依六书次第列字。赵氏在一千三百字每字字首都会贯以六书之"象形、指事、会意、谐声"名目，唯不见"假借""转注"，乃是因为赵氏以为"六书归之四书，假借、转注不生故也"。赵氏将象形、指事、会意、谐声四书标于字例之首，是因为赵氏以为象形、指事、会意、谐声都是造字之法，而假借、转注则不是造字之法。

关于假借是"造字说"还是"用字说"，历来为学界所争论。清代名

---

① （清）段玉裁：《说文解字注》，上海古籍出版社，1981，第757页。
② （清）段玉裁：《说文解字注》，上海古籍出版社，1981，第757页。
③ 章太炎：《小学略说》，选自洪治纲主编《章太炎经典文存》，上海大学出版社，2003，第12页。
④ 章太炎：《国学概论·国故论衡》，中华书局，2015，第177～178页。

儒戴震在《答江慎修先生论小学书》中，分别讨论了象形、指事、会意、形声的特征后说："大致造字之始，无所凭依。宇宙间事与形两大端而已，指其事之实曰指事，一、二、上、下是也；象其形之大体曰象形，日、月、水、火是也。文字既立，则声寄于字，而字有可调之声；意寄于字，而字有可通之意，是又文字两大端也。因而博衍之，取乎声谐曰谐声；声不谐而会合其意曰会意。四者，书之体止此矣。由是之于用：数字共一用者，如初、哉、首、基之皆为始，卬、吾、台、予之皆为我，其义转相为注，曰转注；一字具数用者，依于义以引伸，依于声而旁寄，假此以施于彼，曰假借。所以用文字者，斯其两大端也。"①

他的学生段玉裁就此做了发挥，段氏在《说文解字注》中云："盖有指事、象形，而后有会意、形声。有是四者为体，而后有假借、转注二者为用。戴先生曰：'六者之次第，出于自然是也。'学者不知转注，则亦不知假借为何用矣。……假借者，古文初作而文不备，乃以同声为同义。转注，专主义，犹会意也。假借兼主声，犹形声也。……托者，寄也。谓依傍同声而寄于此。则凡事物之无字者，皆得有所寄而有字。如汉人谓县令曰令长。县万户以上为令，减万户为长。令之本义发号施令，长之本义久远也。县令、县长本无字，而由发号、久远之义引申辗转而为之，是谓假借。……转注、假借，所以包训诂之全。"②

时至今日，有很多学者仍坚持"四体二用"说，将六书分成两类，认为象形、指事、会意、形声四书是造字法，转注、假借二者是用字法。笔者以为其实不然，戴、段二人说法看似合理，实则"忽略了文字形、音、义三位一体的关系"。③ 由此，我们认为从文字学角度讲，假借应是造字之法。因为从客观结果来说，通过假借的过程，使原来没有字形的词取得了一个形体，而且这个形体被赋予了特定的音、形、义而长期固定

---

① 《戴震文集》，赵玉新点校，中华书局，1980，第61页。
② （清）段玉裁：《说文解字注》，上海古籍出版社，1981，第756～757页。
③ 冯玉涛：《〈说文解字〉转注研究》，《宁夏大学学报》（人文社会科学版）2005年第1期，第17页。

下来。

蒋礼鸿先生曾就文字的形、音、义做过如是铺叙："文字是记录语言的工具，是和语音结合起来的记号。'语音'这个'音'和一般的'音'不同，它必然具备语言所要表达的内容，即语义。因此，就整个的文字来说，文字应该具备音、形、义三个要素。"① 在文字的三要素当中，"义"是关键和灵魂，承载着文字所要表达的实质内容，而"音"和"形"是载体，是记录文字内容的物质外壳。高亨先生曾说："有事物而后有语言，有语言而后有文画，故文字先有其义，次有其音，后有其形。"② 在三者当中，文字是用"形"通过"音"来表达"义"的。③ "义"是文字的核心和实质。

人们使用假借手段，不仅让假借字承担了其旧有的本义，还让它承担了新的假借义。用姚孝遂先生的话说："如果说转注是同义词，则假借就是多义词。"④ 先不论假借字的本义，就假借字的假借义而论，假借字当是一个新的音、形、义的结合体，即借用了旧的形体和语音，表达了新的义项。从这个意义上讲，假借字当是一个新字，甚或是新词，它是一个有着实际意义的字或词，不只是一个简单的语音或字符。据此，笔者以为假借也当是古人借用旧字的"形"和"音"来赋予新"义"的一种造字方法。

姚孝遂先生也以为假借是用字之法，他说："任何假借字，在其未假借之前，该字就已经存在并已经加以运用了。任何文字，都是先有其'本义'，后用其'假借义'，作为文字形体来说，所谓'造字假借'是不存在的。"⑤ 我们以为，姚先生之语似有不妥。假借字在假借之后，一般有四种趋向。

---

① 蒋礼鸿、任铭善：《古汉语通论》，浙江教育出版社，1984，第9页。
② 高亨：《文字形义学概论》，齐鲁书社，1981，第3页。
③ 叶蜚声、徐通锵：《语言学纲要》，北京大学出版社，1997，第154页。
④ 姚孝遂：《许慎与〈说文解字〉》，中华书局，1983，第37页。
⑤ 姚孝遂：《许慎与〈说文解字〉》，中华书局，1983，第39页。

1. 假借字一字承担多义。既承担了本义，又承担了假借义。关于这种情况，大多数学者持肯定态度。如：

夫，《六书本义》："风无切，丈夫也。从一、大，丈夫之意。转音扶语词。"（《人物上篇·大部》）由赵氏解释，可知"夫"的本义指"丈夫"，又假借为语气助词。

之，《六书本义》："真而切，菌草也。……借语词。又往也。""之"，甲骨文作"㞢""㞢"。罗振玉《增订殷墟书契考释》："卜辞从止，从一，人所之也。"① 本义为"往，到……去。"《史记·孙子吴起列传》："齐使以为奇，窃载与之齐。"② 后假借为代词、副词、助词等，又假借为姓。明陈士元《姓觹·支韵》："之，出《姓苑》。《千家姓》之雁门族。"

关于假借字一字承担多义的字例很多，这里不再赘述。姚孝遂先生对此有所概述："所有的专有名词——人名，地名等等，都是无形可象、无意可会的，都只能用假借的办法，用其他的字来代替，后来才逐渐出现了专有名词的专用字。"③

2. 假借字本义消亡，只保留其假借义。如：

奚，《六书本义》："弦鸡切，坐罪男女为奴，少才知者为奚。"（《人物上篇·大部》）"奚"甲骨文写作"𡨄"，像一个被人抓住发辫或被人用绳索捆绑的奴隶，后被假借作疑问代词保留在古汉语中，本义已消亡。

我，《六书本义》："语可切，施身自谓也。"（《人物上篇·身部》）"我"，甲骨文写作"𰀀""𰀀"。李孝定《甲骨文字集释》："契文'我'象兵器之形，以其秘似戈故与戈同，非从戈也……卜辞均假为施身自谓之词。"④ 由李孝定的解说可知，"我"本义为兵器，假借为第一人称代词后，本义已消亡，只剩下了假借义。

東，《六书本义》："都龙切，日出方，从日在木中。夹漈曰：'木，

---

① 《汉语大字典》，四川辞书出版社、湖北辞书出版社，1987，第43页。

② （汉）司马迁：《史记》，江苏古籍出版社，2002，第517页。

③ 姚孝遂：《许慎与〈说文解字〉》，中华书局，1983，第38页。

④ 《汉语大字典》，四川辞书出版社、湖北辞书出版社，1987，第1401页。

叒木也。日所升降，在上曰杲，在中曰東，在下曰杳。'并会意字。借姓。转都郎切，丁东声也。借当，通续作瑲。"（《天文篇·日部》）"東"，甲骨文写作"![甲骨文]""![甲骨文]""![甲骨文]""![甲骨文]"等。从甲骨文看，"東"像实物囊中括其两端之形，为"囊"的初文。后世借为"东西""东方""丁东声响"等义。[①]

王，《六书本义》："于方切，天下所归往。……孔子曰：'一贯三为王。三者，天、地、人也。'"（《数位篇·一部》）"王"，金文写作"![金文]""![金文]""![金文]"。吴其昌、林沄以为"王"造字之初为斧钺形，后假借为古代最高统治者的称号。如《小臣邑斝》："王易（赐）小臣邑贝十朋。"此处"王"就指商王帝辛。[②]

五，《六书本义》："疑古切，阳数之中。象丌交。易数阴阳交于五。……二象天地。"（《数位篇·象形九附》）"五"，甲骨文写作"![甲骨文]""![甲骨文]"。林义光《文源》："五，本义为交午，假借为数名。二象横平，✕象相交，以二之平见✕之交也。"朱芳圃《殷周文字释丛》："✕象交错形，二谓在物之间也。当以交错为本义。自用为数名后，经传皆借午为之。"[③]

![字]，《六书本义》："音义注见![字]。古作![字]重之。"（《草木篇·象形十六字附》）![字]，《六书本义》："力竹切，菌六地蕈也。丛生田中与芤皆柔脆之物。从中，下象二本丛生叶连之形，古但象形作![字]。"（《草木篇·中部》）"六"，甲骨文写作"![甲骨文]""![甲骨文]""![甲骨文]"。刘兴隆认为"六"造字之初的形体，均像简易之庐形，借音作数词之六。[④]

斤，《六书本义》："举欣切，斫木斧。象斤斫木之形，或混釿。借十六两为斤。转去声，察也。"（《器用篇·斤部》）"斤"，甲骨文写作"![甲骨文]""![甲骨文]"。段玉裁注："横者象斧头，直者象柄，其下象所斫木。"本义是古代

---

① 《汉语大字典》，四川辞书出版社、湖北辞书出版社，1987，第 1165 页。
② 王文耀编著《简明金文词典》，上海古籍出版社，1998，第 39 页。
③ 《汉语大字典》，四川辞书出版社、湖北辞书出版社，1987，第 11 页。
④ 刘兴隆：《新编甲骨文字典》，国际文化出版公司，1993，第 948 页。

的一种砍物工具，后假借为重量单位之一。① 现在"斤"之"斧头"义已消亡，只作为重量单位的假借义被保留下来。

不，《六书本义》："凤无切，草木房也。《诗》：'鄂不韡韡。'象乎鄂连蒂形。俗混柎、扶，作跗、趺，非。转芳浮、芳有、芳宥三切，不然之词，亦作否。又与弗同。或市殳切。" （《草木篇·象形十六字附》）"不"，金文写作"𣎴""𣎴""𣎴"。林义光释为花萼柎托象形。如《诗·小雅·常棣》："常棣之华，鄂不韡韡。"郑玄笺："承华者曰鄂，不当作柎。柎，鄂足也。"古音不、柎同读重唇音。金文假借作否定词。《蔡侯盘》："不讳考寿。"②

来，《六书本义》："郎才切，小麦。《诗》：'贻我来牟。'象其枝叶有芒刺形。亦作倈。……借到也。作徕、俫，非。"（《草木篇·来部》）"来"本是"麦"的象形字，后借作"行来"之"来"，本义已消亡。③

3. 假借字被假借后，假借字成了假借义的专字，又为假借字本义另造新字。如：

西，《六书本义》："先齐切，鸟宿巢上也。象鸟在巢。……亦作棲、作栖，非。借日入方名。"（《虫兽篇·西部》）"西"，甲骨文写作"𢂷""𢂷""𢂷"。商承祚《殷墟文字类编》："今诸文正像鸟巢状。"假借为方向名词后，又为"西"之本义另造栖（棲）。④

互，《六书本义》："胡故切，收绳器。亦作𥰭。"（《器用篇·形十九附》）"互"，甲骨文写作"互"。《说文·竹部》："𥰭，可以收绳也。互，𥰭或省。"本义为"绞绳的器具"，假借作副词"相互、彼此"义后，又为本义另造新字"𥰭"。⑤

主，《六书本义》："此象下有烧灯器。作炷，非。又上声，因借寘

---

① 《汉语大字典》（缩印本），四川辞书出版社、湖北辞书出版社，1992，第848页。

② 王文耀编著《简明金文词典》，上海辞书出版社，1998，第47页。

③ 姚孝遂：《许慎与〈说文解字〉》，中华书局，1983，第37页。

④ 《汉语大字典》（缩印本），四川辞书出版社、湖北辞书出版社，1992，第1170页。

⑤ 《汉语大字典》，四川辞书出版社、湖北辞书出版社，1987，第14页。

主，主意字。"（《器用篇·▮部》）"主"即为古"烛"字，象形。古书中常借主为"君主"之"主"。① "主"假借为"君主"之"主"后，又为其本义另造了"燭"字。

莫，《六书本义》："莫故切，日冥也。从日，茻声。作暮，非。"（《天文篇·日部》）"莫"即"朝暮"之"暮"，古书中常借为否定之词。②

韦，《六书本义》："于非切，相北戾也。从舛，围声。亦作违，……借皮也。又姓，又与围同。作韦，非。""韦"，甲骨文写作"𡊨""𢍏"。商承祚《说文中之古文考》："（甲骨文）象两人相背行，又象两足有揆隔，乃违背之本字也。后借为皮韦字，而出违代韦本义废矣"③ "韦"成了假借义"皮韦"之"韦"的专用字后，又为其本义另造了"违"。

易，《六书本义》："夷益切，蜥蜴、蝘蜓、守宫也。象头、尾、四足形。作蜴，非。借交变也。因为交易、变易。……转以鼓切，不难也。"（《虫兽篇·象形廿附》）"易"本是"蜥蜴"的本字，假借为难易之"易"后，又为其本义另造"蜴"。

4. 本字后造的假借。这是裘锡圭先生的称法，即"有的词本来用假借字表示，但是后来又为它造了本字"。④ 如：

乌，《六书本义》："此象立形。借黑也。又作呜，非。"（《虫兽篇·象形廿附》）"乌呼"是一个语气词，它无形可象，无意可会，所以只能借"乌鸦"之"乌"为之，后来又出现了"呜"这个"呜呼"的专用字。⑤

隹，《六书本义》："朱惟切，鸟总名。象形。……转同惟。"（《虫兽篇·隹部》）"隹"，甲骨文写作"𠁥""𡾋"。本是鸟的总称，后来随着字

① 高亨：《文字形义学概论》，齐鲁书社，1981，第358页。
② 高亨：《文字形义学概论》，齐鲁书社，1981，第359页。
③ 《汉语大字典》（缩印本），四川辞书出版社、湖北辞书出版社，1992，第1871页。
④ 裘锡圭：《文字学概要》，商务印书馆，2006，第181页。
⑤ 姚孝遂：《许慎与〈说文解字〉》，中华书局，1983，第37页。

义的引申发展，既可借作"唯""惟""维"，也可借作"雖""谁"。①

还如"云""来"两字。"云"本是"云雨"的本字，假借作"说话"之义后，又在"云"上加雨旁，成"雲"字；"来"本是"麦"的本字，假借作"行来"之"来"后，又在"来"左加注"彳"旁，成"徕"字。

以上四种情况的后两种情况，都从形体上为假借义另造了新字，可见姚孝遂先生所论"作为文字形体来说，所谓'造字假借'是不存在的"②似有偏颇。据此，笔者以为从文字形体角度来讲，假借也具造字功能，从这个意义上讲，假借乃造字之法。

三 《六书本义》"假借"类别

赵撝谦《六书本义·假借论》云："夫假借之所以别者五，而生有三：曰因义之借，曰无义之借，曰因借之借，是为托生；曰同音并义不为假借，是为反生；曰转注而假借，是为兼生。此五者假借之所以别也。"现将其内容铺叙如下。

（一）托生

1. 因义之借

赵撝谦《六书本义·假借论》云："因义之借者，初本裁衣之始，而借为凡物之始；状本犬之形象，而借为凡物之状也。"《六书本义》："初，裁衣之始。从刀前衣为意。借为凡事之始。"

透过赵氏对"初"字所释，知"初"本义为裁衣前的动作，"从刀，前衣"，将"初"字的含义表达得很是完备，"初"后来假借作抽象名词"开始"是由本义"裁衣之始"通过引申想象而假借作"一切开始"的假借义。这是"初"义的引申所形成的假借。

又"状"字，《六书本义》未收，《说文·犬部》："状，犬形也，从

---

① 姚孝遂：《许慎与〈说文解字〉》，中华书局，1983，第40页。
② 姚孝遂：《许慎与〈说文解字〉》，中华书局，1983，第39页。

犬，丬声。"①《六书本义》与《说文》都认为"状"为犬的形象。"状"由犬的形象，不断扩大，而假借为一切形象的表征。由赵氏所列"初""状"二字，可对"因义之借"整理如下。

第一，"因义之借"形成，源于引申作用。

第二，"因义之借"是因某些义本无其字，于是就取一义近且音同之字代替。"因义之借"所取借字，除具音同义近条件，最主要的特征，便是利用引申想象作用将借字字义的小范围意义借用作大范围的假借义。

《六书本义》全书收字一千三百个，用于解释假借的字例有八百余字。据笔者考证，赵氏用于解释"因义之借"的字例还有：甘、攸、谷、丩、易、千、公、文、月、夕、外、灾、邕、㐬、零、小、永、田、回等。

其实，在中国传统文字学中，引申和假借是两种本质不同的语言文字现象。裘锡圭先生指出："假借字是由本身有意义的现成文字充当的，所以人们容易把假借所引起的一字多义现象，误认为语义引申的结果。"② 对此，笔者以为赵㧑谦《六书本义》关于假借"因义之借"的界定似有不妥。许慎给假借下的定义是："假借者，本无其字，依声托事，令、长是也。"③ 许氏关于假借的定义无疑是正确的，但他所举的字例却有问题。"令"，甲骨文写作"𠮑"，像"人跽跪于地等待发令"之形，引申为发令之人，县令之令。"长"，甲骨文写作"𠀇"，像人长发之形，以此表年长之长。段玉裁《说文解字注》："汉人谓县令曰令长。县万户以上为令，减万户为长。令之本义发号施令，长之本义久远也。县令、县长本无字，而由发号、久远之义引申辗转而为之，是谓假借。"④ 戴震在《答江慎修先生论小学书》中则进一步把假借分为"依声托事"和"依义引申"两类，他说："一字具数用者，依于义以引伸，依于声而旁寄，假此以施于

---

① （汉）许慎：《说文解字》，中华书局，1963，第 204 页。
② 裘锡圭：《文字学概要》，商务印书馆，2006，第 198 页。
③ （汉）许慎：《说文解字》，中华书局，1963，第 314 页。
④ （清）段玉裁：《说文解字注》，上海古籍出版社，1981，第 756 页。

彼，曰假借。"①

对比赵撝谦《六书本义》关于假借"因义之借"的界定，参照以上先贤关于假借"引申"现象的论述，我们可以看出，他们似乎都把引申和假借混为一谈。其实，在文字学中，引申和假借是两种本质不同的语言文字现象。词义引申是一种语言现象，而借字表音则是用文字记录语言的一种方法。② 假借义是离散的，不可归并的，而一个字（或词）因引申作用引起的各个义项之间是连续的，是可以归并的。简而言之，假借是不同的词之间的借用问题，而引申则是同一个词内部词义的衍生问题。

2. 无义之借

赵撝谦在《六书本义·假借论》中对"无义之借"做了如是叙述："无义之借者，易本蜥蜴之易，而借为变易之易；财本货财，而借为财成之财也。"赵氏关于假借"无义之借"的论述，按现在通常的理解就是，本来没有表示这个词的字，古人依照声音相同或相近的原则，找一个同音字来寄托这个词的意义，也就是被借字的意义和借去表示这个词的意义没有内在关系。赵氏称之为"无义之借"。

赵氏假借"无义之借"与许慎"本无其字，依声托事"的解释应该是连贯的，是一脉相承的。戴侗在其《六书故》中也如是说："所谓假借者，义无所因，特借其声，然后谓之假借。"③ 假借义与本义之间应该是没有关系的。如"易"字，赵撝谦《六书本义·虫兽篇》："易，蜥蜴、蝘蜓、守宫也，象头、尾、四足形。作蝪，非。借交变也，因为交易变易。""易"本为虫兽，后来借作变易之"易"，与本义相距遥远。知变易之"易"，乃因同音，而借形不借义。

又"财"字，赵撝谦《六书本义》无收，许慎《说文·贝部》："财，人所宝也，从贝，才声。"④ 赵氏以"财"字本义为货财，后借用

① 《戴震文集》，赵玉新点校，中华书局，1980，第61页。
② 裘锡圭：《文字学概要》，商务印书馆，2006，第102~103页。
③ 喻遂生：《文字学教程》，北京大学出版社，2014，第256页。
④ （汉）许慎：《说文解字》，中华书局，1963，第130页。

为财成，也同"易"字一样，是取一同音字，借形不借义。由赵氏所举"易""财"二例，可对"无义之借"整理如下。

第一，"无义之借"是借形不借义。裘锡圭先生称其为"无本字的假借"，并指出："有的词始终只用假借字表示，这是无本字的假借。"[①]

第二，"无义之借"是取一个同音字，来代替另一无本字。无本字与借字之间，音同而义不同。"无义之借"的借字条件，取决于音同关系，于义毫不相干，故"无义之借"其实是借同音字之形，这与赵氏所定义"假借者，无义之义。假借本非己有，因它所授，故于己为无义"是相合的。

赵撝谦《六书本义》关于假借"无义之借"的字例还如：丕、王、女、韋、七、兑、土、智、叔、上、天、与、再、云、百、二、宣、尒、必、亡、龏、四、五、昔、晶、东、昏、星、氏、厂、磊、节、由、吉、黄、垂、堊、阜、师、青、州、凶等。

3. 因借而借

赵氏在《六书本义·假借论》中云："因借而借者，商本商度之商，既借为宫商之商矣，而又借为商贾之商也；之本之草之之，既借为之往之之矣，而又借为语词之之也。""商"字，《六书本义·人物篇》："商度也，从言省于冋上，商度之意也。……借星名，又国名。"后借为音乐名称，也是因为音同而借形，这与"商"字本义无关。至于商贾之"商"，赵氏以为是由宫商之"商"而来，"商贾"与"宫商"只具同音，故"商贾"之"商"，与"商度"之"商"，同样是音同而借形。"商贾"与"宫商"既皆取"商度"同音借形，则"商贾"自可不必通过"宫商"义而借。

又"之"字，《六书本义·草木篇》作："菌草也……借语词。又往也。""之"与"菌草"，借为"之往"的"之"，也是音同而借形，借字与本字间，毫无字义关系。后来借为语词，也是音同而借字，同样也可以

---

① 裘锡圭：《文字学概要》，商务印书馆，2006，第181页。

直接由"蒐草"的"之"而借形，不必通过"之往"义而借形。由"商""之"二字，可对"因借而借"做如下整理。

第一，"因借而借"是由两个"无义之借"所构成。

第二，"因借而借"的借字与本字之间，只有语音关系而无字义关系。

第三，"因借而借"为无本字假借，假借方法皆由"无义之借"而来，假借条件也取决于同音，故"因借而借"应可直接并入"无义之借"。赵氏不将二法合并，恐是考虑词义演变。

赵撝谦《六书本义》关于假借"因借而借"的字还如：耳、童、余、乍、人、龠、口、丨、昆、早、暴、沙、泰、厘、兒等。

赵撝谦《六书本义》关于假借"因借而借"的类别，有点类似于文字学中的通假现象，应该算是本有其字的假借。正如郑玄所言："其始书之也，仓促无其字，或以音类比方假借为之，趣于近之而已。受之者，非一邦之人，人用其乡，同言异字，同字异言，于兹遂生矣。"① 据学者考证，本有其字的假借不完全是仓促之间找不到本字或写了别字，有时可能还有别的原因。譬如别音义、避重复、求新奇等因素，此外仿古、用字不规范等，也都是造成本有其字假借的重要原因。

（二）反生

由反生构成的假借，只有一类，赵氏在《六书本义·假借论》中称之为"同音并义不为假借"，即："同音并义不为假借者，台说之台，即台我之台，皆得从口而为意，从𠯋而为声也；壬担之任，既象治壬之形，壬娠之壬，亦象怀壬之形也。""台"字，《六书本义·人物篇》："我也，《书》：'台小子。'又说也。……亦作怡。又呼来切，笑也。续收咍。并得从口意，𠯋声"。

又"壬"字，《六书本义·人物下篇》："担负也，《诗》：'我壬我辈。'前后象器物，中象横木壬之。……又怀孕也，亦象怀壬之形。"由

---

① 喻遂生：《文字学教程》，北京大学出版社，2014，第259页。

《六书本义》"台""壬"二字说解，知赵氏所谓"同音并义不为假借"，为一字二义情形。"台"于字义既可作"我"，也可作"说"，两义形构皆是从口，㠯声；"壬"义可作"担负"，又可作"怀孕"，二义于形构也完全相同。依此，赵氏"同音并义不为假借"可归纳成以下几点。

第一，"同音并义不为假借"指的是一形二义的现象。

第二，虽为一形二义，但两字字义彼此相距遥远，地位互为平等，皆代表本义，彼此无借用情形。

"同音并义不为假借"的字还如：圂、曑、仄、圣等。

裘锡圭先生将赵氏的"同音并义不为假借"称为"本有本字的假借"，并指出："很多本有本字的词也使用假借字，这种假借字，有一些到后来完全或基本上取代了本字。"[①] 譬如艸——草。"艸"本是草木之"草"的本字，后来借用"草"来表示。而"草"本是"从艸，早声"的"草斗"（栎树的果实）的本字。后来，传世古书大都借"草"为"艸"，现在"艸"已经作为异体字并入了"草"字。[②]

（三）兼生

以兼生所形成的假借只有一项，赵氏称为"转注而假借"："转注而假借者，如顷，本顷仄之顷，既转而为顷刻之顷矣，因顷刻之声，而借为顷亩之顷。过，本过逾之过，既转而为既逾曰过之过矣，因既逾曰过之声，而借为过失之过也。"

由赵氏所举"顷""过"二例，知所谓"转注而假借"有两个程序，一为"转注"，指义转现象，如"顷"由顷仄转为顷刻；"过"由"度"而转为既逾。当字义转变后，被另一同音的无本字所借去，以形成"顷亩"的"顷"和"过失"的"过"。由此二例，知赵氏"转注而假借"有下列特点。

第一，"转注而假借"，"转注"为字义上的转变。

① 裘锡圭：《文字学概要》，商务印书馆，2006，第182页。
② 裘锡圭：《文字学概要》，商务印书馆，2006，第183页。

第二，"转注而假借"中的"假借"，须透过"转注"形成义转后，方可形成假借。因被假借之无本字，是与转注后之字形成假借，而非直接与本字假借。

第三，"转注而假借"的先决条件，须于文字使用上，已出现字义转注，即"顷"先转作"顷刻"，有了"顷刻"字义，才可能衍生出"顷亩"的使用。

第四，"转注而假借"须考虑语词使用的时间性，这与"因借而借"相同。唯"因借而借"两义皆与本义无关；"转注而假借"之义转与本义义近，义转后所形成假借，也与义转义相关。如果说义转为一级引申，则义转后之假借，乃据一级引申所形成之二级引申义。故义转假借与"义转之义"义近，与本义自然关系微薄。

"转注而假借"的字还如：俞、昆、旁、佥、辟、亟、八、尚、會、娄、气、朝、明、望、凡、陈等。

赵氏对假借的分类如图 3 所示。

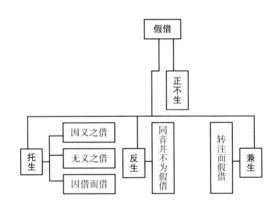

图 3　假借的分类

资料来源：《六书本义》，第 296 页。

从上述赵氏对五种假借方法的阐述中，我们不难发现，赵氏所归纳的假借方法较多。由引申作用可形成假借，如托生类中的"因义之借"；由象形、指事、会意、谐声各种已有字形可形成假借，假借、转注也可形成假借，在托生类"因借而借"中，有的字在假借之后，仍可再度形成假借。另外，由赵氏关于假借的论述我们还可窥探出汉字发展的演变轨迹——从简单到复杂又趋于简单。

人们初造文字，"不过仰观天文，俯察地理、旁及鸟兽、草木、人物之宜、效其形、画其迹而已"。然而，"客观事物是非常复杂的，人们的思想意识是非常丰富的，像中国古代汉字这样一种文字在表达概念的时候，如果一一都用专门的符号，势必会产生多得无法计量的文字形体"。①于是人们便又用假借、转注等手段再予造字，这样既减轻了造字和用字的困难，又丰富了汉字的文化内涵和承载内容。这样一来，又将一个繁杂的识记、运用程序予以简化，达到了从繁到简的优化过程。

从上述所论及的五种假借方法，以及赵氏在《六书本义·六书总论》《六书本义·六书相生总图》有关六书的论述中，我们发现：赵氏关于假借是"造字"还是"用字"的观点是矛盾的。赵氏徘徊不定的观点，为我们厘清假借是造字之法，有极大的启示作用。赵氏在由反生形成的"同音并义不为假借"中，认为假借有本字。假借义既有本字，何须再用来假借？这说明赵氏已发觉假借是造字方法，于是试图证明假借是造字之法，但他却找不出证据来，即使找出了证据也有所牵强。赵氏在《六书本义·六书总论》中说："盖至朴未散，六书之理，已悉具于冲漠无朕之中。粤自元气肇分，天浮地降，日月著明，星宿悬象，云雨变化，山川流峙，与夫人物草木鸟兽之纷然贲若者，莫非自然之书。天不能画，于是荥河出图，假手皇羲，而六书之文兴。"依赵氏自序，知"书"即"文字"，"六书之文"说明所有文字皆由六书之法形成。四书皆为造字，假借、转注与四书并称六书，则假借、转注性质必与四书相同。可是在字例的讲解以及《六书相生总图》中，何以四书称为造字，而假借、转注独独例外？

另外，我们还应厘清假借与引申，假借与转注的区别，千万不可将字的引申义当作假借现象来处理，不能将转注与假借两种造字法混同。六书

---

① 姚孝遂：《许慎与〈说文解字〉》，中华书局，1983，第36页。

之假借，可以将意义毫不相干的字用以假借，也可以将意义相关的字用以假借，而一个字的引申义却不能看成两字相假借。

四 结语

在文字的起源中，假借弥补了象形表意字无法完整记录的连接性词语，解决了人们在记录语言时所遇到的"书写不完整或残缺状态"问题。裘锡圭先生曾说："借用某个字或者某种事物的图形作为表音符号，来记录跟这个字或这种事物的名称同音或音近的词。这样，那些难以为它们造表意字的词，就可以用文字记录下来了。"[①] 在语言文字发展中，假借是人类从省略式记录过渡到完全式记录过程的桥梁，假借在文字发展中不可或缺。姚孝遂先生在其《许慎与〈说文解字〉》中说："像中国古代汉字这样一种文字在表达概念的时候，如果一一都用专门的符号，势必会产生多得无法计量的文字形体，以致造成掌握和使用上的极大困难，尤其是一些非常抽象的概念，既无形可象，也无象可会，于是人们就用某些声音相同的文字以表达不同之义。"[②]

可以说，没有假借就没有真正的文字，因为任何语言中都存在没有实际意义的虚词或表达语法意义的音缀，这些语言成分只有音，没有义，用具有表意性质的图画或表形字是无法描述或表现的。要想完整记录这些语言中的所有成分，必须利用假借手段，借助已有的字形。如果某个词总是假借某个字形来表达，渐渐地约定俗成、固定下来，那么字形与词之间就建立起了固定的联系。当一个图形符号和语言单位建立了联系并固定下来的时候，这个图形符号就成了文字。因此，学界普遍认可假借是早期自源文字普遍采用的据音用字的一种重要的记录语言的方法。

在汉字的发展历程中，"假借"帮助人们减少了造字的烦琐程序，也减轻了人们识记汉字形体的负担，"假借"既丰富了汉字的文化内涵，又

---

① 裘锡圭：《文字学概要》，商务印书馆，2006，第 4 页。
② 姚孝遂：《许慎与〈说文解字〉》，中华书局，1983，第 36～37 页。

增加了其承载的语言文字信息。正如章太炎在其《小学略说》中说："假借之与转注，正如算术中之正负数。有转注，文字乃多；有假借，文字乃少。"假借之例有三：引申、符号、形容。"有此三者，文字可不必尽造，此文字之所以简而其用普也。要之，《说文》只九千字，《仓颉篇》殆不过三千字，周秦间文化已启，何以三千字已足？盖虽字仅三千，其用则不仅三千。一字包多义，斯不啻增加三四倍矣。"①

假借在文字起源中不可或缺，作为文字发展的一个重要阶段，假借是汉语通向形声字的桥梁和纽带。假借的应用大大提高了文字记录语言的能力，但是假借字多起来之后，又出现了新的问题。因为被借字本身具有固定意义，被假借之后又要兼表同音或音近词的意义，这使阅读的人往往难以断定某一个字在某一具体场合究竟代表哪一个意义。裘锡圭先生指出："早期表意字的原始性也给阅读的人带来了麻烦，在早期的文字里，存在着表意字形一形多用的现象。同一个字形可以用来代表两个以上的意义都跟这个字形有联系。"② 为了克服假借等现象引起的表形字一字兼表数义的困难，人们在假借字上加注声符或者在表意字上加注音符，这种由音符和形符一起组成的字就是传统文字学上的形声字。

第六节 转注探释

许慎在《说文·叙》中曰："转注者，建类一首，同意相受，考、老是也。"关于"转注"，许慎并没有明确界定，而且除"考、老"以外，他在《说文》九千多个字例的诠释中也没有明确指出哪些属于转注结构，由此导致后人对"转注"的理解有颇多分歧。近两千年来，学者们关于"转注"的讨论，众说纷纭，难有定论。本节以赵撝谦《六书本义·转注

---

① 章太炎：《小学略说》，选自洪治纲主编《章太炎经典文存》，上海大学出版社，2003，第10~11页。

② 裘锡圭：《文字学概要》，商务印书馆，2006，第5页。

论》为基点，比较古今学者的观点，试就转注的定义、性质、特点及其在文字学的作用做浅显探析和说明。

一　阐释检讨《六书本义》"转注"定义、性质及特点

赵撝谦在《六书本义·转注论》中曰："转注者，展转其声而注释为它字之用者也。有因其意义而转者，有但转其声而无意义者，有再转为三声用者，有三转为四声用者，至于八九转者亦有之，其转之法，则与造谐声相类。"

依其定义，赵氏"转注"的内容大致可整理如下。

（1）"展转其声"，说明转注多与音变有关；"注释为它字之用者"，说明转注是由音变而造成字义之转变。

（2）赵氏既言"它字之用者"，说明转注是用字之法。

（3）转注除由音变方式形成外，还包含一字多音。而一字虽有多音，但音变不一定影响字义的转变，此即赵氏对转注分类中的"双音并义不为转注"。

（4）赵氏转注只涉及音转及用字，于"建类一首""同义相受"，皆未说明。

《六书本义》全书收一千三百字，赵氏在一千三百字每字字首都会贯以六书之"象形、指事、会意、谐声"名目，唯不见"假借""转注"，是因为赵氏以为"六书归之四书，假借、转注不生故也。四书归之象形、指事，指事则又出于象形者也"。赵氏以为象形、指事、会意、谐声是造字之法，而假借、转注则是用字之法。赵氏在《六书本义·六书总论》中又说："盖至朴未散，六书之理，已悉具于冲漠无朕之中。粤自元气肇分，天浮地降，日月著明，星宿悬象，云雨变化，山川流峙，与夫人物草木鸟兽之纷然贲若者，莫非自然之书。天不能画，于是荥河出图，假手皇羲，而六书之文兴。"

依赵氏自序，知"书"即"文字"，"六书之文"说明所有文字皆由六书之法形成。四书皆为造字，假借、转注与四书并称六书，则假借、转

注性质必与四书相同。可是在字例的讲解以及《六书相生总图》中，却将四书称为造字，而假借、转注偏偏例外。可见，赵氏对于"转注"是"造字说"还是"用字说"，有矛盾不定的看法。

关于转注、假借二者是"造字说"还是"用字说"，明清以来一直为学者所争论。汉儒提出"六书"这个名称后，后人都认为它是六种造字方法。但是这种说法在明清时受到了挑战，清代名儒戴震在《答江慎修先生论小学书》一书中，分别讨论了象形、指事、会意、形声的特征后明确提出："四者，书之体止此矣，由是之于用：数字共一用者，如初、哉、首、基之皆为始，卬、吾、台、予之皆为我，其义转相为注，曰转注；一字具数用者，依于义以引伸，依于声而旁寄，假此以施于彼，曰假借。所以用文字者，斯其两大端也。"① 戴震认为，象形、指事、会意和形声等前四书是造字法，而转注和假借为用字法，即所谓"四体二用"之说。此说一出，遂为文字学家和训诂学家所接受。

他的学生段玉裁还就此做了发挥，段氏在《说文解字注》中云："盖有指事、象形，而后有会意、形声。有是四者为体，而后有假借、转注二者为用……假借者，古文初作而文不备，乃以同声为同义。转注，专主义，犹会意也。假借兼主声，犹形声也。……托者，寄也。谓依傍同声而寄于此。则凡事物之无字者，皆得有所寄而有字……转注、假借，所以包训诂之全。"② 时至今日，有很多学者仍将六书分成两类，认为象形、指事、会意、形声四书是造字法，转注、假借二者是用字法。笔者以为其实不然，戴、段二人说法看似合理，实则"忽略了文字形、音、义三位一体的关系"。③ 由此，笔者以为转注从文字学角度讲，应是造字之法。

蒋礼鸿先生曾对文字的"形、音、义"关系做过如是铺叙："文字是记录语言的工具，是和语音结合起来的记号。'语音'这个'音'和一般

---

① （清）戴震：《戴震文集》，赵玉新点校，中华书局，1980，第61页。
② （清）段玉裁：《说文解字注》，上海古籍出版社，1981，第755~756页。
③ 冯玉涛：《〈说文解字〉转注研究》，《宁夏大学学报》（人文社会科学版）2005年第1期，第17页。

的'音'不同，它必然具备语言所要表达的内容，即语义。因此，就整个的文字来说，文字应该具备音、形、义三个要素。"[1] 在文字的三要素当中，"义"是关键和灵魂，承载着文字所要表达的实质内容，而"音"和"形"是载体，是记录文字内容的物质外壳。高亨先生也说："有事物而后有语言，有语言而后有文画，故文字先有其义，次有其音，后有其形。"[2] 在三者当中，文字是用"形"通过"音"来表达"义"的。[3]"义"是文字的核心和实质。

人们在造字的过程中，利用联系的动态的方式，根据地域、时空的不同，造出了一系列音近、形似、义通的转注字。笔者以为，这些"转注"字实则是将旧字（或词）的形、音、义衍生到新字（或词）上面的一种造字方法。在旧字（或词）向新字（或词）词义衍生的过程中，新、旧两字之间遵守形似、音近、义通的原则。可见，转注是一种既具有共时角度又有历时衍生过程的造字方法，不仅包含汉字前后发展的衍生过程，而且也存在横向共时的并存现象。

下面，我们将从"横向共时"和"历时纵向"两个方面，试就转注的性质和特点做简要分析和说明。

1. 横向共时并存

人们造字之初，由于地域上的界别，方言的差异，思维方式的不同，出现了文字共时并存的转注现象。包括如下两种情况。

（1）一字数义，即相同的字形有不同的字义。如《六书本义》中所举"杷"字："杷枋之杷，补讶切，收麦之器，白加切，又为木名，乐器之枇杷续作琵琶。"某地"收麦器"为"杷"，可能器具为木制，造字者便造一"从木，巴声"的"杷"字为之；另一地则产一"植物"名"杷"，于是当地人便为其又造一"杷"字；有的地方还将乐器"琵琶"

---

[1] 蒋礼鸿、任铭善：《古汉语通论》，浙江教育出版社，1984，第9页。

[2] 高亨：《文字形义学概论》，齐鲁书社，1981，第3页。

[3] 叶蜚声、徐通锵：《语言学纲要》，北京大学出版社，1997，第154页。

之"琶"用"杷"来表示。同样是"杷"字，因为造字之人、地的不同，取义亦异。

（2）一义数字，即相同的字义用不同的字形来表示。某事物在甲地发作此音，甲地的造字者即造出了一个适合甲地发音的字来表示该事物；某事物在乙地发为彼音，乙地的造字者便造出了一个适合乙地发音的字来表示该事物。譬如"裤""袄""绔"（袴）三字。"裤"是普通用语，"袄"是关中方言，"绔"（袴）则是粤方言。三字的形体不同，却表达相同的意义。

2. 历时纵向发展

由于人们思维观念的发展和变化，认识上有了转变，人们对一个事物的界定也随之发生变化。这种认识上的转变，反映在汉字上，则存在两种情况。

（1）古今音读发生了变化，人们在旧字形体的基础上添加声符或形符以造新字。如《六书本义》所论"齐""斋"二字，"齐本齐一之齐，以其齐也，则如齐_{与斋通用同}，故转为斋庄之斋，此其类也"。《说文》所收"考""老"二字也是一个鲜明的例证。"老"字，甲骨文作"^考"，是个象形字，形似一个拄着拐杖的长发、曲背老人的样子。后来读音发生了变化，为了反映这种变化，于是加注声符"丂"造"考"字。"老、考"同属"老"部，意义相通，声音相近。"考"是从"老"分化、派生出去的。①

（2）思维观念发生了变化，用改变旧字形体的方法以造新字。如《六书本义》中所举"杷"字。作为一种乐器，开始可能是用木头做的便写作"杷"，后来改用玉器作原料，于是又写成了"琶"。

通过以上分析和比较，我们发现转注和象形、指事、会意、形声等其他"六书"一样，其实也是一种重要的造字法。相比较而言，转注造字更为灵活、便捷。在"六书"中，转注、假借之所以区别于前四书，关

---

① 孙钧锡：《中国汉字学史》，学苑出版社，1991，第229页。

键在于前四书是从孤立的角度用平面静态的方式建构汉字，而转注则是从动态的角度用联系的方式来建构汉字，把字与字之间"形、音、义"的关系结合得更为密切、灵便。从这个角度讲，转注为我们厘清了新字滋生的方式和途径。"建类一首，同意相受"，是转注造字的根本原则，即两字之间形体结构相似或相类，意义相通。

二 《六书本义》"转注"类别

赵㧑谦在《六书本义》中，将转注分成"托生"、"反生"和"兼生"三类。下面，我们将做具体铺叙。

（一）转注

1. 托生

以托生为转注者有三，即"因义转注""无义转注"和"因转而转"者。

（1）因义转注

赵氏对转注所分类别，无专门定义，仅聊举字例说明。其中"因义转注"，则举"恶""齐"二字以说明。"恶本善恶之恶，以有恶也，则可恶_{去声下同}，故转为憎恶之恶；齐本齐一之齐，以其齐也，则如齐_{与斋通下同}，故转为斋庄之斋，此其类也。"《六书本义》未收"恶"字，《说文》："恶，过也。从心，亚声。"① 段注："人有过曰恶，有过而人憎之亦曰恶，本无去入之别，后人强分之。"② "恶"字《说文》所释虽异于《六书本义》，但段玉裁注解却同赵氏，以为"恶"可用作"憎恶"之"恶"，依此则赵氏所谓"因义转注"，乃是引申现象。又"齐"《六书本义》作："禾麦吐穗上于时曰齐，象三穗齐出形，下象地，中又象两旁低处，古作𠨒……转与斋同。""齐"以禾麦吐穗整齐，而引申为一切齐等之意，也证明"因义转注"之义转，是由本义转成引申义。"齐"与"斋"是一

---

① （汉）许慎：《说文解字》，中华书局，1963，第221页。
② （清）段玉裁：《说文解字注》，上海古籍出版社，1981，第511页。

对古今字①，从"齊"到"齋"当为"形转"的结果，赵氏单以音变来释义，多少有所牵强。赵氏举"恶"例，特别强调声音，以今日音读，"善恶"之"恶"，与"憎恶"之"恶"相差甚远，今赵氏特别将音读标识，说明所谓"因义转注"的形成，也与声音息息相关。

（2）无义转注

赵撝谦在《六书本义·转注论》中曰："无义转注者，如荷乃莲荷之荷，而转为负荷之荷；雅本乌雅之雅，而转为风雅之雅，此其类也。"

"荷""雅"二字《六书本义》皆未收，《说文》："荷，芙渠叶。从艸，何声。"②"雅，楚乌也。"③"荷"义由植物名而转为负荷；"雅"由鸟名而转为风雅，不仅字义前后毫不相关，读音也发生了转变。由此二例可证，赵氏所谓"无义转注"，其中"无义"，指与本义无关的转注义；"转注"指条件，取决于音变。曹仁虎在《转注古义考》中对"无义转注"提出了异议："赵古则从张有（人名）转声之说复多为之条目，未尝不极其强辩，然所言终属假借之义非转注之本旨，即以转声而论，如负何之何，《说文》作'何，训儋也'，本平声，借为谁何之何，乃以为莲荷之转声"。④曹仁虎认为"无义转注"当入假借。

（3）因转而转

赵撝谦在《六书本义·转注论》中说："因转而转者，如长本长短之字，长则物莫先焉，故转为长_上幼之长_上，长_上则有余，故又转为长_{去下同}物之长；行本行止字，行则有踪迹，故转为德行_去之行_去，行_去则有次序，故又转为行_杭列之行_杭，又谓之行_衡行_幸之行_幸，行_{去下同}行之行，此其类也。"

"长"，《六书本义》："长，仲良切，发之长也，象毛发垂。古作兂、厃。借凡物长永字。转琸两切，齿高位尊之称。又直谅切，膌也。又与转张同，作涨、浈、胀、痕并，非。""行"，《六书本义》："行，何庚切，

---

① 《汉语大字典》（缩印本），四川辞书出版社、湖北辞书出版社，1992，第1984页。

② （汉）许慎：《说文解字》，中华书局，1963，第20页。

③ （汉）许慎：《说文解字》，中华书局，1963，第76页。

④ （清）曹仁虎：《转注古义考》，中华书局，1985，第49页。

步趋也，从左右彳、亍同举为意。转上声，巡行也，亦借幸，又去声，行之身也，又寒冈切，次列也。"赵氏所言"长幼之长"，即"转蛋两切，齿高位尊之称"；"长物之长"即"直谅切，膡也"，两义与"长短之长"互为引申义，音也由"仲良切"而分别转为"蛋两切"及"直谅切"，其中"仲""直"皆为澄母，"蛋"为知母，三字皆属舌上音[1]；至于"良"为一阳韵平声，"两""谅"二字同属一养韵去声，音韵是由平声转为去声。[2] 又"行"何庚切，属匣母、一庚平声韵，转作"德行也"，即"去声，行之身也"；转为"行列之行"即"寒冈切，次列也"。"寒冈切"属匣母、一唐平声韵。由"长""行"二例，可证"因转而转"，乃由本义转为引申义，其转注条件，也由音变形成。

以上三类托生转注的特点可归纳为两点：第一，三类转注就义转而论，只可分成两类，一为引申，包括"因义转注"和"因转而转"；至于"无义转注"，则可归入假借。第二，三类转注关键，皆取决于音变。

2. 反生

赵撝谦在《六书本义·转注论》中只设一类"反生"转注，即"双音并义不为转注"。"双音并义不为转注者，如凤皇之朋，即鹍朋之朋，文皆象其飞形；杷枋之杷，补讶切，收麦之器，白加切，又为木名，乐器之枇杷续作琵琶，皆得从木以定意，从巴以谐其声，此其类也，是谓反生。"

"𩾏"，《六书本义》："蒲登切，大鸟名，亦作鹏，又同凤，神鸟，并象其飞。"《说文》"𩾏""鹏"皆为"凤"之古文。[3] 又"杷"字，《六书本义》无收，《说文》释作"收麦器，从木，巴声"。"𩾏"与"朋"一为古文，一为今字，两字实为一字。至于"𩾏，凤同，皇之朋，即鹍朋之朋，文皆象其飞形"，乃以训诂角度识字，表"朋"可与不同字搭配，以

---

① （宋）丁度等编《集韵》，上海古籍出版社，1985。
② （宋）陈彭年撰《钜宋广韵》，上海古籍出版社，1983。
③ （汉）许慎：《说文解字》，中华书局，1963，第 79 页。

另组一新名词。不管"朋"字组成多少新名词,所取皆为本义,新词必与本义相关,都表示鸟名,也象飞形。"杷"字本义为收麦器,又作木名,两字皆是"从木,巴声",都说明一字二义现象。"琵琶"在《说文》与《六书本义》中皆未收。文献载,乐器"琵琶"最初当作"枇杷",为了同"收麦器"或"植物"之"枇杷"作区别,后又造"琵琶"二字。① 这说明,造字之初"枇杷"当有上述三种义项。文字乃不同人于不同时间不同地点所造。某地"收麦器"为"杷",可能器具为木制,造字者便造一"从木,巴声"的"杷"字为之,另一地产一"植物"名"杷",于是当地人便为其又造一"杷"字。同样是"杷"字,因为造字之人、造字时间、造字地点的不同,取义亦异。章太炎先生在其《小学略说》中就一字多义或数字一义的现象曾做过如是精辟论述:"假借之与转注,正如算术中之正负数。有转注,文字乃多;有假借,文字乃少。一义可造多字,字即多,转注之谓也。……语言不同,一字变成多字,古来列国分立,字由各地自造,音亦彼此互异。声虽不同,而有转变之理。古者方国不同,意犹相通。造字之初,非一人一地所专,各地各造,仓颉采而为之总裁。是故,转注在文字中乃重要之关键。使全国语言彼此相喻,不统一而自统一,转注之功也。"②

由赵氏所举"朋""杷"二字,显示"双音并义不为转注"皆为一字二义或多义的现象。

3. 兼生

对于"兼生"转注,赵氏只列"假借而转注"一项,即"假借而转注者,来乃来牟之来,既借为来往之来矣,而又转为劳来去之来;風乃風虫之風,既借为吹嘘之風矣,因转为風刺之風去,此其类也。"

"来",《六书本义》:"郎才切,小麦。《诗》:'贻我来牟',象其支

---

① 《汉语大字典》(缩印本),四川辞书出版社、湖北辞书出版社,1992,第470页。
② 章太炎:《小学略说》,选自洪治纲主编《章太炎经典文存》,上海大学出版社,2003,第10~11页。

叶有芒刺形。……借到也。"段玉裁于"来"字下注："凡物之至者，皆谓之来……皆引申之义行，而本义废矣。"[①]"风"字，《六书本义》："方冯切，天地噫气也，有八风，凡物露风则生虫，故风从虫、凡谐意。借声教也。"由"来""风"二字，可知"假借而转注"，是于转注之前先有假借，如"来"由来牟而假借为来往；"风"由风虫而借为吹嘘之风，有了假借，字义方可再转为劳来和风刺。劳来和风刺中，与来往、吹嘘之风互为引申，与本义则成假借。

（二）假转注

赵氏于转注类中，有一类名为："方音、叶音不在转注例。"

"方音、叶音不在转注例也，如联叕之叕，陟卫切，南方之人则有株列切音。兄弟之兄，呼庸切，东吴之人则以呼荣切。之上下之下，读如华夏，押于语句，则音如户。明谅之明，读如阳韵，则音如芒，凡此之类，不能悉戴。"

赵氏于"叕""兄""下""明"四字，先说本音，次举方音，以明一字异读现象。这四个字虽有异读，于义却未曾改变，何况异读也因地域不同而形成。因此，这些字纵然有音变，可以作为转注条件，但本义始终不受影响，而无转注情形，赵氏便认为，凡方音异读者，不在转注例。因转注必须建构在音义转后而造字，若徒有音转，这只是音变或方音异读，谈不上造字，自然与六书无关。至于赵氏特别举出"方音、叶音不在转注例"，因赵氏以前，学者多识叶音，不识方音。唯一字异读屡见不鲜，如："若夫衰有四音，齐有五音，不有六音，从有七音，差有八音，射有九音，辟十有一音之类，或主意义，或无意义。然转声而无意义者多矣，学者引申触类而通，其余可也。"

赵氏指出，有些字纵有四音、五音、六音、七音……十一音等现象，但并不是每一个音读，都会造成字义的转变，凡是未形成字义转变者，赵氏称为无意义者。一字多音，而无意义者，即可往方音、叶音异读类推，

---

① （清）段玉裁：《说文解字注》，上海古籍出版社，1981，第231页。

不必一味往转注上探索。由赵氏"方音、叶音不在转注例"可察觉以下几点矛盾。

第一，赵氏将转注定义成两类，一是由音转而义转；二是音转义不转。其中"方音、叶音不在转注"，明显为"音转义不转"类，赵氏以为，凡具音转而不涉及义转者，虽似转注，却不与转注等同。既不等同，却又列入转注。

第二，赵氏于"反生"类设有"双音并义不为转注"。"双音并义不为转注"与"方音、叶音不在转注"两者皆言本义，而"双音并义"可列入反生，为何"方音、叶音"却要另立一类？

此二类转注体例虽互相矛盾，但也说明赵氏于转注，主要着眼点是在音转及义转上。

由上述初步探讨，约略可对赵氏转注做简单整理。

1. "转注"由音变形成，有了音变，字义也随着改变。"义变"主要有三种类型。

（1）变为引申义。其中"因义转注""因转而转"属于此。

（2）变为假借义。其中"无义转注"属于此，此可归为无本字的用字假借类。

（3）先变成假借义，再由假借义形成引申义。此即"假借而转注"之例。

上述三类转注，义变只有两种情况，一是引申，二是无本字的用字假借，两者都与造字无关，因此《六书本义》视转注为用字。另外，以上三类转注，皆是就训诂角度而释，其中"假借而转注"，甚至牵涉语词使用的先后问题。

2. 尚有一类转注，虽涉及音变，也放入转注中讨论，但赵氏于内容上，却说不是转注，其类型有二。

（1）一字多音，而字义不变者，此即"方音、叶音不在转注例"。赵氏以为，此类音变，是由方音或方言异读所形成，于字本义毫无影响。凡不涉及义变，自当不为转注。

（2）一字多义者，即"双音并义不为转注"。此是一字两义，且任何一义，皆属本义，字音也相同，为同形异字现象。

此二类既似转注却非转注，也各具备转注之"音变和义异"，与转注仅有临门一脚，因此赵氏只能以"反生"和"不在转注例"做探讨。

三　结语

综上所述，我们知道，转注和象形、指事、会意、形声等其他"六书"一样，其实也是一种重要的造字法，通过形转、音转和义转，从源字上分化出新字。相比较而言，转注造字更为灵活、便捷。"转注"中的"转"是"形转"，即字形的变化，源字通过增加、减少或变异笔画进行变形，"注"是"加注"，通过增加表音声符以注明读音或增加表意形符以注明义类。在"六书"中，转注、假借之所以区别于前四书，关键在于前四书是从孤立的角度用平面静态的方式建构汉字，而转注则是从动态的角度用联系的方法来建构汉字，把字与字之间"形、音、义"的关系紧密结合起来，通过形转、加注声符和加注意符等方法，孳乳出新的汉字。转注为我们厘清了新字滋生的途径，"建类一首，同意相受"，是转注造字的根本原则，即两字之间形体结构相似或相类，意义相通。当然，从社会交际的需要来看，转注造字法也为汉字的发展和使用带来了不利的一面，人们利用转注方法制造出了大量的难以存储的异体字，增加了人们识记汉字的负担，降低了汉字的书面交流能力，给教育教学、辞书编纂等工作增添了诸多困难。

第七节　"六书"辩证

"六书"是传统文字学中关于汉字结构的基本理论，历来为汉字学者所宗。"六书"把庞杂的汉字分成象形、指事、会意、形声、转注和假借六种类型，自许慎《说文》赋予其定义并附加字例开始，近二千年来，学者们关于"六书"分类的讨论，众说纷纭，且有些字在实际操作中难以明确归类，从而使汉字在"六书"区分和辨识上存在一些困惑。本节我们拟以赵㧑谦《六书本义》为基点，综合古今学者的观点，试就象形、指事、会意、形声的判别做浅显探析，以就教于方家。

赵㧑谦《六书本义·六书总论》曰："独体为文，合体为字。象形、指事，文也。象形，文之纯；指事，文之加也。会意、谐声，字也。谐声，字之纯；会意，字之间也。"他认为，象形、指事是独体字，会意、形声是合体字。象形与指事的根本区别是有没有指事符号，而会意与形声的区别是，会意字由两个或两个以上表示意义的形符组成，形声字由表示意义的形符与表示读音的声符组成。相对而言，"六书"内涵清晰，界限分明。但是在具体的汉字实例中，仍存在象形、指事、会意和形声相互混淆的现象。

一 象形与指事的判别

赵㧑谦《六书本义》指出："独体为文，合体为字。象形、指事，文也。象形，文之纯；指事，文之加也。"赵氏的这一论断基本符合学界关于象形、指事的共识。象形与指事都属于"独体字"，因为它们都不能再拆分成两个或两个以上的独立部分，两者的区别是象形字没有指事符号，指事字有指事符号。如"手"与"寸"两字的共同之处是，两字都不能分拆成两个或两个以上的独立部件，差异是"手"没有指事符号，而"寸"有指事符号，"、"位于手际下，表示所指为寸口部位。有没有指事符号，是象形与指事的根本区别。

然而，在实际情况中，象形字除了独体象形外，还有合体象形的现象。象形与指事最容易混淆的地方，其实就是合体象形与加体指事的区别。譬如"果"字，甲骨文写作"❦"，像树"❉"上结满球状的籽实"❧"，合起来表示结在树枝上的果实。那么"果"到底是合体象形，还是加体指事？赵㧑谦《六书本义·象形论》将合体象形称作象形"兼生"。所谓"兼生"，是"以其兼乎它类，故谓之兼生"。意思是说，一字除了有象形形符外，还附加了部分辅助义的内容。如：

雨，《六书本义》："王巨切，水从云下者，一象天，冂象云水淋其间为意。"（《理篇·水部》）

脑，《六书本义》："乃老切，头髓也。从囟已定意囟比箸于𡆀也，上象有发形。"（《人物上篇·囟部》）

要，《六书本义》："伊垚切，身中象窈窕形，从臼以持为意，从女上有囟臼在中又为意。"（《人物下篇·臼部》）

盾，《六书本义》："坚尹切，瞂也。所以扦身蔽目者，从目主意。上象其形而有执手处。"（《人物中篇·目部》）

页，《六书本义》："此从人意而象形。"（《人物下篇·页部》）

牢，《六书本义》："郎刀切，闲牛匽。从牛，外象圈养匀市形。"（《虫兽篇·牛部》）

以上象形"兼生"，都用一象形形符附加一不成文符号构成，象形形符与这一不成文符号在空间上具有可以位移的主衬关系，并且这一不成文符号是该汉字的核心内容，实有所指，并且指的是具体实物。如"雨"为"一象天，冂象云水淋其间为意"，其中四个小点是雨点的代替物，是"雨"字的核心和具体内容。高亨先生将象形"兼生"称为"合体象形"，即"一字之结构，其一部分是固有之字，而别一部分则象物形"。[1]

通过以上分析和阐释，我们可知合体象形字是在象形形符的基础上添加一些不能独立成字的笔画，其中的象形形符是用来陪衬、烘托不成字、却用来衬托不成字笔画的，这些不成字笔画包含象形、指事两类字的部分特征，它因通过自身形象描绘事物特征而似于象形，又因通过不成字笔画体现字义而异于象形字的整体表意。

正是由于这类带指事性质的象形字同时包含象形、指事两类字的特点，很多人误将一些指事字划归象形字，将合体象形字划归加体指事字。

---

[1] 高亨：《文字形义学概论》，齐鲁书社，1981，第87页。

如段玉裁[1]将"牟"字，高亨[2]、马叙伦[3]将"甘"字归入了象形字。虽然带指事性质的象形字和加体指事字，都是由一个独立的具有完整性的象形形符加上一些不能独立成字的笔画组合而成，但这些不能独立成字的笔画在其中与象形形符的空间关系却是有本质区别的。如"州"字，甲骨文写作"〰"，"●"表示水中高出水面的小块陆地，是"州"的实际代替物，也是"州"字的核心和内容，并且把"●"放在"川"的哪一部位，它都是凸出水面的陆地，是一个实际存在的物体，不受空间位移的限制。而加体指事就不一样了，如"亦"（腋）字，甲骨文写作"大"字，"八"指两腋之处，在这里它只起提示标识作用，却并非两腋的实际代替物，而且不能离开"人"字而独立存在。因此，"亦"是加体指事字，"州"是合体象形字。

通过以上分析和诠释，我们认为，不能独立成字的笔画在象形、指事字中具有什么样的作用以及它们与象形形符在空间上的位移关系是我们辨识合体象形与加体指事的主要区别。例如"州""雨""血"都是加体象形字。其中的"川""木""皿"在各字中都起陪衬、烘托作用，而真正的实质却是这些起决定作用的不成字笔画。把这些字还原成甲骨文后，"〰"中的"●"，"⺆"中"丨丨丨"，"凵"中的"○"，都是具体存在的实际物体，它们需要通过象形形符的陪衬、烘托才能真实形象地表达出其本义来，并与象形形符是一主一衬、具有实际的空间位移关系。

由上述分析归纳可知，合体象形与加体指事的区别主要在于在象形形符陪衬下的不成字笔画在其中所起的作用及二者的空间位移关系。合体象形字中的不成字笔画是合体象形字的关键和灵魂，它在合体象形字中是一个可以移动空间位置的具体实物。

而加体指事字的笔画部分则只是象形形符跟前的一个指事符号，它与

---

① （清）段玉裁：《说文解字注》，上海古籍出版社，1981。

② 高亨：《文字形义学概论》，齐鲁书社，1981。

③ 马叙伦：《说文解字研究法》，中国书店，1988。

加体指事字的象形形符不具有空间位移关系，它必须依附象形形符而存在。如"甘"，甲骨文写作"𠙵"，在"𠙵"中加一指事符号"一"表示口中的甜味，这个甜味是看不见、摸不着的抽象概念，并非口中具体的实物。不像"果"中的"𣎴"，"州"中的"〇"是具体存在的实际物体。

因此，带指事性质的象形字和加体指事字虽然都是由起陪衬、烘托作用的象形形符添加不能独立成字的笔画组成，但它们却是有根本性区别的，指事字中不能独立成字的笔画只是起到提示标识或指代一种抽象意义的作用，它所提示的部位是起陪衬、烘托作用的象形形符不可拆卸的、固有的组成部分，二者不具有所谓的空间位移关系。而带指事性质的象形字中不能独立成字的笔画是其字义所指的看得见、摸得着的代替物，并且这些不能独立成字的笔画所代替的事物与起陪衬、烘托作用的象形形符所代替的事物是可以分开的，具有空间位移关系。

赵撝谦《六书本义》依"正生""兼生"分类"象形"，除了用以区别正例、变例外，也提出了和指事相区别的特点。《六书本义·指事论》曰："事犹物也。指事者，加物于象形之文，直著其事，指而可识者也。圣人造书，形不可象则属诸事，是以其文继象形而出。"

赵氏认为"象形""指事"皆是"文"，"象形"为不附加任何内容由"直象其形"而成，指事则取一象形文附加部分内容而成。依"直象其形"所造象形字，赵氏命名为"正生象形"。赵氏所谓"正生象形"，是指具有独立音义的象形字，即段玉裁所谓"独体象形字"。

赵氏认为，这类"象形字"为"万世文字之祖"。因"正生象形"具有独立音义，所以赵氏便将"直象其形"视为一切文字形成之基础，撰写《六书本义》时，也取由"直象其形"法所形成的十个类目，统摄一千三百字。其目的在于强调文字起源于"正生"象形文，由"正生"象形文孳乳而成，并指出"六书初一曰象形，文字之本也，次二曰指事"，即"指事"是继"象形"之后"加物于象形"的第二造字法。

对此，我们认为，象形字的特点是"依类象形"的形象化符号，指事字的特点是添加显示字义主旨的指事性符号。所以，就指事字而言，正是这种指事性符号，才使它具有区别于象形字而自立为一个类别的本质条件。

除此之外，还有独体象形和独体指事的区别。指事字的字形所指称的对象是一种抽象的事理，它与象形字虽皆为独体字，然而象形字是通过临摹事物的外形，或其具有特征的部分来成其字的，它仅代表该形所临摹的事物。而指事字则不同，指事字中的标识符号并非以形见义，它完全可以被其他形状不同的符号所取代。[1] 它的字形组成部件中虽然有象形成分，却是用来指称某种事情的，这种事情是抽象的，事情的本身是无法用具体形状临摹出来的。简而言之，象形字在于绘物，指事字在于说事。

赵撝谦《六书本义·六书总论》曰："六书未作，六书之体散在天地；六书既作，天地之用具于六书。大哉，圣人之造书也，其得天地之用乎？观夫日月列星之悬象，云雷风雨之变态，山川之流峙，万物之纷错，莫非天地自然之书？自昔大皞飞龙之利，不过仰观天文，俯察地理，旁及鸟兽草木人物之宜，效其形、画其迹而已。故六书初一曰象形，文字之本也，次二曰指事，加于象形者也。"赵氏为强调"象形为文字之本"，便取指事由象形延伸以"盖造指事之本，附于象形……事犹物也，指事者，加物于象形之文"，为区别二者差异又补充曰："象形、文也，指事、亦文也；象形之文纯，指事文之加也。"

赵氏以象形形符为汉字的基础构件，认为指事是以象形形符为基础，通过添加指事性符号，造出了"事"有所指的指事字。且凡指事字，其结构必有一象形"文"。之所以将指事归之为"文"，是因为从形体结构上看，其基本结构仍是一个独体的汉字形符，其指事性符号的重要作用只是表现在造字的符号性质上和表意的实际功用上，并不具备独立存在的实际意义，必须借助象形形符才能表达出其所指旨归。

也就是说，指事是以象形字或象形形符为基础，通过添加指事性符号对其所要表达的对象意义进行指定、限制或者引申。指事字以象形字所指

---

① 黄德宽：《汉字理论丛稿》，商务印书馆，2006，第130页。

代的事物作为参照物，充分利用象形字形符象征某类物体的"能指"功能，通过添加特定的指事性符号借以表达新的语义，在充分展现象形字潜在的能指功能的基础上，使汉字的所指功能得以充分发挥。通过分析比较我们得出，指事是在标记符号的基础上，充分利用原有象形字形符，添加表示事物特征的符号，以表达抽象概念的易识易解的造字方法。从这个意义上讲，指事字既是对象形字字符资源的再利用，又是对象形构形造字法的深化。

二　象形、指事与会意的判别

许慎《说文》关于会意形体的结构分析，疑点是比较多的，导致后人对会意的理解有颇多分歧。主要表现在对会意与象形、会意与指事及会意与形声之间界限的划分不是很明确和清晰。尽管后世学者殚精竭虑地研究制定了种种补充条例，如郑樵的"正生续生"，赵宧光的"同体、异体、省体、让体、破体、变体"，孔广居的"变体会意、独体会意、省体会意"，王筠的"正例、变例"，等等，但还是难以厘清所有的会意字。

赵撝谦也就会意提出了自己的观点，他于《六书本义·会意论》曰："会意者，或合其体而兼于义；或反其文而取于意。拟之而后言，议之而后动者也，其书出于象形、指事。"赵氏以为，组成"会意"的元素为"象形""指事"，方法为"合其体"或"反其文"。

"合其体"即"合其体而兼于义"，也就是通常我们所谓的会合式会意字，由两个或两个以上之同文或异文以组成新字、新义的方法。"反其文"即"反其文而取于意"，主要依"象形"或"指事"文的反体以造新字、新义的方法。赵氏所谓"反体会意"，是指古人通过逆向思维，利用"象形"或"指事"文通过反体，把该"象形"或"指事"文倒写或反写后，字义也随之相反的方法所造的会意字，赵氏曰："反其文而取于意。"

赵氏《六书本义》依象形反体所造会意字，共计十三字。

辰，《六书本义》："反永则分辰之意"。（《理篇·永部》）

匕，《六书本义》："到人。"（《人物上篇·人部》）

尸，《六书本义》："人偃卧之，反体为意。"（《人物上篇·人部》）

𠫓，《六书本义》："到子为意。"（《人物上篇·子部》）

幻，《六书本义》："反予。"（《人物上篇·予部》）

厎，《六书本义》："反丮为意。"（《人物下篇·丮部》）

亍，《六书本义》："反彳为意。"（《人物下篇·彳部》）

𣥠，《六书本义》："反止为意。"（《人物下篇·止部》）

县，《六书本义》："到首为意。"（《人物下篇·页部》）

㐬，《六书本义》："从反丂为意。"（《人物下篇·丂部》）

帀，《六书本义》："反之为意。"（《草木篇·之部》）

⺈，《六书本义》："反爪为意。"（《虫兽篇·爪部》）

𣆻，《六书本义》："反㫊。"（《饮食篇·㫊部》）

这十三个"象形反体"字，皆取一独立象形文，作"反某之意""从反某为意""到某为意"等处理，象形字被反写后，意义也由正生象形文相反而成。反体使义不可象、不可指，自然不入象形、指事，且结构不具声符，故以会意归类。

元代杨桓在《六书统》里就会意的概念提出了更进一步的理解："文者何，自然成文也。谓象形、会意也……形者，体也，静也，常也，而其用也，其动也，其变也，各有意主焉。故必假其形之用之变以示其意……使人观之而自晓自会也。然意因形而生，故意不能独见，必假其形之变而意见焉。盖形体意用也，形意相从，体用一致，必先明其形，则意无不了，然而自会矣，故曰会意。"[1] 杨桓利用静和动的关系精练地阐述了象形与会意的区别。象形是静态之文，或曰物象之文，而会意则"该模众

---

① （元）杨桓：《六书统》，载《钦定四库全书》，上海古籍出版社，1989，第227页。

物变动之意以成文"①，也就是用静的画面使人产生动的联想来体现动的意义。

赵氏除依象形反体造字外，还依指事反体、会意反体造字，如反"身"为"𦣞"，反"父"为"午"，反"欠"为"旡"等。所列"𦣞、午、旡"三字，字义与原正生指事相反，造字原理与"反体象形"同，皆由原正生指事反体后，字义也相应改变，无物可象，无事可指，遂亦以会意归类。

在赵氏"反其文"会意体系中，还包括一类"省体会意"。"省体会意"是由一"象形"或"指事"文省略部分形体而成，不为合文，也不似反体，但其结构仅由一独立之文构成，不属合体之类，为了讨论的方便，将其暂归"反其文"之类。例如省"月"为"夕"，省"木"为"片"，省"竹"为"个"等。赵氏于《六书本义·会意论》举"夕"字阐释"省体会意"："省体者，如'月'形兼意字也，夕则月见，故月省则为夕之类是也。"由"夕"字，知赵氏谈"省体会意"，是由一象形文省略部分形体而成，其结构虽取自正生象形，唯字义需省形方可见，由是赵氏便命其称"省体会意"。

赵撝谦《六书本义》列有"省体会意"共计十字：

> 夕，《六书本义》："莫也。月初生则莫见西方，故从半月，为省体会意。"（《天文篇·月部》）

> 孑，《六书本义》："无右臂也。从子，而杀其右臂，与孓、了并为省体会意。"（《人物上篇·子部》）

> 孓，《六书本义》："无左臂。"（《人物上篇·子部》）

> 了，《六书本义》："左右臂俱无，而了绝也。"（《人物上篇·子部》）

> 凵，《六书本义》："张口也。从口而开其上，省体会意。"（《人

① （元）杨桓：《六书统》，载《钦定四库全书》，上海古籍出版社，1989，第47页。

物中篇·口部》)

片,《六书本义》:"判木又半也。从木而省其半为,与爿字并省体会意。"(《草木篇·木部》)

爿,《六书本义》:"李阳冰曰:'右为片,左为爿'。"(《草木篇·木部》)

不,《六书本义》:"伐木余复其生者,从木而杀其首为省意。"(《草木篇·木部》)

个,《六书本义》:"竹一枝也。《史》:'竹万个',从竹省半为意。"(《草木篇·竹部》)

乱,《六书本义》:"疾飞也。从飞而不见其羽,省体会意。"(《虫兽篇·非部》)

综观赵撝谦的会意字系统我们发现,赵氏将会意字都归入两大系统之下,一为"反其文",二为"合其体"。

"反其文"系统的构成元素主要有象形反体、指事反体和会意反体。其中,象形反体又分正例和变例,变例是以象形反体的正例为基础的,是指象形反体之反体。无论是象形反体、指事反体,还是会意反体,一经变体,字义便与原义相反,且变体无物可象,无事可指,故以会意归类。

"合其体"系统是指由两个或者两个以上的同文或者异文组成的会意字,且各体之间皆具独立音、义,不相隶属,互相依存,缺一不可。从这个意义上讲,合体会意与合体象形、加体指事的区别主要还是要看各体之间存在什么样的关系。会意字各体之间是独立存在的互不依附、相互并存的独立音、形、义关系,而合体象形各体之间则是一主一衬、具有一定的空间位移关系,加体指事则必有一个抽象的指事性符号。

因此,通过考察汉字构字部件之间的关系,我们发现合体象形字的各构字部件之间是主衬关系,而指事字、会意字各构字部件之间是相互作用、相互融合的关系。

三 象形、指事、会意与形声的判别

表意性是汉字形体结构的基本特征，象形形符几乎渗透在所有汉字当中。赵㧑谦《六书本义·凡例二》就汉字发展规律及造字特征做了较为形象细致地描述："子从母生，孙从子出，各有所统。先形、次事、次意、次声，虽从母为子，而又能生它字者，既见于所生母下，而又别出为部，亦犹人皆出于父母，既长而又能生其所生也。"

对此，我们认为象形是最早的造字方法，人们依据物体的形状，造出了一个个象形字，为书写、记事打开了方便之门，而象形"画成其物"的方式，又决定了其在书写交流上的局限，因为它不能解决事物专有名词和行为动词等的书写形式，也不能为所有实词创造出特定的专有符号，于是人们又启用了指事和会意造字法，解决了书写上的一些困惑，但总体而言，"表意字局限性很大，象形、指事、会意之法只能通过直观的形象来表示词语中一些具体的事物，不能满足完整记录汉语的需要"。① 尤其是一些语气助词、虚词或表示抽象概念的词，只能通过假借才能解决，而假借又带来了一字兼表数义的矛盾，给阅读造成诸多不便，极易让人产生理解上的歧义，为了克服这些局限，人们从象形表意、借字表音中得到了启发，利用在表意字上添注声符或形符的方法产生了形声字。

随着社会的更替递进和语言环境的日益复杂，在人们的生活实践中出现的许多抽象概念，要用从图画表意文字演化而来的物象性汉字完整表达显得有些力不从心，于是在汉字大家庭中陆续出现了意合式会意字、假借字和形声字等。形声字突破了纯表意字的局限，语言中凡是无形可象、无物可指、无意可会的字，都可用形声造字法造出新字来记录。在"六书"造字方法中，因"谐声"造字难度最小，最易理解和使用，故赵㧑谦《六书本义·谐声论》曰："六书之要在乎谐声，声原于虚，妙于物，而

---

① 周雪梅：《略论形声字声符的示音功能》，《佳木斯大学社会科学学报》2005 年第 1 期，第 125 页。

无不谐故也。"依据谐声原理，造一个字，比象形、指事、会意要容易许多。

然而，各个汉字的构字部件之间结合得松紧不一，加上汉字形体多次发生变异，以及汉字形符位置的不固定，有时还存在省声、省形现象。因此，形声与合体象形之间在判别上存在一定难度。如"主"，古"烛"字，甲骨文写作"✦"，整体上是一个灯炷的象形字，然而其局部也能表声。《说文》："𡊄，灯中火主也。从王，象形；从丨，丨亦声。"

赵撝谦《六书本义》提出了象形"兼生"的概念，其中有一类"形兼声"，赵氏曰："形兼声，星、其之类是也。"

星，《六书本义》："桑经切，万物之晶，上列为曐，象三曐形，生声。古作曐、○、品。"（《天文篇·晶部》）

其，《六书本义》："注见𠀠，此从丌声，亦作箕。"（《器用篇·形十九附》）

由赵氏所举"星""其"两字，我们可以看出"星"造字初当为一象形字，"○""品"均像悬挂于空中的星体，但我们今天分析"星"当为一个"从日，生声"的形声字。赵氏将"星"放入"形兼声"中，恐是考虑到"星"形体从古文到隶体的演绎过程。除"星""其"两字外，《六书本义》所收"形兼声"还有：

鼻，《六书本义》："亦从畀声，今但用此，作鼻，非。"（《人物中篇·自鼻部》）

有，《六书本义》："注见又。此从肉声，非从日月之月。"（《人物中篇·又有部》）

罔，《六书本义》："亦从亡声。"（《器用篇·网部》）

"鼻"的初文是"自"，"自"是"鼻子"的象形字，后来"自"用作人称代词后，便在其下加声符"畀"，成了一形声字；"有"的初文是"又"，"又"是"右手"的象形字，后在其下加声符"肉"，也成了形声字;"罔"的初文是"网",加声符"亡"成"罔",变成了形声字。赵氏不将以上三字归入"谐声"类,可能考虑到文字的初文本义情况。今天,我们则将形符加声符所构成的字,统统归入了形声字。因此,汉字古今文字的形体变易,有可能会使我们对汉字形体结构做出错误判断。如"其"字,上部"甘"象"箕"之形,下从"丌","丌"亦声。还如"禽",走兽总名,"从凶,从内",象形,今声。

相对而言,象形、指事、会意与形声的判别,主要指的还是会意与形声之间的区别,因为二者构字部件位置的不固定和形体省略,是判别二者关系的最大障碍。

形声字有省形、省声的现象,即声旁、形旁省去了一部分,成了不完整的情况,如"夜"字,亦省声;"屦"字,履也,从履省,娄声,在"屦"字中省去了"复";"考"字,老也,从老省,丂声,形旁"老"省去了"匕";"亭"字,从高省,丁声,形旁"高"省去了"口"等。

会意字的构字部件也有省形现象。如"昏"字,日冥也,从日,从氏省,"氏"旁省去了下面的一点;"醫"字,治病工也,殹,病痛呻吟之声,"酒"字省去了三点水。古今文字形体的变易和省形、省声情况,为我们判别和辨识会意和形声带来了诸多不便。如有些字貌似形声字,实则是会意字。如"暮"字,从艹、日,会意为落日没于草丛中;"析"字,甲骨文写作"𣂰",左边是一棵树"木",右边是一把曲柄大斧"斤",是用斧劈木的意思,其本义为劈开。

因此,会意与形声的判别,不仅要看文字的形体结构,而且还要结合古文字,对其造字意图深加分析才能看出它们到底属于哪类造字法。

总体而言,象形、指事、会意与形声的根本区别还是看该汉字的诸多部件中,有没有声符,有声符的一定是形声字,不管该字的形体演变轨迹如何,我们都必须把握好这一点。就拿上述字例来看,也许该字的初文是象形,但随着汉字形体结构的变化,它可能会被借用成其他意义,从而为本字添加声符以发展成形声字。

四 "六书"的层级问题

汉字是古人在生产实践中不断摸索出来，用于记事的文字符号。而"六书"则是研究文字从无到有，从少到多，是如何创造出来的理论学说。所以，"六书"理论不是古人先想好了六种造字方法然后据以造字的法则，而是根据当时能够见到的文字资料总结出来的有关汉字产生的六种类型，是总结古人造字经验形成的理论学说。

作为六种重要的造字方法，"六书"并不处在同一层级上，象形、指事、会意是第一层级的造字法，直接来自图画或图画符号。从文字的产生过程来看，它们是汉字的造字基础。表形字中的象形字，是汉字最先产生的部分，会意、形声和大部分指事字都是以象形字为基础构成的。而假借、形声和转注则是第二层级的。假借需要先有一个借源字，借源字可以来自象形、指事、会意的任何一种造字法，形声字和转注字出现之后，也可以成为借源字，但多是同音通用，属于用字问题。因此，通过假借方法固定下来的文字，字形多来自象形、指事、会意。形声造字法则是以假借同音字为声符，通过加注表意的形符以区别同声字的方法，一般来说，声符是形声的基础，声符可能来自象形、指事、会意中的任何一种造字法，已有的形声字、转注字也可以成为新形声字的声符。相对而言，转注造字法需要有一个源字，新字是由源字转注而来的，源字可能来自象形、指事、会意、形声中的任何一种造字法。

文字系统是逐渐形成并不断发展的，系统中的成分不是同时产生的，文字分新造和改造两种。"六书"中象形、指事、会意、形声是四种新造字的方法，而假借和转注是改造字的过程。既是改造，就有一个原型。假借是借用原字表示一个新词，形音不变或音略转，而意义不同，从而形成一个新的形、音、义的统一体。转注是在原字的基础上通过变形或增加符号改造出一个新的字形，表示一个音义相关的词，从而也形成一个新的形音义统一体。原字和改造的新字从造字的角度来讲不在一个时间层面上，所以对假借而言有本义和假借义之分，对转注字有源字和派生字之分。

汉字造字法的发展层次也验证了普通文字学所讲的文字从表形到表意，再到表音的发展规律。象形字是表形的，指事字、会意字是表意的，假借字是表音的，形声字和转注字也有表音成分在其中。但是表形字、表意字、表音字可以同时存在于一个文字系统中，说明表形、表意、表音的发展不是替代式的。因此，表音文字也不是文字发展的最终结果。

当然，造字是一个动态的发展过程，而且这个过程是持续的漫长的过程，有些阶段已经被时间所磨蚀，很多字究竟是怎么创造出来的，可能我们永远也无法知道其中原委。因此，许慎《说文》及其六书理论问世后，不断有人对六书理论提出批判和修正。其实，有些汉字创制可能经过了很长时间的磨炼，某一个字的某一个结构先是用象形或指事的方式造出来的，后来为了记录另外一个含义，又使用了形声或会意的方式。所以，有时候我们分析一个汉字结构，感觉有好几种方式蕴含其中。但无论怎样，都显示了古人创制文字的智慧和中国传统文化的博大精深。

五 结语

六书理论是汉代学者在全面研究小篆字体之后，继承前人说法而总结归纳的有关汉字造字结构理论的学说，基本上涵盖了大部分汉字造字结构的状况，是汉代学者对文字学理论的重大贡献。当然，由于汉字出于众人之手，并且经历了不同时代，在不同地区流传，形体经过了甲骨文、金文、小篆、隶书、楷书、行书等阶段的演变甚至讹变，要用六书理论来分析所有汉字结构，难免有不尽如人意的地方。虽然后代学者对六书理论进行了不断修正和补充，使之细目繁多至数十类，但仍然不能尽合所有汉字。因此，六书理论是有较大局限的理论学说。这主要是因为不是先有六书理论而后严格按照其条例造字，而是先有造字实践，然后才在这个基础上总结了一些规律特点。自东汉文字学家许慎对六书理论进行系统阐释以来，不断有学者通过各种尝试和努力，试图修正、补充其中不尽完善的条例。但是到目前为止，还没有完全超越六书理论的。因此，六书理论仍然是我们分析汉字造字结构的主要工具。

　　许慎在《说文》中运用六书理论对其所收录的9353个汉字逐一进行了分析和阐释，多数都是正确的。这在近两千年的汉字研究过程中，是值得肯定的。关于六书理论，清人推崇《说文》为不可违离的用字圭臬，囿于六书理论而不敢越雷池一步，固然是走向了极端，后来又有人全盘否定许慎《说文》及其六书理论，这都是不可取的行为。六书理论现在仍然是我们研究汉字的基础学说，是一个可以修改完善的科学理论。六书理论经过修正完善，不仅可以研究古今不同时期的汉字，还可以用于其他民族文字的研究。周有光先生提出的东巴文的六书，方国瑜先生在《纳西象形文字谱》中提出的东巴文的十书，都是在许慎《说文》六书理论的基础上建构的。承继古人脉搏，对于六书理论这样的古代文化遗产，我们应该取其精华，去其糟粕，批判地加以继承，让这一传承近两千年的中华传统文化继续延续。

第四章 《六书本义》"几种有特殊关系"的字

汉字历史悠久，从殷商时代的甲骨文算起到现行简化字，已经有3500多年的历史了。在这漫长的时间里，除了汉字结构体式的变化外，随着客观事物的发展变化与汉语词语的孳乳分化，汉字也在不断地发生相应的增简和调整。加上汉字使用人数众多，使用的地域广阔，用字情况显得特别复杂，一字多词或一词多字的现象十分普遍。如果对古今字、俗字、异体字、繁体字、同源字、同形字、同族字等语言文字现象缺乏相应的了解和认知，将会给阅读古籍文献带来不少困难。因此，正确理解古书用字，是十分重要的事情。本章我们将通过对赵撝谦《六书本义》所涉及的记号字、俗字、异体字、古今字、同形字、同族字和同源字等"几种有特殊关系"的字的语言文字现象的考释，探析汉字发展演变的基本规律和特点。

第一节 "记号字"探释

记号是汉字在发展演变过程中被人们约定了读音和意义的文字符号，本身既不表音也不表意，是无法用传统"六书理论"进行分析和归类的一种特殊汉字字符，它们可单独或与另一些汉字字符复合构成记号字或半记号字。

在文字的使用过程中，为了提高书写效率，人们对文字的简化提出了越来越高的要求。到了明代，汉字已经经历了甲骨文、金文、篆书、隶书、楷书等阶段，文字的形体得到了大大简化，很多字体已经趋于符号化，这使得汉字由图画式的象形性符号向线条形式的记号字发展成了必然趋势。

记号具有简约高效的性质和特点，在汉字发展和汉语言文化交流中具有不容忽视的功能和作用。下面我们将依据赵㧑谦《六书本义》有关"记号"的典型字例，对记号的概念、特点和性质做浅显探析。

一 记号与文字的产生和发展

汉字是表意体系的文字，造字之初的构形理据以物象为特征。赵㧑谦《六书本义》云："圣人之造书也，其得天地之用乎？观夫日月列星之悬象，云雷风雨之变态，山川之流峙，万物之纷错，莫非天地自然之书？自昔大嗥飞龙之利，不过仰观天文，俯察地理，旁及鸟兽草木人物之宜，效其形、画其迹而已。"

在文字产生的早期阶段，汉字的构形理据主要体现在形体本身的物象性和构体之间的形象性组合里。随着社会的发展和时间的推移，经过几千年的隶楷简化和发展演变，很多汉字逐渐蜕变成了高度符号化或纯符号性质的方块文字，失去了其造字之初见形知义的物象性基础。正如裘锡圭先生所说："在汉字发展的过程里，由于字形和语音、字义等方面的变化，却有很多意符和音符失去了表意和表音的作用，变成了记号。"[①]

汉字的构形理据逐渐由物象转换为字词的音义结合，表现为声符和意符的组合、意符和意符的组合以及声符和意符在参与整个汉字构成中的功能体现[②]，象形性符号逐渐由词的音义符号和既不表音也不表意的记号所

---

① 裘锡圭：《文字学概要》，商务印书馆，2006，第13页。
② 陈拥军：《汉字构形理据的历史演变与汉字的记号化》，《贵州民族大学学报》（哲学社会科学版）2014年第2期，第114页。

替代。可见，记号是在汉字发展演变过程中产生，与汉字构形理据紧密联系在一起的一个概念。那么，究竟什么是记号呢？学界认为，记号是汉字在发展演变过程中被人为硬性规定了读音和意义的文字符号，本身既不表音也不表意，是无法使用传统"六书理论"进行分析和归类的一种特殊汉字字符。

在汉字的隶楷简化过程中，当有些构形部件不能体现构形理据时，就会演变成记号。唐兰先生在《中国文字学》里也指出："图画文字和记号文字本是衔接起来的，图画演化得过于简单，就只是一个记号。"① 从目前能考证到的古籍文献里，我们发现汉字在创制之初便已吸收某些原始记号进入汉字体系，例如表示卦象的"吉""凶"，表示天干地支的"甲""乙""癸""巳"以及表示数字的"一""二""三""三"等字，在甲金文字时期就因其构形理据不明，成为目前考证最为原始的记号字。

除此之外，在汉字发展的演变过程中，一些原本有构形理据的汉字，因为社会约定和人为硬性规定等，也丧失了其产生之初的构形理据而成为记号或半记号字，这中间包含在汉字简化过程中被人为规定用某个简单的符号代替某个形体或原字形中的某一部分构件而形成的记号构件。例如，"曌"就是一个毫无构字理据可循、被人为强行赋予音义并带有强权色彩的汉字字符。为了提高汉字的书写效率，新中国成立后还简化了一批汉字，例如将"雞""動""燭"简化为"鸡""动""烛"，用笔画简单的记号"又""云""虫"代替了笔画繁复的音符"奚""重""蜀"，将"掃""婦""轟"简化为"扫""妇""轰"，用笔画简单的记号"彐""双"代替了笔画繁复的意符"帚""車"等，将"衛""頭""擊"简化为"卫""头""击"，用笔画简单的记号字代替了笔画繁复的繁体字，把形体中繁难的构件换成简单的符号，使简化后的汉字构形理据弱化或消失。考察汉字发展史，汉字的记号化过程贯穿整个汉字发展过程，而不是在特定的某个时代或演变阶段才出现的。

---

① 裘锡圭：《文字学概要》，商务印书馆，2006，第13页。

通过对汉字构成方式的考察和研究，苏培成先生从构字法的角度将现代汉字的第一级构件分为意符、音符和记号三大类，并指出："凡是和整字在意义上有联系的是意符，和整字在读音上有联系的是音符，和整字在意义和读音上都没有联系的是记号。"① 例如"灿"繁体字写作"燦"；"峦"繁体字写作"巒"。"灿"和"峦"二字均由"山"字构件组成，"灿"字中的"山"既不表音也不表意，是个记号构件；"峦"字中的"山"则是一个与"山"意有关的意符。同理，在"峦""銮"二字中，构字部件"亦"本是"腋"的本字，在这里却变成了一个既不表音也不表意由"縊"简化而来的记号构件。从这个角度讲，记号的出现，一方面在于简化文字形体结构，另一方面还在于区别字形。②

苏培成先生指出，在简化的汉字中有许多独体记号字主要来自古代的象形字，例如日、月、山、水等。这些字单独看时是记号，当作为偏旁进入合体字时，则又发挥音符或意符的功能。例如"日"字，单独看时它是一个记号，因为从它的形体已经看不出太阳的形状，但当"日"作为一个偏旁进入合体字时便有了音义，如"日"在"晴、明、旦"中作为意符表示和"日光、明暗"有关的意义。③ 王宁先生也认为，在汉字的发展演变过程中"有一部分构件在演变中丧失了构意的功能，变得无法解释了，我们称这些构件为记号构件"。④

综合苏培成先生和王宁先生以及其他先贤的观点和说法，我们认为记号是丧失了构形理据的汉字字符，以记号为构件可构成记号半记号字。从其构成情况看，如果汉字整体失去构形理据，就是完全记号字，部分消失则形成半记号字。记号无法使用传统"六书理论"进行分析和归类，是一种可单独或与其他汉字字符复合构成新的汉字的标志性符号，具有自己

---

① 苏培成：《现代汉字学纲要》（增订本），北京大学出版社，2001，第79页。
② 陈拥军：《汉字构形理据的历史演变与汉字的记号化》，《贵州民族大学学报》（哲学社会科学版）2014年第2期，第115页。
③ 苏培成：《现代汉字学纲要》（增订本），北京大学出版社，2001，第79页。
④ 王宁：《汉字构形学讲座》，上海教育出版社，2002，第56、68页。

独特的功能和特点。本节拟以赵㧑谦《六书本义》为基点，综合古今方家之说，试就记号的定义、性质、特点、类别和功能做浅显检讨，以探究记号字在汉字发展过程中的地位和作用。

二 《六书本义》"记号字"类型检讨

（一）单体记号

又称独体记号，纯粹由单体或独体符号构成的汉字叫独体记号字。这类汉字的主要特点是整个字由一个记号或单个字符构成，字符不具有象物性，或者无物可象、无事可指，但从形体上大体能推测出它所要表达的意义。考察赵㧑谦《六书本义》，其所收录的"单体记号"字主要如下。

一，益悉切，易数之始，象亣数横古，从弋声。（《数位篇·一部》）用一画代表数字"一"，两画代表数字"二"，三画代表数字"三"，以此类推可简单刻画到"四"，"四"甲骨文写作"亖"。"一""二""三""亖"几个汉字都是"无物可象、无事可指"的记数符号，它们是原始记数符号流传下来的记号字。

五，疑古切，阳数之中，象亣交。易数阴阳交于五。（《数位篇·象形九附》）"五"甲骨文写作"✗"。

七，戚悉切，少易数名。从一当五为意。（《数位篇·一部》）"七"甲骨文写作"十"，小篆写作"𠃑"，旧时人死后每隔七天一祭，称"做七"。

八，蒲妹切，分异也，象分开相八形。今但用北。（《数位篇·八部》）"八"甲骨文写作"﹚﹙"，"北"甲骨文写作"⻎"，象两人分开状，借用方位"北"。赵㧑谦《六书本义》将"八"视作方位"北"的本字，那"北"又指代什么？两人相背之"北"被借为方位"北"后，在"北"下添加意符"肉"新增"背"字。由此，我们可知"八"应该不是"北"的本字，它与"⻎"有明显差异，笔者以为"八"造字之初应是一个表示数字的记号。

196

十，是执切，数之具也。纵一当五，横一当五，象算数布筹之形。（《数位篇·十部》）"十"甲骨文写作"丨"。

廿，人汁切，二十并也。从二十连之为意。（《数位篇·十部》）"廿"甲骨文写作"∪"。

千，仓先切，十百也。从十人声。（《数位篇·十部》）"千"甲骨文写作"彳"。"五""六""七""八""十""廿""千"等字都是古人在长期的生产生活中约定俗成形成的数字记号，因其"无物可象，无事可指"被硬性规定了音义进入汉字体系。

甲，古柙切，葭孚盾也，象草木初生戴甲出形。或曰首铠象人戴甲而立。（《草木篇·象形十六字附》）"甲"甲骨文写作"十"，金文写作"十"，小篆写作"甲"。甲、金文都像一个十字形，造字之初应是一个采自祭祀活动，标志天干地支概念的记号字，后引申出"铠甲"之义。

氏，上纸切，巴蜀山岸之以箸欲落堕者曰氏。（《理篇·山部》）"氏"甲骨文写作"Γ"。从甲骨文看不出其落石样，窃疑当为被硬性规定字了音义的记号字。

有些字隶楷简化后，也会变成独体记号字。如：

危，鱼为切，险也。从人在岸上……在危险当止之意。（《理篇·厂部》）"危"甲骨文写作"ʃ"，小篆写作"危"，表示人站在石崖上有危险之意。隶楷简化后，已经看不出这是一个"从人在岸上"的会意字，经过隶变成为独体记号字。

青，仓至切，东方木色青。与丹色虽异所产同类，故从丹生声。（《理篇·丹部》）"青"金文写作"青"。按照赵撝谦《六书本义》释义，"青"是一个从丹生声的形声字。而隶楷简化后，变成了一个上部为"主"下部为"月"不可拆分的独体记号字。

赤，昌石切，大火色。从大火为意。（《理篇·火部》）"赤"甲骨文写作"赤"，小篆写作"赤"，在古文字阶段是一个"从大火为意"的会意字，隶楷简化后成为一个独体记号字。

吉，善也。士无择言，故从士口为意。（《人物中篇·口部》）"吉"甲骨文写作"凸""會"等。①

凶，地穿交陷其中也。……借不吉也。（《理篇·形十附》）"凶"甲骨文写作"凶""凶"等。②

赵撝谦生活在一个程朱理学兴盛的时代，他在《伏羲始画八卦为文字祖图》中写道："《易》有太极，是生两仪，两仪生四象，四象生八卦……朱子曰：'八卦列于六经，为万世文字之祖'。"《六书本义》定部首为三百六十部，亦系配合一年三百六十天天数所定。由此可见，赵氏将文字学的发展和八卦太极联系在一起，将一些我们今天已经确定为记号字的汉字划入象形字中，主要是为其象形为"万世文字之祖"的理论观点作依据。

（二）指示记号

这类记号主要是通过在已有字形上添加指示符号以表明字义的标志性符号。赵撝谦《六书本义》曰："指事者，加物于象形之文，直著其事，指而可识者也。"就是在一些字根或象形性符号上添加一些具有指示作用的记号来构成新字新义的符号。通过这些指示记号的提示作用，我们可以更好地理解汉字的意义。赵撝谦《六书本义》又曰："盖造指事之本，附于象形，如'本、末、朱、禾、未、束'之类是也。夫木象形文也，加一于下则指为本；加一于上则指为末；加一于中则指为未；以其首曲而加，则指为禾；以其枝叶之繁而加则指为朱；以其条干有物而加，则指为束。"

> 本，补衮切，木根也。从木，一指其根。（《草木篇·木部》）
>
> 末，米曷切，木杪也。从木，一指其上。（《草木篇·木部》）
>
> 朱，钟输切，赤心木。从木，中指赤心。（《草木篇·木部》）

---

① 《汉语大字典》（缩印本），四川辞书出版社、湖北辞书出版社，1992，第242页。

② 《汉语大字典》（缩印本），四川辞书出版社、湖北辞书出版社，1992，第129页。

　　未，无沸切，木兹茂也。从木，指其枝叶加躲。（《草木篇·木部》）

　　禾，古分切，木之曲头止不能上也。从木，上指头曲。（《草木篇·木部》）

　　束，七赐切，中木芒也。从木，中指束芒。（《草木篇·木部》）

本、末、朱、禾、未、束六字，皆由一字根"木"字，于不同方位添加指示记号"━"，指示树根、树杪、赤心、枝叶、木芒和曲头等。

　　常见的指示记号除了短横"━"外，还有点"●"、竖画"丨"、斜线"彡"等。例如：

　　叉，初如切，手指相错也。从又，一指相错处。（《人物中篇·又有部》）

　　刃，而振切，锋也。指刀有刃。（《器用篇·刀部》）

　　寸，邨困切，十分也。家语布指知寸。从又，一指手拿下一寸。（《人物中篇·又有部》）

　　主，此象下有烧灯器。作炷，非。（《器用篇·丨部》）"主"金文大篆写作"丵"，小篆写作"坓"，"丨"在此指代从灯芯里发出的火苗。

　　亦，夷益切，人之臂亦也。……又指两腋也。（《人物上篇·大部》）

　　上，时谅切，高也。横一以指其体，上短者指其物。其物在体之上曰上；在下曰下，皆指其事。（《数位篇·一部》）

　　下，亥雅切，底也。详见上。（《数位篇·一部》）

　　天，它年切，得易气成，象运地外无不覆主物者。从一大为意。（《数位篇·一部》）"天"甲骨文写作"大"，金文写作"大"，小篆写作"天"，在"人"字"头顶"上着重添加指示记号"●"或"━"表示"头顶"，后引申为苍天之"天"，由于字形的发展和演变，指示"头顶"的方形或圆形记号逐渐演变成了短横"一"。

中,陟隆切,不偏倚也。从口以定其处,从丨以指其中。(《数位篇·口部》)"中"甲骨文写作"![图]",像两旗"![图]""![图]"相对于某一区域"![图]"处,表示两军之间不偏不倚的中间地带。

尺,昌石切,十寸也。人手却十分动脉为寸口,故从尸下指其处。(《人物上篇·尸部》)"尺"金文写作"![图]",在人的小腿位置加指示记号"●",表示膝盖部位。

彭,蒲庚切,鼓声也。从壴旁指击鼓状,非彡字。(《器用篇·壴部》)"彭"甲骨文写作"![图]","彡"指代架鼓发出的声音。

(三)别形记号

在汉字海洋中,有很多字形结构极其相似或相近,为了准确清晰地把这些汉字区分开来,人们便借用别形记号,将其添加在那些结构相似或相近的字形中间,以区分辨别它们。赵撝谦《六书本义》收录有大量的别形记号字,像口与甘,王和玉,兀和元,万和亏,史和吏,乌和鸟,文和彣,已和巳,丹和彤,月和夕,仔和保,巴和已等。而区别这些字形的别形记号主要有短横"一"、点"●"、"彡"、竖画"丨"和")("等。

口,去厚切,人所以言食者。(《人物中篇·口部》)甘,沽三切,物味之美者。从口,中指所含美味。(《人物中篇·口部》)用"一"将二者区分开。

王,虞欲切,石有五德,易精之纯,象三王连贯形。……隶作玉。(《器用篇·玉部》)玉,赵撝谦《六书本义》未收,《说文》:"王,石之美有五德……象三玉之连丨其贯也。"由他们的解释我们可知,王和玉本为一字,都指连缀在一起的美玉。后来当"王"借为"大王、姓氏"等意义后,在"王"右下方加别形记号"点"以作区别。

兀,五忽切,坐不动貌。从人,一声。(《人物上篇·人部》)元,愚袁切,头也。人页在上,故从人二为意。(《人物上篇·人部》)

万,若浩切,气欲出而上碍也,象气出而上有碍形。(《人物下篇·

丂部》）于，云俱切，於也。从丂上指气舒乎。（《人物下篇·丂部》）

史，爽士切，记事者，从又执中，善恶不掩，主中正之意。（《人物中篇·又有部》）吏，良志切，治人官也。一史为吏。言吏者，乃君一使之意。（《数位篇·一部》）

侯，胡沟切，射旳栖皮曰告鹄，画布曰正。从人有矢以射之意，中象张布形。古作矦，俗作侯。（《器用篇·矢部》）候，赵撝谦《六书本义》未收。《说文》："伺望也。从人，侯声。"[1] "侯"和"候"本是一个字，"侯"引申为"伺望、等候"等义后，添加别形记号"丨"以区别二字。

文，无分切，云成章也。易观乎天文，象交错文形。……借与彣通。（《天文篇·文部》）彣，无分切，画理也。从文而彡饰之意。（《天文篇·文部》）

己，亦如此，象形，借岁在屠维月在则也。又自身也。（《器用篇·几部》）"己"，《说文》："中宫也，象万物辟藏诎形也。己承戊，象人腹。"[2] 现借为代词"自己"。巳，祥吏切，子息。象子初生足尚未伸形……转上声岁阴名。"巳"，《说文》："巳也，四月阳气巳出，阴气巳藏，万物见，成文章，故巳为蛇。象形。"[3] 现借为地支的第六位。

丹，多寒切，巴越赤石。外象丹井，中象丹形。（《理篇·丹部》）彤，赵撝谦《六书本义》未收。《说文》："丹饰也。从丹从彡。彡其画也。"[4]

仔，赵撝谦《六书本义》未收。许慎《说文》："克也。从人，子声。"[5] 保，赵撝谦《六书本义》未收。《说文》："养也。从人，孚省声。"[6] "仔"甲骨文写作"𠈃"，象背在大人身上的小孩子，意指尚未长

---

① （汉）许慎：《说文解字》，中华书局，1963，第165页。
② （汉）许慎：《说文解字》，中华书局，1963，第309页。
③ （汉）许慎：《说文解字》，中华书局，1963，第311页。
④ （汉）许慎：《说文解字》，中华书局，1963，第106页。
⑤ （汉）许慎：《说文解字》，中华书局，1963，第165页。
⑥ （汉）许慎：《说文解字》，中华书局，1963，第161页。

大不能独立活动的幼儿。“保”甲骨文写作“”“”，与“仔”的甲骨文字形相近或相似，但多了一层“被保护”的意义。为区别“保”“仔”二字，加别形记号“”以作区别。

月，鱼欮切，大阴之晶，月有盈亏。（《天文篇·月部》）夕，祥亦切，暮也。月初生则莫见西方。故从半月为省体会意。（《天文篇·月部》）若将“月”“夕”二字溯源到甲骨文“”“”，便可明显看到二者的区别。

乌，此象立形。借黑也。又作鸣，非。（《虫兽篇·象形廿附》）鸟，丁了切，飞禽总名，象百尾羽足形。（《虫兽篇·鸟部》）

巴，邦加切，食象蛇，象有吞形。（《虫兽篇·象形廿附》）己，象形，借岁在屠维月在则也。又自身也。（《器用篇·几部》）《说文》：“己，中宫也，象万物辟藏离形也。己承戊，象人腹。”①

（四）美化记号

这类记号添加在汉字字形中具有美化字形、添补空缺的作用，本身并无任何意义。有学者又将其称为填空记号②，就是把它加在一些汉字字形结构比较空缺的地方，使字形显得匀称、协调和美观。

日，入质切，太阳之精照临万方者，外象圆形，从一昜数亏中为意。（《天文篇·日部》）“日”甲骨文写作“”。太阳是一个圆形球体，画一个圆形即可代表“太阳”，而在其中填充“”，笔者以为并非赵撝谦《六书本义》所释“亏中”之意，实乃填空记号使字形结构显得充实完美。

果，古火切，木实曰果……从木，上指果实，有文非田也。（《草木篇·木部》）“果”甲骨文写作“”，金文写作“”，小篆写作“”。由赵撝谦《六书本义》释义可知，“木”上之“田”字，并非汉字“田

① （汉）许慎：《说文解字》，中华书局，1963，第309页。

② 冯玉涛：《记号、记号的使用与汉字的记号化》，《宁夏大学学报》（人文社会科学版）2004年第3期，第22页。

地"之"田"字，而是一个指代树木果实的记号。因为画一个圆圈会使字体显得空虚不实，于是在圆圈中增添"＋"使字形充实协调，经过隶化变成了"田"字。

胃，亏贵切，谷府也。从肉，上指其形，而中有谷。（《饮食篇·肉部》）这里"肉"上面的"田"字，也不是汉字"田"，而是一个"从肉，上指其形"的"胃"字的代替记号。因为画一个圆圈会使"胃"字空虚不实，于是在圆圈或"口"中添加填空记号"＋"使之充实饱满。

丼，子郢切，掘地及泉处，外象勾韩形，中象汲器形。或曰象画井田，法中公田。（《宫室篇·井部》）"井"甲骨文写作"井"，金文写作"井"，小篆写作"井"。赵撝谦《六书本义》依照小篆字形释义似有牵强，实际上井字中间填不填充那一点，都不影响"井"的形状，笔者以为"井"字中间加一点使字形显得充实饱满，具有美化效果。

瓦，五寡切，烧土以覆屋者，象烧瓦形。（《器用篇·瓦部》）"瓦"金文大篆写作"彐"，小篆写作"彐"。依照赵撝谦《六书本义》的解释，"瓦"是一个"象屋瓦形"的象形字。古代烧制的屋瓦，多是光滑半圆形的。那中间的那一点表示什么呢？似乎无意可象，在此应该是一个填空记号。

其，居宜切，簸器。（《器用篇·形十九附》）"其"甲骨文写作"𠷎"，象簸箕形。中间的"乂"没有任何意义，亦起填充美饰作用。

豆，大透切，盛肉器，容四升，象形。（《器用篇·豆部》）"豆"甲骨文写作"𠅤"。中间的"一"有或没有都不影响"豆"容器的象形性，此处亦是一个填空记号。

喜，许已切，说乐也，从口，岂声。（《人物中篇·口部》）"喜"甲骨文写作"喜"，金文写作"喜"，小篆写作"喜"，"一"在有的古文字字体里有，有的字体里没有，放的位置也不固定，窃疑为这一短横应是一个填空记号，添加在文字中显得协调、匀称、美观。

贝，博盖切，海介虫，象形。古者货贝，故宝财等从之。（《虫兽篇·贝部》）"贝"甲骨文写作"𠁣"，金文写作"贝"，小篆写作"贝"。

甲金文字都是贝壳的象形字，到了小篆又加上了似"丌"的底座，看上去使字形显得稳健，笔者以为这也是一个填空记号。

雷，力隈切，阴阳薄动成声也。象阴阳二气，相勹回转之形。（《天文篇·形一附》）赵撝谦《六书本义》对"雷"字的释义从现代科学的角度做了分析，而在甲骨文时期"雷"写作"田田"，两边的"田"如同两个滚动的车轮，"＋"充当了美化记号。因为有没有它，都不影响车轮的物象性程度。

（五）代替记号

自然界中的许多事物有时候难以用具象方式详尽准确地表现出来，只好用一些记号来代替，通过这些代替记号来形象地表达整个字的含义。赵撝谦《六书本义》收录有大量"代替记号"字，现列举如下：

母，莫古切，婴儿慕者，从女指有两乳。（《人物上篇·女部》）"母"小篆写作"㑄"，甲骨文写作"㑄"。

泪，力合切，目相及也。从目隶省为意。（《人物中篇·目部》）"泪"小篆写作"眔"，甲骨文写作"㑄"，表目下有泪之形，用几个小点代替了"泪水"。

桼，戚悉切，木液可以染物者……从木六点指桼如水滴下之形。（《草木篇·木部》）"桼"甲骨文写作"㑄"，此处几个小点代替"滴下的汁液"。

康，丘冈切，谷皮也，从米，庚声。亦作穅、作糠，非。（《饮食篇·米部》）"康"金文写作"㑄"，象有糠皮滴下状。几个小点在此处代替了"稻、麦、谷子等的子实所脱落的壳或皮"。

雨，王巨切，水从云下者，一象天，冂象云水淋其间为意。（《理篇·水部》）"雨"甲骨文写作"㑄"，用几个小点代替了"雨水"。

在赵撝谦《六书本义》所收字例中，代替记号除了"●"以外，还有小圆圈、短横"一"、竖画"丨"、十字号"＋"和"彡"等。如：

州，之由切，水中可居地，象重川周绕其旁之形。古作川川。（《理篇·形十附》）由赵氏释义可以看出，"川"中的小圆圈代替凸起的陆地部分，现在经过隶楷简省变成了由三个点作代替记号的"州"字。

旦，得按切，于明时也。从日出地上，一指地。（《天文篇·日部》）短横"一"代替地平线。

立，力入切，驻也。从大立于地上，一指地。（《人物上篇·大部》）短横"一"代替地面。

畺，居良切，界限也……从二田，三隔指所限。（《理篇·田部》）此处三短横代替疆界或界限。

田，亭年切，树谷曰田，象田形而有阡陌之制。（《理篇·田部》）"田"字中间的"十"代替了地陇地界。

而，人之切，颊毛也。（《人物下篇·形十四附》）"而"甲骨文写作"而"，见形知义，"口"下有"毛须"表示成年男性的"胡须"。隶化简省后成为记号字，用"一"代替了"口"，"而"代替了"胡须"。

参，之忍切，稠发也。从人有彡为意。（《人物下篇·彡部》）"彡"代替毛发。

三 "记号字"成因分析

（一）汉字符号的约定俗成性和简约性特点促使汉字向记号半记号字转化

语言是社会发展的产物，文字是语言发展的产物。文字是记录语言的主要工具，承载着语言所要表达的重要信息和内容。索绪尔指出："语言的符号可以说都是可以捉摸的；文字把它们固定在约定俗成的形象里。"[1]

---

① 〔瑞士〕费尔迪南·德·索绪尔：《普通语言学教程》，高名凯译，岑麒祥、叶蜚声校注，商务印书馆，1980，第37页。

汉字是在汉语交流过程中，被人们约定俗成地赋予了特定的内容和信息而被固定在汉语里的书写符号系统。然而，在生产生活实践中，随着社会交际和汉字使用范围的扩大，人们对书写速度也提出了更高要求，记录语言的书写符号被要求越简捷越好。为了快速高效地记录语言，那些笔画烦琐的物象性图画表意文字逐渐由笔画简单符号性强的书写符号所替代。如将"龍"简化成"龙"，"聽"简化为"听"等。在汉字简化前，有些繁体字的笔画多达二三十画，有的甚至达到四十画，譬如靐、龖、齾、龗等字，既不好认，也不好写，这种状况直接影响了汉字的书写效率，极不利于书面交流和社会交际。据统计，在中国文字改革委员会编纂的《三千高频度汉字字表》中，前50个高频字有90%是记号半记号字，大多为五至六画，平均笔画只有5.64画。[①] 由此可见，记号这种简约性较强的汉字字符或汉字构件在汉字简化方面有不容忽视的作用和较高的社会认同性。

（二）汉字形体的发展变化形成记号字

汉字字形的简化、减少，以及省略某些笔画或把形体中繁难的构件换成简单的符号，都会大大削弱汉字的构形理据。裘锡圭先生指出："文字结构的变化，客观上常常造成字形繁化或简化的后果。文字形体的变化，也常常造成破坏或改变文字结构的后果。记号字的大量出现，主要是汉字形体的变化所引起的。这从文字结构上看是一种倒退，然而却是为了简化字形，提高文字使用效率所必须付出的代价。"[②] 一方面，在隶楷简化过程中，有些汉字字形构件由于黏合、变形，失去了形体上的物象关系使构形理据弱化或消失形成记号半记号字。如"年"，甲骨文写作"𠁷"，赵撝谦《六书本义》释作："宁颠切，谷一熟曰年。从禾，千声。""年"本是从一个"从禾，千声"表示"五谷成熟，收获年成"的形声字，由于

---

① 柳建钰：《记号字、半记号字及其在现代汉字中基本情况探讨》，《宁夏大学学报》（人文社会科学版）2005年第4期，第53页。

② 裘锡圭：《文字学概要》，商务印书馆，2006，第36页。

字形讹变，构件粘连、变形而成为独体记号字。再如"春"字，在小篆阶段是一个"从艸，从日，屯声"的形声字"萅"，隶变之后，"艸""屯"黏合变为半记号半表意字。另一方面，在隶楷简化过程中，有些汉字构件简省形成的新构件，与原构件失去意义上的传承关系，而使得整个字变成了记号半记号字。例如"書"，小篆是由"聿"和"者"构成的形声字，"聿"是"筆"的初文，"者"是音符，隶变之后，"者"简省为"曰"，既不表音也不表意，成为半记号半表意字。另外，在书写过程中，人们约定俗成地用笔画简单的符号代替笔画复杂的意符和音符，或用笔画省减的记号代替笔画繁多的整个汉字也是产生大量记号半记号字的主要因素。譬如，在汉字简化过程中，草书的一些书写章法就被吸收了汉字简化规则。

（三）汉字音义转移和变化形成记号字

在汉字的构形理据发展到词的音义结合阶段时，当音符、意符和词的音义发展不同步时，构形理据就会逐渐弱化或者消失，这时汉字所记录的音义往往会发生转移和变化，有的汉字引申出新的词义，有的被借作他字发生词义转移甚至彻底改变，汉字词义两两相背，形成记号半记号字。譬如"假借"现象，许慎《说文》："假借者，本无其字，依声托事。"[1] 本字与借字存在音同或音近现象，但意义却毫不相关。例如"我"字，本是一种战斗武器，借作人称代词"我"后，其所承载的词义不再与形体相符，从而成为独体记号字。当假借字与其所记录的词在音义上没有联系时，假借字实际上就是一个记号字。如果借用的是形声字，形声字的构形依据为词的音义，而假借的依据是读音相同，假借字被借后所表示的意义同其本义一般是没有联系的，如果形声字的音符能够准确表音，需要借字的词的读音和音符读音理应相同，意符失去了表意功能，被假借的形声字则成了半音符半记号字。如"特"，许慎《说文》："朴特，牛父也。"[2]

---

① （汉）许慎：《说文解字》，中华书局，1963，第314页。

② （汉）许慎：《说文解字》，中华书局，1963，第29页。

是一个"从牛，寺声"意表"公牛"的形声字，借作"特殊"之"特"后，词义两两相背，成为记号字。

四　结语

汉字自产生之日起，就在经常不断地被有规律地简化、声化和规范化。[①] 裘锡圭先生指出："由于字形程度的降低和简化、讹变等原因，估计早在古文字阶段，就已经有一些表意字和少量形声字变成了记号或半记号字。"[②] 在隶楷简化的过程中，有一大批表意字和一些形声字变成了记号符号。虽然有些记号字已经无法使用"六书"理论加以分析和归类，但是它的存在，也较为清晰地为我们梳理出了汉字发展的一般规律和特征，这对于我们研究汉字有不可低估的作用。

第二节　"古今字"探释

古今字是古人在书面上为古代汉语中多义词的某一个义项在词义系统的发展过程中，逐渐从原词所担负的多个义项中逐渐独立而分化出新词，或上古同音假借形成的同形词在汉语词汇发展中需要分化出新词而另造新字的语言文字现象。比如"北"，赵撝谦《六书本义》："北，蒲妹切，从二人相背为意。作北，非。借败走为北。转必勒切，朔方名。"（《人物上篇·人部》）"北"本指"二人相背"之义，后来假借为方位"北方"义后，又添加形符"肉"而分化出"背"用来专指"相背"义。此处，"北"与"背"就是一对古今字。

古今字有狭义和广义之分：狭义的古今字只指初文和后起字，如自—鼻，赵撝谦《六书本义》："自，毗至切，面之中部。司臭之窍。象形。转疾二切，己也。又从也，独也。""鼻，亦从畀声，今但用此。作鼻，

---

① 张桂光：《汉字学简论》，广东高等教育出版社，2004，第113页。
② 裘锡圭：《文字学概要》，商务印书馆，2006，第35页。

非。"类似字例还如"网"和"罔","包"和"胞"等。

广义的古今字则把较早的书写形式和较晚的写法都包括在内，即把古今理解为相对的概念，如"厷"和"肱","罔"和"厷"就文字的造字先后顺序来说，虽都不是初文，但相对"綱"和"肱"，它们却是较早的写法，所以也被视为古字。如岡—綱，赵撝谦《六书本义》："岡，居郎切，山脊。从山，网声。作崗，堈，罡，非。"（《理篇·山部》）"岡"的本义是"山脊"，因"山脊"内含"高大"义素，而"綱"则指"拉网的大绳"，因其与"山脊"的高大已有一定距离，故脱离"岡"而独立成新词。

古今字的产生，主要是由于语言的发展导致汉语词汇因引申联想作用而产生词义引申，使古字所担负的义项逐渐变多，为了分担古字所承担的多个义项中的某一个义项，于是古人在原字或古字上或增加形符，或增加声符，创造出区别于原字或古字的形体。可见，古今字现象是汉语和汉字相互影响、辩证发展的产物。对此，洪成玉先生曾表示："古今字不仅是文字问题，也是语言问题。"[①] 从汉字发展的角度来说，古今字研究是探寻汉语发展和汉字造字相承规律的宝贵资料，对于经学研究和古音韵规律的掌握具有十分重要的作用。本节我们将以赵撝谦《六书本义》为基点，综合古今方家之说，试就古今字的概念属性、形成原因、产生途径以及赵撝谦《六书本义》"古今字"形音义关系特点做浅显探析。

一　"古今字"概念

语言是社会的产物，文字是语言的载体。著名语言学家索绪尔曾经指出："语言和文字是两种不同的符号系统，后者唯一存在的理由在于表现前者。"[②] 因此，文字在语言的基础上产生并受语言的影响和制约。汉字

[①]　洪成玉：《古今字字典》，商务印书馆，2013，第2～5页。

[②]　〔瑞士〕费尔迪南·德·索绪尔：《普通语言学教程》，裴文译，江苏教育出版社，2001，第26页。

是记录汉语的符号系统，它的发展和演变必然受到汉语的影响和制约。在语音、词汇和语法的发展过程中，三者的变化速度并不同步，词汇的发展最为迅速，而记录语言的文字则相对滞后。正如蔡永贵先生所说："文字适应语言的变化是相对滞后的，它一般尽可能保持一段时间的稳定，用旧字记录新词（包括派生词），不到不得已的时候是不会变的。"①

人类社会发展的早期阶段，人们交流简单，发音相对单一，与之相应的汉字记录符号只要表示出汉语整体音节的存在即可，不需详细反映音节的内部构成。胡朴安先生曾说："人类文明，由简陋到精密；文字也由少而多。"② 上古时期，人们认知事物的能力比较薄弱，知识储备相对简单，发音也比较单一。譬如看见一棵树，只知道是一棵树，不能辨别它是哪一种类，也不能辨认它是松树还是柏树，所以造字时，关于树就只有一个"木"字，后来辨认的树木种类多了，就增加了不同的名称。

文字的发展是一个逐渐积累的过程，最初人们对事物的认识比较简单，言语就没有那么复杂，需要的文字也就相应较少。后来随着人们认知事物和辨别事物能力的提高，语言中的词汇日渐丰富，旧词不断派生出新词，原有的文字也就发生相应的孳乳演变，从而产生新词新字。吕思勉先生曾说："盖知识日增，言语必随之而广。然言语非可凭空创造也，故有一新观念生，必先之与旧观念相比附。"③ 随着社会交际的不断扩大和思维能力的不断提升，言语中的词汇日渐丰富，出现了一字兼表数义的情况，一个汉字除了表示本义外，往往还兼表派生出的引申义和假借义等情况。为了明确词义、减少理解上的困扰，古人在原字的基础上改换形体另造新字，以承担原字的某一义项。这样，分化出的新字与原字之间就构成了一对古今字。

古今字是汉字在汉语使用过程中出现的一种特殊的语言文字现象，它

---

① 蔡永贵：《汉字字族探论》，《宁夏大学学报》（人文社会科学版）2008 年第 5 期，第 6 页。
② 胡朴安：《文字学 ABC》，商务印书馆，2017，第 49 页。
③ 吕思勉：《中国文字小史》，北京理工大学出版社，2016，第 166 页。

的产生与汉语词汇的丰富和发展以及汉字自身构形理据的表意特征有极为密切的关系。新词的派生、词义的引申，以及同形假借等语言现象，必然要求汉字也与之产生相应的反映，但文字是成系统的符号系统，具有稳定性特点。刚开始的时候，新派生的词或因引申联想作用新产生出的词义，往往由原有的字或古字来兼任，多个义项共用一个字形的现象，很容易产生书面表达上的理解歧义，极不利于语言文字的交流和发展，为了减少一字兼表数义所带来的书面表达上的歧义现象，古人便以原字为基础，或增加偏旁，或改变偏旁，或改换形体，让使用频率高的常用词从原字中分化出来，成为新字新词。通常我们把分化前的字叫古字，把后分化出的字叫今字。

二　《六书本义》"古今字"注解体例

赵撝谦《六书本义》采用"作某""亦作某""今作某""今用某""古文某""又与某同""又今书与某同""又与某通（同）""或与……某同""又某同""转同某""转与某通（同）""今（俗）但用""又但用""俗用""……通用""通用某""又某""作某非""史作某""古作（同）某""籀文作某""俗作某""俗混用"等解说术语来指称古今字，有些还用引经的方式或引用古人对该字的解释来说明古今字。当然，值得注意的是，这些解说术语有时候也用来指称通假字、异体字、同源字、同形字、俗字等其他文字现象，需要细心考证以甄别对待。下面，就其解说术语做简要举证。

1. 作某

冈，居郎切，山脊。从山，网声。作崗、堈、罡，非。（《理篇·山部》）

渊，幺玄切，水积处。左右象厂中，象水盘转形。古作困。亦作淵、作渁，非。（《理篇·形十附》）

坐，徂果切，止也。从留省于土上为意。古从二人坐土上。……转去声。坐位也。作座，非。（《理篇·土部》）

奊，乳沈切，疲弱也。从而大为意。颊毛盛大则肤理弱也。亦作娿。……作顿、软，非。方音乃管、奴困二切，作愞、嫩，非。（《人物上篇·大部》）

云，于分切，山川之气成雨者。从上，云在天上为意，下象气转形。古作𠔓，亦从雨作雲。借言也，又友也。《诗》："昏因孔云。"（《数位篇·上部》）

2. 亦作某

勹，班交切，胎衣生貌。裹也。象形。亦作胞。（《人物上篇·勹包部》）

亦，夷益切，人之臂亦也。从大，左右指两亦。亦作掖、作腋，非，借旁及之词。（《人物上篇·大部》）

处，敞吕切，居也。从夂得几而止之意。亦作處。（《器用篇·几部》）

互，胡故切，收绳器。亦作笡。（《器用篇·形十九附》）

叕，陟卫切，联也。象交络互叕之形，亦作缀。方音陟列切。（《服饰篇·象形八附》）

西，先齐切，鸟宿巢上也。象鸟在巢。……亦作棲、作栖，非。（《虫兽篇·西部》）

午，敞吕切，舂具也。象有用手处。亦作杵。（《器用篇·形十九附》）

臽，于监切，臽入坎阱中。从人臽臼。亦作陷。（《器用篇·臼部》）

须，询趋切，面毛也。从彡，于页为意。亦作鬚。（《人物下篇·页部》）

左，则贺切，相工事也。从左手与工上为意。亦作佐。（《人物上篇·工部》）

内，忍九切，兽足践地也。足曰番，迹曰内。象指爪内践。亦作蹂。（《虫兽篇·内部》）

康，丘冈切，谷皮也。从米，庚声。亦作穅、作糠，非。借安也。

（《饮食篇·米部》）

安，於寒切，宁静也。从女，处宀下为意。亦作侒。（《宫室篇·宀部》）

其，此从廾声，亦作箕。借语词。转音奇语词。（《器用篇·形十九附》）

惠，昵则切，行道有得于心也。从直声。亦作悳、德。（《人物上篇·心部》）

或，于逼切，邦界也。从戈，守口地为意。一地也。亦作域。（《器用篇·戈部》）

且，侧吕切，荐牲几。从几，指有二校在地上。亦作俎。转乎声，语助。又千也切，借词。（《器用篇·几部》）

免，美辨切，妇人生子免身也。从人，勹出人为意。亦作娩。（《人物上篇·勹包部》）

3. 与续某同、又与某同、或与……某同或又同某

竟，居庆切，乐音终也。从音，入声。借但训终意，与续境同。《记》："天子巡狩，诸侯待于竟。"（《人物中篇·音部》）

辟，必益切，法也。《书》："辟以止辟"，从辛，从口，用法，从卩制辛为意。……又与擘、避同。（《数位篇·辛部》）

屮，丑列切，屮木初生也。象屮初生有枝叶形，借与彻同，又与艸同。（《草木篇·屮部》）

卬，疑冈切，顷页望也。……又同仰。（《器用篇·匕部》）

不，风无切，屮木房也。……象花鄂连蒂形。俗混柎扶，作跗、趺，非。转芳浮、芳有、芳宥三切。不然之词，亦作否。又与弗同。（《草木篇·象形十六字附》）

食，实职切，咀食者曰食。……转祥吏切，饭也。飤同，作饲，非。（《饮食篇·皂部》）

殷，於巾切，作乐盛也。……又同慇。（《人物中篇·殳部》）

求，渠尤切，皮衣也。象其有垂毛形。亦作裘，非。……又同续毯。

（《服饰篇·象形八附》）

解，举蠏切，判牛也。从刀判牛角为意。……又同懈。（《虫兽篇·角部》）

4. 今用某或转同某或又今书与某同

孝，古爻切，放也。从子，爻亦声。今用教。（《人物上篇·子部》）

予，演汝切，推予也。象上予下受形，下垂者益下之道，今用与，转同余。（《人物上篇·予部》）

戋，财干切，贼也。二戈同斗，伤残之意。今用残。（《器用篇·戈部》）

乍，助驾切，暂止也。从亡从一，出亡得一而或暂止之意。……借始也。石鼓文转同作。（《数位篇·亡部》）

司，辛兹切，臣司事于外者，司家与后道相反，故从反后为意。转与续伺同，作覗，非。（《人物中篇·后部》）

奞，思晋切，鸟张羽奋飞也。从大隹，能迅飞之意。今用迅。方音如绥。（《虫兽篇·隹部》）

臧，兹郎切，善也。从臣，戕声。……借吏受贿也，作贓，非。又臧获奴婢。转同续藏。又才浪切，五脏六腑，作臟，非。（《人物上篇·臣部》）

曰，鱼欤切，言词也。从口，上指言而气出形，又今书与粤同。（《人物中篇·口部》）

5. 今（俗）但用、又但用或俗用

尌，殊句切，种植也。从寸持种，豈声。俗用樹。（《人物中篇·寸部》）

自，毗至切，面之中部，司臭之窍。象形。转疾二切，己也。又从也，独也。鼻，亦从畀声，今但用此，作鼻，非。（《人物中篇·自鼻部》）

勺，是若切，饮器。……俗用杓。（《器用篇·形十九附》）

猒，幺监切，饱足也。……又但用厭。（《人物中篇·甘部》）

启，遣礼切，开户也。户开如口开之易，故从户、口为意，今但用启。（《宫室篇·户部》）

耑，多官切，物初生题。上象草木初生未伸，下象根生地下。上非山，下偶似。俗用端。（《草木篇·象形十六字附》）

㒸，徐醉切，从意也。上象气意，说则气舒散，豕声，俗但用遂。（《数位篇·八部》）

匽，於幰切，邑流水也。匸取盛受之义。妟声。作堰，非。借与偃同。（《器用篇·匸部》）

毌，古患切，穿肉以燔也。象以物贯肉形。今但用贯。（《饮食篇·象形三附》）

厷，亦从又意，今但用肱。（《人物下篇·形十四附》）

匪，府尾切，筐也。非声，俗用筐、棐。借非也，又同斐。又大也，作棐，非。又分也，《周礼》："匪颁之式。"（《器用篇·匸部》）

6. 同用或通用某

内，奴对切，自外入中也。从入门省，入于门内之意。转儒税切，木耑入鉴者，作枘，非。又音纳，同用。（《数位篇·入部》）

侌，於今切，云覆日也。从云，今声。古作仒，亦作黔，通借陰。转去声，侌所覆，通用蔭，转音作荫、廕，非。（《数位篇·云部》）

朿，七赐切，草木芒也。从木，中指刺芒。亦作莿、棘。通用刺。（《草木篇·木部》）

匋，徒刀切，瓦器。勹声。通用陶。（《器用篇·缶部》）

县，古垚切，断首倒悬也。从到首为意。通用枭。（《人物下篇·页部》）

从，自雕切，相听许也。从二人相并为意。通用從。（《人物上篇·人部》）

7. 又与某通、又某或转与某通（同）

田，亭年切，树谷曰田。象田形而有阡陌之制。……又与畋通。（《理篇·土部》）

兒，如移切，孩子也。从人，上指小儿头囟未合状。……又与貌通。（《人物上篇·人部》）

包，亦从巳于中为意。借含容也。又与苞同。转与庖同。（《人物上篇·勹包部》）

昏，呼昆切，日冥也。从日，氏省，日氏下则昏之意。或作昬，民声。……借昏姻字本作婚。……又与惛、慁、婚通。（《天文篇·日部》）

卒，藏没切，隶人给事者。……又与猝、俎、崒通。（《服饰篇·衣部》）

陈，沱鄰切，伏羲以木德王所，都宛丘。从自，从水，申声。借堂下径。又故也。又列也。又姓。转与陙通。作陣，非。（《理篇·自部》）

8. 作某非或作某讹

留，力求切，止也。从田所止土，卯声。凡从作留，非。借果名，作榴，非。又鸟名，作鶹，非。转去声，宿留、逗留亭待貌，作遛、徟，非。（《理篇·田部》）

虚，丘於切，大丘。从虍声。作墟，非。转音魖空也。（《理篇·丘部》）

莫，莫故切，日冥也。从日，茻声，作暮，非。借茻名，《诗》："言采其莫。"转末各切，不可也。（《天文篇·日部》）

匹，辟吉切，四丈也。古者，一匹八牒，故从八于匸中为意。作疋，讹。（《器用篇·匸部》）

春，书容切，捣米也。从収，持午临臼为意。撶，非。（《器用篇·臼部》）

主，此象下有烧灯器，作炷，非。（《器用篇·丶部》）

育，余六切，养子也。从𠫓肉为意，肉亦声。从㐬作毓。……借肥壤也。作堉，非。（《人物上篇·𠫓部》）

蜀，殊玉切，桑中蚕虫也。一名蚅，指身及头有文形，作蠋，非。（《虫兽篇·虫部》）

弟，大计切，韦束次弟，象束韦缠绕形。作弚，非。借同悌，又弟

宅。转上声，兄弟。（《器用篇·弟部》）

戚，仓歷切，斧钺别名。从戉，尗声。作鏚，非。借同慽，作慼，非。又亲戚。（《器用篇·戉部》）

冎，古瓦切，剔人肉置其骨也。象头隆骨形，作剐，非。（《人物下篇·冎部》）

州，之由切，水中可居地。象重川周绕其旁之形，古作巛，作洲，非。（《理篇·形十附》）

丙，补永切，鱼尾。象形。作蛃，非。（《虫兽篇·象形廿附》）

右，于救切，口手协助也。从又以为从口以齐之意，俗知是又字，作佑，非。（《人物中篇·又有部》）

果，古火切，木实曰果，蔓生曰瓜。从木，上指果实，有文非田也。作菓，非。（《草木篇·木部》）

匊，居六切，物在手，从勹盛米为意。作掬，非。（《人物上篇·勹包部》）

吅，许元切，讼也。从二口为意。作喧，非。（《人物中篇·口部》）

止，诸市切，足止也。……象形。作趾，非。（《人物下篇·止部》）

聶，尼辄切，附耳私小语也。从三耳，一耳就二耳之意。……作囁，非。（《人物中篇·耳部》）

9. 史作某或古作（同）某或籀文作某

尗，式竹切，豆总名。象蔓引歧枝根荄之形。非上小成文。古作叔、作菽，非。（《草木篇·象形十六字附》）

盧，龙都切，缶也。一曰饭器。虍声。……史作鑪。（《器用篇·由部》）

原，愚袁切，水本从泉出岸下为意。古作厵，作源，非。借高于曰原。（《器用篇·泉部》）

棄，殸至切，捐也。……古弃。（《器用篇·華部》）

夆，専容切，牾也，从丰声。又古同逢，相遇也。（《人物上篇·夂部》）

奢，式车切，侈大也，者声。史作奓。（《人物上篇·大部》）

坴，力竹切，高于曰坴。从土，先声。亦加昌作陸。籀文作𡎱。（《理篇·土部》）

10. 俗作某或俗混用

叚，古雅切，借也。从又持所借物。……俗混用假。（《人物中篇·又有部》）

几，举履切，案属。象形。俗用机。（《器用篇·几部》）

匈，虚容切，膺也。外象匈肌，凶声。俗作胷。（《人物上篇·勹包部》）

告，沽沃切，牛触人，角箸横木，所以告人也。从口，近牛为意。方音居号切。俗混用梏、牿。（《人物中篇·口部》）

褰，乎乖切，藏夹物于衣中也。从罘于衣中。罘，取其相及之意。……俗混用懷。（《服饰篇·衣部》）

耤，秦昔切，天子躬耕以供祭祀田也。从耒，昔声。俗混籍、藉。（《草木篇·耒部》）

戉，三伐切，大斧，重八斤，指戈有戉状。俗混用钺。（《器用篇·戈部》）

巨，果羽切，工所用为方者。从工，中指所为之方。亦作榘或转距、句、萬。俗作矩。转音巨大也。（《人物上篇·工部》）

11. 借与某同、亦用某、亦借某、俗但借或借同某

旨，掌氏切，旨也。从匕声。……借与恉同。（《人物中篇·甘部》）

夌，间丞切，超越也。……俗但借陵、凌。（《人物上篇·夊部》）

員，王权切，物数也，口声。作负，非。借同圆。（《虫兽篇·贝部》）

昷，乌浑切，仁也。……亦借温。（《器用篇·皿部》）

卩，子结切，古者以为符信。象手执卩之形。亦用節。（《器用篇·卩部》）

會，黄外切，合聚也。从亼曾省，合亼而增益之意。……借同繪。

（《数位篇·人部》）

12. 引经

羡，蒲木切，烦渎也。从收，持举众多之意。《孟子》用僕。（《人物中篇·收部》）

亘，居邓切，舟竟厂也。上下指两厂。……《诗》转用恒。（《器用篇·舟部》）

某，莫栝切，酸果也。李阳冰曰："此正梅字也。"从木，上指其实，非甘也。……亦从每声，作梅、楳。（《草木篇·木部》）

枼，与涉切，郑樵曰："古葉字"。（《草木篇·木部》）

蒦，胡麦切，拿取也。从又，雈声。……《汉志》："尺者，蒦也。"亦作彠、作彟，非。（《人物中篇·又有部》）

師，霜夷切，二千五百人为師。……《汉书》："乌弋国出師子。"作狮、猕，非。（《理篇·自部》）

三 "古今字"形成原因

古今字的产生与语言词汇的丰富和发展密不可分，洪成玉先生指出："语言是社会的产物，文字是语言的载体。"[1] 古今字在受到语言孳乳分化推动力影响的同时，也受到它本身造字系统规律的制约和影响。下面，我们以赵撝谦《六书本义》为基点，综合古今专家学者的意见，试就古今字的形成原因做浅显探析。

（一）语言的发展和词汇的丰富是古今字产生的根本原因

吕思勉先生曾说："盖知识日增，言语必随之而广。然言语非可凭空创造也，故有一新观念生，必先之与旧观念相比附。"[2] 人们对事物的认识会随着社会的进步和发展而发生变化，这种新的认识必然在词汇表达上打上时代的烙印。洪成玉先生指出："只有首先把古今字看作是语言问题，

---

[1] 洪成玉：《古今字字典》，商务印书馆，2013，第5页。

[2] 吕思勉：《中国文字小史》，北京理工大学出版社，2016，第166页。

从词义发展的眼光来认识古今字，才有可能看到研究古今字的价值，才能从数量浩繁、形体复杂的文字现象中看到古今字的真正面貌。"① 因此，语言的发展和词汇的丰富，是古今字产生的内在深层次原因。

1. 词义引申是词汇丰富和发展的重要体现

词义引申导致词义裂变而生成新词，文字作为记录语言的符号系统自然要有相应的反映，或为新词另造新字，或为表本义的原词另造新字。陆宗达先生认为，"语言中的词派生后，为了在书面形式上区别源词和派生词，便要推动字形的分化。在词的派生推动下产生的字的分形，《文始》称作'孳乳'。孳乳是一个很有价值的条例，它确实能透过文字现象看到语言中词的演变"。② 词义发展到一定阶段脱离原来的引申义而产生新词，正是传统所谓"由于词义的引申而形成的古今字"产生的隐性的深层次原因。

（1）在词义引申的过程中，如果某一个引申义距离本义太远，以至于在交际中人们已经意识不到它的引申来源，这个词的引申义就会脱离该词的其他引申义项而发展成为一个新词。如"昏"，赵撝谦《六书本义》："昏，日冥也。从日，氏省，日氏下则昏之意。或作昬，民声。……借昏姻字本作婚。……又与惛、睧、殙通。""昏"的本义是"黄昏"，表示太阳刚刚落山的时段。《诗·陈风·东门之杨》："昏以为期。"③ 后来随着社会交际的发展，"昏"又引申出"黑暗、糊涂、昏迷"等义，魏伯阳《周易参同契》："昏久则昭明。"④ 因为这些新产生的义项，与"黄昏"义比较接近，容易产生联想，所以"昏"字兼任了多个义项。古人举行婚礼，一般多选择在黄昏时举行，因此"昏"又引申出"结婚、婚姻"

---

① 洪成玉：《古今字字典》，商务印书馆，2013，第5页。
② 陆宗达、王宁：《传统字源学初探》，载北京市语言学会编《语言论文集》，商务印书馆，1985，第254页。
③ 《古汉语常用字字典》编写组：《古汉语常用字字典》，商务印书馆，1992，第108页。
④ 《古汉语常用字字典》编写组：《古汉语常用字字典》，商务印书馆，1992，第108页。

的义项。晁错《言守边备塞疏》："男女有昏,生死相恤。"① 然而,婚姻是人们维系感情、繁衍后代的重要纽带,是人们生活中的一件大事,蕴含"幸福、喜庆、希望"等含义,具有独特的社会意义和生活意义,将"婚姻"和"黄昏"放在一起是一件比较隐晦的事情。因此,后来人们逐渐将它和"黄昏"义隔离开而逐渐发展为新的词项,于是古人另加形符"女"造出新字"婚"来承担"结婚、婚姻"的义项。对此,王宁先生也表示:"词汇随着人类社会的发展而不断丰富,在原有词汇的基础上产生新词的时候,有一条重要的途径,那就是在旧词的意义引申到距本义较远之后,在一定条件下脱离原词而独立存在。"② 还如"孰",甲骨文写作"🔥",像人拿着香肉向神灵献祭,本义是"食物煮熟了",《说文》释作"食饪也",引申为"成熟",《荀子·富国》:"高者不旱,下者不水,寒暑和节,而五谷以时熟,是天下之事也。"后来,"孰"又假借用作疑问代词,《论语·微子》:"四体不勤,五谷不分,孰为夫子?""孰"的假借意义较为抽象,在它被假借为疑问代词并成为疑问代词的专用字后,古人又加形旁"火"另造"熟"承担其原有本义,于是"孰"又从其同形词中分化而出成为新的词项。

(2)随着语言的发展和词汇的丰富,有些语词在词义引申发展到一定阶段后,本义脱离原词而独立成新词,为表本义的词语另造新字。譬如"益"字,甲骨文写作"🔥",象"水满溢出器皿"之形,本义是"水满溢出",《吕氏春秋·察今》:"澭水暴益。"③ 引申为"富裕、富足",赵撝谦《六书本义》:"益,饶也。从水在皿中。饶益之意。"(《器用篇·皿部》)《吕氏春秋·贵当》:"其友皆孝悌纯谨畏令,如此者,其家必日益。"④ 引申为"增加",《韩非子·定法》:"五年而秦不益一尺之地。"⑤

---

① 《古汉语常用字字典》编写组:《古汉语常用字字典》,商务印书馆,1992,第108页。
② 王宁主编《古代汉语通论》,北京师范大学出版社,1996,第112页。
③ 《古汉语常用字字典》编写组:《古汉语常用字字典》,商务印书馆,1992,第292页。
④ 《古汉语常用字字典》编写组:《古汉语常用字字典》,商务印书馆,1992,第292页。
⑤ 《古汉语常用字字典》编写组:《古汉语常用字字典》,商务印书馆,1992,第292页。

再引申为"更加""逐渐",《汉书·苏武传》:"武益愈,单于使使晓武。"① 还引申出"好处、利益",《盐铁论·非鞅》:"有益于国,无害于人。"② 随着语言的发展和词汇的丰富,"益"不仅承担着其原有的本义,还兼表引申出的其他义项。由于多义词"益"的本义较为具体,而各个引申义较为抽象,因此随着词义的丰富和发展,各个引申义项因联系较为紧密而逐渐拉开了与本义的距离,于是其本义从"益"的多义词中逐渐分化而出成为新词,古人便添加形符水旁,另造"溢"字来表示其本义。

(3)在词汇的发展过程中,为了强化词汇引申义的某一个义项,在原字上加注形符。譬如"殷"字,赵撝谦《六书本义》:"殷,於巾切,作乐盛也。……又同慇。"(《人物中篇·殳部》)"殷",甲骨文写作"𣪊",本义为怀孕妇女演奏音乐,以使之愉悦。这说明,被愉悦之人可能有忧伤之事,或者内心较为忧郁。因此,"殷"又可引申出"忧伤、痛心"之义。古人为了强化"殷"的心情"忧郁"这一义项,便在原字上加注形符,另外造出"慇"字。虽然,在汉字的大家庭中又多了一个"慇"字,但人们并没有遗弃"殷"字,直到现在,我们还用"殷切希望"来表达内心的期盼心情。再如"耑"字,赵撝谦《六书本义》:"耑,多官切,物初生题。上象草木初生未伸,下象根生地下。上非山,下偶似。俗用端。借为凡事之始,又绪也。"(《草木篇·象形十六字附》)由赵氏说解可知,"耑"本为"端"的本字,象"物初生"之形,引申为"凡事之始",又由草木初生时长得"端正"之形,引申为别的物体,包括人长得"端正"。后来,为了强化人长得"端正"这一类属性质,古人又加意符"立"字旁另造"端"字为之。

(4)随着词义的丰富和发展,有些古今字音读也会跟着发生变化。如"奿"字,赵撝谦《六书本义》:"奿,乳沇切,疲弱也。从而大为意。颊毛盛大则肤理弱也。亦作娲。……作顿、软,非。方音乃管、奴困二

---

① 《古汉语常用字字典》编写组:《古汉语常用字字典》,商务印书馆,1992,第292页。
② 《古汉语常用字字典》编写组:《古汉语常用字字典》,商务印书馆,1992,第292页。

切，作懧、嫩，非。"（《人物上篇·大部》）"奥"，金文写作"奥"，象上下两个耍杂技的人形，表示身体"柔软"之义，读作"乳沈切"，后加形符写作"顿"，现简化写作"软"。随着词汇词义的丰富和发展，又引申出"柔美"之义，在有些方言里读作"乃管切"，于是，古人加注形符"女"字旁另造"媛"字为之；后又引申出"懦弱"之义，读作"奴困切"，于是，古人又加注形符"心"字旁另造"懧"字为之。

2. 同音假借造成的表达歧义促使文字分化从而形成古今字

假借是早期文字普遍采用的据音用字的记录语言的方法。有的文字因为同音假借，使原来的象形表意字变成了具有标音性质的汉字符号，在一定程度上改变了文字的性质，使表形字变成了表音字。但是，从整个汉字发展史来看，汉字的假借不是随意的同音借用，而是具有一定的稳固性和社会约定关系。如果某个词总是借用某个字来表示，渐渐地被社会约定俗成而固定下来，那么这个字与这些词之间就建立起了相对固定的联系，使假借义和本义一起成为这个字的固定意义，这就造成了一字多词现象。如"花"字，它既表示"花钱"的"花"，也表示"花朵"的"花"。相对来说，汉字假借造成的一字多词现象具有两种不同的关系。

（1）假借义成为字的专用义，古人为本义另造新字，仍然维持一字一词现象。如"午"字，赵撝谦《六书本义》："午，敞吕切，春具也。象有用手处。亦作杵。"（《器用篇·形十九附》）"午"，本指"春具也"，假借为用以计时或纪年的抽象名词后，古人为其本义另造"杵"字。又如"它"字，赵撝谦《六书本义》："它，汤何切，毒虫，象曲蟠垂尾形。方音用蛇。借同佗，作他，非。"（《虫兽篇·象形廿附》）"它"本是"蛇"的本字，后来借作第三人称代词后，古人在原字上加形符"虫"旁另造"蛇"来表本义。再如："止"，赵撝谦《六书本义》："止，诸市切，足止也。……象形。作趾，非。"（《人物下篇·止部》）"止"，本是"足止也"的象形字，假借为"停止"的"止"后，古人另加形符"足"字旁造出"趾"来承担其本义。再如"几"字，赵撝谦《六书本义》："几，举履切，案属。象形。俗用机。"（《器用篇·几部》）"几"本是

"几案"的象形字，后来假借为数字"几"。因为古代的"几案"一般由木材所制，于是古人加注形符"木"另造"机"以代替其本字。还如"且"字，赵撝谦《六书本义》："侧吕切，荐牲几。从几，指有二校在地上。亦作俎。转乎声，语助。又千也切，借词。"（《器用篇·几部》）当"且"被借作语气助词后，作为本字的"且"另加形符"示"造出了"祖"字。

（2）假借义与本义都存在于一个字形中，造成一字多词的同形字现象。在古代文字产生不多的时候，书面上使用假借的方法使一字兼表几个音同而词不同的同形字现象是比较多见的。如"夫"字，赵撝谦《六书本义》："夫，风无切，丈夫也。从一、大，丈夫之意。转音扶语词。"由赵氏解释可知，"夫"的本义指"丈夫"，又假借为语气助词和指示代词。随着社会的发展和人们交流的频繁，一字兼表数义的现象在书面表达上造成了理解歧义和交流困难。于是，古人想到各种办法利用不同手段对字词进行分化，使得文字尽量保持一字一词的对应关系。如"豆"字，赵撝谦《六书本义》："豆，大透切，盛肉器，容四升。象形。……转同斗。"（《器用篇·豆部》）"豆"本是"容器"的象形，后来借作植物"豆"后，古人为了减轻"豆"字的表意负担，为植物"豆"添加形符"艸"另造"荳"字，为表容器的"豆"另造"斗"字。使"豆—荳""豆—斗"分别成为古今字关系。古人这种为借假字另造新字的现象，使得书面语和口语得到了协调发展。

（3）先是无本字假借，后来为了明确假借义的类属性质，给假借字另加形符或意符。如"師"字，赵撝谦《六书本义》："師，霜夷切，二千五百人为師。……《汉书》：'乌弋国出師子。'作狮、狮，非。"（《理篇·白部》）"師"字本当"師众"讲，汉代人假借它来表示动物"狮子"的"狮"。为了明确"狮子"的动物属性，古人加注形符"犬"旁另造出"狮"字表示假借义。又如"反"字，赵撝谦《六书本义》："反，甫远切，手覆物也。从又，厂声。……借同返。"（《人物中篇·又有部》）"反"本是"反复"的"反"，假借为"返回"的"返"，古人为了明确假借义的类属性质,加注形符另造"返"表示其假借义。再如"竟"字,赵撝谦《六书本义》:"竟,居庆切,乐音终也。从音,入声。借但训终意与续与境同。《记》:'天子巡狩,诸侯待于竟。'""竟",依赵氏说解,本为"乐曲终了"之义,后假借为"边境、界限"之义,古人为了明确边境的类属性质,加注形符"土"旁为假借义另造"境"字。

(二)汉字自身发展体系的制约是古今字形成的显性表层原因

早期汉字大多以形表意,汉字初创时期以象形、指事、会意等表形字为主,但现实生活中的许多抽象概念却难以用表形字来描绘,只能依靠假借的方法用同音字来代替。假借法在文字中的应用虽然在有限的时间、地域范围内能够有效帮助文字完整地记录语言,但是随着时间的推移和汉字使用地域范围的扩大,这种方法在记录语言中容易产生理解歧义的固有弱点便暴露无遗,严重影响和阻碍了文字在书面交流中的作用。于是,古人想到了在假借字上加注形符或声符的方法,来区别本字和假借字。如"匈"字,赵撝谦《六书本义》:"匈,虚容切,膺也。外象匈肌,凶声。俗作胷。""匈"本是"胸"的象形字,后来假借作"匈奴"的"匈"后,为了明确其本义,古人又加注形符"肉"字旁,造出了"胷(胸)"来承担其本义。

随着社会生产力的发展和人类思维的进步,语言文字在人们的社会生活中的作用越来越重要,口语词汇的日益丰富,在书面上需要精确记录语言的要求也日益强烈。当以形示义和以音示义的汉字都不能准确记录汉语时,人们开始思考如何将文字的音、形、义统一起来以完整地记录语言的问题。如何在文字记录语言的过程中,既避免以形示义在表达抽象概念时的困扰,又克服运用假借方法以音表意所引起的理解歧义?古人在假借法借音表意的启发下,巧妙地利用汉字以形示义的特点和以音表词的符号性特征,在原字形符的基础上增加意符或声符以区别词义。这样,形声字便应运而生。如"戚"字,赵撝谦《六书本义》:"戚,仓歷切,斧钺别名。从戉,未声。作鏚,非。借同慽,作感,非。又亲戚。""戚"本指"斧钺",借为表"担心、苦闷"义的"慽"后,由"戚"加形符"心"另造"慼"字。"慼"在发音上与"戚"相同，在意义上则又与"心情"相关。在词义发展和词形分化的推动下，汉字发展的形声化规律使得新造的今字以形声字的外在形式表现出来，这就表明汉字体系发展规律的制约是古今字形成的显性的表层原因。

四 "古今字"产生途径

（一）词义引申

词义引申造成一词多义，反映在书面上就是一字承担多个义项。在多义词的词义引申序列中，为了区别词义，减轻原字的负担，由社会约定让原字的某一义项裂变脱离原词独立而出，再另造新字来分担古字的这一义项，在书面上形成古今字。如"身"字，赵撝谦《六书本义》："身，躬也。从人，余指身及四肢形。""身"，甲骨文写作"𠂆"，象怀有身孕之形，本义当为"怀孕"，后来又引申出了"身体，自身"等义项。随着语言文字的深入发展和书面交流的需要，"身"的本义逐渐被人们所淡忘，于是另造"妊"字来承担它的本义。又如"益"字，赵撝谦《六书本义》："益，饶也。从水在皿中。饶益之意。"《说文》："饶也。从水皿，皿益之意也。"① 按："益"是由水和皿构成的会意字，表示"水满从器皿中溢出"，本义"富饶、富足"，后写作"溢"。后来引申出"增加"义，如增加谥号，西周穆王时期铸造的铜器班簋，就将"谥"写作"益"，"班非敢觅（抑），唯作邵（昭）考爽益曰'大政'"。②

一般而言，由词义裂变而产生新词取决于该义项在引申义项中与其他义项联系的紧密程度。如果某一个义项离本义太远，在社会生活中又因为概括了特定的客观事物和现象被人们广泛而频繁地使用，那么这个词义就可能脱离原来的引申义项分化而形成新词，反映在书面上就会产生新字来记录它。如"北"字，赵撝谦《六书本义》："北，蒲妹切，从二人相北

---

① （汉）许慎：《说文解字》，中华书局，1963，第 104 页。
② 苏培成：《略论"谥法"和"谥"字》，《咬文嚼字》2017 年第 7 期，第 18 页。

为意。""北"是"背"的初文，字形象"两人相背"之义，因北方是背阴的一方，于是派生出"北方"义，后来由于"北"主要用来表示方位，于是另在"北"上加注"肉"旁分化出"背"字表示本义。

（二）假借表意

由于古代汉语词多字少，因此同音代替或借用的现象非常普遍。如"其"字，赵㧑谦《六书本义》："其，居宜切，簸器。此从丌声，亦作箕。借语词。""其"，甲骨文写作"𠀠"，象"簸箕"之形。《说文》："其，籀文箕。"① "其"的本义应是"簸箕"。然而，与"其"同音的人称代词、语气助词却没有相应的字体来承担。于是，古人只好借用"其"来承担。在一段时期内，"其"既表示农具"箕"，又借用作人称代词和语气助词。我们把这种一字兼表数义的语言文字现象称为同形词，同形词的使用是汉字初创时期书面语不够发达的反映。同形词中容易引起理解歧义的问题，与语言交际要求表意精确的属性是相冲突的。为了突出词义特点，增强汉字记词的准确性和明确性，古人通过加注形符或声符另造新字的办法来分担原字的记词职能。

（1）随着时间的变化，有些表本义的词在社会生活中逐渐消亡或被其他的同义词所替代。本义消亡后，假借义反而通行，为人们所认可和接受。如"我"本是"一种带齿的兵器"，在上古时代又借表第一人称代词。后来表兵器的"我"字，在社会生活中消亡，反而成为专门记录第一人称的代词。再如"羞"字，从羊从丑，丑是手的变体，"羊"代表美味食品，综合起来表示"进献食品"，当假借为"羞愧"的"羞"后，本义用"馐"来专指。还如"叔"字，金文写作"𦧑"，象"在地里拾取豆卡"之形，本义为"拾取"，当其动词本义被"拾"代替后，"叔"字便成了表示亲属称谓"叔父"一词的专用字。

（2）假借同形词的本义和假借义都在交际中通行，为了避免歧义，就为该字的某个词义另外造一个新字，以实现词有专字。这样，后起的新

---

① （汉）许慎：《说文解字》，中华书局，1963，第99页。

字和原来的字在记录某一个词义上就形成了古今字。比如"莫"字，赵撝谦《六书本义》："莫，日冥也。从日，茻声，作暮，非。""莫"，甲骨文写作"🌙"，像太阳下山落在草莽中，表"傍晚"之义。当"莫"被借作否定副词后，为了避免歧义，又在"莫"旁加形符另造"暮"来表本义。又如"交"，赵撝谦《六书本义》："交，居爻切，交胫也。"本指前后交叉着的双腿，后假借为"摔跤"之"跤"义后，另造"跤"字。再如"勿"字，赵撝谦《六书本义》："勿，文拂切，州里所建之示也。象其柄而有三游之形。……《周礼》借物。借禁止之词。"由赵氏说解可知，"勿"的本义当为"州里所建之示"，是古代士大夫用来麾集人众的旗帜，"象其柄而有三游之形"，后来同音假借为"物体"的"勿"和表示"禁止之词"的"勿"。为了明确"物体"之"勿"的类属性质，在"勿"旁又加注形符另造"物"字。

五 《六书本义》"古今字"形音义关系

正如赵撝谦《六书本义》所言，汉字是"以母统子，以子该母，子复能母，妇复孕孙，生生相续，各有次第"的有序孳乳发展过程。在《六书本义》中，赵撝谦从形、音、义三个方面对古今字做了全面把握和深入剖析，现列举如下。

（一）古今字形体关系

古今字在形体上一般都有互相传承的关系，新造分化字利用母字的形体，或增加偏旁，或改换偏旁，或改变形体，造出一个与母字在形、音、义上有关联的字体。黄季刚先生指出："古今文字之变，不外二例：一曰变易，一曰孳乳。变易者，声义全同而别作一字。变易犹之变相。孳乳者，譬之生子，血脉相连，而子不可谓之父。"[①] 考察赵撝谦《六书本义》"古今字"形体关系，主要呈现以下三种情况。

---

① 黄侃述，黄焯编《文字声韵训诂笔记》，上海古籍出版社，1983，第34页。

1. 今字以古字为基础增加偏旁

在原有母字的基础上，增加形符或声符，分化出新字，分化前的母字与分化后的新字构成一对古今字关系。考察赵撝谦《六书本义》"古今字"字例，我们发现今字的字形结构绝大多数以古文为基础，增加声符或意符，形成形声字。

（1）以古字为声符，增加形符。如"稟"（禀）字，赵撝谦《六书本义》："累禾谷者，上象所覆。……亦作廪（廩）。"（《宫室篇·高部》）依赵氏说解，"稟"（禀）本为装禾谷的仓库，后来引申作"承受"等义，为了减轻"稟"（禀）字所承担的多种义项，古人以"稟"（禀）为声符，又增形符，另造"廪"（廩）字为之。

又如"哥"字，赵撝谦《六书本义》："哥，居何切，咏声也。从二可长引其声以诵之意。亦作歌、謌。"《古代汉语词典》："哥，歌唱，后作歌。"[1] 按："哥"的本义为古代男女以吹笙唱歌方式求偶，当"哥"在口语中被假借作"兄长"的意义后，古人又在"哥"旁加注"欠"（"吹"省形），另造"歌"代之。

再如"夫"字，赵撝谦《六书本义》："夫，风无切，丈夫也。从一、大，丈夫之意。"（《人物上篇·大部》）按："夫"本义指表示"男子"义的"夫"，后假借为表示"荷花"义的"夫容"之"夫"后，为了分担其所承担的多种义项，古人以"夫"为声符，添加形符"艸"另造"芙"字。

还如"聶"字，赵撝谦《六书本义》："聶，尼辄切，附耳私小语也。从三耳，一耳就二耳之意。……作嗫，非。"（《人物中篇·耳部》）"聶"，现简化写作"聂"，本指"附耳私语"，随着词义的丰富和发展，先后被假借作"摄""慑"等字，还借作姓氏等[2]，为了明确"聶"之

---

[1] 商务印书馆辞书研究中心修订《古代汉语词典》（第2版），商务印书馆，2015，第423页。

[2] 商务印书馆辞书研究中心修订《古代汉语词典》（第2版），商务印书馆，2015，第1047页。

"附耳私语"的类属特性，古人以其本字为声符，加注形符"口"字旁另外造出了"囁"（嗫）字。

类似字例还有：容—蓉，解—懈，莫—暮，巨—钜，启—啟，耑—端，辟—避，侌—陰，内—纳，然—燃，气—氣，云—雲，念—唸，舍—捨，卒—猝，州—洲，雇—僱，勤—懃，它—蛇，等等。

（2）以古字为形符，增加声符。如"鼻"字，赵㧑谦《六书本义》："自，毗至切，面之中部。司臭之窍。象形。转疾二切，己也。又从也，独也。""鼻，亦从畀声，今但用此。作鼻，非。"按："自"甲骨文写作"𦣻"，本是"鼻子"的象形字，借用作人称代词后，在"自"下加声符"畀"另造"鼻"字。

又如"禽"字，赵㧑谦《六书本义》："离，穿丌切，神兽。从内从凶，恶类也。""禽，渠今切，鸟兽总名。从内中其首，偶似凶字今声。"按："离"本是"禽"的本字，本义"怪兽"，后来"离"被借作"分离、分开"义后，又加"今"声符另造"禽"字。再如"食"字，赵㧑谦《六书本义》："食，实职切，咀食者曰食。……转祥吏切，饭也。飤同，作饲，非。""食"，《汉语大字典》："给人吃，供养，后作饲。"[①]《诗·小雅·绵蛮》："饮之食之，教之诲之。"[②]"食"承担了"食物、粮食"等义后，为了分担"给人吃、供养"的义项，古人又在"食"旁添加声符"司"作"饲"。

还如"尸"字，赵㧑谦《六书本义》："尸，升脂切，人死体从人偃卧之反体为意。亦作屍。""尸"，甲骨文写作"𡰣"，象屈坐的人形。古代的祭悼时候，让活人坐在祭祀位置上，代表死者或受祭的人，接受人们的吊唁。后来，引申为空占着位置不做实事的人，如"尸位素餐"。再后来，又引申为死者的尸体。于是，古人在"尸"旁又加注声符"死"造出"屍"字。

---

① 《汉语大字典》（缩印本），四川辞书出版社、湖北辞书出版社，1992，第1846页。
② 《汉语大字典》（缩印本），四川辞书出版社、湖北辞书出版社，1992，第1846页。

其实，除了上述在古字的基础上加注声符的方法外，还有通过改换声符的方式分化出今字。如：潦—涝，"潦"本来当雨水大或地面积水讲，引申而有水淹成灾的意思，后来把"潦"字的声旁"尞"改为"劳"，分化出了"涝"字。

类似字例还有：澄—澂，鞋—鞵，踪—蹤，蝶—蜨，筒—筩，餉—饟，浚—濬，吟—唫，針—鍼，姃—妊，汹—洶，搞—搞，跡—蹟，锈—鏅，咱—噉，俊—儁，掏—搯，姊—姉，粽—糭，绵—棉，蝎—蠍，權—欋，清—圊，窄—窄，说—悦，膀—髈，踩—跴，薯—藷，埙—壎，浣—瀚，管—筦，旗—旂，俛—俯，臀—臋，燿—耀，等等。

2. 今字以古字为基础改换偏旁

古人利用文字形、音、义相统一的原则，改换原来母字的偏旁，或对母字在笔画上作细微改动，分化出新的字体。如"夘"字，赵撝谦《六书本义》："夘，莫饱切，开户时也。日出于夘辟户之时，故从两户相比开意。古羿……作卯，非。"（《宫室篇·户部》）"夘"，甲骨文写作""，隶定楷化分别写作"夘"和"卯"，有的古文献里还有讹写作"邜"的。"邜"当为"卯"的俗体字。《汉语大字典》："邜，同卯。"[①]三字在隶定楷化阶段，分别被不同的人写作基础字形较为相近，但又不同的字形，从而形成古今字关系。再如"陈"字，赵撝谦《六书本义》："陈，沱鄰切，伏羲以木德王所，都宛丘。从阜，从水，畐声。借堂下径。又故也。又列也。又姓。转与陳通，作阵，非。""陈"金文写作""，象部队在野外布阵，本义为"军队的阵式"。"陳"是"陈"的后制字，当"陈"由"军队的阵列"引申为"陈列"、"陈述"以及"姓氏"等义项后，便另造"陳"承担了"陈"的本义，"陳"现简化为"阵"字。因此，在表示"阵列、方阵"时，古字写作"陈"，今字写作"阵"。

以古字为基础，更换形符的字例还如：糯—稬—穤，磷—粦—燐，

① 《汉语大字典》（缩印本），四川辞书出版社、湖北辞书出版社，1992，第362页。

憔—癄—顀，翈—翶，燮—燹，嫛—嫛，羁—羁—羁，褒—褒，獐—麞，
袾—絑，噪—譟，膳—饍，糖—餹，檐—簷，糇—餱，戮—剹，撰—譔，
槗—橋—艢，嘻—譆，僵—殭，鲠—骾，腌—醃，颶—颮，飧—飱，猪—
豬，游—遊，愧—媿，慨—嘅，寓—庽，遍—徧，婿—壻，缄—緘—椷，
等等。

以古字为基础，更换声符的字例还如：仙—僊，馈—饋—餽，跷—
蹺—蹻，场—塲，腊—臘—膳，湿—濕—溼，疏—疎，摆—攞，楠—枬—
柟，箸—筯，璃—琍—瓈，螂—蜋，箸—篛，蠕—蠕，漱—潄，撑—撐，
潜—潜，跺—跥，璇—璿，鳌—鼇，蹄—蹏，等等。

3. 今字和古字在形体上迥异

今字和古字在形体上的差异，跟汉字字形的演变有着极为密切的关
系。张涌泉先生曾指出："汉字字形演变以后，有时演变后的字形会逐渐
跟源字拉开距离，并最终变成两个完全不同的字。"[①] 如"弟"字，赵撝
谦《六书本义》："弟，大计切，韦束次弟。象束韦缠绕形。作第，非。"
"弟"，应是"第"的本字，甲骨文写作"弟"，象在某物上"依次缠绕"，
后引申为"次第"之义，篆文写作"弟"，隶定楷化阶段写作"弟""苐"
"第"等字，但也有变体增笔把"弟"字头上的两点讹变成两点加一横的
状况。随着字义的发展变化和字形的进一步演化，"弟"逐渐成为"兄
弟"之"弟"的专字，而"第"成了"次第"之"弟"的专用字。

又如"县"字，赵撝谦《六书本义》："县，古垚切，断首倒悬也。
从到首为意。通用枭。""县"金文大篆写作"枭"，像倒挂在树桩上的首
级，本义应为"枭首示众"，后来又引申出"悬挂"的义项，借作"行政
区划单位"等义后，便另造"枭"字承担"县"的本义。

再如"曰"字，赵撝谦《六书本义》："曰，鱼欷切，言词也。从口，
上指言而气出形，又今书与粤同。"（《人物中篇·口部》）由赵氏说解可
知，表示"言词"的字，先后由"曰"和"粤"两个形体完全不同的字

---

① 张涌泉：《著名中年语言学家自选集·张涌泉卷》，上海教育出版社，2011，第 217 页。

符来承担。现在,"曰"行,"粤"废。

再如"奞"字,赵撝谦《六书本义》:"奞,思晋切,鸟张羽奋飞也。从大佳,能迅飞之意。今用迅。方音如绥。"(《虫兽篇·佳部》)由赵氏说解可知,表示"快速疾飞"之义的汉字,因为造字方法和构件选材的不同,而分别由不同的汉字符号"奞"和"迅"来表示。现在,"迅"行,"奞"废。

再如"得"字,赵撝谦《六书本义》:"德,旳则切,行道有得于心也。从直声,亦作惪、德。"(《人物上篇·心部》)"得",甲骨文写作"㝵",像手捡贝壳,寓"收获财富"之义,后引申作"行道得于心",再引申出"道德"义,为了分化"得"字所承担的各种义项,于是另造"德"或"惪"承担了"道德"的引申义项。

再如"草"字,赵撝谦《六书本义》:"屮,丑列切,屮木初生也。象屮初生有枝叶形,借与彻同,又与艸同。"(《草木篇·屮部》)"艸,采早切,百艸总名。从二屮为意。《汉书》用屮讳用草。"(《草木篇·屮部》)"草",赵撝谦《六书本义》无收,《说文》:"草,草斗,栎实也。一曰象斗子。从艸,早声。"① "草"的本义是一种植物名曰"草斗、栎实",与我们现在所熟知的"草木"是两个概念。当"草"被用来指称"艸"的本义时,"艸"逐渐废弃不用。

类似字例还有:苏一甦,予一余,亦一腋,不一柎,丂一丩一勾,块一凷,卡一豆,粥一鬻,于一於,佯一阳,屮一艸一草,厸一邻,皋一罪,育一毓,墜一地,亡一亾,凡一几,寨一砦,察一晉,鲜一尟一尠,骡一骡一赢,霓一蜺,专一專,尔一尒一爾,糍一餈,饌一籑,鬃一騌一騣一鬆,等等。

(二)古今字语音关系

以许慎为代表的汉代古文经学家最先以"读为""读如"等训诂方法解释汉字,这反映了古今字在语音上相同或相近的关联性。考察赵撝谦

---

① (汉)许慎:《说文解字》,中华书局,1963,第27页。

《六书本义》"古今字"，在语音上主要呈现以下三种关系。

1. 声韵俱同

如畺—疆，均为见母阳部字。赵撝谦《六书本义》："畺，居良切，界限也。《周礼》：'田任疆地'。从二田，三隔指所限。亦作疆，作壃、畺、礓，非。"（《理篇·田部》）还如止—趾，均为章母之部字。赵撝谦《六书本义》："止，诸市切，足止也。《汉志》：'斩左右止。'象形。作趾，非。"（《人物下篇·止部》）

2. 声同韵近

如覈—核，同为匣母字，而韵母"覈"在锡部，"核"在职部，二者韵部旁转。

3. 声近韵同

如臧—藏，"臧"属精母，"藏"属从母，同在阳部，精母、从母同为齿头音。赵撝谦《六书本义》："臧，兹郎切，善也。从臣戕声。……借吏受贿也，作赃，非。又臧获奴婢。转同续藏。又才浪切，五臟六腑，作臟，非。"（《人物上篇·臣部》）还如辟—僻，"辟"属帮母，"僻"属滂母，同在阳部，帮母、滂母同为唇音。赵撝谦《六书本义》："辟，必益切，法也。《书》：'辟以止辟。'从辛从口，用法，从卩制辛为意。……转与僻同。……又与嬖、避同。"（《数位篇·辛部》）

4. 声韵俱近

如内—枘，"内"属泥母物部，"枘"属日母月部，泥、日邻纽，物月旁转。赵撝谦《六书本义》："内，奴对切，自外入中也。从入门省，入于门内之意。转儒税切，木耑入鉴者，作枘，非。又音纳，同用。"（《数位篇·入部》）

（三）古今字的意义关系

从赵撝谦《六书本义》"古今字"的释例来看，古字和今字在所涵盖的意义上不一定完全相同，但是二者之间必定有一个共同的意义。

1. 今字分担古字的本义

如"亦"字，赵撝谦《六书本义》："亦，夷益切，人之臂亦也。从大，左右指两亦。亦作掖、作腋，非，借旁及之词。"（《人物上篇·大部》）由赵氏的解释可知，"亦"字的本义是"腋窝"，后假借为虚词后，则又另造新字"掖""腋"来承担其本义，其中"腋"是名词，"掖"是动词。

又如"匪"字，赵撝谦《六书本义》："匪，府尾切，筐也。非声，俗用筐、棐。借非也，又同斐。又大也，作棐，非。又分也，《周礼》：'匪颁之式。'"（《器用篇·匚部》）"匪"本义"筐"，后来被用作否定副词"非"后，另造"筐"字来承担其本义。

再如"莫"，赵撝谦《六书本义》："莫，莫故切，日冥也。从日，茻声，作暮，非。借艸名，《诗》：'言采其莫。'转末各切，不可也。"（《天文篇·日部》）"莫"的本义是"日暮"，被借用作否定副词后，加形符另造新字，由"暮"来承担其本义。

再如"内"字，赵撝谦《六书本义》："内，奴对切，自外入中也。从入门省，入于门内之意。转儒税切，木冚入鉴者，作枘，非。又音纳，同用。"（《数位篇·入部》）"内"的本义是"进入，使入内"，今字写作"纳"。《史记·秦始皇本纪》："百姓内粟千石，拜爵一级。"[1]"内粟"即"纳粟"，今天我们常用的"内外之内"是"内"的引申义，段玉裁《说文解字注》："今人谓所入之处为内，乃以其引申之义为本义也。互易之，故分别。读奴答切。"[2] 在表示"使入、接纳"义时，"纳"承担了"内"的本义。

还如"帽"字，赵撝谦《六书本义》："冃，莫报切，小儿、蛮夷头衣也。从冂，二指其饰。"（《服饰篇·冂部》）"冒，莫报切，以物冢蔽而前也。从冃于目上为意。……借贪也。又嫉也。转莫北切，冒顿，匈奴名。又莫妹切，毒冒，作蝐，非。"（《服饰篇·冃部》）按："冃"是"冒"的本字，而"冒"又是"帽"的本字。"冒"甲骨文写作"𦣻"，

---

① （汉）司马迁：《史记》，江苏古籍出版社，2002，第53页。
② （清）段玉裁：《说文解字注》，上海古籍出版社，2012，第224页。

象帽子形，本义为“戴在头上的帽子”。当“冒”的“帽子”本义消失后，再加“巾”另造“帽”代替。

2. 今字分担古字的某些引申义项

如“兒”字，赵撝谦《六书本义》：“兒，如移切，孩子也。从人，上指小儿头囟未合状。……又与齯通。”（《人物上篇・人部》）“兒”本义为“小孩”，引申为“老人齿落更生”，再引申出老人的“细齿”。于是，古人又在“兒”的基础上，增加形符另造“齯”字来承担其引申义。

又如“辟”字，赵撝谦《六书本义》：“辟，必益切，法也。《书》：‘辟以止辟。’从辛从口，用法，从卩制辛为意。……又与嬖、避同。”（《数位篇・辛部》）“辟”甲骨文写作“”，左下边是跪俯的犯人，右边头顶悬挂着一把用来施刑的刑具，像手拿刑具向犯人施法，寓意“刑法”，引申出“法律、法度、法庭”等义，因为法律具有警示作用，“法庭”要求人们“肃静、回避”，又引申出“回避、退避、躲避”等义。后来为了缓解“辟”的表意负担，又增加形符“辶”另造“避”来承担其引申义。

在这一组字例中，我们发现，由“辟”到“避、譬、劈、僻、闢”等字的引申分化可知，“辟”与“避、譬、劈、僻、闢”等字，分别构成了“辟—避”“辟—譬”“辟—劈”“辟—僻”“辟—闢”等古今字关系。另外，赵撝谦《六书本义》还认为，“辟”同“嬖”。其实，“嬖”是“辟”的假借义，表“宠爱，偏爱”义。[①] 此处，“嬖”又承担了“辟”的假借义。

3. 今字承担古字原来承担的假借义

如“臧”字，赵撝谦《六书本义》：“臧，兹郎切，善也。从臣，戕声。……借吏受贿也，作贓，非。又臧获奴婢。转同续藏。又才浪切，五臟六腑，作臟，非。”（《人物上篇・臣部》）由赵氏说解可知，“臧”本

① 《汉语大字典》（缩印本），四川辞书出版社、湖北辞书出版社，1992，第1680～1681页。

义"善也",假借为"储藏"的"藏"后,由"藏"承担其假借义。

又如"戚"字,赵撝谦《六书本义》:"戚,仓歴切,斧钺别名。从戉,未声。作鏚,非。借同慽,作感,非。又亲戚。"(《器用篇·戉部》)"戚"本指"斧钺",借为表亲属的"戚"后,由"戚"承担其假借义,还假借用来表示心情"失望、遗憾、不满足"等义项。后来,古人加注形符"心"字旁另造"慽"字来表示其与心情有关的假借义项。

需要强调的是,古今字是一个历时概念,先有古字,后分化出今字,今字产生以后,它所承担的意义一般就不再用古字了。但是,旧时的文人出于仿古求雅的心理,仍喜欢用古字。此时的古字与今字似乎是变成共时并存关系了,但从历史角度看,这种情况仍当以古今字的关系看待为是。

六　结语

研究古今字不仅是探讨文字的字形问题,也是探讨其在汉语发展过程中的语言问题。汉语词汇的发展和词义的引申,为今字的产生提供了语言基础和理论基础,今字的出现也使汉语书面表达更为清晰和准确,更是语言发展在文字表达上的突出反映。了解和掌握古今汉语的联系与变化,认识古今字这种客观存在的文字现象,不仅有助于厘清汉字词义系统产生和发展的变化规律,而且从语言学的角度来研究古今字,对于我们提高现代汉语的运用能力也具有重要作用。

第三节　"俗字"探释

平常很多人以为能够读懂现代通行的文言文,就可以读懂古典文献,弄懂古书文意,这是有理解偏差的。其实,古书中的许多文字,现代已经不再通行了,即便是我们现在可识的有些文字,其所代表的古代语义,也不是我们所能一目了然的。加之古书经过数千年的辗转抄写或翻印,错误颠倒脱漏等情况,都在所难免,不经过专家的考订,便无从或无法理解。就拿"佳兵不祥"这个成语来说,若不将"佳"字看成"隹"(惟)来理解，恐怕很难讲得通。在这里，其实牵涉了一个俗字讹写的问题，古人在传抄"隹"时讹写成了"佳"字。用文字学的知识来理解，这是一个明显的俗字讹写现象。

"俗字"一词最早见于北齐颜之推的《颜氏家训》。该书《书证》云："虗字从虍，宓字从宀，下俱为必。末世传写，遂误以虗为宓。……孔子弟子虙子贱为单父宰，即虙羲之后，俗字亦为宓。"① 所谓"俗字"，其实就是相对于正字而言的一种通俗字体。通常来讲，俗字其实是文字使用异常混乱的一种表现，"晋宋以来，多能书者。故其时俗，递相染尚。所有部帙，楷正可观，不无俗字，非为大损。至梁天监之间，斯风未变；大同之末，讹替滋生。萧子云改易字体，邵陵王颇行伪字；朝野翕然，以为楷式，画虎不成，多所伤败。至为一字，唯见数点，或妄斟酌，逐便转移。尔后坟籍，略不可看。北朝丧乱之余，书迹鄙陋，加以专辄造字，猥拙甚于江南。乃以百念为忧，言反为变，不用为罢，追来为归，更生为苏，先人为老，如此非一，遍满经传"。②

唐代颜元孙在其《干禄字书·序》中写道："自改篆行隶，渐失本真。若总据《说文》，便下笔多碍。当去泰去甚，使轻重合宜。……具言俗、通、正三体。……所谓俗者，例皆浅近，唯籍账文案、券契药方非涉雅言，用亦无爽。傥能改革，善不可加。所谓通者，相承久远，可以施表奏笺启、尺牍判状，固免诋诃。所谓正者，并有凭据，可以施著述文章、对策碑碣，将为允当。"③ 由颜元孙这段引文可知，俗字是一种不合六书造字标准的浅近字体，只适用于民间的通俗文书，适宜平民百姓使用。颜氏所谓"通体"，其实也是一种俗字，只不过使用范围更大一些，流延的时间更长一些。换句话说，"通者"就是承用已久的俗字。④ 正体则是可以登上大雅之堂、通行于官方的正规文字。

---

① （北齐）颜之推：《颜氏家训》，上海古籍出版社，1980，第408页。
② （北齐）颜之推：《颜氏家训》，上海古籍出版社，1980，第514页。
③ 张涌泉：《汉语俗字研究》，商务印书馆，2010，第1页。
④ 张涌泉：《汉语俗字研究》，商务印书馆，2010，第1页。

汉字自产生以来一直有正俗并用、正讹混用的困惑。然而,俗字作为汉字符号系统的一部分始终存在,并在正字以外有一定的使用领域和独特的使用功能。从文字学研究的角度来讲,俗字恰恰更能全面生动地反映汉字发展的脉络和路径。张涌泉先生就说:"俗字是伴随着文字的产生而产生,并且随着时间的推移而不断发生变化的。汉字由甲骨文、金文到小篆,由小篆到隶书,由隶书到真书,每一种新文字都可以说是旧文字的简俗体,同时每种文字内部也有它自己的俗字。"[1] 而且,就一些具体的、单个的汉字来说,其正俗关系也会随着时代的变迁而发生变化,有些字的形体在前一时代是俗体,到了后一个时期则成为正体进入社会正式通行。如"晜"字,赵撝谦《六书本义》:"晜,公浑切,兄也。……俗借昆。"(《器用篇·弟部》)由赵氏说解可知,表示兄弟关系的"昆",在古代汉语中"晜"是正体,随着汉字简化字的通行,当初被人们认为俗体的"昆"字现在却成了汉字简化通行字。

汉字发展到宋代以后,随着版刻书籍的盛行和流传,以正楷为主体的印刷体地位得到巩固和加强,字体在汉字使用中逐渐趋于规范和标准,人们在书面交流中随意更换偏旁、增减笔画、更换字形的现象逐渐被杜绝,这在一定程度上大大减少了俗字出现的可能。然而,在宋代的刻本书籍中,俗体字仍然屡见不鲜。正如赵撝谦在其《六书本义·原序》中所云:"至天宝间,诏以隶法写六经,于是其道尽废。其有作兴之者,如吕忱之《字林》、李阳冰之《刊定》、徐铉之《集注》……周伯琦之《正讹》之类,虽曰有功于世,然凡例不达,六义未确,终莫能明。其以指事为象形,会意为指事既非矣,至有以转注为假借,会意为转注,则失之甚者也。于乎正书之不显,俗书害之也,俗书之相仍,六义不明也。"关于唐宋以来俗字泛滥的状况,张元济先生在校勘宋本《盘洲文集》时也说:"书中点画偏旁之异,竹艸不分,木才通假,宋承唐后,手民谨守前规,

---

① 张涌泉:《著名中年语言学家自选集·张涌泉卷》,上海教育出版社,2011,第102页。

犹沿唐代卷子之习，未可尽目为误。"①

在承袭前代字学研究的基础上，明儒察觉唐宋学者过度违背汉学理论带来了诸多弊端，其中影响最大的莫过于俗字的泛滥使用。鉴于晚唐、五代至两宋俗字流行、正体不彰的状况，明代文字学学者赵㧑谦潜心"六书"学研究，完成力作《六书本义》。赵㧑谦在总结前代俗字研究的基础上，在《六书本义》中收集了大量俗字，并就俗字在汉字发展过程中的作用提出了自己的见解和看法，为我们研究俗字提供了重要的学术参考价值。

考察赵㧑谦《六书本义》所收录的俗字，参考科学汉字构形学理论和汉字构字理据理论，我们将从俗写、俗用、俗造三个类别入手，以浅显探讨俗字在汉字发展过程中的地位和作用。

一 "俗字"概念

一般而言，"俗字"就是在字形上对正字或改变笔画，或增减笔势，具有一定改造和替换关系的汉字。郭在贻先生表示："所谓俗字，是相对于正字而言的，正字是指得到官方认可的字体，俗字则是指在民间流行的通俗字体。"② 俗字主要成长于民间，大抵是"下里巴人"约定俗成的产物。俗字的产生，相对那些世代相传的正字来说，无疑是一种威胁，一种反动。③

在汉字正统学派眼中，俗字是一种不符合六书规范和用字标准的字体，是难登大雅之堂的民间产物。蒋礼鸿先生在其《中国俗文字学研究导言》中表示："俗字者，就是不合六书条例的，大多是在平民中日常使用的，被认为不合法的，不合规范的文字。"④

---

① 张涌泉：《汉语俗字研究》，商务印书馆，2010，第31页。
② 郭在贻：《郭在贻语言文学论稿》，浙江古籍出版社，1992，第265页。
③ 张涌泉：《汉语俗字研究》，商务印书馆，2010，第3页。
④ 蒋礼鸿：《中国俗文字学研究导言》，《杭州大学学报》（中国语文专号）1959年第3期，第129～140页。

对后世影响巨大的《说文》，就是按照六书规范，以汉字的小篆形体为标准，对其所收录的 540 个部首 9353 字（重文 1163 字）逐一进行了分析和归类，对正字规范起了相当重要的作用。由于传统的偏见，人们一般认为俗字是民间手写或手抄的，是跟汉字的正体有区别的汉字，通常杂乱无章、不可究诘。

尽管大多数学者，包括赵撝谦都对俗字持否定态度，并在其《六书本义》曰："于乎正书之不显，俗书害之也，俗书之相仍，六义不明也。"然而，不可否认的是，历代流行的俗字对于我们研究汉字发展的演化规律，具有不可或缺的参考价值。正如裘锡圭先生所说："在文字形体的演变过程里，俗体所起的作用十分重要。有时候，一种新的正体就是由前一阶段的俗体发展而成的。比较常见的情况，是俗体的某些写法后来为正体所吸收，或者明显地促进了正体的演变。"① 譬如，表示"罕见、稀少"义的"鲜"，其正字本写作"尟"，现在大家反倒认"鲜"不认"尟"了。

由此可见，俗字与正字应该是一个相对的概念，它们之间的关系应该是互补的，甚至是颠倒的。陈五云先生就认为："俗字是正字系统的补充，是正字系统由于时代不同形成的历时变化，是正字系统由于地域因素造成的方言变化，是正字系统在一定文化背景下的文化变体。俗文字属于变体，也就成了正字系统的后备仓库。"② 比如"强—彊"，《说文》："彊，弓有力也。从弓，畺声。"③ 而"强"的本义却是一种虫④，现在表示"强弱"义的时候，通常写作"强"，而"彊"已经并入"强"废弃不用了。

俗字来源具有多元化特征，表现形式也不尽相同。张涌泉先生表示：

---

① 裘锡圭：《文字学概要》，商务印书馆，2006，第 44 页。
② 陈五云：《俗文字学刍议》，《上海师范大学学报》（哲学社会科学版）1990 年第 2 期，第 138～143 页。
③ （汉）许慎：《说文解字》，中华书局，1963，第 270 页。
④ 裘锡圭：《文字学概要》，商务印书馆，1988，第 268 页。

"凡是区别于正字的异体字，都可以认为是俗字。俗字可以是简化字，也可以是繁体字；可以是后起字，也可以是古体字。"① 由于其产生来源多元，从不同的角度对俗字进行分析和归类，都会得出不同的结论。张涌泉先生在其《汉语俗字研究》中指出："文字是语言的书写符号，是约定俗成的交流工具。俗字作为一种传播媒体亦不能例外，手书的'任意性'不能不受到文字社会性的制约。"②

统筹起来，学者对俗字的研究主要有两种方式，一种是传统理论对俗字的研究，另一种是根据科学汉字构形学理据对俗字的研究。传统理论对俗字的研究，主要依循蒋礼鸿先生所言："研究俗文字学应有三个步骤，就是辑录、辨析、致用。方法则不外乎分析综合、参互考证，而方法就寓于研究的步骤之中。"③ 传统理论研究者的代表张涌泉先生认为，考辨俗字应根据"偏旁分析""异文比较""归纳类比""字书佐证""审察文义"④ 等方法进行分析和研究。总体而言，俗字的构成历经极为复杂的演变过程，对于具体的俗字要从各个角度、使用不同的方法进行对比分析，仔细观察，然后才能探究其形成的原因。

另一种方法是基于科学汉字构形学理论来研究俗字。科学汉字构形学理论认为，汉字是表意体系的文字，表意构件在交流过程中不断得以演进发展。而俗字是汉字发展过程中的一个特殊文字现象，它的成因有多种，包括文字结构的类化、构件的变换更异、字形的繁简变化等。王宁先生指出："共时汉字中有两种职能相同、形态不同的情况值得注意：一是异写字，一是异构字。"⑤

异写字是根据"书写风格属性"划分的，"就今文字阶段的汉字来

---

① 张涌泉：《汉语俗字研究》，商务印书馆，2010，第 6 页。
② 张涌泉：《汉语俗字研究》，商务印书馆，2010，第 44 页。
③ 蒋礼鸿：《中国俗文字学研究导言》，《杭州大学学报》（中国语文专号）1959 年第 3 期，第 129~140 页。
④ 张涌泉：《汉语俗字研究》，商务印书馆，2010，第 201~221 页。
⑤ 王宁：《汉字构形学讲座》，上海教育出版社，2002，第 73 页。

说，书写风格属性包括笔画的形态、笔画的顺序、数量、种类和笔画之间的联系方式等。组构成字的构件之间的联系状态如相离、相交、交重等，表现为构形属性问题，却是通过书写来实现的”。① 异构字根据“构形属性”划分，包括“构件组合特点、结构层级数、各级部件及其功能、构件的组合样式、构件模式、布局图式等”。②

通过分析比较可以看出，俗字研究不仅为我们呈现了一个汉字静态、共时的使用平面，也反映了汉字历时、动态的发展过程。在静态、共时的使用平面内，俗字与正字具有相对的独立性。在某一特定时期俗字的存在总是相对于正字而言，依附于正字而存在的。从汉字发展的动态历程来看，俗字与正字的关系始终是对立统一的，“在一定的文字系统中，正字总是占据着主要的、主导的地位，俗字则处于从属的、次要的地位；正字是文字系统的骨干，俗字则是正字系统的补充和后备力量。正俗之间的关系并不是一成不变的，他们往往随着时间的推移而不断发生变化”。③ 我们认为俗字当时能够被社会所认可，并且能够流传下来，一方面是社会约定俗成的结果，另一方面也有其存在的历史渊源和自身内部发展的规律。通过对赵撝谦《六书本义》俗字字例以及大量古籍文献俗字的考察和研究，我们发现历代学者对俗字的整理，往往更能清晰地辨别正字和俗字，并巩固正字在社会使用过程中的地位、规范和统一。因此，俗字研究是汉字研究的重要组成部分，也是目前考释文字和明确文字发展规律不容忽视的一个方面。

二 《六书本义》“俗字”表述体例

1. 俗转某、俗混用或俗混某

窆，囊宁切，安也。从心，在宀下，而有饮食之皿，安窆意。作宧，

---

① 陈淑梅：《东汉碑隶构形系统研究》，上海教育出版社，2005，第 35 ~ 36 页。
② 王宁：《汉字构形学讲座》，上海教育出版社，2002，第 63 ~ 66 页。
③ 张涌泉：《汉语俗字研究》，商务印书馆，2010，第 4 页。

俗混宁。（《宫室篇·宀部》）

显，呼与切，明见也。从目中视丝明显之意。亦加页作顯。页所以望，亦为会意。俗转憲。（《天文篇·日部》）

告，沽沃切，牛触人，角著横木，所以告人也。从口，近牛为意。方音居号切，俗混用梏、牿。（《人物中篇·口部》）

㐬，呼光切，水横流也。从川，𠫓亦声。俗混荒。（《理篇·川部》）

叉，则绞切，手足甲也。从又指叉生右手，俗混用爪。（《人物中篇·又有部》）

夋，七仑切，夋巡不进貌。从夊，允声。亦作逡、竣，俗混逡、蹲，作後、踆，非。又同皴。（《人物上篇·夊部》）

2. 俗作、俗用或俗或用

眉，旻悲切，目上毛。上指额理有毛形。《荀子》借靡。俗作眉。借蛾眉山名，作嵋，非。（《人物中篇·目部》）

高，居老切，崇也。象台观高而有垣墙之形。俗作髙。（《宫室篇·高部》）

畢，壁吉切，田网也。小而长柄，执以掩取禽兽者。……俗作罼。（《器用篇·華部》）

百，博陌切，十十也。从一至百之意。白声，古作𦣻。俗用伯、佰。转莫白切，励也。《左传》："距跃三百。"（《数位篇·一部》）

囚，力侯切，侧逃也。从内于匚纳藏扁蔽之意。俗用漏，从丙讹。（《器用篇·匚部》）

拜，布怪切，首至地也。从二手下地为意。……俗用扒。（《人物下篇·手部》）

圖，同都切，绘画也。象诘诎描画成文形。……用啚，非。（《服饰篇·象形八附》）

秝，郎击切，稀疏适也。物之稀疏适宜，惟禾最匀也。故从二禾为意。亦从石省声，作厤。俗用歷。（《草木篇·禾部》）

芔，莫古切，众草也。从四屮为意。俗用莽。（《草木篇·屮部》）

攴，普木切，小击也。从又，卜声。……俗或用撲。（《人物中篇·又有部》）

丕，㲋悲切，华落也。从不在地上，一指地。俗用披。（《数位篇·一部》）

姦，尻颜切，厶也。从三女为意。俗用奸，作奸，非。（《人物上篇·女部》）

冰，疑㑷切，水寒结冻也。从水结冰为意，俗作凝。或转疑，作冰，非。（《天文篇·仌部》）

訇，呼宏切，骇言之声也。从勻省声。……或用轟。（《人物中篇·言部》）

3. 今（俗）但用、俗借某或混曰借某

启，遣礼切，开户也。户开如口开之易，故从户、口为意，今但用啟。（《宫室篇·户部》）

舅，公浑切，兄也。……俗借昆，作舅，非。（《器用篇·弟部》）

矢，阻力切，头倾也。从大，指其页曲。今用侧。（《人物上篇·大部》）

匕，补履切，取饭器匙柶也。又匕首，刀属。又载牲体器。或用朼。并象其形。（《器用篇·匕部》）

丂，若浩切，气欲出而上碍也。象气出而上有碍形。今但用考、攷。（《人物下篇·丂部》）

粤，王伐切，发语词。……亦混曰借越。（《人物下篇·亏部》）

㒸，徐醉切，从意也。上象气意，说则气舒散，豕声，俗但用遂。（《数位篇·八部》）

4. 今僭用、今用某或又今书与某同（通）

予，演汝切，推予也。象上予下受形，下垂者益下之道，今用与，转同余。（《人物上篇·予部》）

曰，鱼欤切，言词也。从口，上指言而气出形，又今书与粤同。（《人物中篇·口部》）

臼，居玉切，叉手奉物也。象两手相向奉物之形。今僭用匊。（《人物下篇·臼部》）

屈，九勿切，无尾也。从尾，出声。……转同诎。（《虫兽篇·尾部》）

銍，即刀切，前往也。从二至为意。今用進。（《虫兽篇·至部》）

雥，徂合切，群鸟也。从三隹为意。今用雜。（《虫兽篇·隹部》）

蔑，今但用此。借无也，又微也。又与滅通。（《人物中篇·目部》）

5. 引经

熒，互扃切，火光不定也。从三火，冂声。虫名，《尔雅》："熒火，即照。"以其有光而借熒，非。（《天文篇·火部》）

咠，七入切，聂语也。从口就耳为意……《诗》："咠咠幡幡。"（《人物中篇·口部》）

雚，工奂切，鸟名。似鹤。将阴则鸣于巢旁，叫声。《庄子》借觀。作鸛，非。（《虫兽篇·雚部》）

師，霜夷切，二千五百人为师。……《汉书》："乌弋国出師子。"作狮、猕，非。（《理篇·㠯部》）

童，徒红切，男有罪曰奴，奴曰童，女曰妾。古以罪人之子没官供给使者。从辛，重省声。借童龙曰欲明貌，续作瞳眬。又未冠者，再史："童男女七十人俱歌。"本作僮。又曰牛羊未角皆曰童，易童，牛之告。《诗》："俾出童羖。"（《数位篇·辛部》）

艸，采早切，百卉总名。从二中为意。《汉书》用中讳用草。（《草木篇·中部》）

巩，居陇切，手抱也。从丮，工声。俗作执。《孟子》拱把通用。（《人物下篇·丮部》）

幻，胡贯切，相诈惑也。从反予反道相予，幻惑之意。《张骞传》："混用眩。"（《人物上篇·予部》）

勿，文拂切，州里所建之示也。象其柄而有三游之形。……《周礼》借物。（《服饰篇·象形八附》）

巿，分勿切，韨也。……《左传》混用黻。(《服饰篇·巾部》)

6. 作某……非

岡，居郎切，山脊。从山，网声。作崗、堈、罡，非。(《理篇·山部》)

炎，以冉、以赡二切，火华盛也。从三火为意，亦作燄，作爓、焰，非。方音呼炅切，俗音熛。(《天文篇·火部》)

奇，渠羈切，异也。大可为奇，犹言最好之意。作竒，非。(《人物中篇·可部》)

㛴，乃老切，头髓也。从囟，巳定意。囟，比箸于㛴也。……作腦，非。(《人物上篇·囟部》)

戹，乙革切，小门狭窄也。从户，乙声。作厄，非。(《宫室篇·户部》)

卒，臧没切，隶人给事者。古者染衣题识，故从衣，指染题处。作卆，非。(《服饰篇·衣部》)

誩，渠映切，争言也。从二言为意。亦作競、作竞，非。(《人物中篇·言部》)

弟，大计切，韦束次弟，象束韦缠绕形。作弚，非。借同悌，又弟宅。转上声，兄弟。(《器用篇·弟部》)

麥，莫白切，芒谷。从来，下指其距采形。作麦，非。(《草木篇·来部》)

躳，居雄切，身也。从身吕为意。作躬，非。又恭谨貌，作匑，非。(《人物上篇·身部》)

7. 俗知是某字或俗转

右，于救切，口手协助也。从又以为从口以齐之意，俗知是又字，作佑，非。(《人物中篇·又有部》)

兮，胡鸡切，语而禾也。凡言兮则当禾缓其声，声缓则气越兮而出。故从丂，上指气之越兮，俗转猗。(《人物下篇·丂部》)

8. 俗隶作、讹作某或作某讹

㪅，居衡切，改也。从攴，过则攴之使改，丙声。俗隶作更。(《人

物中篇·又有部》）

匹，辟吉切，四丈也。古者，一匹八牒，故从八于匸中为意。作疋讹。（《器用篇·匸部》）

啻，施智切，语时不啻之词，犹言何。……俗隶作商。（《人物中篇·口部》）

戸，后无切，独门曰戸。象形。……讹作户。（《宫室篇·户部》）

天，它年切，得阳气成，象连地外无不覆主物者，从一大为意。俗作兂、顚，未详何义。后世草书作**乁**，即乾为天卦之连。（《数位篇·一部》）

9. 隶作、亦省作或隶省作

旾，枢仑切，四时之首。从日，草生于春，故又从艸，屯声。亦省作旾，隶作春。（《天文篇·日部》）

亏，云俱切，於也。从万，上指气之舒乎。隶作于，皆然。借自足貌。（《人物下篇·万部》）

冃，亦省作帽。（《服饰篇·冂部》）

厺，人相远也。从大，厶声。隶作去。丘据切。又《荀子》与驱同。（《人物上篇·大部》）

書（昼），陟救切，日中也。从日，日之出入与夜为界。故从畫省为意。隶省作畫。（《天文篇·日部》）

曐，桑经切，万物之晶，上列为星象。三曑形，生声。……亦省作星。（《天文篇·晶部》）

朙，眉兵切，光照也。从月照窗光明之意。古从日月作🅳🅳。隶省作明，非，从目。（《天文篇·月部》）

香，虚良切，黍稷芳气。从黍甘为意。古作皀，隶作香省。（《草木篇·黍部》）

10. 史作某、古某字或古作某

烁，雌由切，禾熟时。从禾癗省声。古作𢇇。（《草木篇·禾部》）

畐，德合切，报所享也。从享，中指所以畐之者。……古福字也。

（《饮食篇·亯部》）

疾，胡沟切，射旳栖皮曰鹄，画布曰正。从人，有矢以射之意，中象张布形。古作疾，俗作侯。（《器用篇·矢部》）

奢，式车切，侈大也，者声。史作奓。（《人物上篇·大部》）

11. 亦作

岳，逆角切，山高而尊者。五岳，从山上指高大耸起形。亦作嶽。（《理篇·山部》）

夸，枯瓜切，张大言也，亏声。亦作誇、侉，非。（《人物上篇·大部》）

刕，力至切，铦也。又里之切，剥也。亦作劦。并从三刀为意。（《器用篇·刀部》）

冂，莫狄切，幔覆也。象冂巾垂覆形。亦作帲。（《服饰篇·冂部》）

族，作木切，失镝。……亦作镞。（《器用篇·矢部》）

羴，尸连切，羊臭。从三羊相喷为意。亦作羶、膻，非。（《虫兽篇·羊部》）

霝，郎丁切，雨礶也。从雨，品谐音。亦作零，非。借草木之落亦曰零。又年也，续收龄。（《理篇·雨部》）

囗，于非切，环绕也。象四口形，亦作围，借卫。（《数位篇·囗部》）

12. 通借某、借同某或僵借某

需，询趋切，遇雨不进也。……通借须。（《理篇·雨部》）

麤，囱徂切，鹿行超远也。作麁、觕，非。借同粗。（《虫兽篇·鹿部》）

率，朔律切，捕鸟毕，象丝网有上下竿柄。……借同帅领也。（《器用篇·形十九附》）

彧，乙六切，水有文章貌。从川，彧声。亦加有声作淢。俗借郁。借黍稷盛貌。《诗》："黍稷彧彧。"作稢、彧，非。（《理篇·川部》）

尐，子结切，少之也。……今僵借节。（《理篇·小部》）

三 《六书本义》"俗字"类型分析

俗字是相对于正字而言的,没有俗字,也就无所谓正字;没有正字,也谈不上俗字。针对赵撝谦《六书本义》所涉及的"俗字"字例,笔者尝试从"异构"和"异写"两个方面,从"俗用"、"俗写"和"俗造"三个角度,结合王宁先生的科学汉字构形学理论对"俗字"类型加以分析和归纳。

（一）俗用

在赵撝谦《六书本义》中,有一些字存在正俗通用的关系。随着时间的推移和汉字的演变发展,有些已经废弃的正字,被写成了另外一个音同音近或义同义近的字。张涌泉先生说:"我们认为大多数同音通用字确实不宜看作俗字。这种同音通用字的使用或者是根据传统用法,或者是书者仓促间而为之,借字与正字之间纯粹是同音或近音假借关系。"[①] 在这种情况下,不能把这类字划归俗字,"但如果同音通用字的使用是出于书写习惯或者为了达到简化字形及区别字义的目的,而非纯粹于声音上的考虑,我们就不妨把这个同音通用字看作是俗字"。[②]

1. 音借俗用

在古书中同音或近音替换的字很多,如果音同相借的字一直代替正字的位置而久借不还,则可认为是音借俗用。正如清王筠《菉友臆说》云:"案杜少陵《兵车行》亦用耶孃字,而木兰则作爺字。古无此名,即无此字,故假借用之。假借既久,因加偏旁,理势自然,不得荣古以虐今也。"[③]

如"几"字,赵撝谦《六书本义》:"几,举履切,案属。象形。俗用机。"(《器用篇·几部》)依赵氏说解,"几"本是"案属"的象形字,

---

① 张涌泉:《汉语俗字研究》,商务印书馆,2010,第8页。
② 张涌泉:《汉语俗字研究》,商务印书馆,2010,第8页。
③ 张涌泉:《汉语俗字研究》,商务印书馆,2010,第97页。

本义为 "几案"，与表示数目的 "幾" 是不同的两个字，后来在宋代时被假借为 "幾" 的用法，1935 年《手头字第一期字汇》将 "几" 作为 "幾" 的简化字。在 "几" 的本字被假借后，古人在 "几" 旁加注形符 "木" 另造了 "机" 字为之。

　　又如 "易" 字，赵撝谦《六书本义》： "易，蜥蜴、蝘蜓、守宫也，象头尾四足形。作蝎，非。借交变也，因为交易变易。" （《虫兽篇·贝部》） "易" 本为一种 "可随环境而改变体色的" 爬行动物，后来引申假借为 "变易" 之 "易"。古人 "假借既久，因加偏旁"，在 "蜥蜴" 之 "易" 的本字旁，加注形符 "虫" 字旁另造 "蜴" 字为之。

　　再如 "圖" 字，赵撝谦《六书本义》： "圖，同都切，绘画也。象诘诎描画成文形。……用啚，非。" （《服饰篇·象形八附》） "啚"，《汉语大字典》： "啚，乡下或偏远地区，与 '都' 相对。后作 '鄙'。" [1] 当 "啚" 假借为表示 "绘图" 的 "啚" 后，古人为了明确词义，分别为表示 "绘图" 的 "啚" 加注形符国字框另造 "圖" 字，为表示 "都鄙" 的 "啚" 加注形符 "阝" 字旁另造 "鄙" 字。

　　关于俗字音借俗用的几种状况，张涌泉先生指出： "古书中同音或近音替换的字很多，其中大多数可以划入假借字或音误字的范畴，但也有相当一部分是与俗字相关的，应该纳入俗文字的范畴。……直接借用同音或近音字形成的俗字有的与书写习惯有关……有的俗字是在同音、近音字的基础上而加以改造形成的……有的俗字表面上看起来是同音字或近音借用产生的，其实是借用了俗字的声旁。" [2]

　　其中， "直接借用同音或近音字形成的俗字有的与书写习惯有关" 的字如 "匹" 字，赵撝谦《六书本义》： "匹，辟吉切，四丈也。古者，一匹八襟，故从八于匚中为意。作疋讹。"《汉语大字典》： "疋，同匹。《方韵·质韵》： '匹，俗作疋。'《字汇补·疋部》： '匹，匹疋二字自汉已通

---

①　《汉语大字典》（缩印本），四川辞书出版社、湖北辞书出版社，1992，第 268 页。
②　张涌泉：《汉语俗字研究》，商务印书馆，2010，第 92～97 页。

用矣。'"① 其实，"疋"当为"足"的本字，随着古人的音借俗用，不仅有时作为"匹"的俗字通用，而且在有些古籍中还当作"雅"字。《说文》："疋，足也。上象腓肠，下从止。……古文以为《诗·大疋》字。"②

"在同音、近音字的基础上而加以改造形成的"俗字如"臼"，赵㧑谦《六书本义》："巨九切，舂臼也。象臼中有谷米。旧，非。"（《器用篇·臼部》）依赵氏说解，"旧"是"臼"的俗字。但还有一种情况，那表示"新旧"的"舊"字与"旧"又是何关系？据张涌泉先生考证，因"舊"与"臼"同音，故古人常借用笔画少的"臼"代之，而"旧"与"臼"又是正俗关系，所以"旧"逐渐成了"舊"的专用字。

"有的俗字表面上看起来是同音字或近音借用产生的，其实是借用了俗字的声旁"，如"凷（块）"，赵㧑谦《六书本义》："苦怪切，土墣。从土，上屈指其状。亦作塊。"（《理篇·土部》）《说文》："墣也。从土，一屈象形。塊，凷或从鬼。"③《故训汇纂》："凷与塊同。凷正字，塊俗字。"④ 土块的"塊"，造字之初其正字当为"凷"，后来被俗写成左形右声的"塊"，现被简化为"块"。

2. 俗用讹字

在汉字当中有许多俗字讹变现象，有些汉字由笔意发展到笔势，笔画日趋简易，再加上书写过程中人们为了追求书写速度等原因，致使字形发生了变化，从而产生了大量的俗字。如"香"字，赵㧑谦《六书本义》："虚良切，黍稷芳气。从黍甘为意。古作皀，隶作香省。"（《草木篇·黍部》）许慎《说文》："芳也，从黍从甘。《春秋传》曰：'黍稷馨香'。"⑤ 古人在书写"香"的过程中，因追求书写速度而简化了中间的四点，从

---

① 《汉语大字典》（缩印本），四川辞书出版社、湖北辞书出版社，1992，第1148页。

② （汉）许慎：《说文解字》，中华书局，1963，第48页。

③ （汉）许慎：《说文解字》，中华书局，1963，第286页。

④ 宗福邦、陈世铙、萧海波主编《故训汇纂》，商务印书馆，2003，第434页。

⑤ （汉）许慎：《说文解字》，中华书局，1963，第147页。

而使"香"字变成了"香",因两字形体相近,加上汉字的符号化过程使人们逐渐接受了字体更为简捷的"香"字,而废弃了原本为正字的"香"字。

又如"睂"字,《六书本义》:"睂,旼悲切,目上毛。上指额理有毛形。《荀子》借糜。俗作眉。借蛾睂山名,作嵋,非。"(《人物中篇·目部》)"眉"本写作"睂",随着字体的演化,人们因追求书写速度而使"睂"字的上半部分字体连笔,逐渐更换了更为简捷易写的上半部分,从而造成俗用讹写。

再如"昰"字,《六书本义》:"昰,上纸切,得正为是,反正为非。从正,日声。借有所止之意。"(《人物下篇·正部》)《汉语大字典》:"昰,同是。《集韵·纸韵》:'是,古作昰。'"[①]

还如"燹"字,《六书本义》:"燹,互扃切,火光不定也。从三火,门声。虫名,《尔雅》:'燹火,即照。'以其有光而借燹,非。"(《天文篇·火部》)古人在书写的过程中,将"燹"字上半部分的两个火连笔写成草字头,使"燹"变成了"荧"。

类似字例还有:猪—豬,趁—趂,馆—舘,狸—貍,猫—貓,苙—泣—莅,晋—晉,笑—咲,策—筴—箣,脆—脃,等等。

3. 类化俗用

张涌泉先生指出:"人们书写的时候,因会受到上下文或者其他因素的影响,给本没有偏旁的字加上偏旁,或者将偏旁变化成与上下文或其他字一致,这就是文字学上所谓的类化。"[②] 的确,有的汉字本来就是表形字,由形符组成,但是与上下文不尽一致,或者位置不同,于是往往增加形旁或意符以便与上下文取得一致。

类化增加偏旁或者改换偏旁,主要是涉及意符的增加或改换,而原字的基本构形没有多少变化。如"渊源"的"鼎"字,赵撝谦《六书本

---

① 《汉语大字典》(缩印本),四川辞书出版社、湖北辞书出版社,1992,第629页。

② 张涌泉:《汉语俗字研究》,商务印书馆,2010,第63页。

义》："𣶒，幺玄切，水积处。左右象厂中，象水盘转形。古作囷。亦作渊。作渁，非。"（《理篇·形十附》）"𣶒"本是"水积处"的象形，"象水盘转形"，古人再加水旁造出"渊"字，原字的本义没发生变化。"渊"现简化作"渊"。

又如"消灭"的"威"字，赵撝谦《六书本义》："威，许劣切，火灭息也。从火，戌声。借凡尽义皆曰威。《诗》：'褒姒威之。'娸，非。"（《天文篇·火部》）"威"是一个从火、从兵器的会意字，表示"摧毁生命"之义，后加水旁，从水、从火、从兵器，加强了这一意义。后来，古人干脆省去了代表水灾和兵灾的那部分形体，俗写作"灭"字。

再如"冰水"的"仌"字，赵撝谦《六书本义》："仌，悲夌切，水冻也。象水冰形，隶偏旁作冫。按：仌，古冰字，冰，古凝字。后人以冰代仌，以凝为冰，失本义也。"（《天文篇·仌部》）"冰，疑夌切，水寒结冻也。从水结仌为意。"（《天文篇·仌部》）其实，"仌"就是"冰"的象形，古人为了明确"冰"的类化属性，在"仌"旁又加了形符"水"。

类似字例还如：威—灭，崩—塴（塌），凳—（板）櫈，益—溢（出），（虫）尤—蚘，塔—墖，熏—燻，瞅—瞮，毁—燬，毁—毇，欲—慾，叚—假，睠—睊，梁—樑，等等。

4. 形近形混

古人在书写过程中，常常因缺笔、连笔或别的原因，而将字体形位相近的字加以混用，从而形成俗用字。例如：

【冃—冒】，赵撝谦《六书本义》："冒，莫报切，以物冡蔽而肯也。从冃于目上为意。"（《服饰篇·冂部》）《汉语大字典》："冃，同冒。"[1]

【兔—兎】，赵撝谦《六书本义》："兔，土故切，兽名。视月而生，故曰'明视'。象踞后尾形。"（《虫兽篇·兔部》）《汉语大字典》："兎，

---

[1] 《汉语大字典》（缩印本），四川辞书出版社、湖北辞书出版社，1992，第 626 页。

同兔。《字汇·儿部》:'兎,俗兔字。'"①

【朵—朶】,赵撝谦《六书本义》:"朵,都果切,树木花垂曰朵。从木,上指花垂朵。"(《草木篇·木部》)《汉语大字典》:"朶,同朵。《玉篇·木部》:'朶,同朵。'北周庾信《春赋》:'钗朵多而讶重,髻鬟高而畏风。'"②

【亯—享】,赵撝谦《六书本义》:"亯,许良切,进献熟物也。象以器盛所献物形,而上下有盖。……作亨、享,非。"(《饮食篇·亯部》)《汉语大字典》:"亯,同享。《说文·亯部》:'亯,献也。'徐灏注笺:'享即亯字,小篆作𠅃,因变为享。'《玉篇·亯部》:'亯,今作享。'"③

【器—噐】,赵撝谦《六书本义》:"器,去冀切,皿也。象四器,从犬以守之意。作噐,非。"(《虫兽篇·犬部》)《汉语大字典》:"噐,同器。《玉篇》:'噐,器的俗字'。"④

【冰—氷】,赵撝谦《六书本义》:"冰,疑夌切,水寒结冻也。从水结仌为意,俗作凝。或转疑,作氷,非。"(《天文篇·仌部》)《汉语大字典》:"氷,同冰。《字汇·水部》:'氷,俗冰字。'"⑤

因形近形混而成为正俗字关系的类似字例还有:兜—兠,衔—衘,耻—恥,歆—歅,寝—寑,懦—愞,脚—腳,厩—廏,辄—輙,厦—廈,厮—廝,橱—樹,秘—祕,霸—覇,器—噐,寶—寳,吞—吞,駡—罵,船—舩,查—查,栀—梔,柿—杮,宜—宐,蛆—蚏,皋—臯,捏—揑,农—辳,插—挿,券—券,教—教,删—刪,鬱—欝,氂—犛,册—冊,强—彊,鼓—皷,篦—篦,泛—氾,盍—盉,唇—脣,帮—幫,罰—罸,葬—塟,萼—蕚,醇—醇,鳌—鼇,辉—煇,寇—宼,叫—呌,等等。

(二)俗写

在赵撝谦《六书本义》中,有很多俗字是由于书写者在汉字的隶定

---

① 《汉语大字典》(缩印本),四川辞书出版社、湖北辞书出版社,1992,第114页。
② 《汉语大字典》(缩印本),四川辞书出版社、湖北辞书出版社,1992,第486页。
③ 《汉语大字典》(缩印本),四川辞书出版社、湖北辞书出版社,1992,第120页。
④ 《汉语大字典》(缩印本),四川辞书出版社、湖北辞书出版社,1992,第287页。
⑤ 《汉语大字典》(缩印本),四川辞书出版社、湖北辞书出版社,1992,第649页。

楷化阶段因增减笔画、改变笔势等因素而造成的字形变异。我们把这种因"书写风格"差异而造成的异形称为异写，异写是音、义完全相同的一组字由于写法不同而造成的形体差异。①

1. 隶定变异

在赵撝谦《六书本义》的一些异写俗字中，有些字的书写变异常常是由于行书楷化、草书楷化、隶定转写等所致。王宁先生指出："这种情况往往发生在字书与字典编写的过程中，特别是唐宋以后的楷书字典，为了保存古文字字形，要把古文字转写为楷书，一般称为隶（楷）定或隶古定；为了保存变异字体的简化结构，要把行书、草书转写为楷书，一般称行书楷化或草书楷化。"② 行书楷化、草书楷化或隶定转写是一个字在楷书平面上出现的两个或多个不同形体的文字现象。例如：

【芔—卉】：

芔，赵撝谦《六书本义》："诩鬼切，草木总名。从三中为意。作卉，非。"（《草木篇·中部》）"芔"，本是"从三中为意"的会意字，在行书楷化阶段，将"芔"上部的"中"简写作了符号"十"，下部的"艸"简化写成了"廾"，从而隶定楷化作"卉"字。

【秊—年】：

秊，赵撝谦《六书本义》："宁颠切，谷一熟曰年。从禾，千声。作年，非。"（《草木篇·禾部》）"年"，甲骨文写作"𠫦"，"年"本是从一个"从禾，千声"表示"五谷成熟，收获年成"的形声字，由于字形讹变，构件笔黏连、变形而成为"年"字。

【烾—赤】：

烾，赵撝谦《六书本义》："昌石切，大火色。从大火为意。亦作𤎶。借与尺同。又裸裎曰赤体。又空尽无物曰赤。"（《天文篇·火

---

① 王宁：《汉字构形学讲座》，上海教育出版社，2002，第 91 页。
② 王宁：《汉字构形学讲座》，上海教育出版社，2002，第 90~91 页。

部》）"赤"，甲骨文写作"火"，像"人在大火中炙烤"，随着字体的演变，表示"人"形的"大"字逐渐讹变成了"土"字，在隶定楷化阶段出现了"赤""夵"和"埊"三个不同形体。

【冄—冉】：

冄，赵撝谦《六书本义》："如占切，在唇曰须，在颊曰冄，象毛垂两颊形。亦作顋，作冉、髯，非。"（《人物下篇·鬼部》）按："冄"，甲骨文写作"冄"，像面部两颊旁边髯毛下垂的样子。小篆写作"冄"，隶楷简化后写作"冉"。可见，"冉"和"冄"是由于书写习惯引起的字体变异，是一个字在楷书平面上出现的两个形体。

【巟—荒】：

巟，赵撝谦《六书本义》："呼光切，水横流也。从川，亡亦声。俗混荒。"（《理篇·川部》）"荒"，金文是一个"从艸，从川，巟声"的形声字，金文大篆省去了"巟"字上边的"艸"字头，在隶定楷化阶段产生了"巟""荒"等字形，现统一简化作"荒"。

【竝—并】：

竝，赵撝谦《六书本义》："部迥切，同立也。从二立为意。作並、併，非。"（《人物上篇·立部》）《说文》："竝，併也。从二立为意。"[1]《汉语大字典》："竝，同並。"[2]"并"的甲骨文像两个并行的人，表示"平行并走"，随着字体的演化，后隶定楷化为"並"和"并"，现统一简化作"并"。

【叓—更】：

叓，赵撝谦《六书本义》："居衡切，改也。从攴，过则攴之使改，丙声。俗隶作更。"（《人物中篇·又有部》）《说文》："改也。从攴，丙声。"[3]《汉语大字典》："叓，隶变作更。"[4]"更"，甲骨文

---

① （汉）许慎：《说文解字》，中华书局，1963，第216页。

② 《汉语大字典》（缩印本），四川辞书出版社、湖北辞书出版社，1992，第1132页。

③ （汉）许慎：《说文解字》，中华书局，1963，第68页。

④ 《汉语大字典》（缩印本），四川辞书出版社、湖北辞书出版社，1992，第9页。

写作"⬚"，会"用鞭子抽人以使之改正"之意，发展到小篆变成了"从支，丙声"的形声字"⬚"，经过隶定楷化变成了没有构形理据的"更"字。

【牽—牵】：

牽，赵撝谦《六书本义》："轻烟切，引牛前也。一曲指引牛縻，玄声。"（《虫兽篇·牛部》）"牽"，甲骨文写作"⬚"，象"将绳子系在牛鼻子上拉牛"之形，小篆写作"⬚"，隶定楷化为"牽"，简化字写作"牵"。

【菖—春】：

菖，赵撝谦《六书本义》："枢仑切，四时之首。从日，草生于春，故又从艸，屯声。亦省作旾，隶作春。"（《天文篇·日部》）"春"，在小篆阶段是一个"从艸，从日，屯声"的形声字"菖"，隶变之后，"艸""屯"黏合变为"春"，造成字体变异。

从"⬚—更""菖—春"这两组异体字的变化可知，它们都是由于书写习惯而造成的文字形体变异。

【肯—肎】：

肎，赵撝谦《六书本义》："肎，苦等切，筋肉会处曰肎，从肉，一曲指筋形。作肯、肯，非。借为肎否之肎可也。"（《饮食篇·肉部》）"肯"，金文写作"⬚"，象"筋肉相连"之形，小篆写作"⬚"，在隶古定阶段写作"肎"，而在行书楷化阶段又以金文"⬚"为模板写作"肯"和"肯"字。

类似字例还有：屮—之，本—夲，亼—亡，冄—冉，菖—旾—春，鬧—閙，鞪—幇—帮，咱—嚌，厘—釐，挡—攩，垲—塏，函—圅，法—瀍，隶—隷，并—竝，最—冣，光—灮，異—异，帮—幇，暂—蹔，雁—鴈，等等。

2. 笔画繁减

在书写中，为求汉字平衡、美观或追求书写速度等，古人在书写时因习惯性添笔、减笔、缺笔、换形等原因而使字形变异，从而形成异写俗字。在异写俗字当中，有些俗字虽然增加或减少了笔画，但是在构词造句的功能上并没有发生变化。例如：

【井—丼】：

井，赵撝谦《六书本义》："子郢切，掘地及泉处，外象勾韩形，中象汲器形。或曰象画井田，法中公田。"（《宫室篇·井部》）《说文》："八家一井，象构韩形。罋之象也。古者伯益初作井。凡井之属皆从井。"[①] "井"，甲骨文写作"开"，金文写作"丼"，中间所添一点，表示井中有物，当然也有为使字形美化平衡的效果。[②]

【冤—寃】：

冤，赵撝谦《六书本义》："於袁切，屈也。从兔，在门下不得走逸，冤屈之意。作寃，非。"（《虫兽篇·兔部》）《汉语大字典》"寃"下云："同'冤'。《字汇·宀部》：'寃，与冤同。……从兔，在门下。此正字也，后人作宀。'《正字通·宀部》：'寃，俗冤字。'"[③]

【土—圡】：

土，赵撝谦《六书本义》："土，统五切，地能吐生万物，故曰土。象有物从地吐出形。转董五切，圍土狱城，又与杜通。"（《理篇·土部》）"土"字本无点，但是古人为了与"士"字区别，时常在"土"字下加点作"圡"，使"土"与"圡"构成一对正俗体关系。《汉语大字典》："圡，同土。《隶变·衡方碑》：'圡家于平陆。'顾蔼吉注：'土本无点，诸碑士或作土，故加点以别之。'"[④]

---

① （汉）许慎：《说文解字》，中华书局，1963，第106页。
② 张治东：《赵撝谦〈六书本义〉"记号"探析》，《宁夏大学学报》（人文社会科学版）2016年第1期，第4页。
③ 《汉语大字典》（缩印本），四川辞书出版社、湖北辞书出版社，1992，第395页。
④ 《汉语大字典》（缩印本），四川辞书出版社、湖北辞书出版社，1992，第175页。

【冰—凝】：

冰，赵撝谦《六书本义》："疑夌切，水寒结冻也。从水结仌为意，俗作凝。或转疑，作氷，非。"（《天文篇·仌部》）《说文》："水坚也，从仌从水。凝，俗冰，从疑。"[①] 《汉语大字典》"冰"下云："凝结。后作凝。"[②]

【寍—寧】：

寍，赵撝谦《六书本义》："安也，从心，在宀下，而有饮食之皿，安寍意。作甯，俗混寧。"（《宫室篇·宀部》）《说文》："寍，安也。从宀，心在皿上。人之饮食器，所以安人。"[③] 段注："此安寧正字，今则寧行而寍废矣。"《汉语大字典》"寍"下云："同'寧'。"[④] 因此在"寍"的基础上增加"丁"部件，成为"寧"，故两者成为正俗关系。

类似字例还有：户—戶，吴—吳，决—決，污—汚，沉—沈，泯—泯，炯—烱，厢—廂，熙—熈，坳—坳，羌—羗，凑—湊，備—俻，薆—薆，蹰—躕，厨—廚，等等。

（三）俗造

俗字产生于民间，是民间约定俗成的产物。唐兰先生指出："中国文字既以形体为主，讹变是免不了的，由商周古文字到小篆，由小篆到隶书，由隶书到正书，新文字总是旧文字的简俗体。"[⑤] 而汉字在每一种字体的演变过程中所产生的简俗字都是俗造字俗写的一个部分，我们将这种后起的简俗字称为异构俗字。所谓异构俗字，就是依据新的构形理据而产生的与正字存在差异的俗字。

① （汉）许慎：《说文解字》，中华书局，1963，第240页。
② 《汉语大字典》（缩印本），四川辞书出版社、湖北辞书出版社，1992，第124页。
③ （汉）许慎：《说文解字》，中华书局，1963，第150页。
④ 《汉语大字典》（缩印本），四川辞书出版社、湖北辞书出版社，1992，第397页。
⑤ 唐兰：《中国文字学》，上海古籍出版社，1979，第183页。

1. 书写变异

汉字字体包括甲骨文、金文、大篆、小篆、隶书、行书、草书、楷书等字体，各个字体间的写法各有不同，存在明显差异，即便是同一个汉字的同一个字体也有部分构件不同的状况。唐兰先生表示："春秋以后，是文字的大混乱时期，不仅各国文字自成风气，就是在一国里面，有时极意摹古，有时却简俗诡别，至不可识。"① 这种因字体变形而流行的俗字，在一定程度上打破了汉字构形的理据。例如：

【卒—卆】：

"卒"，赵撝谦《六书本义》："藏没切，隶人给事者。古者染衣题识，故从衣指染题处，作卆，非。"（《服饰篇·衣部》）《说文》："隶人给事者，衣为卒。卒衣有题识者。"② "卒"在草书正写的过程中，由"卒"变异成了"卆"，而"九、十"在中国古代阴阳算数中表示数字之终。因此，在表示"终结，死亡"义项中，"卆"又实现了构形理据的重构，与"卒"成为一组异构俗字。

【留—畱】：

"畱"，赵撝谦《六书本义》："畱，力求切，止也。从田，所止土，邜声。……作留，非。"（《理篇·田部》）《汉语大字典》："畱，同留。《说文》：'畱，止也。从田，邜声。'"③

【前—歬】：

"歬"，赵撝谦《六书本义》："歬，才先切，行而进也。从止，船省声。俗用前。"（《人物下篇·止部》）"歬"，甲骨文写作"🚢"，表示"徒步拉船逆流而上"，篆文省去了表示行进义的"行"字，简写作了"歬"，基本承袭甲骨文字形，也有的篆文在"歬"旁加注形

---

① 唐兰：《古文字学导论》，齐鲁书社，1981，第252页。
② （汉）许慎：《说文解字》，中华书局，1963，第173页。
③ 《汉语大字典》（缩印本），四川辞书出版社、湖北辞书出版社，1992，第1063页。

符"人",将"歬"写成"歬",随着字体的隶定楷化,简化作"前"。在字体的演进过程中,"歬"和"前"成为异体字,现统一简化作"前"。

【亾—亡】:

"亾",赵㧑谦《六书本义》:"武方切,逃也。从入于乚,逃亡之意。"(《数位篇·入部》)《说文》:"逃也。从入从乚。"[1]《汉语大字典》:"亾,同亡。"[2]"亡"本作"亾",敦煌卷子则复变点为横写 E 形。[3] 人们在书写过程中,将"人"字符改变写成点横,打破了其本字的构形理据。

类似字例还有:衆—众,煮—煑,赍—賫,逼—偪,樟—橦,侃—偘,敕—勅,梅—楳—槑,瞠—瞪,花—芲,鳖—鼈,怪—恠,甕—罋,斳—靳,窑—窯,等等。

2. 重新构形

为记录同一个词而采用不同的构形方式或选取不同的构件材料形成的一组异构俗字。这类俗字跟相对应的正字相比,更换了造字方法或构形部件。如"岳"字,赵㧑谦《六书本义》:"逆角切,山高而尊者。五岳,从山上指高大耸起形。亦作嶽。"(《理篇·山部》)《说文》:"嶽,东岱南霍西华北恒中泰室,王者之所,以巡狩所至。从山,狱声。岳,古文象高形。"[4] 类似字例还有:

【審—审—宷】:

審,赵㧑谦《六书本义》:"宷,式荏切,详悉也。从釆,在宀下。详悉分辨于屋下之意。亦作審。"(《虫兽篇·釆部》)《汉语大字

---

① (汉)许慎:《说文解字》,中华书局,1963,第 267 页。

② 《汉语大字典》(缩印本),四川辞书出版社、湖北辞书出版社,1992,第 1997 页。

③ 张涌泉:《敦煌俗字研究·下编》,上海教育出版社,1996,第 60 页。

④ (汉)许慎:《说文解字》,中华书局,1963,第 190 页。

典》:"宷,同审。《说文·采部》:'宷,悉也,知宷谛也。审,篆文宷从番。'《字汇·宀部》:'宷,审正字。宷之意也,与寮宷字不同,宷从爪从木。'"①"审",则是现代群众创造的从宀申声的形声字。

【奔—犇】:

奔,赵撝谦《六书本义》:"奔,逋昆切,走也。从走省,贲省声。亦转贲,《书》:'虎贲三千人。'作犇,非。"(《人物下篇·走部》)"奔"本是"众人战败逃窜"的象形,与古代汉语中的"走"字同义。但古人同时,又造了一个从三牛(众牛)奔跑的会意字。现在统一简写作"奔"。

【姦—奸】:

姦,赵撝谦《六书本义》:"居颜切,厶也。从三女意。俗用奸,作奸非。"(《人物上篇·女部》)《说文》"姦"下云:"私也,从三女。"②《说文》"奸"下云:"犯婬也。从女从干,干亦声。"③《汉语大字典》:"奸,通姦。"④"奸,同姦。《玉篇·女部》:'姦,姦邪也。奸,同上,俗。'"⑤

【县—枭】:

县,赵撝谦《六书本义》:"县,古垚切,断页,倒首也。从倒首为意。通用枭。"(《人物下篇·页部》)"枭,坚垚切,不孝鸟也。大则害其母,又名流离。日至,捕磔枭之。从鸟首在木上为意。"(《虫兽篇·鸟部》)《故训汇纂》:"悬首于木上曰枭。"⑥

【吅—喧】:

吅,赵撝谦《六书本义》:"许元切,讻也。从二口为意。作喧,

① 《汉语大字典》(缩印本),四川辞书出版社、湖北辞书出版社,1992,第392页。
② (汉)许慎:《说文解字》,中华书局,1963,第265页。
③ (汉)许慎:《说文解字》,中华书局,1963,第264页。
④ 《汉语大字典》(缩印本),四川辞书出版社、湖北辞书出版社,1992,第431页。
⑤ 《汉语大字典》(缩印本),四川辞书出版社、湖北辞书出版社,1992,第440页。
⑥ 宗福邦、陈世饶、萧海波主编《故训汇纂》,商务印书馆,2003,第1110页。

非。"（《人物中篇·口部》）《说文》："惊呼也，从二口。……读若
謹。……今俗别作喧。"① 《汉语大字典》："吅，同喧。大声呼叫；
声音杂乱。也作誼、讙。"②

【羴—羶】：

羴，赵撝谦《六书本义》："尸连切，羊臭。从三羊相喷为意。亦
作羶、膻，非。"（《虫兽篇·羊部》）《说文》："羊臭也，从三羊。凡
羴之属皆从羴。羶，羴或从亶。"③《汉语大字典》："膻，同羶。……
今'膻'字通行。"④

【麤—粗—觕】：

麤，赵撝谦《六书本义》："麤，囪徂切，鹿行超远也。作麁、
觕，非。借同粗。"（《虫兽篇·鹿部》）《说文》："麤，行超远也。
从三鹿。"⑤《说文》："粗，疏也。从米，且声。"⑥《汉语大字典》：
"觕，麤也。《公羊传·庄公十年》：'觕者曰侵。'觕，粗略也。《汉
书·艺文志》：'庶得麤觕。'"⑦

【某—槑—楳】：

某，赵撝谦《六书本义》："莫栖切，酸果也。李阳冰曰：'此正
梅字也。'从木，上指其实，非甘也。古作呆、槑。亦从每声，作
梅、楳，非。转莫后切，凡事不知其名之称。"（《草木篇·木部》）
"某"本是"梅"的本字，当"某"被假借作"凡事不知其名之称"
后，古人又为"某"加注形符"木"另造"楳"字。同时，还有汉
字创制者造出了"从木，每声"的"梅"字。

① （汉）许慎：《说文解字》，中华书局，1963，第35页。
② 《汉语大字典》（缩印本），四川辞书出版社、湖北辞书出版社，1992，第243页。
③ （汉）许慎：《说文解字》，中华书局，1963，第78页。
④ 《汉语大字典》（缩印本），四川辞书出版社、湖北辞书出版社，1992，第888页。
⑤ （汉）许慎：《说文解字》，中华书局，1963，第203页。
⑥ （汉）许慎：《说文解字》，中华书局，1963，第147页。
⑦ 《汉语大字典》（缩印本），四川辞书出版社、湖北辞书出版社，1992，第1632页。

类似字例还有：肤—膚，疲—罷，创—剙，杂—襍，吼—吽，訛—譌，天—顚，村—邨，裹—裡，呆—獃，覩—睹，线—線，階—堦，婦—娬，搜—蒐，揪—捒，苍—蒼，閘—牐，咨—恣，恤—卹—賉，閑—閒，袟—袠，棕—椶，哲—喆，祀—禩，坤—堃，喋—啑，跍—蹰，蛙—鼃，蛔—蚘，喂—餵，啼—嗁，等等。

3. 置向不同

在异构俗字中，还有一些俗字是因为在古代汉字尚未定型固化阶段，因将汉字构件置向、偏旁位置等随意放置而产生的与正字存在异体关系的汉字。如"烁"，赵撝谦《六书本义》："雌由切，禾熟时。从禾𤔥省聲。古作𥣫。"（《草木篇·禾部》）《说文》"秋"下云："禾谷孰也。从禾，𤌔省聲。𥤚，籀文不省。"[1]

又如"胸"字，赵撝谦《六书本义》：" 匈，虚容切，膺也。外象匈肌，凶声。俗作胷。"（《人物上篇·勹包部》）在这里，"胸"和"胷"由于构件的置向不同，形成一组正俗关系的异体字。

再如"梅"字，赵撝谦《六书本义》将"每"字置于"木"上，而与"梅"字形成的正俗体关系。

类似字例还如：峰—峯，和—咊，够—夠，翅—翄，渐—慚，峒—峝，鹅—鵞，鄰—隣，期—朞，嵒—嵓，氊—氈，揪—擎，晰—晢，感—慽，皆—毗，纸—帋，峨—峩，炎—炏，赤—夫，群—羣，婀—娿，鹈—鵜，蹴—蹵，墩—塾，飘—飉，槁—槀，鍬—鍫，稿—稾，橛—橜，融—螎，蜗—蝸，阔—闊—濶，谟—暮，裙—裠，幕—幙，等等。

4. 偏旁替换

汉字由甲骨文、金文、篆文、隶书演变到行楷、草书，字形在不断发展演变。在古今字体的转化过程中，由于人们对汉字形体结构及笔势笔画的不同理解，有些字形得到了重新布局，即使同一结构的字也会产生不同的书写形式。多数汉字一般都是由两种或者两种以上意义相关或相近的偏

---

[1] （汉）许慎：《说文解字》，中华书局，1963，第 146 页。

旁组成，由于偏旁替换或构件替换，很多字体得到重新组合，这些重新组合的汉字与正字相比，意义并未发生变化，从而产生了一大批俗字。如【羴—羶—膻】，赵撝谦《六书本义》："羴，羊臭。从三羊相喷为意。亦作羶、膻，非。"（《虫兽篇·羊部》）"羴"，"从三羊会羊膻"之义；"羶"，"从羊，亶声"的形声字；"膻"，"从肉，亶声"的形声字。在这一组正俗体关系的异体字中，由于意义相近的偏旁替换，使"膻"在文字的隶定楷化中，出现了多个形体不同的正俗字关系的异体字。

再如【凷—块】，赵撝谦《六书本义》："凷（块），统五切，土墣也。从土，上指其状。亦作块。"（《理篇·土部》）《说文》："墣也。从土，一屈象形。块，或从鬼。"① 土块的"块"，由于造字者选用了不同的声符，将声符由"夬"换成"鬼"，从而形成一组异体字式的正俗字。

再如【从—從—従】，赵撝谦《六书本义》："从，自雝切，相听许也。从二人相并为意。通用從。"（《人物上篇·人部》）"從，墙容切，又才用切，随行也。从从、辵为意。隶作従。转七容切，从容、舒和貌。……又足用切，放也。又鉏江切，高也。记従従尔。"（《人物下篇·辵部》）"从"，最初甲骨文即写作该字，像二人相随而行，表示"跟随"之义。随着字体的丰富，又加"彳"（表示道路），金文又加"止"（表示脚）写作"從"。随着字体的逐渐演进，"从"在隶定楷化阶段分化为"從""従"等不同异体字形，现统一简化作"从"字。

还如【韱—韯】，赵撝谦《六书本义》："韱，思廉切，山韭也。《尔雅》：'山中有之。'……俗讹韯。"（《草木篇·韭部》）这一组俗字产生的原因，跟古人的书写习惯有关，都是从韭的形声字，在书写过程中，因连笔而将"从"字改为"十"，造成正俗字关系。

类似字例还如：绔—袴—裤，锄—鉏，眙—瞪，肢—胑，徧—遍，詠—咏，呐—讷，踵—歱，菴—庵，鶏—雞，棽—梺，嘽—𧮪，靭—靱，扼—搤，扯—撦，泄—洩，泪—淚，坂—岅，坞—隖，附—坿，侦—遉，

---

① （汉）许慎：《说文解字》，中华书局，1963，第286页。

杷—琶，劍—劎，悖—誖，悍—猂，秕—粃，偷—媮，煉—鍊，籼—秈，
酿—醸，球—毬，槍—鎗，荫—蔭，拐—枴，棹—櫂，棰—箠，礦—鑛，
胭—臙，脑—腦，脏—臟，脏—髒，等等。

文字在演变发展过程中，正字和俗字的关系和地位会随着时代的发展
而相互转换。如"躬"字，赵撝谦《六书本义》："躳，身也。从身吕为
意。作躬，非，又恭谨貌，作匑，非。"（《人物上篇·身部》）赵撝谦将
"躬"定为"躳"的俗字，但从实际使用情况看，"躬"自汉代以后便开
始盛行，而"躳"只出现在少数热衷于复古的士大夫的笔下。汉字简化
之后，"躬"行"躳"废。有些俗字在演变过程中，因为实用性较强，取
代正字成为约定俗成的标准字。还有的因为俗字的功能有了新义，从而成
了正字。例如"桉"和"案"，二者本为异体字，但当"桉"作"桉树"
时，二者就不能混用了。

四 "俗字"产生原因

俗字的产生不仅受到汉字内部发展规律的影响，而且跟人们在各个时
代汉字的书写习惯和用字规范也紧密相连，具有一定的社会性和时代性。
有鉴于此，我们认为俗字的产生和发展主要有以下几个方面的原因，现简
要分析如下。

（一）汉字发展的总趋势是简化

语言是社会发展的重要产物，文字是记录语言的书写符号。苏培成先
生认为："作为交际工具的语言文字，具有强烈的社会性。"[1] 文字是人类
社会最重要的交际工具之一，是人们在长期的社会生活和实践中逐渐形成
和发展起来的。作为构意文字的汉字，是汉族先人在几千年的摸索和传承
中积淀下来的，是集意蕴、绘画、建筑等美感于一身的艺术集合体。汉字
在传承和发展中，为了更好地适应书面交际需要，逐渐脱离了其造字之初
见形知义的状态，向符号化方向转变。在这个转变过程中，它要逐步适应

---

[1] 苏培成：《现代汉字学纲要》（第3版），商务印书馆，2014，第231~232页。

人们书写速度和用字规范的双向要求。在人们追求书写速度的过程中，出现了一些与原字有区别的相对不规范的汉字，在当时的社会条件下，被认为是不合规范的俗字，然而在一定区域却被人们接受和传承。因为，它简单易写的特点在一定程度上满足了人们追求速度的书面交际需求。从这个角度来讲，汉字形体的演化和转变是人们在书面交流过程中约定俗成的产物，在书面交流过程中，人们要求文字速写易记的性质决定了其形体简化的必然性。通常来讲，汉字的简化与繁化是汉字发展的两条重要规律，而简化则是文字发展的总趋势。"魏晋以后古汉语文学语言词汇的书写形式直到现在，一直是使用楷书、行书和草书。而楷书的形式，虽然有各代统治者的尽力'匡谬正俗'，依然阻拦不住趋简求别的发展力量，简化字形的趋势一直没有停止。"① 通过对赵撝谦《六书本义》俗字字例的分析和研究，不难看出，有些俗字之所以被保留下来而逐渐代替正字是有一定时代原因和社会基础的，并且在使用过程中也顺应了汉字简化的趋势要求。周有光先生表示："俗体不一定是简体，可是大都是简体。简笔的俗字生命力最强，俗体字的产生在历史上没有停止过。俗体字不但在比较随便的场合应用，在庄严的场合也应用；不但一般书写者应用，受过严格文字训练者也应用。各种字体里都有俗体字，它是不受体态限制的构形简化。汉末以来，各个时代都不能不或多或少承认一部分群众中间普通通行的简体字。"②

（二）俗字自身的通俗性特点

唐兰先生指出："有许多字，在前世是盛行的，之后被时代淘汰了，目前早已形成废字。有些字起源虽然很晚，在学者眼光里是俗字，如花、这、们等，在自然选择里却被留下了，成为最常用的字。"③ 社会约定性是文字产生和发展的一个重要条件，文字随着时代的变化而变化，随着人

---

① 孙常叙：《古－汉语文学语言词汇概论》，上海古籍出版社，2016，第58页。

② 周有光：《汉字改革概论》，文字改革出版社，1964，第319页。

③ 唐兰：《中国文字学》，上海古籍出版社，2001，第148页。

类社会的书面交际需要而存在和发展。颜元孙《干禄字书·序》云："所谓'俗'者，例皆浅近，唯籍账、文案、券契、药方非涉雅言，用亦无爽。"① 由颜氏这段表述可知，俗字之所以广泛流行于民间，主要原因在于：一是俗字的字体较为浅近，便于书写；二是大量流行于民间的账单、契约、案卷、药方等常用的通俗文书，以及俗文学作品的写本或刻本，因其在一定范围已被约定俗成，所以被凡夫俗子乐于接受。张涌泉先生指出："通俗性是俗文字的根本性特点之一，俗字之所以成为'俗'字，便与它通俗的特点有关。"② 简单通俗、速记易写，是俗字的最大优势。如"土"字加点写成"圡"区别于"士"，"王"字加点写成"玉"区别于"王"。其实，古字中所谓的"分别文"最初往往都是由俗字引起的。现已成为正字的燃、搬、桌、睬、第、稳等，原本就是然、般、卓、采、弟、隐等的俗字，这些俗字最初都是为区别字义而产生的。

（三）政府主导的强制规范

汉字的发展离不开适时的整理和规范，政府的文字政策对汉字的发展也会起到一定的决定性作用。③ 从秦朝实行"书同文"制度开始，到后来历代政府对文字的规范和统一，尤其是新中国成立后，政府对汉字的简化改革工作，对文字的发展起到了至关重要的作用。然而，"语言文字是人类社会最基本的社会现象，它的改革、发展和消亡有其自身内部发展的规律"④，而行政手段只是推动文化改革的一种客观存在的外部干预，不能产生长期的效果。这就要求我们在使用文字时，要正确合理地看待汉字简化的趋势，严格遵守文字自身的发展演化规律，对于"汉字的简化，只

---

① 张涌泉：《汉语俗字研究》，商务印书馆，2010，第 1 页。
② 张涌泉：《汉语俗字研究》，商务印书馆，2010，第 121 页。
③ 张治东、《赵撝谦〈六书本义〉"俗字"探释》，《宁夏大学学报》（人文社会科学版）2017 年第 3 期，第 34 页。
④ 张治东：《赵撝谦〈六书本义〉"俗字"探释》，《宁夏大学学报》（人文社会科学版）2017 年第 3 期，第 34 页。

能去认识它、了解它、利用它，并根据客观情形进行有效推动"。① 比如，1986 年国务院回复国家语言文字工作委员会提出的《关于废止〈第二次汉字简化方案（草案）〉和纠正社会用字混乱现象的请示》，宣布废除"二简字"。其实，第二次汉字简化字中的很多简化字都不符合汉字的发展实际和其自身的发展规律，"二简字"将一些原本有构字理据的字切割成毫无章法的符号。虽然写起来简便，但确实丧失了汉字自身的艺术美感和用字习惯。所以，尽管政府主导的强制规范具有一定的约束作用，但仍要以人们对汉字的约定俗成和其自身的发展规律为前提。对此，颜之推在其《颜氏家训·书证》中有过精辟论述："吾昔初看《说文》，蚩薄世字，从正则惧人不识，随俗则意嫌其非，略是不得下笔也。所见渐广，更知通变，救前之执，将欲半焉。若文章著述，犹择微相影响行之，官曹文书，世间尺牍，幸不违俗也。"② 可见，撰写文章、寄发公文，包括与朋友的书信往来，只有遵循汉字自身的发展规律，不违背通行的社会约定和用字规范，才能达到文字畅通交流的目的。

（四）古代文学作品在传抄过程中难免有讹误

在印刷术发明之前，古代文学作品全靠手抄书写传世，因为抄写人包括作者本人的文字水平、知识积累、书写习惯，以及责任心、注意力、精力等都各有不同，加上书写者当时所处的语言文字环境，比如当时通行的常用字、常用词、常用字体和常用书写体例等的不同，使古代文学作品中的一些用字或词汇都难免有被错写或误用的情况。如【刀—舟】，赵㧑谦《六书本义》："刀，都劳切，兵器，象形。借小船，俗用舟。"（《器用篇·刀部》）《故训汇纂》："刀，小船曰刀。《诗·卫风·河广》：'谁谓河广，曾不容刀。'"③ 按："舟"，甲骨文写作"𦨶"，粗看上去极似"刀"的象形。在古代文学作品的传抄过程中，古人难免会将"舟"误为

---

① 张治东：《赵㧑谦〈六书本义〉"俗字"探释》，《宁夏大学学报》（人文社会科学版）2017 年第 3 期，第 34 页。
② 檀作文译注《颜氏家训》，中华书局，2016，第 283 页。
③ 宗福邦、陈世饶、萧海波主编《故训汇纂》，商务印书馆，2003，第 1110 页。

"刀"。现在，我们如果将《诗·卫风·河广》："谁谓河广，曾不容刀"中的"刀"换写作"舟"，似乎也念得通。可见，在古代汉语文学作品的传抄过程中，因为书写者的知识素养、书写习惯，以及用字环境的不同，而产生了一些与正体不合的俗字。如果从文字的产生背景、偏旁分析、异文对比和字书佐证入手，仍然能够找到文字的正俗关系，并厘清其渊源。

五 "俗字"研究必备条件

工欲善其事，必先利其器。从事汉语俗字研究，古汉语的基本功是必不可少的，这就要求我们必须具备识古文、明训诂、辨声韵、熟典故的能力。[1] 这是做好俗字研究工作必不可少的一些基本条件。

（一）识古文

读书须先识字，研究俗字则须先识古文字。张涌泉先生指出："汉字由甲骨文而篆，由篆而隶，由隶而真而草，经历了几次大的变迁，再加上历代的别字，杂乱纷呈，构成了整个复杂的汉字系统。而俗字的来源，则或甲，或金，或篆，或隶，或真，或草，异途殊归，迄径百出。这就要求研究者以辨识文字为先务，对汉字在各个阶段的渊源流变有一个总体的把握。"[2]

（二）明训诂

古今异言，只有疏通解释才能理解清楚。研究俗字必须和训诂结合起来，才能疏通明白。张涌泉先生说："不明训诂，便无法判定异文的是非；不明俗字，则不能推明这种是非的来龙去脉。"[3]

（三）辨声韵

汉字是文字"音、形、义"的统一体，既有形、有义，还有音。从传统小学的角度来说，包括文字、音韵、训诂三项内容。音韵与文字、训

---

[1] 张涌泉：《敦煌俗字研究·下编》，上海教育出版社，1996，第222页。

[2] 张涌泉：《敦煌俗字研究·下编》，上海教育出版社，1996，第223页。

[3] 张涌泉：《敦煌俗字研究·下编》，上海教育出版社，1996，第229页。

诂的关系至为密切，是了解文字发展不可忽视的一项重要内容。张涌泉先生表示："如果不辨声韵，便很难做好俗字的研究工作。"① 掌握了古音韵，才可以较好地考察词源，更为清晰地查寻俗字产生的出处。因为古人写字时，不时会利用一些通假的文字现象，而这种通假现象，就是俗字产生的一种重要根源。

（四）熟典故

古籍中往往牵涉历史上的人名地名、典章制度及诗文典故等，而俗字有时候则是与它们交织在一起出现的，这就要求从事俗字研究工作者必须对这方面的知识有一个初步的掌握和认识。张涌泉先生认为："读书太少、知识过于狭窄，也很难在俗字辨识方面作出成绩。"② 因此，我们在平时的读书过程中，要学会积累，读书的面须广，古代的文史哲典籍，尽量多涉猎，并养成勤查勤记的习惯。只有知识面宽广了，视野开阔了，俗字辨识才会少一些障碍。

六 结语

俗字研究对于古籍整理、大型字典编纂，以及建立完整的汉语言文字学体系具有重要作用。了解和掌握历代俗字，不仅可以帮助我们探明文字源流演变、辨析疑难杂字，而且有助于我们规范使用现行通用汉字。当然，从长久发展来说，我们认为汉字发展应该融入整个社会发展，以便于人们交流为前提。颜之推在其《颜氏家训·书证第十七》中云："世间小学者，不通古今，必依小篆，是正书记；凡《尔雅》《三苍》《说文》，岂能悉得苍颉本指哉？亦是随代损益，互有同异。西晋以往字书，何可全非？但令体例成就，不为专辄耳。考校是非，特须消息。"③ 语言文字是人类重要的交际工具，人们使用语言文字主要是为了交际。语言文字的使

---

① 张涌泉：《敦煌俗字研究·下编》，上海教育出版社，1996，第232页。
② 张涌泉：《敦煌俗字研究·下编》，上海教育出版社，1996，第235页。
③ 檀作文译注《颜氏家训》，中华书局，2016，第282页。

用表面看似乎是个人行为，而实质是社会行为。正如胡朴安先生所言："文字是时代的产物；文字的作用，是纪录事物，替代言语；时代是息息演进的，事物和言语，也是随着时代的演进而变化；文字当然也要随着事物和言语的变化而增加废弃。社会上没有这件事物，没有这句言语，便不必有这个文字；所以《说文》九千三百五十三文，现在应当废弃的，有二分之一以上。"① 因此，人们在使用语言文字进行交际时，必须遵循汉字内部发展的规律和汉字在书写过程中的社会约定，遵守政府关于文字统一的明确规范，才能顺利实现文字书面交际的功能。为了更好地与世界接轨，减少书面交际中的麻烦，在今后的工作和学习过程中，我们还是要响应国家号召，使用国家通用语言文字，大力推行汉字规范化和标准化。若不是专业研究，要尽量减少俗字在现代书籍中的应用。尽量使汉字使用达到规范和标准，以政府规范为核心，以社会规范为依据，以约定俗成为前提，做到精要有用，以方便人们更好地交流和交际。

第四节 "异体字"探释

汉字在长期的发展、演变过程中，产生了大量读音相同、意义相同、语法功能相同，而形体不同的异体字。汉字异体现象的本质是一组不同形体的字记录了语言中词汇意义和语法功能相同的一组语词，而且除共同记录的语词外，原则上不再记录其他词。规范和整理异体字现象是研究汉字发展演变规律和建立现代汉字构形学的宝贵资料，对于古音韵的研究也具有较高的参考价值。

众所周知，每个汉字都有其产生、发展和演变的独特轨迹，在大量分析汉字"音、形、义"的基础上，汉代学者创立了六书理论。六书理论是我国传统文字学的核心内容，更是人们探讨文字本义及其衍生义的主要理论依据。由于当时所见古汉字资料的局限，古人的六书理论并不完善，

① 胡朴安：《文字学 ABC》，商务印书馆，2017，第 8 页。

自许慎《说文》之后，不断有人对六书理论提出批评、修正和补充，以使之能够涵盖所有汉字。

宋元学者不满汉儒皓首穷经的状态，敢于用天人感应、阴阳五行的观点来解经，从理学的角度来看待六书，所以宋元著作多疑经、改经。明代学术多承袭宋元两代，但是又与宋元两代的学术研究有所不同。明儒察觉，宋人过度违背汉学带来了诸多弊端，其中影响最大的，莫过于俗字、异体字的滥用。鉴于宋元俗体泛滥、正体不彰的状况，赵撝谦潜心六书，完成力作《六书本义》。

赵撝谦《六书本义》全书共收一千三百字，定三百六十个部首，以象天地生成之数，分为数位、天文、地理、人物、草木、虫兽、饮食、服饰、宫室、器用等十类，《人物篇》收字最多，分成上、中、下三卷，总计十二卷。其中，对于异体字的研究尤为详尽，对其涉及的每一组异体字都给予了注明和诠释。本节以赵撝谦《六书本义》为基点，综合古今方家之说，试就异体字的概念属性、产生来源以及归类判别做浅显探析。

一 "异体字"概念

古老的汉字，人称"出生不报，死而不葬"。[1] 从殷商甲骨文到现行简化字，汉字使用已经超过三千年。经过数千年的沉淀和积累，汉字数量已达八万之众。然而，在平常使用过程中，即使从商代到现代，常用汉字的数量似乎并没有显著增加。裘锡圭先生认为："如果不管那些生字、僻字，并且把用法完全相同的异体字看作一个字，各个时代使用的汉字的数量似乎并无很大变化。"[2] 那剩下的几万字，大部分可能是历代产生的异体字。梁东汉先生表示："异体在汉字系统中是普遍存在的，可以这样说，几乎每一个字都有异体。"[3] 大量异体字的出现，给人们的识记、交

---

[1] 柳建钰：《〈类篇〉异体字研究》，宁夏大学硕士学位论文，2006，第1页。

[2] 裘锡圭：《文字学概要》，商务印书馆，2006，第31页。

[3] 梁东汉：《汉字的结构及其流变》，上海教育出版社，1959，第64页。

流带来了诸多不便。

在谈及战国时期六国文字混乱状况的时候，裘锡圭先生明确指出："文字异形的现象影响了各地区之间在经济、文化等方面的交流，而且不利于秦王朝对本土以外地区的统治。所以秦始皇统一全中国后，迅速进行了'同文字'的工作，以秦国文字为标准来统一全中国的文字。"① 历史上曾有过若干次的正字活动，除了秦朝统一后所进行的"书同文"外，还出现了历代政府所支持的诸如颜师古、颜元孙祖孙编撰的《字样》《干禄字书》等对文字具有规范作用的书籍。这些正字活动对文字的规范和统一曾起到一定的积极作用，但始终没有形成如同现行通用规范字这样明确的正体系统，因而历朝各代都有大量异体字共时并存的现象。

汉字是"音、形、义"的统一体，属于表意体系的语素文字。在长期的发展、演变过程中，产生了大量读音相同、意义相同、语法功能相同而形体不同的异体字。裘锡圭先生认为："异体字就是彼此音义相同而外形不同的字，严格地说，只有用法完全相同的字，也就是一字的异体，才能称为异体字。"② 因此，汉字异体现象的本质是一组不同的字记录了语言中词汇意义和语法功能相同的一组语词，而且除共同记录的语词外，原则上不再记录其他词。从汉字构形理论的角度来说，异体字是研究汉字发展演变规律和建立科学汉字构形学的宝贵资料，对于古音韵研究也具有较高的参考价值。因此，厘清各时期的异体字，不仅可以更好地帮助我们研读文献古籍，而且对于规范使用现行汉字具有举足轻重的作用。

20 世纪 90 年代中叶，王宁先生提出了汉字构形学理论。汉字构形学理论从构形和功能两个维度对同一历史平面上的汉字进行了考察和研究，然后提出："异体字是在使用中功能没有发生分化的为语言中的同一个词造的不同的文字形体以及由于书写变异造成的一个字的不同形体。"③ 其

---

① 裘锡圭：《文字学概要》，商务印书馆，2006，第 64 页。
② 裘锡圭：《文字学概要》，商务印书馆，2006，第 205 页。
③ 张书岩主编《异体字研究》，商务印书馆，2004，第 12 页。

中，“在使用中功能没有发生分化”指的是用词功能，“为语言中的同一个词造的不同的文字形体以及由于书写变异造成”指的是汉字构形，而“一个字的不同形体”则点明异体字的属性特点是同字异体或同词异形。

一般而言，判别异体字应该从三个方面去把握，一是词汇意义必须一致，二是语法功用必须相同，三是异体字的职能限于本用，借用不属于异体字范畴。如“學”字，赵撝谦《六书本义》：“學，效也。从教，冂取蒙昧意。从臼支教，作斈，非。又与敩同。”在这一组异体字中，三字取意相同而构形不同。“敩”是一个“从教从冂，冂，尚蒙也，臼声”[①] 的形声字；“學”，甲骨文作“”，由“”、“”和“”三个构件组成，会“在室内手把手教练算筹”之意；“斈”是一个意合式会意字，表“教小孩识读学习”之意，《宋刊中兴词选》李刘《贺新郎·上赵侍郎生日》：“不斈花奴簪红槿，且看秋香宜晚。”[②] 还如“裤”和“绔”（袴）二字，均表示“穿在腰部以下的衣服”，“裤”是普通用语，“绔”（袴）是粤方言。

二 《六书本义》“异体字”解说术语

古人一般采用“或体”“重文”“帖体”“异文”“字体之异”“讹体”“谬体”“俗字”“俗体”或其他一些解说术语来指称异体字。[③] 而赵撝谦《六书本义》则主要采用“俗作某”“俗用某”“俗混某”“俗隶作某”“隶作某”“省作某”“亦作某”“作某非”“古作某”“史作某”“讹作某”“通用某”“但借某”“今但用某”“俗但用某”“又与某同”“转与某通”“转同某”“隶作某”“亦通古作某”“方音用某”等解说术语解释和说明异体字。当然，赵氏所引用的这些解说术语有时候也指称通假字、俗字、同源字、古今字等其他文字现象，需要我们细心考证以甄别

① （汉）许慎：《说文解字》，中华书局，1963，第69页。
② 胡双宝编《异体字规范字应用辨析字典》，北京大学出版社，2012，第306页。
③ 张书岩主编《异体字研究》，商务印书馆，2004，第18页。

对待。

1. 俗作某、俗用某、俗借某或俗混某

天，它年切，得阳气成，象连地外无不覆主物者，从一大为意。俗作
兂、顥。（《数位篇·一部》）

鱻，相然切，小鱼，从三鱼为意。俗用鲜。转同尟。《班固赋》："鱻
生民之晦在。"作尠、尟，非。（《虫兽篇·鱼部》）

宓，囊宁切，安也。从心，在宀下，而有饮食之皿，安宓意。作甯，
俗混宁。（《宫室篇·宀部》）

閒，居闲切，门中也。从月照门隙中为意。……俗借闲。（《宫室
篇·门部》）

尻，斤於切，处也。从尸，启处几上为意。俗混居。（《人物上篇·
尸部》）

2. 隶作某、省作某或俗隶（省）作某

夻，人相远也。从大，厶声。隶作去。丘据切。又《荀子》与驱同。
（《人物上篇·大部》）

暜，枢仑切，四时之首。从日，草生于春，故又从艸，屯声。亦省作
旾，隶作春。（《天文篇·日部》）

朙，眉兵切，光照也。从月照窗光明之意。古从日月作𪜶。隶省作
明，非，从目。（《天文篇·月部》）

并，毕盈切，相从也。……隶作并。（《人物上篇·从部》）

曐，桑经切，万物之晶，上列为曐，象三曑形，生声。……亦省作
星。（《天文篇·晶部》）

叓，居衡切，改也。从攴，过则攴之使改，丙声。俗隶作更。（《人
物中篇·又有部》）

3. 亦作某或作某……非

办，初良切，伤也。亦作创。（《器用篇·刀部》）

祘，苏母切，明示以数也。从重示明显之意。亦作算，作筭，非。
（《器用篇·示部》）

灾，将来切，火焚室屋也。从火，烧宀为意。亦作烖。史作災。（《天文篇·火部》）

異，羊吏切，分也。从収，所以分，畀声。亦作异。（《人物中篇·収部》）

轟，呼横切，群车声。从三车为意。作輷、軥，非。（《器用篇·车部》）

再，作代切，一举而二之也。从一，冓省，以积物而一之再之意。也通借载，作再，非。（《数位篇·一部》）

丣，莫饱切，开户时也。日出于丣辟户之时，故从两户相比开意。……作卯，非。（《宫室篇·户部》）

卒，臧没切，隶人给事者。古者染衣题识，故从衣，指染题处。作卆，非。（《服饰篇·衣部》）

芈，绵婢切，羊鸣声。上指口中有气出形，作咩，非。借姓作乜，非。（《虫兽篇·羊部》）

霝，郎丁切，雨磁也。从雨，品谐音。亦作零。（《理篇·雨部》）

4. 转同某或今但转某

屈，九勿切，无尾也。从尾，出声。……转同诎。（《虫兽篇·尾部》）

疋，山於切，足也。或曰即足字。……转语下切，正也，今但转雅。（《人物下篇·止部》）

予，演汝切，推予也。象上予下受形。下垂者益下之道。今用与。转同余。（《人物上篇·予部》）

5. 讹作某或通用某

戶，後五切，独门曰户。象形。……讹作户。（《宫室篇·户部》）

册，测革切，编简也。象二苇编竹简形。……通用策。（《器用篇·形十九附》）

盇，古恶切，覆也。从一皿宜覆之物。大声。通用盍。又辖腊切，借训何不也。（《器用篇·皿部》）

从，自雞切，相听许也。从二人相并为意。通用從。(《人物上篇·人部》)

县，古垚切，断首倒悬也。从到首为意。通用枭。(《人物下篇·页部》)

6. 但借某、今但用某或俗但用某

叒，日灼切，顺也。汝也。从三又、朋友之际，至顺之意。但借若。(《人物中篇·又有部》)

尌，殊句切，种植也。从寸持种，豈声。俗用樹。(《人物中篇·寸部》)

启，遣礼切，开户也。户开如口开之易，故从户、口为意，今但用啟。(《宫室篇·户部》)

㺲，徐醉切，从意也。上象气意，说则气舒散，豕声，俗但用遂。(《数位篇·八部》)

7. 又与某通(同)或转与某通(同)

陈，沱鄰切，伏羲以木德王所，都宛丘。从𨸏，从水，甶声。……转与陳通。(《理篇·𨸏部》)

蔑，今但用此。借无也，又微也。又与滅通。(《人物中篇·目部》)

屮，丑列切，中木初生也。象屮初生有枝叶形，借与徹同，又与艸同。(《草木篇·屮部》)

8. 亦通古作某或古从……作某

喜，许已切，悦乐也。从口，豈声。或曰奏豈，令人喜乐。亦通古从欠，作歆。(《人物下篇·口部》)

堯，倪幺切，土高貌。古从三土为意，作垚。亦加兀，高出之意。作堯，非。(《理篇·土部》)

棄，殷至切，椆也。……古弃。(《器用篇·華部》)

9. 方音用某

棥，符袁切，蒿也。从林，中指编织交错形。……作樊。方音用藩。(《草木篇·林部》)

奭，乳沈切，疲弱也。从而大为意。颊毛盛大则肤理弱也。亦作
媆。……作顿、软，非。方音乃管、奴困二切，作愞、嫩，非。（《人物
上篇·大部》）

10. 古作某或史作某

香，虚良切，黍稷芳气。从黍甘为意。古作𣈙，隶作香省。（《草木
篇·黍部》）

朮，式竹切，豆总名。象蔓引歧枝根荄之形。非上小成文。古作尗、
作菽，非。（《草木篇·象形十六字附》）

次，叙连切，慕欲口中流液也。从欠，出水为意。古作𣨾，史作𣵽。
（《人物上篇·欠部》）

奢，式车切，侈大也，者声。史作奓。（《人物上篇·大部》）

三 "异体字"类型结构

针对赵撝谦《六书本义》涉及的异体字类型，我们依据王宁先生的
汉字构形学理论尝试从"异构"和"异写"两个角度对其加以分析和归
纳。

（一）异构字

异构字是指记录同一个词而采用不同的构形方式，或选取不同的构件
材料所形成的一组异体字。汉字有象形、指事、会意、形声以及转注、假
借等造字方式，人们在记录同一个语词时，由于时间、地点以及语言环境
等因素的不同，而采用不同的造字方式，或选取不同的构件材料从而形成
的一组不同的异构字。如"壄""野"二字，都是为记录"野外、田野"
等义而创制的文字，但从字形看，"壄"是会意字，而"野"是形声字。
再如"嵩"和"崧"二字，字形构件相同，但构件置向不同，一为左右
结构，一为上下结构。还如"膻"和"羶"二字，同为形声字，但使用
了不同的形符。由上述这些字例不难看出，构制同一个词的字符可以有多
种选择方式，既可以选择不同的造字方法，也可以选择不同的构字部件。
当构件相同，构件置向不同时，也会产生一组不同的异构字。考察赵撝谦

《六书本义》"异构字"，主要呈现以下几个方面的特点。

1. 构件数量不同

构件数量的繁简，是造成汉字异体现象的重要因素。如"曑"字，赵撝谦《六书本义》："桑经切，万物之晶，上列为曑，象三曑形，生声。……亦省作星。"（《天文篇·晶部》）再如"雷"字，赵撝谦《六书本义》："回，力隈切，阴阳薄动成声也。象阴阳二气相勹回转之形。亦作靁，……作雷，非。"（《理篇·形一附》）

类似字例还有：集—雧，蚊—蠜，拿—搻，虹—蝀，蜂—蠭，雷—靁，累—纍，等等。

异构字在正字上增加的构件，或示音或示义。传统文字学上的"累增字"，如果其功能尚未分化，当归入此类。所谓累增字，在文字学上指增加了偏旁（声旁或形旁）而不改变字义的后起形声字，有时加了偏旁后又加偏旁，实际上仍为一个字的文字学现象。如"爰"字加"手"旁成为"援"，"网"字加"亡"成"罔"，后又加"糸"成"網"。但是，如果后起字在初文或古字的基础上加偏旁，意义发生了变化，则不能再视作累增字，如"亦"加"夕"成"夜"。

赵撝谦《六书本义》中有很多累增字式的异构字，如"韭"字，赵撝谦《六书本义》："韭，己有切，菜名。一种而久生故名，象二本生地上形。作韮，非。"（《草木篇·韭部》）"韭"金文大篆写作"𣫦"，是韭菜的象形字，后来为了强化其草本属性，又加"艸"字旁形成累增字，意义并未发生变化。"韭""韮"属于一对累增字式的异构字。

还如"劦"字，赵撝谦《六书本义》："劦，胡颊切，同力也。从三力为意。亦作恊、协。"（《人物上篇·力部》）"劦"，是一个从三力的会意字，表示"同心协力"之意。古人为了突出"戮力同心"，又加形符"心"字，写作"恊"，随着字体的演变，现隶定楷化作"协"。

类似字例还有："凳"和"櫈"，"桌"和"槕"，"麻"和"蔴"，"殷"和"慇"，"厷"和"肱"，"弄"和"挵"，"梁"和"樑"，等等。

当然，需要特别注意的是，若非义近形符或为了分化职能而累加形符，则不能称作异构字。如“背”和“揹”。“背”本义指“脊背”，引申出“负荷”义后，分化出“揹”字。“揹”是“背”的分化字，不能形成异体字关系。

类似字例还有：修—脩，北—背，自—鼻，蔑—巇，其—箕，等等。

2. 造字方式不同

古人在创制汉字时，若采用不同的造字方式，便会产生不同的异构字。例如“个”字，赵撝谦《六书本义》：“古贺切，竹一枝也。《史》：‘竹万个。’从竹省半为意。亦作箇。”（《草木篇·竹部》）《汉语大字典》：“个，同箇（個）。《集韵·箇韵》：‘箇，或作个，通作個。’”[①] 在这一组异构字中，“个”是“从竹省半为意”的会意字，而“箇”“個”则分别是“从竹，固声”“从人，固声”的形声字。

又如“堯”字，赵撝谦《六书本义》：“堯，倪幺切，土高貌。古从三土为意，作垚。亦加兀，高出之意。作堯，非。”（《理篇·土部》）“尧”，甲骨文写作“”，像有人头顶某物，寓意“高”，随着字形的讹变，“人”字形变成了“兀”。而“垚”则是一个“从三土”的会意字。

再如“雥”，赵撝谦《六书本义》：“雥，徂合切，群鸟也。从三隹为意。今用雜。”（《虫兽篇·隹部》）依赵氏说解，三隹放在一起，会“群鸟相聚声音吵杂”之义。但是，古人又造了一个“从隹，卒声”的“雜”字，从而使“雥”“雜”成为异体字。

再如“创”字，赵撝谦《六书本义》：“刅，初良切，伤也。亦作创。”（《器用篇·刀部》）《汉语大字典》：“刅，同创。创伤。……《集韵·阳韵》：‘刅，或作创。’”[②]

再如“梅”字，赵撝谦《六书本义》：“某，莫桮切，酸果也。李阳冰曰：‘此正梅字也。’从木，上指其实，非甘也。……亦从每声，作梅、楳。……转莫后切，凡事不知其名之称。”“梅”，金文写作“”，是一个

① 《汉语大字典》（缩印本），四川辞书出版社、湖北辞书出版社，1992，第43页。

② 《汉语大字典》（缩印本），四川辞书出版社、湖北辞书出版社，1992，第136页。

"从木，从甘"的会意字，表示一种有酸甜口味的果子。后来，"某"字被假借为"凡事不知其名之称"的"某"后，古人便在其原字旁加注形符"木"另造了"楳"字。同时，又有人制造了一个"从木，每声"的"梅"字。另外，还有人根据"梅"的性状，创制了"槑"字。于是，"梅""槑"和"楳"三字在一定时期形成异体关系。

还如"灾"字，赵撝谦《六书本义》："灾，将来切，火焚室屋也。从火，烧宀为意。亦作烖。史作灾。"（《天文篇·火部》）此处，"灾""烖""灾"三字互为异构字。"灾"，甲骨文写作""，象"火焚室屋也"，字体演变后隶定楷化写作"灾"；"烖"为小篆形体，是一个从火，其余部分为声的形声字；"灾"是一个从水、从火的意合式会意字。

类似字例还有：创—刅，膝—厀，扬—揚—敭—颺，渺—淼，窗—窓—愡—惚—窻，谥—諡—謚，暖—暾—煖—煗，暗—晻—闇，置—寘，碗—盌—椀，照—炤，嗥—噑—獋，辞—辤—辥，窥—窺—闚，寝—寢—寑，罂—罌—甖，墙—墻—牆，叠—疊—㬪，蕊—蕋—橤—蘂，淆—殽，耕—畊，艳—豔—豓，绒—毧—羢，穿—阹，笺—牋—椾，驱—毆，欣—訢，罎—罈，時—旹，吻—脗，姦—奸，嘆—歎，聞—䎽，吝—恡，恤—卹，坤—堃，奔—犇，刮—劀，琴—琹，叩—敂，锉—剉，剩—賸，皓—暠，等等。

需要注意的是，若为同一个语词所造不同的字形可称为异构字，但若非为同一词所造，则不能成为异构字。如"蘇"和"甦"。"蘇"，《说文》："桂荏也。从艸，穌声。""甦"是"苏醒"一词的后出字，"蘇"被借用作"苏醒"一词后，"蘇"行"甦"废。

另外，在汉字中，有些字的词义在某些义项上被包含使用，也不能算作异构字。如"果"字，赵撝谦《六书本义》："果，古火切，木实曰果；蔓生曰瓜。从木，上指果实。有文非田也。作菓，非。"（《草木篇·木部》）按："果"除了指树木的果实外，还指事情的结局、结果，而"菓"则仅指植物的果实。

类似字例还有：实—寔，巨—钜等。在这些字例当中，前者的意义范围均大于后者。

3. 构件置向不同

构件置向不同也会产生不同的异构字，从而形成异体关系。柳建钰先生认为："早期汉字尚未定型，偏旁位置并不固定，随着汉字在发展过程中不断定型，偏旁位置也越趋稳定。但在汉字形体基本定型的隶定楷化阶段，仍存在许多构件置向不同的异构字。"[1] 在汉字尚未规范定型的时候，因构件置向不同而形成的异构字，在不同时代具有不同的规范标准。因此，在今天我们看来，这种因构件置向不同而形成的异体字，也可归入正俗体中。

例如"启"，赵撝谦《六书本义》："启，遣礼切，开户也。户开如口开之易，故从户、口为意，今但用啟。"（《宫室篇·户部》）"启"甲骨文写作"𢼄"，小篆写作"𝌆"，繁体字写作"啓"。《汉语大字典》："启，啓的简化字。"[2] 在这里，"啟""啓"二字均采用了"户""文""口"三个构件，由于构件置向不同形成异构关系。

又如"秋"，赵撝谦《六书本义》："烁，雌由切，禾熟时。从禾焣省声。古作𪚲。"（《草木篇·禾部》）《汉语大字典》："烁，古文秋。"[3]"烁""秋"二字由于调换构件置向形成异构关系。

再如"胸"字，赵撝谦《六书本义》："匈，虚容切，膺也。外象匈肌，凶声。俗作胷。"（《人物上篇·勹包部》）在这里，"胸"和"胷"由于构件的置向不同，形成一组正俗体关系的异构字。

类似字例还有：勇—勈，蠏—蟹，胷—胸，鄰—隣，縣—緜，棊—棋，崘—崙，慼—慽，略—畧，群—羣，飘—飃—飍，融—螎，螒—蠢，谟—謨—𧪠，裙—帬—裠，幕—幙，等等。

需要注意的是，构件相同而置向不同的字只有构意不变才能构成异构

① 柳建钰：《〈类篇〉异体字研究》，硕士学位论文，宁夏大学，2006，第14页。

② 《汉语大字典》（缩印本），四川辞书出版社、湖北辞书出版社，1992，第250页。

③ 《汉语大字典》（缩印本），四川辞书出版社、湖北辞书出版社，1992，第1085页。

关系。倘若语法功能或词汇意义发生变化，则不能形成异体字关系。譬如"案""桉"二字，在记录本义"案几"一词时，二者可以互换。但在记录"档案"和"桉树"义时，二者则不能替换。

类似字例还如：吧—邑，晕—晖，太—犬，嫐—娶，枷—架，棑—辈，腑—腐，等等。

4. 构件选材不同

中国地域广大，物产丰富，古人造字时由于时间、地点、语境以及选材不同等因素，会产生意义相同而构形方式不同的一组异构字。如"霝"字，赵撝谦《六书本义》："霝，郎丁切，雨磷也。从雨，品谐音。亦作零，非。"（《理篇·雨部》）这是一组选取了不同谐声构件而形成的异构字，"零""霝"二字均是形声字。"霝"，从雨，品谐声，而"零"则从雨，令声。

又如"鲜"字，赵撝谦《六书本义》："鱻，相然切，小鱼，从三鱼为意。俗用鲜。转同尟。《班固赋》：'鲜生民之晦在。'作尠、尟，非。"（《虫兽篇·鱼部》）在这里，由于造字选用了不同的造字材料，而使"鱻""尠""鲜""尟"成为一组异构字。

再如"块"字，赵撝谦《六书本义》："统五切，土壄也。从土，上指其状。亦作塊。"（《理篇·土部》）《说文》："壄也。从土，一屈象形。塊，凷或从鬼。"[1] 在此处，"土块"的"块"，由于造字者选用了不同的声符或意符，形成了一组异构字。

再如"香"字，赵撝谦《六书本义》："香，虚良切，黍稷芳气。从黍甘为意。古作皀，隶作香省。"（《草木篇·黍部》）赵撝谦《六书本义》在"皀"下又曰："皀，义见香。从白而比扱之为意。"（《饮食篇·白部》）赵氏释"香"为"从黍甘为意"，释"皀"为"从白而比扱之为意"，"白"下又曰："米粒、瓜果、核仁，皆谓之白。"《说文》："皀，

---

① （汉）许慎：《说文解字》，中华书局，1963，第286页。

谷之馨香也。象嘉谷在裹中之形。匕，所以扱之。或说，皀一粒也。"①结合许赵二人的释义，可知"香""皀"为取意相同而构形方式不同的一组异构字。

另外，由于时间不同、地点不同，人们对同一个事物也会产生不同的看法，随着人们对同一事物认识的发展，反映在造字上就会出现不同的异构字。

类似字例还有：妒—妬，裤—绔，壻—婿，筏—栰，襁—襀，胫—踁，移—迻，狭—陕，佚—姝，款—欵，虬—蚪，址—阯，视—眎，砧—碪，郄—郤，悴—顇，妙—纱，碁—棋，筥—籚—篑，锄—耡，砖—甎，盂—杅，麵—麪，脈—衇，炮—砲，剃—搆—搆，麸—籽，捶—搥，訴—愬，睬—保，飧—饗，酬—酧—詶—醻，碰—挷—踫，稚—稺，签—簽—籖，怨—詟，愈—瘉—癒，腮—顋，腿—骽，馍—饃—饋，稟—稟，痱—痹，瘅—痹，痴—癡，雍—雝，梗—秔—秔—粳，溪—谿，溯—沂—遡，惧—愢—憏，慎—省，裸—躶—臝，谪—讁，剿—勦，榜—牓，榨—搾，歌—謌，等等。

当然，有的汉字虽然声符相同，且形符相近或相通，但由于构词功能不同，则不能构成异构字。譬如"氛"和"雾"二字。二者声符都是"分"，形符"气、雨"义类相近。但"雾"只表示具体的雾气，而"氛"则引申表示抽象的气氛，当"雾雾"用来形容雨雪纷飞的样子时，不能用"氛"，二字词汇意义功能分化，不能形成异构字。

由以上典型字例可知，异构字实际上是一种重复造字的语言文字现象。王宁先生在其《汉字构形学讲座》中总结指出，异构字根据其"构形属性"主要包括"构件组合特点、结构层级数、各级部件及其功能、构件的组合样式、构件模式、布局图式等"。②

（二）异写字

异写字是指为记录同一个词所造的不同字符。也就是说，汉字使用过

---

① （汉）许慎：《说文解字》，中华书局，1963，第106页。
② 王宁：《汉字构形学讲座》，上海教育出版社，2002，第63～66页。

程中在不改变其基本结构的前提下，由于书写习惯或隶定楷化等原因所形成的一组异体字。洪成玉先生指出："异体字是人们不良的书写习惯所造成的，历代以来，有的人不写正体字，或兴之所至，或别出心裁，或图省事，随意生造一个与正体相对应的异体字，从而导致汉字数量的大量增加。"①

需要强调的是，异写字是字体基本结构不变，只是由于构件变异而出现的书写差异。例如"沉"和"沈"，"泯"和"泯"，只是增加或减少了字体的笔画"点"；再如"冐"和"冒"，"券"和"券"，均因为字体基础构件"日（月）""刀（力）"发生变化，造成形近讹写；还如"煮"和"煑"，"霸"和"霸"，都是某一偏旁的演化变形造成新的字体。

从文字的功能来看，异写字是同一个字符在书写过程中，受正草转变、隶楷演变、审美补缺等因素影响，导致了字体的变化或变异，但并未改变字词的词汇意义和语法功能。王宁先生表示，异写字是根据"书写风格属性"来划分的，主要包括笔画的形态、笔画的顺序、数量、种类和笔画之间的联系方式等。②

由此可知，异写字是汉字在书写过程中由于字形变异而形成的，并没有改变字符最初的造字意图和记词功能。裘锡圭先生指出："汉字由于是一种意符音符文字，具有结构复杂、异体众多和容易发生讹变等特点。"③通过考察赵㧑谦《六书本义》"异体字"，我们认为异写字主要呈现以下几个特点。

1. 笔画添笔缺笔

在书写中，为求平衡、美观或速度等而造成的习惯性或有意地添笔、减笔、缺笔、换形等形成的异体字。例如"冰"字，赵㧑谦《六书本义》："冰，疑交切，水寒结冻也。从水结冰为意，俗作凝。或转疑，作

① 洪成玉：《古今字字典》，商务印书馆，2013，第2页。
② 陈淑梅：《东汉碑隶构形系统研究》，上海教育出版社，2005，第35～36页。
③ 裘锡圭：《文字学概要》，商务印书馆，2006，第280页。

氷，非。"（《天文篇·仌部》）由赵氏说解可知，"氷"和"冰"是一组由于书写变异而形成的异写字。"冰"在"氷"的基础上又加了一点，更换了位置使字体看上去更加稳健、美观，还有一种平衡感。这是汉字在书写过程中为求美观而有意添加笔画形成的结果，说明汉字在发展过程中不断追求美感的艺术体现。

又如"土"字，赵撝谦《六书本义》："圡，统五切，地能吐生万物，故曰土。象有物从地吐出形。转董五切，圜土狱城，又与杜通。"（《理篇·土部》）"土"字本无点，但是古人为了与"士"字区别，时常在"土"字下加点作"圡"。

再如"吕"字，赵撝谦《六书本义》："吕，两举切，脊肉，象垂联结形。"（《人物下篇·吕部》）《说文》："吕，脊骨也。象形。"①"吕"，篆文写作"吕"，在两块骨头之间加一横，表示骨头之间的联结点，应是赵氏所谓"脊肉"。古人写"吕"时，时常在"吕"和"吕"之间转换。不论是"吕"，还是"吕"，都应是"膂"的本字。

再如"吴"字，赵撝谦《六书本义》："吴，胡匕切，大言也。《诗》：'不吴不敖。'从矢口为意。大言，则矢口以出声也。……作吴，非。今但用方音谔，作哗，非。转音吾郡国，又姓。"（《人物中篇·口部》）

还如"宂"字，赵撝谦《六书本义》："宂，乳勇切，给事宫中无常职者。从人，居宀下为意。汉有宂从仆射。作冗，非。"（《宫室篇·宀部》）

类似字例还有：凉—涼，呷—呻，插—挿，伞—繖，冤—寃，厮—廝，胚—肧，叙—敍，翱—翶，净—淨，吕—吕，庶—庻，宽—寬，等等。

当然，异写字在使用过程中，若用字功能发生分化，便不再是异体字。譬如亨—享，句—勾，箸—著，等等。

---

① （汉）许慎：《说文解字》，中华书局，1963，第152页。

2. 形近形位互混

汉字构件中的形近形位在书写时经常会发生互混，从而形成异写字。例如"冃"字，赵撝谦《六书本义》："冃，莫报切，以物冢蔽而肯也。从冃于目上为意。"（《服饰篇·冂部》）《汉语大字典》："冃，同冃。"①"冃"，是"帽"的本字，会"帽下有目"之义。后来，随着字体的演变，"目"字被讹写成了"月"字。

又如"眉"字，赵撝谦《六书本义》："睂，旻悲切，目上毛。上指额理有毛形。《荀子》借糜。俗作眉。借蛾睂山名，作嵋，非。"（《人物中篇·目部》）"睂"，是眉毛的象形字，"目"上的"父"为眉毛的象形，随着字体的发展演变，隶定楷化写作"眉"。

再如"昰"字，赵撝谦《六书本义》："昰，上纸切，得正为是，反正为非。从正，日声。借有所止之词。"（《人物下篇·正部》）《汉语大字典》："昰，同是。"②

再如"豋"字，赵撝谦《六书本义》："豋，都滕切，豆属。从収，持肉加豆为意。作登，非。"（《器用篇·豆部》）《汉语大字典》"豋"下注："邵瑛《群经正字》：'此字近代字书作豋，盖起于《集韵》，今经传作登。'"③

再如"芈"字，赵撝谦《六书本义》："芈，绵婢切，羊鸣声。上指口中有气出形，作哶，非。借姓，作乜，非。"（《虫兽篇·羊部》）"哶"，甲骨文写作"♄"，从羊，上象气出形，表示"羊鸣"，隶变作"芈"，后加形符造"哶"，使之与"芈""哶"形成异体关系。

再如"盍"字，赵撝谦《六书本义》："盍，古恶切，覆也。从一皿宜覆之物。大声。通用盍。又辖腊切，借训何不也。"（《器用篇·皿部》）《故训汇纂》："盍，《说文》作盇，覆也。"④

---

① 《汉语大字典》（缩印本），四川辞书出版社、湖北辞书出版社，1992，第 626 页。
② 《汉语大字典》（缩印本），四川辞书出版社、湖北辞书出版社，1992，第 629 页。
③ 《汉语大字典》（缩印本），四川辞书出版社、湖北辞书出版社，1992，第 1486 页。
④ 宗福邦、陈世铙、萧海波主编《故训汇纂》，商务印书馆出版，2003，第 1534 页。

还如"舁"字，赵撝谦《六书本义》："舁，羊朱切，用力共举也。从臼，上收下齐举之意。亦作舁。"（《人物下篇·臼部》）在这里，"舁"是"举"在小篆时期的简省体。随着字体的演化，"舁"的初文"舁"和后起字"舉"逐渐成为形近形混的异体字，用来表示"用力共举"。

类似字例还有：簪—簮，孼—孽，瘳—瘳，戲—戯，拗—抝，涅—湼，澀—澁，厦—廈，柳—桺，宜—冝，秘—祕，温—溫，券—劵，荔—荔，尅—尅，鬱—鬰，莝—莝，鉛—鈆，蟲—蟲，唲—啘，黿—鼌，梨—棃，册—冊，窝—窩，幂—羃，强—強—彊，篋—篋，等等。

值得注意的是，当异写字在书写过程中发生理据重构，又会成为异构字。如"卒"和"卆"。"卒"在草书正写的过程中，由"卒"变成了"卆"，而"九、十"在中国古代阴阳算数中表示数字之终。因此，在表示"终结，死亡"义项中，"卆"又实现了构形理据的重构，与"卒"成为一组异构字。

3. 隶定楷化转写

转写字是在不同字体间的转写过程中所产生的，"这种情况往往发生在字书与字典编写的过程中，特别是唐宋以后的楷书字典，为了保存古文字字形，要把古文字转写为楷书，一般称为隶（楷）定或隶古定；为了保存变异字体的简化结构，要把行书、草书转写为楷书，一般称行书楷化或草书楷化"。[①]

转写字是一个字在楷书平面上出现的两个或多个不同的形体，例如"春"字，赵撝谦《六书本义》："萅，枢仑切，四时之首。从日，草生于春，故又从艸，屯声。亦省作旾，隶作春。"（《天文篇·日部》）"春"，在小篆阶段是一个"从艸，从日，屯声"的形声字"萅"，隶变之后，"艸""屯"黏合变为"春"，由于隶定楷化造成字体变异。

又如"弃"字，赵撝谦《六书本义》："棄，殸至切，捐也。……古弃。"（《器用篇·華部》）"弃"，甲骨文写作"㗊"，篆文写作"棄"，是

---

① 王宁：《汉字构形学讲座》，上海教育出版社，2002，第90~91页。

一个会合式会意字，由手、簸箕和婴儿三个象形部件构成，表示双手拿着簸箕把刚初生就夭折的婴儿抛弃，后来到籀文时将其简写作""，隶定楷化写作"弃"。"棄"则是将小篆字形的双手讹变成"木"字了，从而与"弃"字构成异体现象。现"棄""弃"合而为一简化作"弃"。

再如"普"字，赵㧑谦《六书本义》："普，颇五切，日光偏大也。从日，从竝。大明并照普遍之意。"（《数位篇·日部》）"普"，是一个会合式的会意字，表示"普照"之义，随着字形的演化和字体的不断发展，后隶定楷化写作"普"。

再如"亾"字，赵㧑谦《六书本义》："亾，武方切，逃也。……作亡，非。"（《数位篇·入部》）《汉语大字典》："亾，同亡。《集韵·阳韵》：'亡，或作亾。'"[1]《汉语大字典》："亾，同亡。"[2]

再如"竝"字，赵㧑谦《六书本义》："竝，部迥切，同立也。从二立为意。作並、併，非。"（《人物上篇·立部》）"并"，甲骨文写作""，像两个人并立站在一起，随着字体的小篆隶定写作"竝"，后来发展到草书经过楷化又写作了"并"，在字体的隶定楷化过程中，"竝""并""並"成为异体字关系。

还如"冄"字，赵㧑谦《六书本义》："冄，如占切，在唇曰须，在颊曰冄，象毛众两颊形。亦作頯，作冉、髯，非。"（《人物下篇·鬼部》）"冄"，甲骨文写作""，像面部两颊旁边髯毛下垂的样子。小篆写作""，隶楷简化后写作"冉"。由"冄"到"冉"，是由于书写习惯引起的字体变异，是一个字在楷书平面上出现的两个形体。

类似字例还有：更—叓，深—滦，雕—彫—琱，咱—喒，软—輭，肯—肎，虏—虜，普—普，亾—亾，等等。通过这些字例我们不难看出，转写带有人为特点，不属于汉字的自然演变现象。

还有一种文字现象值得注意，就是为了字形整齐、匀称或书写方便，

---

① 《汉语大字典》（缩印本），四川辞书出版社、湖北辞书出版社，1992，第43页。
② 《汉语大字典》（缩印本），四川辞书出版社、湖北辞书出版社，1992，第1997页。

造字者或用字者把某些形声字的声旁或形旁省去一部分，形成汉字省形或省声现象。① 如"珊"，《说文》："从玉，删省声。"② 还如"考"字，《说文》："老也。从老省，丂声。"③

汉字发展的演变历程表明，凡是两个或若干个构件嫁接的合体字，一般都会允许两个或若干个构件中的一个省去一部分形体以便嫁接，这主要是为了适应方块汉字的形体布局。如"恥"和"耻"。"恥"，从心耳声，是个形声字。"恥"右边的"心"字旁，可省略写成"忄"，"忄"又在草书楷化阶段变成了"止"，形成讹体"耻"字。

类似字例还有：枣—棗，朵—朶，垛—垜，鲸—鱷，等等。

李国英先生根据异体字的形成特点，将异体字分为异构字和异写字两种类型。④ 异构字属于造字范畴，来源于不同构形；异写字属于书写范畴，来源于书写习惯。但是在实际应用过程中，我们发现异构字和异写字之间的界限并非泾渭分明，"起初是笔画上的细小变化，逐渐积累起来就有了结构上的显著变化"。⑤ 有些异写字会在一段时间后发生理据重构，进而转变成异构字。如：往—徃，卒—卆，偪—逼，等等。

四 "异体字"产生原因

异体字是音义完全相同，而形体不同的一组汉字。汉字并非造于一时，也并非出自一人之手，而且汉字使用区域广泛。对同一个词因不同区域的人造字时的方法不同、选取的构件不同，都会产生异体字。马景仑先生指出，"出现异体字的原因，主要是因为汉字的创造是集体的智慧，并在如此大的地域内，如此之多的人口中使用。因此，记录同一个词的汉

① 裘锡圭：《文字学概要》，商务印书馆，2002，第 160~164 页。
② （汉）许慎：《说文解字》，中华书局，1963，第 13 页。
③ （汉）许慎：《说文解字》，中华书局，1963，第 173 页。
④ 张书岩主编《异体字研究》，商务印书馆，2004，第 13 页。
⑤ 柳建钰：《〈类篇〉异体字研究》，宁夏大学硕士学位论文，2006，第 15 页。

字，造出两个或多个的情况，是难免的。"① 需要注意的是，异体字是同一语词固有的，而非借用的不同写法，其产生与时代、地域、雅俗等多种因素有关。

（一）构形可选项大

由于汉字的意符与音符一般具有提示作用，汉字系统为汉语中的同一个语词造字时，在构件上就会拥有较大的选择余地。只要某一意符或音符与该语词在义类上相关或相近，在读音上相近，就完全可以用来充当汉字构件，而不至于影响汉字的整体记词功能。如"虫"字，赵撝谦《六书本义》："虫，许鬼切，蛇属。象其蟠，亦作虺，兀声。俗混蜮。"（《虫兽篇·虫部》）依赵氏说解，"虫"是"蛇属"的象形，添加声符"兀"写作"虺"，添加声符"鬼"写作"蜮"，从而使"虺""蜮"成为异体字。

再如棋—碁—棊。由"碁"到"棋"的发展演化可知，人类较早的原始阶段或者造字时的初始阶段，棋盘和棋子都是石质材料。后来出现了木质棋盘，于是仿"碁"结构造出了"从木，其声"的"棊"字。而现行通用的"棋"是"棊"构件置向调整的结果，符合大多数形声字"意符在左，音符在右"的特点。至于"槙""櫒"都是汉字定型化、规范化过程中的过渡形体。

构件可选性较大的特点也使得形声字意符和音符随社会历史的发展做出调整成为可能，一些意符和音符在后来均被替换成了表意或表音更为准确的同类汉字。因构形可选性较大而产生的异体字最多，而且绝大多数异构字也都是缘此产生的。因为这种现象绝大多数都发生在形声字身上，所以杨树达先生将其称作"义近形旁任作"和"音近声旁任作"。

（二）汉字繁简不拘

文字是用来记录语言的书写符号系统，这就要求书写者必须将其笔画简化、减少，以利于书写交流。因此，人们在运用汉字的过程中，总是尽可能地保持汉字在形体轮廓有一定区别度的基础上追求汉字书写的简单、

---

① 马景仑：《汉语通论》，江苏古籍出版社，2002，第84页。

快捷，从而将一些笔画烦琐的字形替换成概括性强、笔画简省的构件或偏旁。例如"叟"字，赵撝谦《六书本义》："叟，居衡切，改也。从攴，过则攴之使改，丙声。俗隶作更。"（《人物中篇·又有部》）由"叟"到"更"的变化，反映了人们追求简捷的书写特点和要求。一般来说，这种替换并不会影响人们对汉字的整体认读，因为繁难字与简省字在汉字的形体转换上具有相对的传承关系和历史渊源。这使人们在汉字的改造和使用过程中能够"见简知繁"，从而不致影响汉字的交际功能。当然，汉字的这种简化工作多数来自民间，"历代政府在统一文字上所起的作用不能低估。但是，旧时代统治阶级对文字的态度，一般是比较保守的。它们对来自民间的简体通常采取排斥态度，不能把统一文字和简化文字这两方面的工作很好地结合起来。在历史上，汉字的简化主要是民间自发进行的"。①

在汉字简化的过程中，还有一种相反的繁化现象。那就是，古人为了使字形表意更加明确，或是为了让字形更加具有艺术感染力或美化效果，会在原字的基础上加上一些构件或笔画。如"从"字，赵撝谦《六书本义》："从，自離切，相听许也。从二人相并为意。通用從。"（《人物上篇·人部》）古人为了让"从"的表意功能更加具体准确，先后在"从"字上加注了多个辅助性构件，从而导致表示"从"义的汉字出现了多个异体字。繁化汉字，也是导致汉字出现异体字现象的一个主要原因。但总体来说，汉字的发展趋势以简化为主。

（三）造字方法多样

汉代学者将汉字的结构模式归纳为象形、指事、会意、形声、转注和假借等六种方式，通过这六种造字方式，不同地域、不同时代的汉字创制者造出了具有不同地域特色的异体字。如"掩"和"揜"。许慎在《说文·手部》"掩"下曰："敛也，小上曰掩。从手，奄声。衣检切。"② 而

---

① 裘锡圭：《文字学概要》，商务印书馆，2002，第280~281页。
② （汉）许慎：《说文解字》，中华书局，1963，第256页。

在同部"揜"下又曰:"自关以东取曰揜。从手,弇声。衣检切。一曰覆也。"① 根据注释,二字都表示"遮蔽、掩藏"的意义,音调也一样。区别仅在于"揜"通行于"自关以东"地区。

再如"頫",《说文·页部》:"頫,低头也。从页,逃省声。太史卜书頫仰字如此。扬雄曰:'人面頫'。臣锴等曰:'頫首者,逃亡之貌,故从逃省。今俗作俯,非是。'方矩切。俛,頫或从人免。"② "頫""俛""俯"三字是一组异体字,现三字均归并为"俯"字。只有用作人名时,"頫"字才独立出现,如宋末元初的书画家赵孟頫。

类似字例还有:塊—凷,核—覈,钵—缽,笋—筍,野—埜,岸—屵,等等。

需要说明的是,即便是为同一个词义而造出的不同形声字,不同方言区的人也会选用不同的字符为其标注音符。

汉字构形学理论将汉字构形模式总结为:全功能零合成、标形合成、标义合成、标音合成、形音合成、义音合成、有音综合合成、会形合成、形义合成、会义合成和无音综合合成等 11 种。③ 也就是说,当汉字系统为汉语中的同一个语词造字,往往可用不止一种造字法。正因为造字方法多种多样,汉字构形构件也体现了多种选择性。另外,某些个人或阶层的意志以及抄写讹误、字体转写、方言差异等方面的原因也产生很多异体字。

(四)书写习惯所致

异体字的大量产生,跟人们的不良书写习惯也不无关系。如"亘"字,赵撝谦《六书本义》:"亙,居邓切,舟竞厂也。上下指两厂。……《诗》转用恒。"(《器用篇·舟部》)"亘"字本写作"亙",随着人们的传抄讹写,逐渐变成"亘"字。洪成玉先生曾说:"汉字创制以来,有的

---

① (汉)许慎:《说文解字》,中华书局,1963,第253页。

② (汉)许慎:《说文解字》,中华书局,1963,第183页。

③ 王宁:《汉字构形学讲座》,上海教育出版社,2002,第58~68页。

人不写正体字，或兴致所致，或图省事，随意生造一个与正体字相对应的字，都可以产生异体字。"①

再如"秊"字，赵撝谦《六书本义》："秊，盇颠切，谷一熟曰年。从禾千声。作年，非。"（《草木篇·禾部》）"年"，甲骨文写作"𥝢"，"年"本是从一个"从禾，千声"表示"五谷成熟，收获年成"的形声字，由于人们书写时，或潦草连笔，将字体构件黏连、变形而成为"年"字。

在字体的转化过程中，也会因汉字的书写章法不同而形成不同的异体字。如"再"字，赵撝谦《六书本义》："再，作代切，一举而二之也。从一，冓省，以积物而一之再之意。也通借载，作𠕅，非。"（《数位篇·一部》）"再"，甲骨文写作"𤔣"，象"捕鱼竹笼"形，捕鱼者利用这种工具可反复捕鱼。因此，"再"的造字本义是"利用鱼笼反复多次地捕鱼"。"再"的草书写作"𠕋"，楷化阶段写作"𠕅"。

在汉语言文字学现象中，还有一类同形字，跟异体字的性质正好相反，就是用相同的字形表达不同的概念。异体字的外形虽然不同，实际上却只起一个字的作用，而同形字的外形虽然相同，却表达不同的词义。有的同形字音同义不同，如"花"字，"花钱"的"花"和"花朵"的"花"虽然音形相同，意义却截然不同。有的同形字音不同义也不同。如"姥"字，念［lǎo］时，连读"姥姥"表示"外婆、外祖母"；念［mǔ］时，音义与"姆"相同，表示"年老的妇女"，李白古体诗《梦游天姥吟留别》中的"姥"就读此音。

当然，有一些异体字的产生跟同形字的制造也不无关系。如"回"字，赵撝谦《六书本义》："回，力隈切，阴阳薄动成声也。象阴阳二气相抱回转之形。……转与回同，作囬、廻、迴，非。"（《天文篇·形一符》）"回"，是为雷声的响动声而造的本字，但有时也假借作有本字的"回旋"之"回"字。古人为了区分这些为不同词义所造的同形字，又为

---

① 洪成玉：《古今字字典》，商务印书馆，2013，第2页。

表示"阴阳薄动成声也"的"回"另外造了"雷"字，为表示"来回、回旋"义的"回"另造了"囬"，但为了加强"囬"的字义属性，又增添形符造出了"廻""逥"等字。在这个过程中，表示"来回"之意的字增添了两个异体字，现在全部简化作"回"字。

（五）强化词义的类属特性

为了强化某一个字的词义，文字创制者会在原字上增加偏旁（声旁或形旁）而不改变其字义，后起字在增加了偏旁（声旁或形旁）后，实际上仍为一个字。如"升"字，赵撝谦《六书本义》："升，作陞，非。"（《服饰篇·象形八附》）"升"的本义是"往上升起"，古人在其原字旁加注形符"阜"旁和"土"旁，以强化它"往上升起"的类属特性。

再如"尞"字，赵撝谦《六书本义》："尞，朖鸟切，火烧也。《诗》：'若火之尞于原。'[1] 从火，烧草则光炅之意，亦作燎。"（《天文篇·火部》）由赵氏说解可知，"燎"的本字应是"尞"，而"尞"是"从火，烧草则光炅"的会意字，随着字形的演化，"尞"下部的"火"字逐渐演化成了四点水，古人为了强化"燎"字"火烧"的类属特性，又在其旁加注"火"字旁，另外造出了"燎"字。

类似字例还如：坴—陸，韭—韮，凳—櫈，丘—坵，等等。

五　异体字与古今字、俗字的关系

（一）与古今字的联系和区别

需要特别注意的是，在汉语言文字现象中，还有一种古今字现象。异体字和古今字在汉语中是一对极难辨认的同胞兄弟，人们很容易将二者混淆起来。其实，异体字和古今字有异也有同。相同之处在于，异体字和古今字都是字形不同而意义相同或相关，有的古今字就是由于古今对异体字的不同应用而形成的。不同之处在于，异体字是相对于"正体"而言的，它们的意义和读音完全相同，在任何情况下都可以互换。而古今字则有时

---

[1]　按：该句当出自《尚书·盘庚》。

候不可以互换，古今字的产生有时间先后顺序，今字产生后，它所分担的意义可能是古字的一部分，也可能大于古字的义项范围，所以古今字一般是不能完全相互代替的，而且古今字读音有的一样，有的则不一样。从语言发展的角度看，古今字是指文献中记录同一个词项在不同时代使用了不同字符的"历时同词异形"现象，它是一个历时纵向概念，指同一个词在不同时代用不同的字形来表示，它的产生有时间的先后顺序，今字是在古字的基础上孳乳分化出来的，可分担古字的一部分意义。因此，今字的产生原因主要在于分担古字的某些义项。从这个角度讲，古今字着眼于文字的分化，古字与今字所代表的词在意义上并不对等，读音也不完全一致。因此，古今字不仅是文字现象，也是语言现象。而异体字则是指同一个词在不同历史阶段的不同写法，相对于"正体"而言，异体字的读音和意义完全相同，在任何情况下都可以相互代替而意义不变。

（二）与俗字的联系和区别

在汉字的实际应用过程中，异体字与俗字也有相互混淆的状况。二者都是以不同的形体表示相同的汉语词义，在文字的辨析上既有区别又有交叉。有时候，一组意义相同、语法功能相同的异体字，可能是历史遗留的正俗体关系。比如，因构件置向不同而形成的一组异体字，在汉字发展的不同历史阶段，可能会因人们的主观认定而存在正俗体关系。因为早期汉字形体尚未定型，偏旁位置并不固定，即便是在汉字形体基本定型的隶定楷化阶段，仍存在许多构件置向不同的状态。如"胸"字，赵㧑谦《六书本义》："匈，虚容切，膺也。外象匈肌，凶声。俗作胷。"（《人物上篇·勹包部》）在这里，"胸"和"胷"由于构件的置向不同，就是一组具有正俗体关系的异体字。另外，由于造字方法不同、构件选材不同，以及在汉字的隶定楷化阶段由于人们的书写习惯不同而造成的文字笔画繁简、文字构件形近形位互混等现象所形成的异体字，在不同的历史阶段也会存在忽正忽俗的正俗体关系。如"棄"字，赵㧑谦《六书本义》："棄，殼至切，捐也。……古弃。"（《器用篇·華部》）今天，我们肯定认可"弃"为正字，因为它已经被现行汉字规范为日常通用字了，但如果放在明清之际的古文献里,"弃"字则被人们视为正字而存在。再如"尸"字,赵撝谦《六书本义》:"尸,升脂切,人死体从人偃卧之反体为意。亦作屍。""尸",甲骨文写作"𡰪",象屈坐的人形。古代祭悼的时候,让活人坐在祭祀位置上,代表死者或受祭的人接受人们的吊唁。后来,引申为空占着位子不做实事的人,如"尸位素餐"。再后来,又引申为死者的"尸体"。于是,古人在"尸"字旁又加注声符"死"造出了"屍"字。"尸"与"屍"在不同的历史阶段,由于人们对其赋予意义的不同而出现不同的形体,但就其"尸体"之一意义,前后曾出现过几个阶段被认定为不同的正俗关系。现在"尸"行,"屍"废。

通过以上几个字例的分析,我们可知,关于俗字和异体字的辨析,我们一定要用历史的发展眼光去看待和认识。

六 结语

汉文化博大精深、遗产浩瀚,就语言规划而言,异体字的存在有利也有弊。一方面,汉语文献积淀丰厚,可资借鉴的资料极其丰富,供研究和选择的空间也很广阔,尤其对汉字理论研究者来说,异体字是研究汉字形成发展规律和建立科学汉字构形学以及汉字发展演变史的宝贵资源,对于古音韵的研究也具有较高的学术参考价值;另一方面,从实际应用和对外汉语交流来说,随着对外开放的深入发展,学习和使用汉语的人越来越多,异体字的问题如果不能得到有效解决将会引起学习交流的困扰和语言使用的混乱。因此,异体字无论古今都是一种赘疣,它的存在不仅削弱了汉字的书面交际能力,而且增加了教育教学、辞书编纂、对外交流等工作的困难。研究和整理异体字对于汉语交流具有深远而重要的意义,我们有必要对其进行系统梳理和研究。

第五节 "同族字"探释

研究同族字是探析汉字内部孳乳发展规律的一个新视角,对于帮助人们在汉语的动态发展过程中，探寻汉字为适应汉语词汇的丰富和发展而进行的自我调整、自我改造、自我完善的内部孳乳分化规律具有重要意义。本节以赵撝谦《六书本义》为基点，依据蔡永贵先生的汉字字族学理论，综合古今方家之说，试就同族字的概念属性、构造类型、产生原因及孳乳途径等问题做浅显探析。

一 同族字

赵撝谦的《六书本义》是一部以阐释"六书"理论为导向的字书，也是宋元明时期最具典型代表的文字学著作之一。① 赵撝谦在对文字进行全面系统分析的基础上，总结归纳出了文字"子母"说，并提出："主类为母，从类为子；生字为母，从母为子；显为母，阴为子；约为母，滋为子；用者为母，不用者为子；得势为母，不得势为子"的文字孳乳观，认为文字最基本的字形是"母文"，由"母文"可孳乳出"子字"，再由"子字"孳乳出"孙字"，而其孳乳分化的层级关系是"子从母生，孙从子出，各有所统"。

赵撝谦《六书本义》所提上述观点与蔡永贵先生的汉字字族学理论不谋而合，二人对于汉字内部孳乳分化规律的发掘有异曲同工之效。经过多年的分析和研究，蔡永贵先生将赵氏等所提观点发展为"汉字字族学理论"，认为："所谓汉字字族，就是说汉字在发展中，最初记录根词的'母文'因同时记录了根词的引申义而导致表义功能复杂化。为了解决表义功能复杂化即单个汉字记词过多的问题，于是在汉语词汇'派生阶段'，人们便逐渐在这个载义较多、兼职较繁的'母文'的基础上，先后加注与母文特定意义（即准备用后出孳乳字记录的根词的某项意义或某个引申义）相关的类属标志而形成了一系列意义相对单一的孳乳字。"②

---

① 张治东：《〈六书本义〉"部首编排"优劣析证》，《宁夏师范学院学报》2018 年第 6 期，第 101 页。

② 蔡永贵：《汉字字族探论》，《宁夏大学学报》（人文社会科学版）2008 年第 5 期，第 1～2 页。

赵撝谦《六书本义》又曰:"又当识子母之相生,母能生……母主形主义。"赵氏认为"母能生"之"母",既是可以表示字义大类的部件,也是构成其他汉字的基础。譬如,在《六书本义》中,因有些"子"字既属于所生之"母"文,故赵氏将其作为"母文"的属字;同时这些"子"字又可以生"孙",故赵氏又将其列为下属孳乳字的"母文",后列其所孳乳衍生的"孙"字。现以赵撝谦《六书本义》卷五《人物中篇·目部》为例:

> 目部第一百十八凡一百三十二字:
>
> 形一:目;
>
> 形兼意一:盾;
>
> 事四:眉,睫,苜,蔑;
>
> 意十二:眲,看,省,眼,见,相,睿,瞿,𥄎,直,罪,泪;
>
> 声一百十四字:罞,眴……
>
> 盾部第一百十九:
>
> 苜部第一百二十:夢;
>
> 见部第一百廿一:覞;
>
> ……

从上述衍生层面来看,"目"为母文,盾""眉""看""苜""见"等为子辈,而"苜"下所统之"夢""见"下所统之"覞"则为孙辈。不难看出,后出孳乳字与母文形成了不同的层级关系。蔡永贵先生指出:"由于与母文的关系有远近之分,而形成了不同的层次。它们之间的关系,就像同一家族的人之间的血缘关系一样,有谱系,有辈分。"[①] 关于文字内部孳乳发展的演变规律,赵撝谦《六书本义》做了较为形象的比

---

① 蔡永贵:《汉字字族探论》,《宁夏大学学报》(人文社会科学版)2008 年第 5 期,第 1~2 页。

喻："虽从母为子，而又能生它字者，既见于所生母下，而又别出为部，亦犹人皆出于父母，既长而又能生其所生也。"

由上述《人物中篇·目部》之字例可以看出，赵氏所谓的"母文"不仅具有孳乳分化能力，而且其自身就是一个形、音、义兼备的独立个体。后出孳乳字则是在这个形、音、义兼备的母文基础上产生的，是母文意义的具体化、对象化和类属化。如"冈"字，赵㧑谦《六书本义》："冈，居郎切，山脊。从山，网声。作崗、堈、罡，非。""冈"的本义是"山脊"，因"山脊"内含"高大"义素，故古人以其为义核，孳乳分化出了崗、堈、綱、摵等字。"崗"指山体的高大；"堈"指田埂陇起高于两侧的地方；"綱"指提网的大绳；"摵"指用手高高举起。不难看出，由"冈"所孳乳分化出的这一组字中都含有"高大"之义，只是类属对象不同。在孳乳分化出崗、堈、綱、摵等字之前，"冈"曾一身兼表上述字的各个义项。从这个角度讲，母文加类属标志而形成的后出孳乳字是母文具体意义的分担者之一。

当然，我们这里所说的母文是相对于后出孳乳字而言的。母文一般记录的是文字本义及其引申义，或者是母文的借字借义以及在这一借字借义基础上又派生出的各项引申意义，后出孳乳字则是在母文根词基础上加注若干类属标志使文字词义再具体类化的一系列字，这些后出孳乳字是对母文意义的具体化、对象化和类属化。关于母文与孳乳字的渊源关系，周祖谟先生曾如是说："'族'是族类的意思，汉字在历史发展中的增衍繁多主要是形声字，同从一个声符的字可以有很多。其中有的只起表音的作用，有的不仅表音还兼表义。表音兼表义的，可以归在一起，称之为'字族'（只起表音作用的不在其内）。"[1] 其实周祖谟先生的"表音兼表义"的形声字声符，应该与赵氏所谓形、音、义兼备的"母文"是同一个概念，但周祖谟先生只是将它看作形声字的一部分，而赵氏则认为它是

---

[1] 中国大百科全书《语言文字》编辑委员会：《中国大百科全书》（语言文字卷），中国大百科全书出版社，1988，第552页。

一个形、音、义兼备的独立个体。事实再一次证明，赵氏的观点与蔡永贵先生的观点不谋而合。按照蔡永贵先生的汉字字族理论，后出孳乳字是在母文形、音、义的基础上加注表示具体事类的类属标志从而使母文意义具体化、对象化和类属化，孳乳字与母文在意义上相通，在形体上相承或有联系，读音则相同或相近。

下面，我们以蔡永贵先生的汉字字族学理论为理论依据，综合考察赵撝谦《六书本义》关于文字孳乳发展观的有关论述，比较古今方家之说，试就"同族字"的孳乳类型、产生原因和产生途径等问题做浅显探析。

二 《六书本义》"同族字"类型

依据蔡永贵先生的汉字字族学理论，综合考察赵撝谦《六书本义》，经过整理和归纳，我们认为，具有同族关系的母文和孳乳字分别具有以下几种类型特点或关系属性，现分别探讨如下。

（一）母文的类型特点

1. 母文曾兼表孳乳字的各项意义

蔡永贵先生指出："'母文'是孳乳字的形、音、义之母，'母文'相同可以作为孳乳字同源和意义相通的依据。"① 孳乳字在母文音、形、义的基础上，通过加注具有区别意义的类属标志，从而达到"以母统子，以子该母；子复能母，妇复孕孙；生生相续，各有次第"的效果。一般而言，母文记录的是源词或根词，后出孳乳字记录的是源词或根词引申出来后的派生词。在后出孳乳字产生之前，母文曾身兼数职，不仅承担着源词或根词的意义，还兼表后出孳乳字的各项意义。蔡永贵先生认为："母文在某种特定情况下，音义等于孳乳分化字，曾兼过孳乳分化字之职。"② 也就是说，母文在后出孳乳字产生之前，已在书面语言中记录着派生词或

---

① 蔡永贵：《汉字字族探论》，《宁夏大学学报》（人文社会科学版）2008 年第 5 期，第 2 页。

② 蔡永贵：《汉字字族探论》，《宁夏大学学报》（人文社会科学版）2008 年第 5 期，第 6 页。

源词（根词）的各项意义。如"亦"字，赵撝谦《六书本义》："亦，夷益切，人之臂亦也。从大，左右指两亦。亦作掖、作腋，非，借旁及之词。"由赵氏说解可知，"亦"在派生分化出掖、腋等孳乳字之前，曾身兼数职，不仅记录着掖、腋等字的词义，还兼表赵氏所谓"旁及之词"的副词功能。

2. 母文只是孳乳字的一个义核

蔡永贵先生指出："另一种是母文只表示一个义核，此义核可能是母文具体的词义，也可能只是人为赋予母文的一个抽象意义。"[1] 这种"母文"可能并没有承担过用后出孳乳字所记录的那些词义的经历，但后出孳乳字是以它为基础加注一些特定的类属标志而产生的。在文字的孳乳分化过程中，后出孳乳字的义核可以是母文的本义，也可以是由母文本义引申派生的引申义，或者是母文的假借义以及在假借义基础上再引申派生出的其他引申义项，甚至可以是母文的一个基本义素或抽象意义。如"亭"字，赵撝谦《六书本义》："亭，唐丁切，人所亭人处屋。从高省丁声。借息止也，续收停。""亭"是"一种有顶无墙供人歇息乘凉观赏景物的建筑物"的象形字，引申为"歇息、停止"，古人便以其这一引申义项为义核，通过加注若干类属标志，孳乳出了停、渟等孳乳字，这些后出孳乳字均含"歇息、停止"之义素。

由对上述字例的分析可知，在后出孳乳字还没有孳乳分化出来的时候，母文既承担那些后出孳乳字所表示的各项具体意义，又可以是其中的某一项特定意义。在汉字的孳乳发展过程中，古人通过加注若干与特定意义相关的类属标志，使母文的意义具体化、对象化和类属化，从而产生了一系列与母文在音、形、义上具有相承关系的同族字。

（二）孳乳分化字的类型特点

蔡永贵先生根据母文与孳乳字的层次关系，将同族字分为5种类型，

---

[1] 蔡永贵：《汉字字族探论》，《宁夏大学学报》（人文社会科学版）2008年第5期，第6页。

下面我们以赵撝谦《六书本义》为基点，试就这 5 种类型的同族字做简要分析。

1. 以母文本义为义核加注若干与特定意义相关的类属标志

在母文本义的基础上，加注若干与特定意义相关的类属标志，孳乳分化出与母文在音、形、义上具有传承关系的一族类属字。如"畺"字，赵撝谦《六书本义》："畺，居良切，界限也。《周礼》：'田任畺地。'从二田，三隔指所限。古作畕，亦作疆，作壃、彊、礓，非。""畺"的本义是"界限"，古人以其"界限"为基础义素，通过加注若干具有区别意义的类属标志，孳乳分化出疆、壃、彊、礓等字，这些孳乳分化字均含"界限"这一基本义素。在母文本义上添加类属标志，可使母文在意义表达上更加具体化、对象化和类属化。

又如"匕"字，赵撝谦《六书本义》："匕，火跨切，自有变无也。从到人，人死匕去之意。亦作𩰚、化，本教化字。"由赵氏说解可知，"匕"本义为"从到人"表示"自有变无"。段注曰："到者，今之倒字。人而倒，变化之意也。"[①] 可见，"匕"的本义应是"变化"之义，古人以母文"匕"的"变化"意义为义核，通过加注若干具有区别意义的类属标志而孳乳分化出化、𩰚等字。除赵氏所举"化""𩰚"二字外，笔者通过查询《说文》《故训汇纂》《辞源》《汉语大字典》等工具书，又找出了一些与母文"匕"本义相关的一些类属字，如吡、货、𣧑等，这些字中都蕴含"变化"之义。

再如"冥"字，赵撝谦《六书本义》："冥，芒经切，幽暗也。从日，从六，阴数也。冖声，作冥，非。海水深黑，故借为冥海字，亦用溟。方音莫回、莫定二切，转瞑眠字。""冥"的本义是"幽暗"，古人以其"幽暗"义素为义核，通过加注具有一定区别意义的类属标志，又孳乳出了溟、暝、瞑、螟等字。

在赵撝谦《六书本义》中，通过在母文本义的基础上加注若干具有

---

① （清）段玉裁：《说文解字注》，上海古籍出版社，1981，第 384 页。

特定意义的类属标志而产生的同族字字例还有會、文、暴、旬、昏、春、昜、夕、奇、夗、熒、岡、㬜、磊、永、奎、虛、亦、央、奄、免、眉、沓、叚、戒、受、卒、段、失、要、步、登、须、频、而、冉、丩、帝、庸、原、卩、引、则、网、罔、干、戉、成等字。

2. 以母文本字的引申义为义核加注若干与特定意义相关的类属标志

在母文本义的基础上，通过引申联想而产生若干引申义项，古人以其中某一项引申义为义核，通过加注若干类属标志，使孳乳分化出的一族类属字与母文在音、形、义上具有相承关系。如“辟”字，赵撝谦《六书本义》：“辟，必益切，法也。……从辛从口，用法，从卩制辛为意。……又与壁、避同。”“辟”，甲骨文写作“”，像手拿刑具向犯人施法，表示“施加刑罚”，引申出“法律、法度、法庭”等义，因“法庭”是一个庄严场所，要求人们肃立两旁“肃静”，由此又可引申出“回避、退避、躲避”等义；当“辟”读作［pì］时，还指“开启、开发”，如“开辟”等。查阅《说文》《故训汇纂》《辞源》《汉语大字典》等工具书，我们发现，闢、臂、劈、躄、擘等字都蕴含“两侧”之义；避、壁、璧、譬、嬖等字则都蕴含“偏向一方”之义。

又如“尞”字，赵撝谦《六书本义》：“尞，朖鸟切，火烧也。《诗》：‘若火之尞于原。’① 从火烧草，则光炅之意。亦作燎。隶作尞。双音，力照切，祭天柴也，或以为从慎为意，亦通𥛚。”由赵氏说解可知，“尞”的本义是“从火烧草则光炅之意”，引申出“明亮、光亮”之义。古人便以其引申义“明亮、光亮”为义核，通过加注具有一定区别意义的类属标志，而孳乳分化出燎、𤡰、憭、嫽、鐐、璙等字。

还如“兒”字，赵撝谦《六书本义》：“兒，如移切，孩子也。从人，上指小儿头囟未合状。……方音研奚切，亦作倪、婗。”“兒”本为“小孩、儿童”之义，小孩一般不具有正确处理事务或判断事情真伪的能力，故又引申出“不沾边、有偏差”之义。古人以“兒”的这一“不沾边、

① 按：该句当出自《尚书·盘庚》。

有偏差"的引申义项为义核，加注若干与孳乳字所代表的引申词义有关的类属标志，将母文之引申义归属于具体事类，可孳乳出倪、婗、睨、猊、霓、說等字。

在赵撝谦《六书本义》中，以母文本字的引申义为义核，通过加注若干与母文特定意义相关的类属标志而产生的同族字字例还有交、喬、莫、也、多、皮、莫、灰、龠、晶、丹、州、今、次、尼、重、临、耆、韋、奥、夸、育、加、皮、帚、支、尃、尌、争、攸、農、正、长、函、委、半、孙、向、容、官、血、畾、益、爲、弃、春、臽、区等字。

3. 以母文借字的假借义为义核加注若干与特定意义相关的类属标志

在汉语发展过程中，为了解决文字在书面交流之穷的问题，古人曾采取假借手段用同音字代替的方法，以表达所要表示的对象或概念。在具体使用过程中，为了减少理解歧义，使假借字能够更符合所要表达概念的需要，古人通过在假借字上加注具有提示作用的类属标志或偏旁符号以使之表达的内容更加具体和明晰。如"隹"字，赵撝谦《六书本义》："隹，朱惟切，鸟总名。象形。今诗讹用雏。转同惟。""隹"，本是鸟的总称，后假借为"唯独"之义后，可孳乳出唯、惟、维、濰等字。

又如"辱"字，赵撝谦《六书本义》："辱，如欲切，耻也。从寸，法度者乃所以定人之耻，辰声。作辱、辱，非。""辱"，金文写作"🔲"，像手拿石锄耕地，表示"辛苦劳作"之义，假借为"耻辱"之"辱"后，古人以该假借为义核，通过加注具有提示作用的类属标志或偏旁符号又造出了辱、辱等字。

再如"弄"字，赵撝谦《六书本义》："弄，庐贡切，玩玉也。从収，奉玉为意。借鸟吟声，作哢，非。"由赵氏说解可知，"弄"本是把玩玉器，表示"做某事"，假借为"鸟吟声"的拟声词后，古人加注具有提示作用的"口"旁孳乳出了"哢"字。

在赵撝谦《六书本义》中，通过在母文借字借义的基础上，加注若干具有提示作用的类属标志或偏旁符号而产生的同族字字例还有辟、瓜、禾、力、农、区、余、乍、外、明、尉、回、氏、厃、青、气、先、壬、夆、亢、夷、威、臧、力、畐、兄、巳、才、土、每、胃、兑、發、周、省、相、哥、旨、亢、牟、寻、奂、单、歲、壬、丽、来、氏、尚、羞、禺、狀、胥、隋、卤、希、字、安、厘、启、扁、羅等字。

4. 以母文借字的引申义为义核加注若干与特定意义相关的类属标志

在此类同族字中，古人在文字借字借义的基础上，通过引申联想再派生出若干引申义项，以母文借字借义中的某一引申义项为义核，加注若干具有区别作用的类属标志，孳乳出一族与母文在音、形、义上有传承关系的字。如"竟"字，赵撝谦《六书本义》："竟，居庆切，乐音终也。从音，入声。借但训终意与续与境同。《记》：'天子巡狩，诸侯待于竟。'""竟"甲骨文写作"𩐁"，像一个戴着枷锁被押赴刑场的人，假借为"乐曲终了"之义。在借字借义的基础上又引申出了"边境、界限"的义项，古人以其"边境、界限"为义核，加注若干相关类属标志，孳乳分化出了境、镜、璄、傹等字。

再如"反"字，赵撝谦《六书本义》："反，甫远切，手覆物也。从又，厂声。……借同返、仮，又举兵。""反"甲骨文写作"反"，像手在石崖下攀附，表示"攀岩"。后借为"正反"的"反"，再引申出"返回"之义。古人造字时，以该字的引申义"返回"为义核，通过加注若干相关类属标志，从而孳乳分化出返、仮等字。

再如"止"字，赵撝谦《六书本义》："止，诸市切，止也。《汉志》：'斩左右止。'象形。作趾，非。借息也。本作弟，又与阯、址同。《诗》：'止基乃理。'"由赵氏说解可知，"止"本是"脚趾"的象形字，后假借为"休息、停止"之义。由"休息、停止"义，又引申为"休息的地方"。古人便以该引申义为义核，通过加注若干与特定意义相关的类属标志，又孳乳出了阯、址等字。

在赵撝谦《六书本义》中，以母文借字的引申义为基础，通过加注类属标志而产生的同族字字例还有来、童、夢、里、咸、司、商、詹、章、竟、皆、息、司、寺、次、合、蜀、台、央、丑、隶、事、度、支、将、羑、奂、乎、也、甬、不、齊、离、禽、解、弱、非、畏、負、朋、胄、盥、康、敝、系、亶、亭、且、毕等字。

5. 以母文的某一项基本义素为义核加注若干与特定意义相关的类属标志

古人以母文所记录的某一项基本义素为义核，通过加注若干与孳乳字所代表的派生词义有关联的类属标志，从而形成一族与母文字义相近、读音相同或相近，在字形上具有相承关系的同族字。如"巠"字，赵撝谦《六书本义》："巠，古零切，水脉也。从川在地下。一指地，壬省声。……俗僭知用經。""巠"的本义是"水脉也"，因水流具有行径去向，所以引申为"路径、支干"等义项。在"巠"的引申义基础上，通过加注若干与特定意义相关的类属标志，可孳乳分化出徑、莖、淫、經、踁、脛、逕等字。

又如"豈"字，赵撝谦《六书本义》："豈，可亥切，还师振旅乐也。……作凯，非。借同愷。转去几切，非然词。"依赵氏说解，"豈"本是"还师振旅乐也"，由其内含的"快乐、高兴"这一基本义项为义核可孳乳出凯、愷等字。

再如"旨"字，赵撝谦《六书本义》："旨，掌氏切，曰也。从匕声。古作🥄。通借指，苟物则指矣。……借与恉同。""旨"甲骨文写作"🥄"，像人在取食品尝，表示"味美"之义，后假借为"意图、意旨"之义，古人便以这一"意图、意旨"的义素为义核，孳乳造出指、恉等字。

当然，需要说明的是，在母文上附加的这些类属标志只是辅助性的成分，不表具体意义，只起指事或提示作用，或把母文的有关意义归属于具体事类，或使母文的特定意义具体化、对象化或类属化，可帮母文减少在一些具体场合词义不明确、不具体的歧义状态。简言之，母文的某一义项是孳乳分化字的义核，类属标志只是它们的区别标记或外在标签，母文加注标记偏旁或类属标志而孳乳分化出的字只是母文所承担或记录的部分意义或义项。

三 "同族字"产生原因

同族字主要是由语言与文字发展的不平衡，以及汉民族创制文字时的造字思维所致。其中，语言与文字发展的不平衡性是汉字字族产生的根本原因，而造字思维的继承性、类推性和创新性是汉字字族产生的重要原因。

（一）语言与文字发展的不平衡性

语言与文字发展的不平衡是汉字字族产生的根本原因。著名语言学家索绪尔说："语言和文字是两种不同的符号系统，后者唯一的存在理由是在于表现前者。"[①] 文字是记录语言的符号系统，在语言的基础上产生并受语言发展的制约。但是，文字适应语言变化的速度远远滞后于语言变化发展的速度。在汉语的动态发展过程中，汉语词汇的丰富和发展呈开放式、无限式发展，数量可以达到无穷，而文字形体却总有一定的限量，无论文字怎么发展变化，都难以适应词汇不断丰富和发展的需要。蔡永贵先生指出："文字适应语言的变化是相对滞后的，它一般尽可能保持一段时间的稳定，用旧字记录新词（包括派生词），不到不得已的时候是不会变的。"[②] 可见，在语言和文字的相互适应过程中，以有限的字形去记录无限发展的词汇，必然会出现矛盾、失去平衡。于是，人们在创制汉字的过程中，很早就找到了用假借手段来解决这一矛盾的办法。然而，假借方法所带来的交际困难也随之出现。为了明确分散原字或母文所承担的各项意义，包括引申义和假借义，人们便以原字或母文的本义、假借义或引申义为义核，加注与特定意义相关的类属标志，孳乳出与原字或母文各有关意义相对应的成系列的一组汉字，以分担原字或母文所担负的部分职责。如"立"字，赵撝谦《六书本义》："立，力入切，驻也。从大立于地上，一指地。""立"本是"站立"之"立"的本字，后引申出"帝王或诸侯即位"之义，《左传·隐公三年》："桓公立，乃老。"[③] 为了减轻"立"之

---

① 〔瑞士〕费尔迪南·德·索绪尔：《普通语言学教程》，高名凯译，岑麒祥、叶蜚声校注，商务印书馆，2003，第47页。

② 蔡永贵：《汉字字族探论》，《宁夏大学学报》（人文社会科学版）2008年第5期，第6页。

③ 《汉语大字典》（缩印本），四川辞书出版社、湖北辞书出版社，1992，第1131页。

"即位"的表意负担，古人添加形符人旁造出了"位"字。新产生的字与原字或母文形体相承、意义相通、读音相同或相近。从这个意义上讲，汉字字族主要是在汉语词汇的派生发展阶段，由汉字通过内部孳乳分化方式，以适应汉语词汇因词义引申而无限派生扩大的形势而出现的。

（二）造字思维的继承性、类推性和创新性

汉字是汉族先民超凡智慧的结晶，它的产生和发展深受汉民族思维方式的制约和影响。汉族先人利用本民族固有的造字思维模式创制了一系列集意蕴、绘画、建筑等美感于一身的方块汉字，这些汉字在某种程度上具有一定的相似性和相承性，新字往往是在原字的基础上通过添加相关的类属标志孳乳而出的。吕思勉先生曾说："盖知识日增，言语必随之而广。然言语非可凭空创造也，故有一新观念生，必先之与旧观念相比附。"[①]在汉语发展的初期阶段，初具规模的汉字与汉语词汇的结合是建立在人们对当时自然和社会的认识基础之上的。随着社会的发展，人们的认识水平和思维意识得到不断提高，对事情的分辨能力也随之增加，从而对事物的认识更加准确、细腻和具体，对原来混沌不清、区隔不明的事物渐趋明朗，有了一定的区分度。反映在文字上，便会在原字或母文分担的各个义项基础上，加注一定的区别符号或类属标志，使之在意义表达上更加清晰、准确。因此，从这个角度讲，孳乳字在读音、形体和意义上与母文具有一定的相承关系。蔡永贵先生指出："初民对事物的认识不深，尽管是从对具体事物的认识出发的。但是，由于主客观条件的限制，往往对类似的事物、行为混而为一，不加或不能区别。表现在语言上，便呼之以一词（往往是单音节的，是派生词的根词），进一步表现在记录语言的文字上，便往往代之以一字（也是单音节的，是孳乳新字的母文）。"[②]如"辟"字，赵撝谦《六书本义》："法也。……从辛从口，用法，从卩制辛为意。……又与避同。""辟"本义"施加刑罚"，引申出"法律、法庭"

---

① 吕思勉：《中国文字小史》，北京理工大学出版社，2016，第166页。
② 蔡永贵：《汉字字族研究》，博士学位论文，福建师范大学，2009，第149页。

等义，因为法律具有警示作用，"法庭"要求人们"肃静、肃穆"，由这一意义又引申出了"回避、退避、躲避"等义。古人为了减轻"辟"字的表意负担，增加形符"辶"另造"避"来承担其"回避、退避、躲避"等义项。还如"哥"字，赵撝谦《六书本义》："哥，居何切，咏声也。从二可长引其声以诵之意。亦作歌、謌。"古人在造字过程中，为了便于记忆和类推，字形之间往往具有一定的继承性和类推性。对此，蔡永贵先生表示："为了保持文字系统的稳定性以及文字发展的连续性、简便性，有利于书面交际，于是受这个时期词汇同源分化的影响，汉字也采取了母文孳乳的方式……追加具有对象化、外化原字意义作用的类属标志，造出了一系列表示具体意义的孳乳字，分担母文的意义。"①

四 "同族字"孳乳途径

综合考察赵撝谦《六书本义》，我们发现古人为了使汉字更好地适应汉语词汇派生发展的需要，主要采取孳乳、假借和另起炉灶等方法来解决文字与词汇不相适应的问题。下面，我们将对这三种情况做简要说明。

（一）孳乳

陆宗达先生指出："语言中的词派生后，为了在书面形式上区别源词和派生词，便要推动字形的分化。"②综观整个汉字发展史，结合赵撝谦《六书本义》文字释例，我们发现，汉字的内部孳乳分化主要是在旧的字形基础上，以母文的音、形、义为基础，通过加注若干具有一定区别意义的类属标志从而产生新的字形集合，新字形与旧字形在字形上具有一定的相承性和类推性。如"昏"字，赵撝谦《六书本义》："日冥也。从日，氏省，日氏下则昏之意。""昏"本表日之昏暗，后引申为心、目、水等的不明状态，由于古人举行婚礼多在傍晚进行，故又派生出"结婚"的

---

① 蔡永贵：《汉字字族研究》，博士学位论文，福建师范大学，2009，第150页。
② 陆宗达、王宁：《传统字源学初探》，载北京市语言学会编《语言论文集》，商务印书馆，1985，第254页。

义项，古人在为"昏"的这些本义、引申义和派生义造出"惛""睯""潉""婚"等字之前，"昏"兼表这些词的本义、引申义和派生义等多个义项。后来，古人在旧的字形"昏"上，分别加注具有一定区别意义的类属标志，产生了新的字形"惛""睯""潉""婚""殙"等，以分别记录"昏"字所承担的上述意义。在这一类型的同族字中，孳乳字与母文的关系，有些类似于文字学上所谓的"累增字"，正如王筠所言："字有不须偏旁而义已足者，则其偏旁为后人递加也。……其加偏旁而义仍不异者，是谓累增。"①

（二）假借

随着汉语的发展，有限的汉字逐渐贫于记录无穷的汉语词汇。汉字创制者为了改变文字之穷的窘迫状态，便借用旧的字形以赋予新的意义，从而形成一个新的形、音、义的统一体。在文字使用过程中，为了减少书面交际带来的交流困惑，古人一度采用改造假借字的办法来区分字形和词义，王筠《说文释例·卷八》曰："正义为假义所夺，因加偏旁以区别之也（冉字之类）。"② 在同族字的孳乳发展过程中，假借是古人为使汉字适应词汇派生情况而给派生词配备字形的一种重要手段。人们以母文借字的假借义或引申派生义为义核，通过加注具有一定区别意义的类属标志，从而孳乳分化出一族新的类属字。如"某"字，赵撝谦《六书本义》："某，莫栳切，酸果也。李阳冰曰：'此正梅字也。'从木，上指其实，非甘也。……亦从每声，作梅、楳。……转莫后切，凡事不知其名之称。"由赵氏说解可知，"某"本是"梅"的本字，借作"凡事不知其名之称"后，人们便以该假借义为义核，通过在母文上加注一些具有类属意义的形旁，从而孳乳分化出新的字体，来分担"某"字在词义假借过程中因词义派生而承担的各个义项，如"计划做某事"的"谋"字，"为某些人撮合婚事"的"媒"字，"为某人求子而进行祭祀"的"禖字"，等等。

---

① （清）王筠：《说文释例》，中华书局，2011，第 173 页。
② （清）王筠：《说文释例》，中华书局，2011，第 173 页。

（三）另起炉灶

吕思勉先生曾说："又有字形不变，然后世之义，全与古异者，此不啻旧字已废，复以新义起而用之，亦与字之孳乳有关者也。"[①] 尽管前代已造出大量可供使用的汉字，但后人在使用过程中因思想观念或事物本身的发展变化而有不同的理解。也就是说，很多汉字在造字之初的构字意图与后来的实际认知产生了背离，其当初的造字本义使人们在不断遗忘中逐渐被尘封。如"吕"字，赵㧑谦《六书本义》："吕，两举切，脊肉，象垂骨联结形。亦作膂，借旅。昔太岳为禹心吕之臣，故封吕侯，子孙因以为姓。……续收侣。"由赵氏说解可知，"吕"本是"两骨相联在一起"的象形，后借为"伴侣"之"吕"，由"伴侣"之义又引申出了"成双成对"的义项。于是，古人以此为义核，通过加注若干具有特定意义的类属标志，孳乳分化出了梠、侣等字，而"吕"的本字则由"膂"来代替。还有一种情况，有些字义虽然随着古今的不同理解而发生了变化，但这些字的本义却能在同族字中得到展现。如"非"字，赵㧑谦《六书本义》："非，鸟翥也。象两翅奋起形，或混蜚。不是也，又同绯。转上声，续悱同，又同诽。""非"的本义当为"飞翔"之义。以其"飞翔"为义核而孳乳的同族字有蜚、诽、罪等。"蜚"是一种轻小能飞的臭虫；"诽"会因"流言诽语"而给当事者造成"飞来横祸"；"罪"则是一种捕捉飞禽走兽的工具。

五 结语

同族字是汉字在汉语使用过程中出现的一种特殊的语言文字现象，它的产生与汉语词汇的丰富和发展有极为密切的关系。同族字是汉字在记录汉语的过程中，为了适应汉语词汇不断丰富和发展的需要，经自我调整、自我改造、自我完善而发生的文字内部孳乳分化现象。同族字中的孳乳分化字以具有完备音、形、义的母文为基础，通过加注若干具有特定意义的

---

① 吕思勉：《中国文字小史》，北京理工大学出版社，2016，第165页。

类属标志，从而使母文所担负的一些模糊不清的意义更加具体和明晰，孳乳分化出的同族字与母文在音、形、义上具有一定的相承关系。研究同族字中的母文孳乳分化现象，不仅是探析汉字内部孳乳发展规律的一个新视角，也是了解汉语词汇在汉语的动态发展中派生和发展的一个新视角。同时，研究同族字对于勾勒汉字发展史和完善汉字理论体系具有重要作用。探讨同族字的孳乳过程、孳乳规律以及孳乳条例，在一定程度上可以帮助我们探寻汉字内部孳乳分化的发展规律，有利于人们在汉语词汇的动态发展变化中认识汉字。

第六节 "同源字"探释

同源孳乳分化是汉字孳乳发展的重要途径之一，每一组同源字都以某一核心意符为源头，通过增加、减省和改易等方式，孳乳分化出不同层级序列、不同分支系列的具有同源关系的汉字字族。可以这样说，同源孳乳分化现象为我们厘清了汉字孳乳发展的孳乳规律和演绎轨迹，对于建立科学汉字构形学和勾勒汉字发展史具有重要作用。本节拟以赵撝谦《六书本义》"文字子母理论"为基点，综合考察古今方家之说，从汉字形体的构意理据入手，试就同源字孳乳发展的基本规律和系统构成做简要探析。

一 "同源字"概念

赵撝谦《六书本义》在对文字进行全面系统分析的基础上，总结归纳出了"文字子母理论"，提出："主类为母，从类为子；生字为母，从母为子；显为母，阴为子；约为母，滋为子；用者为母，不用者为子；得势为母，不得势为子"的文字孳乳观，认为文字最基本的字形是"母文"，由"母文"可孳乳出"子字"，再由"子字"孳乳出"孙字"，而其孳乳分化的层级关系是"子从母生，孙从子出，各有所统"。

赵撝谦按照"子从母生，孙从子出，各有所统"的文字孳乳原则，于《六书本义·凡例》提出："虽从母为子，而又能生它字者，既见于所生母下，而又别出为部，亦犹人皆出于父母，既长而又能生其所生也。"认为有些"子"字既属于所生之"母"文，故将其作为其"母"的属字，同时这些"子"又可以生"孙"，故又将其列为部首，下属其所生之"孙"。

依照赵氏的观点，文字的同源分化是生生相续、绵延不断的。我们知道，语言是人类最重要的交际工具，而文字是记录语言的书写符号系统。索绪尔的语言系统认为，语言是由语言符号所组成的一种系统，语言符号的每一种要素都"由它与语言中其他要素的关系和差别构成"。① 汉字是现在世界通行的两大文字体系之一——构意文字典型代表（世界通行的另外一种文字体系是拼音文字），也是世界上唯一未曾中断使用而延续至今的文字符号系统。

拼音文字通过拼合语言中的语音来记录语言，而构意文字则通过字形与语言直接或间接发生关系。考察数千年的汉字发展史，构意形体在汉字的发展演变过程中起着关键作用。从上古到现在，虽然汉字音读几经移转，古今语音差别明显，而唯有形体的传承突破了时间的藩篱，使汉字及其表达意义的基本风貌得以保留。

张桂光先生指出："文字的创制与孳乳发展，都应以形义为联系。"② 对于汉字而言，同源字系统是一系列形体差别和一系列观念差别的结合。汉字的创制，大都是从表达某一具体事物的个别符号开始的。而其同源孳乳分化，则是以这些个别符号的形义为基础实现孳乳繁衍。如"人"字，赵㧑谦《六书本义》："人，而鄰切，天地之性最贵者，象人立形。"（《人物上篇·人部》）古人以"人"的形义为基础，同源分化出与之相关的"儿""身""先""兒""从""北""兄""元""羌"等字。对此，陆宗达先生表示："语言中的词派生后，为了在书面形式上区别源词

---

① 〔瑞士〕费尔迪南·德·索绪尔：《普通语言学教程》，高名凯译，岑麒祥、叶蜚声校注，商务印书馆，1980，第 164 页。
② 张桂光：《汉字学简论》，广东高等教育出版社，2004，第 224 页。

和派生词，便要推动字形的分化。"① 从这个意义上说，汉字的孳乳分化现象对于探析汉字发展的演进规律和勾勒汉字发展史具有极为重要的作用。下面，我们依照赵撝谦《六书本义》"文字子母理论"，就汉字的同源孳乳分化现象和孳乳分化规律做浅显探析。

通常人们把在汉字的发展过程中，具有孳乳分化能力的字叫原字或母字，把在原字或母字基础上，通过直接或间接方式孳乳分化出来的一组跟原字或母字在字义或构形上有联系的字叫分化字或子字。这种具有相同造字法和"核心意符"的同源字，在字的构造和字义形成上有共性的一面，但是也有不同的一面，正是这不同的一面造成了汉字在具体意义上的表达差别。如"支"字，《说文》："去竹之支也。从手，持半竹。"② 本指"竹子的枝条"，后引申为一般花木的枝条，《诗·卫风·芄兰》："芄兰之支，童子佩觿。"③ 这个意义后来写作"枝"，再后来又引申为人的肢体，《吕氏春秋·孝行》："能全支体，以守宗庙，可谓孝矣。"④

从上述这些字例来看，"枝"和"肢"都同源于"支"，而又分别代表不同的字义系统。对此，黄德宽先生有进一步的阐述："一个文字符号所记录的词的引申义项过多，与汉字专字专用的构造意图也相矛盾，需要在文字符号上给以区分，从而孳乳出新字。"⑤

作为汉字的一个有机系统，同源字是呈系统状态存在的。每个同源字系统都是以字源或某一"核心意符"为源头，按照不同的层级序列和分支系列组成的一个个有机体系。王宁先生认为："汉字作为一种信息载体，一种被社会创建又被社会共同使用的符号，在构形上必然是以系统的

---

① 陆宗达、王宁：《传统字源学初探》，载北京市语言学会编《语言论文集》，商务印书馆，1985，第 254 页。

② （汉）许慎：《说文解字》，中华书局，1963，第 65 页。

③ 商务印书馆辞书研究中心修订《古代汉语词典》（第 2 版），商务印书馆，2015，第1918 页。

④ 商务印书馆辞书研究中心修订《古代汉语词典》（第 2 版），商务印书馆，2015，第1918 页。

⑤ 黄德宽：《古汉字形声结构论考》，博士学位论文，吉林大学，1996，第 76 页。

形式存在的。在共时历史层面上的汉字总体，应当有自己的构形元素，这些元素应当有自己的组合层次与组合模式。"①

因此，我们分析同源字，首先要抓住汉字的形体来源，因为每一组同源字都会有一个"核心意符"或母字源。相对而言，最初的母字源一般是独体象形字，之后演变为汉字形体的"核心意符"，并以这一"核心意符"为字源展开孳乳分化过程。譬如，"旦""昔""晶""東""杲""杳""昆""普""早""显""畫""暴""昏""旬""菁""冥""莫"等字的"核心意符"是"日"，"盾""眉""睦""苜""蔑""瞿""看""省""見""相""睿""窺""罦""眴"等字的核心意符是"目"。其次，要注意同源字与字源或核心意符之间的形义联系，这种联系我们可以看作串联同源字的一条纬线。对此，赵㧑谦《六书本义·凡例二》曾有形象论述："子从母生，孙从子出，各有所统。先形、次事、次意、次声，虽从母为子，而又能生它字者，既见于所生母下，而又别出为部，亦犹人皆出于父母，既长而又能生其所生也。"还有学者提出："同源字是以某一核心意符为起点，以形义关联为纽带，在纵横两个维度进行着既有用字法又有造字法的形义滋生，恰如人类的父生子，子又生孙……从而形成了同源字的层级特征和同源系统。"②

综上，我们认为分析同源字应当从字形入手，以形体为纽带，辅以意义的关联。简言之，就是以字源或核心意符为出发点，通过直接、间接的孳乳分化方式所产生的一组或若干组在字形上有联系、在字义上有关联的一系列分化字，与源字或核心意符共同构成同源字关系。同源字的构成必须具备三个条件：首先，同源字在语音上相同或相近，即使不同也要有语音转化的痕迹。其次，在语义上须有某些表面的或隐含的共同义素，否则可能只是同音字。最后，在字形上要有一定的区别度和关联度。如

---

① 王宁：《系统论与汉字构形学的创建》，《暨南学报》（哲学社会科学版）2000 年第 2 期，第 16 页。

② 龚海华：《同源字初探》，华南师范大学硕士学位论文，2006。

"農",有"濃""膿""醲""穠""襛"等同源字。其中,水厚为"濃",汁厚为"膿",酒厚为"醲",衣厚为"襛",花厚为"穠"。这些"農"族同源字,都从"農"得声,并有"厚重"这一共同义素,字形都由"農"孳乳分化而来。从这个角度讲,我们可以给同源字下这样的定义:在汉字的孳乳发展演变过程中,凡读音相同或相近,具有同一形体来源的字,都可构成一组或若干组同源字。

二 《六书本义》"同源字"系统构建

最早对文字孳乳理论进行阐述的人是许慎,他在《说文解字·叙》中曰:"字者,言孳乳而寖多也。"[①]《说文》以"引而申之,以究万原"[②]的方式,按照"据形系联"的原则,对由其 540 个基本形体或字源孳乳分化出来的每一个汉字进行分析和解释。到了宋代,郑樵《六书略》提出了"文字子母理论"。[③] 随后,戴侗《六书故》又进一步提出"字者孳也,言文所生也。文一索而生子,子再索而生孙"[④] 的文字孳乳观。

明儒赵撝谦《六书本义》依据戴侗《六书故》,对郑樵《通志·六书略》:"立类为母,从类为子。母主形,子主声"[⑤] 的"文字子母理论"做了更为细致的阐释:"子从母生,孙从子出,各有所统。"其中,"以母统子,以子该母,子复能母,妇复孕孙"是赵撝谦《六书本义》在部首编排方法上的一个突出特色,也是赵撝谦在文字子母理论和文字孳乳分化理论上的一个新的探讨。

现以赵撝谦《六书本义》卷十一《宫室篇·宀部》为例:

宀部第二百九十三凡八十七字:

---

① (汉)许慎:《说文解字》,中华书局,1963,第 314 页。
② (汉)许慎:《说文解字》,中华书局,1963,第 319 页。
③ (宋)郑樵:《通志二十略》,王树民点校,中华书局,1995,第 344 页。
④ (宋)戴侗:《六书故》,中华书局,2012,第 8 页。
⑤ (宋)郑樵:《通志二十略》,王树民点校,中华书局,1995,第 345 页。

形一：宀，

形兼意二：寅、宜，

事二：向、穴，

意十六：宗、容、官、安、寒、窫、宄、宰、守、字、奥、塞，

声六十六：宫、家、夢、害、室……

穴部第二百九十四凡五十字：

意三：穿、窠……

由上述字例可以看出，文字孳乳分化的递进层级是，"宀"为父辈，"寅""宜""穴"等为子辈，而"穴"下所统之"穿""窠"等则为孙辈。赵撝谦《六书本义》这一独特的部首编排体例和文字孳乳途径，通过部首编排反映了汉字字形同源孳乳分化的演变过程，也体现了汉字字形的衍生发展流程。

赵撝谦《六书本义》在对文字系统进行全面分析总结的基础上，归纳出了"文字子母"理论，并在《六书本义纲领·六书总论》中曰："主类为母，从类为子。生字为母，从母为子。……母主形主义，子但主声。"赵撝谦认为"主类为母""母主形主义"，这里所谓的"母"既是表示字义大类的部件，也是构成其他汉字的构件基础。

赵撝谦《六书本义》在文字孳乳发展过程中，将同源字字源分为母字源和子字源。母字源是具有孳乳分化能力并且能够独立成字的象形字，子字源由母字源衍生而出，同时又具备衍生下一级同源字的能力。关于文字的滋生能力，赵撝谦在《六书本义纲领·六书总论》有明确界定："显为母，隐为子；约为母，滋为子；用者为母，不用者为子；得势为母，不得势为子。"在文字的同源字系统中，母字源是所有同源字最初的源头，位于最顶端，而子字源则处于层级体系中。依据赵撝谦《六书本义》"文字子母理论"，我们可以归纳出同源字系统的构成须遵循两个原则：

第一，同一系统内的字必须有共同的核心意符，这是一条纵向的

经线，贯穿从字源到下面层级的整个体系过程。

第二，上下层级之间的字在意义上必须具备或隐或显的词义联系，这是一条横向的纬线。

依据这两个原则，同源字首先要以字源为起点，把由字源演化而来的象形字列于第一层级；第二层级是由字源包括第一层级的象形字，衍生而来的指事字、会意字、形声字；第三层级则是由第二层级的字继续衍生而出。当然，并非所有字源都是由母文或源字演化而来的象形字，倘若没有，则原本位于第二层级的字会自动进入第一层级。同一层级之间，则按造字法和字义归属的不同而构成各个分支。

三 《六书本义》"同源字"的孳乳分化方式

黄季刚先生指出："古今文字之变，不外二例：一曰变易，一曰孳乳。变易者，声义全同而别作一字。变易犹之变相。孳乳者，譬之生子，血脉相连，而子不可谓之父。"[①] 考察赵撝谦《六书本义》"同源字"系统，我们认为"同源字"的孳乳分化方式大致可归并为三种类型：增加、减省和改易。

（一）增加

1. 加注意符

在汉字的发展演变过程中，有些汉字一字兼表数义，承担了多个义项，给书面交流带来了理解上的障碍。为了消除文字阅读上的理解歧义，古人在原字的基础上或加注意符（或形符），或加注声符（或音符），通过另造新字的办法来分担原字的一部分词义。加注意符的字例，如"戉"字，赵撝谦《六书本义》："戉，三伐切，大斧，重八斤，指戈有戉状。俗混用钺。"（《器用篇·戈部》）"戉"，本是"大斧"的象形字，借为星

---

① 黄侃述，黄焯编《文字声韵训诂笔记》，上海古籍出版社，1983，第34页。

名和"长度单位"① 之后,"戉"字一身兼表数义。后来,古人为了减轻其表意的负担,在原字上加注意符"金"旁另造了"钺"字。

又如"康"字,赵㧑谦《六书本义》:"康,丘冈切,谷皮也。从米,庚声。亦作糠、作穅,非。借安也。"(《饮食篇·米部》)由赵氏说解可知,"康",本是"谷皮"的象形,《庄子·天运》:"夫播康眯目,则天地四方易位矣。"② 后来假借作"健康"的"康"后,古人又加注意符"米"字旁另造"糠"字。

再如"非"字,赵㧑谦《六书本义》:"非,鸟翼也。象两翅奋起形,或混蜚。不是也,又同绯。转上声,续悱同,又同诽。""蜚"是一种轻小能飞的昆虫,借"非"来表示,为了突出"蜚"的性状属性,古人又在其旁加注了意符"虫"造出"蜚"字。

再如"左"字,赵㧑谦《六书本义》:"左,则贺切,相工事也。从左手与工上为意。亦作佐。"(《人物上篇·工部》)《说文》:"左,手相左助也。"③ 由许慎解释可知,古人用"左"来 承担"辅佐"的"佐",后来随着"左"字所承担意义的增多,古人为了凸显"佐"字中"人"的作用,又加形符造出"佐"字。

再如"殷"字,赵㧑谦《六书本义》:"殷,於巾切,作乐盛也。……又同慇。"(《人物中篇·殳部》)"殷",甲骨文写作"𣪘",本义为怀孕妇女演奏音乐,以使之愉悦。这说明,被愉悦之人必有忧伤之事,或者其内心较为忧郁。因此,"殷"又可引申出"忧伤、痛心"之义。古人为了强化"殷"的心情"忧郁"这一义项,在原字上加注形符,另外造出"慇"字。虽然,在汉字的大家庭中又多了一个"慇"字,但人们并没有遗弃"殷"字,直到现在,我们还用"殷切希望"来表达内心的期盼之情。

---

① 《汉语大字典》(缩印本),四川辞书出版社、湖北辞书出版社,1992,第87页。
② 商务印书馆辞书研究中心修订《古代汉语词典》(第2版),商务印书馆,2015,第809页。
③ (汉)许慎:《说文解字》,中华书局,1963,第99页。

再如"勹"字,赵撝谦《六书本义》:"勹,班交切,胎衣生貌。裹也。象形。亦作胞。"(《人物上篇·勹包部》)"勹"是"包"的本字,是"胎胞"的象形,随着词汇的丰富和词义的发展,"包"又兼表"包容"等抽象词义。于是,古人又添加形符"肉"旁另造"胞"字为之。

还如"尌"字,赵撝谦《六书本义》:"尌,殊句切,种植也。从寸持种,豈声。俗用树。"(《人物中篇·寸部》)"尌",甲骨文写作"🌱",象"手持树苗栽种"之意。段玉裁《说文解字注》:"今字字通用樹为之,樹行而尌废矣。《周礼注》多用'尌'字。"①

类似字例还如:立—位,岡—崗,鼎—淵,坐—座,包—胞,互—笈,叕—缀,西—栖,午—杵,臽—陷,左—佐,安—按,悳—德,或—域,免—娩,竟—境,卬—仰,不—否,殷—慇,求—裘,戋—残,司—伺,臧—臟,勺—杓,等等。

2. 加注声符

在原字上添加声符,不仅是为了区别字形,更重要的是为了取得与汉字总体发展趋势相统一的表音效果和构意目的。如"处"字,赵撝谦《六书本义》:"处,敞吕切,居也。从夂得几而止之意。亦作處。"(《器用篇·几部》)"处",增加声符"虍"(虎省)成为"處"字。

又如"曐"字,赵撝谦《六书本义》:"晶,欣盈切,晶光也。从三日为意。"(《天文篇·日部》)"曐,桑经切,万物之晶,上列为曐。象三曐形,生声。古作🌱、⁂,亦省作星。"(《天文篇·晶部》)"曐",甲骨文写作"🌱"或"⁂",像众多星球状,表示"闪烁发光的星体"。当"晶"引申出形容光亮"晶莹,晶亮,晶明"等义项后,古人便在"晶"下添加声符"生"另造"曐"字。

再如"须"字,赵撝谦《六书本义》:"须,询趋切,面毛也。从彡,於页为意。亦作鬚。"(《人物下篇·页部》)"须",甲骨文写作"🧔",像成年男子两腮和下巴粗浓的须发。后来,随着词义的丰富和发展,"须"

---

① (清)段玉裁:《说文解字注》,上海古籍出版社,2012,第205页。

在兼表名词"胡须和毛发"之义的同时，又兼表了动词"等待"和副词，以及连词等功能，还可作为姓氏之一进入汉字大家庭。于是，古人又加注声符另造"鬚"字承担其本义。

再如"霝"字，赵撝谦《六书本义》："霝，郎丁切，雨磷也。从雨，品谐音。亦作零，非。借草木之落亦曰零。又年也，续收龄。"（《理篇·雨部》）"霝"，甲骨文像天上零星滴落的雨，后来为了明确字音，古人加注声符"令"，后省略中间的三个"口"字符，简写作"零"。

再如"食"字，赵撝谦《六书本义》："食，实职切，咀食者曰食。……转祥吏切，饭也。飤同，作饲，非。"（《饮食篇·皀部》）"食"，甲骨文写作"🥢"，像"人低头进食"状，后来引申为"给人吃，供养"之义①，于是古人在原字旁添加声符另造"饲"字为之。

再如"轟"字，赵撝谦《六书本义》："轟，呼横切，群车声。从三车为意。作輷、輷，非。"（《器用篇·车部》）"轰"，由三车组成，会"战车行进时发出的轰隆吼声"之意，现简化作"轰"。但在有些古书中，也有用"从车，旬声"的"輷"来表示的。如《史记·苏秦列传》："人民之众，车马之多，日夜行不绝，輷輷殷殷，若有三军之众。"②

再如"虫"字，赵撝谦《六书本义》："虫，许鬼切，蛇属。象其蟠，亦作虺，兀声。俗混虫。"（《虫兽篇·虫部》）依赵氏说解，"虫"是"蛇属"的象形，添加声符"兀"写作"虺"，添加声符"鬼"写作"魁"。

再如"某"字，赵撝谦《六书本义》："某，莫梧切，酸果也。李阳冰曰：'此正梅字也。'从木，上指其实，非甘也。古作呆、槑。亦从每声，作梅、楳，非。转莫后切，凡事不知其名之称。"（《草木篇·木部》）"某"本是"梅"的本字，当"某"被假借作"凡事不知其名之称"后，古人又为"某"加注形符"木"另造"楳"字，与后造的"梅"成为正

---

① 《汉语大字典》（缩印本），四川辞书出版社、湖北辞书出版社，1992，第1846页。
② （汉）司马迁：《史记》，江苏古籍出版社，2006，第549页。

俗关系的异体字。

还如"亭"字，赵撝谦《六书本义》："亭，唐丁切，人所亭人处屋。从高省，丁声。借止息也，续收停。"（《宫室篇·高部》）"京，居卿切，人所为绝高丘也。从高省，巾声。"（《宫室篇·高部》）"高，居劳切，崇也。象台观高而有垣墙之形。"（《宫室篇·高部》）"高"甲骨文作"𩫖"，"京"甲骨文作"𩫖"，"亭"金文作"𩫖"。由甲骨文、金文可以看出，这三个字的古文字字形极为相似，读音也相近。"亭"是"从高省，丁声"，"京"是"从高省，巾声"，三字均像"拔地而起、带塔楼的多层楼台或建筑"。而三字的区别在于，"高"是瞭望预警的多层楼台，"京"是古代建筑在都邑城关、用于瞭望预警的高耸亭台，"亭"是古代设在路边、供旅客歇宿的有顶无墙的小型简易建筑。

类似字例还如：窏—寜，雥—雜，晶—曡，豈—凱，轟—輷，秝—歷，姦—奸，艸—草，岳—嶽，等等。

3. 增减笔画

古人造字时通过在原字上加注点画，或利用缺笔连笔的方式，分化出新的字形以区分意义。如"玊"字，赵撝谦《六书本义》："玊，统五切，地能吐生万物，故曰土。象有物从地吐出形。"（《理篇·土部》）"土"字本无点，但是在古籍中，不时写作"玊"，可能是为了与"士"字作区别。《汉语大字典》："玊，同土。《隶变·衡方碑》：'玊家于平陆。'顾蔼吉注：'土本无点，诸碑士或作玊，故加点以别之。'"①

又如"足"字，赵撝谦《六书本义》："足，纵玉切，脚也。从止，上指股胫状。"（《人物下篇·止部》）"疋，山於切，足也。或曰即足字。弟子职问：'疋何止？'上指腓肠之形。转语下切，正也。今但转雅。"（《人物下篇·止部》）

再如"隹"字，赵撝谦《六书本义》："隹，朱惟切，鸟总名。象形。"（《虫兽篇·隹部》）"雀，即约切，小隹为雀，会意。"（《虫兽篇·

① 《汉语大字典》（缩印本），四川辞书出版社、湖北辞书出版社，1992，第175页。

隹部》)

类似因加减笔画而可同源分化出新字的字例还有：木—朱—本—末—束，王—玉，气—乞，弓—弔，等等。

还有一些同源分化现象是随着汉字形体的演变发展，通过在原字上添加点画，以取得独立音义的结果。如"言—音"。赵㧑谦《六书本义》："言，鱼轩切，语也。从口，辛声。"（《人物中篇·口部》）"音，於今切，言之声也。从言一声。"（《人物中篇·言部》）按："言"小篆写作"䚐"，后在其下部所从的"口"中增加了饰笔"一"，于是"音"（小篆写作"䚐"）字在加注点画饰笔的情况下被分化了出来。

又如"小"字，赵㧑谦《六书本义》："小，思艹切，水之微也。象小水形。借为凡物微小之称。"（《理篇·小部》）"少，书沼切，不多也。从小，丿声。转去声，年壮之称。"（《理篇·小部》）"小"，甲骨文写作"川"，"少"，甲骨文写作"小"。"小"由三个小点的形体演变而来，"少"由四个小点的形体演变而来。可见，"小""少"同源，后分化。

但是，如果在原字上加注点画，而意义并未改变则不能算作同源分化。如"井"字，赵㧑谦《六书本义》："井，子郢切，掘地及泉处，外象勾韩形，中象汲器形。或曰象画井田，法中公田。"（《宫室篇·井部》）"井"，甲骨文写作"井"，金文写作"井"，小篆写作"井"。实际上，井字中间填不填充那一点，都不影响"井"的外观与字义。

又如"胃"字，赵㧑谦《六书本义》："胃，亏贵切，谷府也。从肉，上指其形，而中有谷。"（《饮食篇·肉部》）这里"肉"上面的"田"字，也不是汉字"田"，而是一个"从肉上指其形"的"胃"字的代替记号。因为画一个圆圈会使"胃"字空虚不实，于是在圆圈或"口"中添加"＋"或别的填充符号以使之充实饱满。

（二）减省

1. 截除

截除性减省，主要是指截取某个字符中能表意的那一部分，从而达到文字孳乳分化的效果。例如"子"字，赵㧑谦《六书本义》："子，祖似切，婴孩也。象形。"（《人物上篇·子部》）截除减省部分形体后产生"子""孓""了"等三字，赵撝谦《六书本义》："子，吉列切，无右臂也。从子，而杀其右臂。与孓、了并为省体会意。"（《人物上篇·子部》）"孓，居月切，无左臂。"（《人物上篇·子部》）"了，朗鸟切，左右臂俱无，而了绝也。又毕也。"（《人物上篇·子部》）

又如"片"字，赵撝谦《六书本义》："木，莫卜切，树也。上出象其干叶，旁象其枝；下达象其底，旁象其根。"（《草木篇·木部》）"片，匹见切，判木右半也。从木而省其半为，与爿字并省体会意。"（《草木篇·木部》）赵撝谦《六书本义》："爿，疾羊切，李阳冰曰：'右为片，左为爿。'"（《草木篇·木部》）

再如"屮"字，赵撝谦《六书本义》："屮，丑列切，中木初生也。象屮初生有枝叶形，借与彻同，又与艸同。"（《草木篇·屮部》）"艸，采早切，百卉总名。从二屮为意。《汉书》用屮讳用草。"（《草木篇·屮部》）

还如"个"字，赵撝谦《六书本义》："竹，张六切，冬生有节草，象两竹并生而有箁箬下垂之形。"（《草木篇·竹部》）"个，古贺切，竹一支也。……从竹省半为意。"（《草木篇·竹部》）

一般而言，截除是从一个独体字上截取其中一部分以表意的一种分化孳乳方式，新产生的字与被截除的字在意义上密切相关。

类似字例还有：兵—乒—乓，木—不，熊—能，口—凵，等等。

2. 省简

省简主要是指省去或简化一个字的一部分或一些多余的点画，从而孳乳分化出新的字体的方式。当然，字形截除后，意义并不发生变化，反倒使文字符号更加简省化。例如"中"字，赵撝谦《六书本义》："中，陟隆切，不偏倚也。从口，以定其处；从丨，以指其中。……籀作🁢。"（《数位篇·口部》）按："🁢"本是指"对峙的两军之间不偏不倚的非军事地带"，后来通过简省，省去了上下两头代表矩阵的形符，简省写成了"中"。

又如"雷"字，赵撝谦《六书本义》："畾，鲁猥切，坺土为营壁也。……靁，从其声。"（《理篇·田部》）按："雷"，金文写作"▨"，古人认为"雷"是由天穹轰然驰过的天神战车发出的，伴随天空闪电的震天巨响。其中，"▨"表示车声，"▨"表示滚动的四个车轮。后来，车声简化，分化出"畾"字，车轮简化成为"雷"字。

再如"习"字，赵撝谦《六书本义》："習，席入切，鸟肆飞也。"（《虫兽篇·羽部》）"習"本指鸟反复地学习试飞，引申为"学习，练习"之义，后取其一角，写作"习"。

再如"飞"字，赵撝谦《六书本义》："飛，此象鸟颈长毛之形，两开象鸟双羽张形。"（《虫兽篇·非部》）"飞，疾飞也。从飞而不见其羽，省体会意。"（《虫兽篇·非部》）

还如"虫"字，赵撝谦《六书本义》："蟲，持中切，二虫为昆，三虫为蟲。会意。"（《虫兽篇·虫部》）其实，"蟲"是"虫"的本字，是"众多小虫"之义，而"虫"则是"蛇"的象形本字，后来"蟲"简省写成"虫"字，而表"蛇"的"虫"则通过加注声符"它"与本字做了区别。

类似字例还有：聲—声，雖—虽，曐—星，蟁—蚊，拏—拿，螶—虻，蠭—蜂，靁—雷，蝨—虱，纍—累，等等。

（三）改易

考察赵撝谦《六书本义》"同源字"，可以发现，文字的改易方式主要包括微调笔势、改变字向和改变构形三个方面。

1. 微调笔势

改变某些汉字字体的笔画方向，就可以孳乳分化出一个新字。如"刀"字，赵撝谦《六书本义》："刀，都劳切，兵器，象形。借小船，俗用舟。"（《器用篇·刀部》）"刁"，赵撝谦《六书本义》无收。《汉语大字典》："刁，同刁。《玉篇·刀部》：'刁，亦姓。俗作刁。'"① "刀"本

---

① 《汉语大字典》（缩印本），四川辞书出版社、湖北辞书出版社，1992，第135页。

是兵器的象形，借作姓后，在笔画上做了微处理变成了"刁"字。

又如"陈"字，赵撝谦《六书本义》："陈，沱邻切，伏羲以木德王所，都宛丘。从阜，从水，甶声。借堂下径。又故也。又列也。"（《理篇·阜部》）"陈"，金文写作"🔱"，表示部队在野外布阵。当"陈"由"军队阵列"引申为"阵列""陈述"等义项后，便另造"阵"承担了"阵"的本义。

再如"左"字，赵撝谦《六书本义》："左，则贺切，相工事也。从左手与工上为意。"（《人物上篇·工部》）"右，于救切，口手协助也。从又以为从口以齐之意，俗知是又字，作佑，非。"（《人物中篇·又有部》）

还如"毋"字，赵撝谦《六书本义》："毋，武夫切，禁止也。从女守一为意。亦通无。"（《人物上篇·女部》）"母，莫古切，婴儿慕者。从女，指有两乳。"（《人物上篇·女部》）

类似字例还有：車—東，乌—鸟，兔—毚，月—夕，大—尤，句—勾，曰—甘，荼—茶，文—彣，卧—臥，巳—已，辩—辨，强—強，等等。

2. 改变字向

改变字形的方向，以分化孳乳出新的字体。这样，通过改变方向分化后的同源字与本字构成相反或相类的字义关系。如"叵"字，赵撝谦《六书本义》："叵，普可切，不可也。从反可为意。《汉书》：'吕布指刘备曰：是儿最叵测者。'"（《人物中篇·可部》）"可，口我切，许肯之词。"（《人物中篇·口部》）

再如"司"字，赵撝谦《六书本义》："司，辛兹切，臣司事于外者，司家与后道相反，故从反后为意。"（《人物下篇·后部》）"后，很口切，继体君也。从人口施令以告四方之意。"（《人物下篇·口部》）

再如"匕"字，赵撝谦《六书本义》："匕，火跨切，自有变无也。从到人，人死匕去之意。"（《人物上篇·人部》）"人，而邻切，天地之性最贵者，象人立形。"（《人物上篇·人部》）"匕"除了"从到人，人死匕去"之义外，还兼有"匕首"的意义。因为在古代人们吃饭时取肉的器具也叫"匕"，而且甲金文中的"人"与"匕"也像刀子，因此，"匕"在古代还是一个象形同形字。

再如"乏"字，赵撝谦《六书本义》："乏，扶法切，藏矢器，正以受矢，乏以藏矢，丏以蔽矢，故并从反正为意。"（《人物下篇·正部》）"丏，弥沇切，蔽矢短墙。"（《人物下篇·正部》）"正，知竟切，当也。从一止。凡事之当于理者则一定而不易。"（《人物下篇·止部》）

再如"夨"字，赵撝谦《六书本义》："夨，阻力切，头倾也。从大，指其页曲。今用侧。"（《人物上篇·大部》）"夭，於兆切，屈也。从大，上指矫页状。"（《人物上篇·大部》）

还如"尐"字，赵撝谦《六书本义》："尐，子结切，少之也。……今僣借节。"（《理篇·小部》）"少，书沼切，不多也。……转去声，年壮之称。"（《理篇·小部》）

类似字例还有：厎—乨，从—比，既—即，北—卯，身—月，考—老，首—县，永—爪，丸—仄，彳—亍，止—止，ㄊ—子，帀—之，爪—爪，㫃—音，乚—万，绝—继，等等。

3. 改变构形

字体结构一般分为上下结构、左右结构等，我们将字形结构改变形成新字的孳乳分化方法称为改变构形。因构件置向不同而孳乳分化出新字的字例，如"杳"字，赵撝谦《六书本义》："杳，伊鸟切，冥也。注见东。"（《天文篇·日部》）"杲，古老切，明也。注见东。"（《天文篇·日部》）"東，都龙切，日出方。从日，在木中。夹漈曰：'木，桑木也，日所升降，在上曰杲，在中曰東，在下曰杳。'"（《天文篇·日部》）由赵氏说解可知，"東""杳""杲"三字都是由于构件置向不同而形成的不同字义的同源分化字，它们的核心意符是"日"。

类似字例还有：旨—昏，由—甲，杏—呆，吞—吴，棑—棐，案—桉，等等。

但是，当汉字构件置向发生改变之后，字义并未发生变化，就不能算作同源分化字，因为它在字形上并未发生源字与分化字关系，在字义上也并未发生孳乳分化关系。例如："启"字，赵撝谦《六书本义》："启，遣礼切，开户也。户开如口开之易，故从户、口为意，今但用啟。"（《宫室篇·户部》） "启"甲骨文写作"𢻻"，小篆写作"𢻻"，繁体字写作"啓"。《汉语大字典》："启，啓的简化字。"① 在这里，"啟""啓"二字均采用了"户""文""口"三个构件，由于构件置向不同形成异构关系。

又如"胸"字，赵撝谦《六书本义》："匈，虚容切，膺也。外象匈肌，凶声。俗作智。"（《人物上篇·勹包部》）再如"秋"字，赵撝谦《六书本义》："穮，雌由切，禾熟时。"（《草木篇·禾部》）《汉语大字典》："穮，古文秋。"②

还如"赤"字，赵撝谦《六书本义》："夅，昌石切，大火色。从大火为意。亦作埊。借与尺同。又裸裎曰赤体。又空尽无物曰赤。"（《天文篇·火部》） "赤"，在文字的隶定楷化阶段，由于构件"土"与"火"放置位置的不同而出现了"夅"和"埊"两个不同形体。

类似字例还有：渐—惭，雠—讐，脅—脇，垄—垅，和—咊，峒—峝，岂—吣，挲—抄，辣—辢，等等。

四 《六书本义》"同源字"分化途径

章太炎先生就"同源字"分化途径提出："讨其类物，比其声均，音义相雠，谓之变易；即五帝、三王之世改易殊体者。义自音衍，谓之孳乳。"③ 考察赵撝谦《六书本义》"同源字"分化方式，我们认为"同源字"分化有三条重要途径。

（一）由汉语词义引申引起的分化

文字的本质是记录语言，它的发展演变受到语言规律的制约和影响。

---

① 《汉语大字典》（缩印本），四川辞书出版社、湖北辞书出版社，1992，第250页。
② 《汉语大字典》（缩印本），四川辞书出版社、湖北辞书出版社，1992，第1085页。
③ 章太炎：《文始·叙例》，载《章太炎全集》（七），上海人民出版社，1980，第59页。

上古时期，汉语中的字与词一般是一对一的对应关系，随着语言的发展和词汇的丰富，词义逐渐引申并分化出多个义项。相对于词义的引申发展，字形的变化则相对滞后、缓慢。当一个字形承担多个义项的时候，就会给阅读交流带来障碍。裘锡圭先生就说："在汉字里，由于词义引申、文字假借等原因，一字多职的现象，也就是一个字表示两种以上意义的现象，是极其常见的。……从历史上看，一字多职的现象不断在产生。……为了保证文字表达语言的明确性，分散多义字职务的工作也不断在进行。"[1]比如"亯"字，赵撝谦《六书本义》："亯，许良切，进献熟物也。象以器盛所献物形，而上下有盖。……作亨、享，非。"（《饮食篇·亯部》）在古代，"亨"和"享"本是由"亯"字来承担，在古代文献里三字用法互通。随着语言词汇的日益丰富，要求在文字表达上要精确记录。于是，"亨"与"享"二字逐渐做了分工，变成了用法不同的字。并且，后来还分化出了"烹"字。另外，为了书面记录的精确性，古人还在表示原词字形的基础上通过加注一些具有区别作用的符号，从而孳乳分化出与原字有关联的一些新字。这种在原字上加注声符或意符以分化汉字的方法，在古代汉语里比较普遍。如"谷"字，赵撝谦《六书本义》："谷，孤录切，泉出通川为谷。上象半水下注，下象受水之处。"（《理篇·谷部》）"谷"本是"溪谷"的象形字，因其水"半见出于口"与人由慕欲而流口水相似，于是造字者根据同状引申在"谷"旁加注意符"欠"另造"欲"字。

（二）由事物命名理据引起的分化

汉字初创时期，古人一般采取"近取诸身，远取诸物"[2]的造字原则，通过一定的形象性符号描绘所要表达的事物。当然，这个用来指称该事物名称的汉字同时也取得了一些与该事物相关特点的表述特性。随着人们抽象思维的发展，由这些事物相关特点又逐步延伸到了别的具有类似特

---

① 裘锡圭：《文字学概要》，商务印书馆，2006，第 223 页。
② （汉）许慎：《说文解字》，中华书局，1963，第 314 页。

点的相关事物。如"天"和"元",都是由"人"孳乳分化而来。"天",赵撝谦《六书本义》:"天,它年切,得阳气成,象连地外无不覆主物者,从一大为意。""天",甲骨文写作"",在人()的头上加指事符号"",表示"头顶上的空间",用来指称"天空";"元",赵撝谦《六书本义》:"元,愚袁切,头也。人页在上,故从人上为意。""元",甲骨文写作"",在人()字的上部加一点,指代"头部"。为了减少语言交际中的歧义,从字形上对各类事物加以区别,古人又在原有字形的基础上分化出一组专字分别用来代表其中的每一个事物。又如"欠"字,赵撝谦《六书本义》:"欠,去剑切,张口气悟也。从人,上指气出形。""欠",就是"哈欠"之义,在"人"字上加注代表"气出形"的"彡"符号,从而分化出了"欠"字。由上述三个字例可知,"天""元""欠"都是从核心意符"人"字孳乳分化而出的,由于加注了具有不同意义的区别性符号,而孳乳分化出了与"人"形义相关的汉字符号。"天"代表人头顶之上的空间,即"天空";"元"就是人的头部,后来引申作一切事物的开始;"欠",表示人脑因供氧不足而打哈欠,后来又抽象作一切不完美的事物"欠缺"之义。

(三)由汉字表意特点引起的分化

用指称具体事物的象形字符来表示抽象概念,是表意文字的固有方法。在汉语中,尤其是字形欠缺的古代汉语里,就一个字形而言,它不仅可以指代字形所象的具体事物,同时也可以通过事物的相关性来指称与此事物相关的其他义项。林沄先生也表示:"记录抽象名词和其他抽象观念的词,也可以采用具体的图形符号。"[1] 在谈到汉语词义的表象成分问题时,孙常叙先生曾说:"表象是人头脑中对当前没有作用于感觉的,以前在实践中感觉过的事物形象的反映。它是人在感知感觉的基础上进行了加工和概括的。一般是多次感知感觉的结果,它比知觉具有更大的概括性、

---

[1] 林沄:《古文字研究简论》,吉林大学出版社,1986,第18~19页。

一般性。"① 如"帚"字，甲骨文写作"𠂉"，像一簇紧扎在一起的干芦花，表示"扫地的工具"。后来由"扫地的工具"引申出"扫除"的动词义项，于是古人加意符"手"旁另造了"掃"字。同时，造字者根据男女在古代的分工认为，一般持"扫帚"者都是主持家务的妇女，于是"帚"还兼任了"妇女"的义项。"扫帚"在人头脑中的初次感知，就是一个扫地的实物工具，但是经过人们在实践生活中的多次感知后，就会在头脑中浮现出一系列的连贯性动作，而这个连贯性动作是通过这个工具来完成的，于是人们将这个抽象动作概括成了"帚"（后加形符写成"掃"）。最后，人们将落脚点又放在了经常使用这个工具的人身上，因为在古代社会，包括现代社会，经常拿着扫帚来收拾屋子的人主要是女性，尤其是成年持家的女性，于是古人把它又与妇女联系在了一块。于是，"婦"字在汉语词义的表象感知中应运而生。

五 结语

孳乳分化是汉字演绎发展的主要方式，而同源分化则是孳乳分化的核心内容。对汉字同源分化问题的深入研究，不仅可以帮助我们揭示汉字发展演变的一般规律，而且对建立科学汉字构形学和勾勒汉字发展史都有重要作用，对汉字同源孳乳分化的深入剖析，可以使我们摆脱字形的束缚来研究一些不同字形的字在字义和语音方面的共同因素。

第七节 "同形字"探释

同形字是汉字在汉语使用过程中出现的一种特殊的语言文字现象，它的产生与汉语词汇的丰富和发展以及汉字自身构形理据的表意特征有着极为密切的关系。研究同形字对于勾勒汉字发展史和完善汉字理论体系，以及研究汉语方言等都有重要作用。同时，对古籍文献整理、编纂辞书，以

---

① 孙常叙：《古-汉语文学语言词汇概论》，上海古籍出版社，2016，第 197 页。

及订正讹误、辨析异文等也不无裨益。

《六书本义》是一部以阐释六书理论为目的的文字学著作。① 赵撝谦在该书中就同形字的有关问题做了一定探讨，提出"同音并义不为假借"和"双音并义不为转注"等观点，就假借与同形、转注与同形的关系问题做了梳理。赵撝谦在《六书本义》中收录了大量同形字，并结合其构造类型而提出"因义之借""无义之借""同音并义不为假借""展转其声而注释为它字之用""因义转注""无义转注""双音并义不为转注"等概念，为我们探寻同形字的产生原因和途径提供了一定的理论依据和实践基础。本节拟以赵撝谦《六书本义》为基点，综合古今方家之说，试就同形字的概念属性、构造类型、产生原因和产生途径等问题做浅显探析，以就教于方家。

一 同形字

同形字是古代汉语中一种比较常见的语言文字现象，它的产生与汉语词汇的丰富和发展以及汉字自身构形理据的表意特征有极为密切的关系。对同形字的研究，古已有之。虽然古人并未明确提出同形字的概念，但是对于汉字的同形字问题则较早就给予了关注。最早注意到同形字问题的学者是我国汉代的古文经学家郑玄，他说："其始书之也……受之者，非一邦之人，人用其乡，同言异字，同字异言。"② 随后，学者对同形字的考辨不断深入，唐人孔颖达提出"字同而义异"的概念，宋人郑樵则进一步提出"双音并义不为假借"的观点，就假借与同形的关系提出怀疑，并列举字例就二者关系进行了尝试性探讨。元明时期，学者对同形字的研究虽然没有唐宋那样具有经天纬地的贡献，但是在继承前代学术成就的基础上，也进行了相当程度的探本溯源。明初文字学学者赵撝谦就极为推崇

---

① 张治东：《赵撝谦〈六书本义〉"古今字"探释》，《渤海大学学报》(哲学社会科学版) 2016 年第 5 期，第 73 页。

② 喻遂生：《文字学教程》，北京大学出版社，2014，第 259 页。

郑樵在文字学研究方面的论述，并在其专著《六书本义》一书中，对郑樵"双音并义不为假借"的论述进行了进一步阐述和论证，提出"同音并义不为假借"和"双音并义不为转注"的观点，如在其《六书本义·假借论》中提出"因义之借""无义之借""因借而借""同音并义不假借"等论点，在《六书本义·转注论》中提出"展转其声而注释为它字之用""因义转注""无义转注""双音并义不为转注"等论点，从假借与转注两个纬度对同形字的有关问题进行了深入探讨。赵氏对假借与同形、转注与同形之间关系的论述，说明赵氏对同形字问题较前人有了进一步的认识。赵氏认为假借与同形、转注与同形之间不仅有区别，而且有联系，他的这种观点对我们今天研究和探讨同形字的产生原因和途径有极为重要的启迪作用。

在理论上，学者对同形字的认识比较统一，基本都认同"同形字就是用一个相同的汉字形体来记录两个或两个以上汉语词汇"的说法。裘锡圭先生从造字角度和用字角度两方面入手对同形字进行了深入研究，并将之分为狭义同形字和广义同形字两种类别[1]，蒋绍愚先生则从造字的角度认为："同形字是分别为两个不同的词所造之字，而结果是形体相同。"[2] 李圃先生从文字的记录职能提出："同形字是指书面语言中相同的字形代表着几个不同的词的一组字。"[3] 近代学者刘师培先生曾在《字义起于字音说》一文中写道："试观古人名物，凡义象相同，所从之声亦同。则以造字之初，重义略形，故数字同一声者，即该于所从得声之字，不必物各一字也。及增益偏旁，物各一字，其义仍寄于字声。故所从之声同，则所取之义亦同。"[4] 可见，同形字现象不仅连带对应汉语词汇发展，而且与汉语训诂、音韵也有交集。因此，掌握和认识同形字，对于文字训诂的研究、汉语音韵的研究、汉字发展史的研究，以及古籍文献的识读与

---

① 裘锡圭：《文字学概要》，商务印书馆，2006，第209页。
② 蒋绍愚：《古汉语词汇纲要》，商务印书馆，2005，第188页。
③ 李圃：《甲骨文文字学》，学林出版社，1995，第60页。
④ 刘师培：《刘师培经典文存》，上海古籍出版社，2004，222页。

整理都有积极作用。下面我们将依据赵撝谦《六书本义》关于"同形字"的有关论述，通过对其所收录的同形字字例的考辨，比较古今方家观点，以对同形字问题做浅显探讨。

二 《六书本义》"同形字"类型

在汉字发展的早期阶段，表形字穷于创造的局限，使假借字、转注字继之而起。赵撝谦认为，古人在象形、指事、会意和形声等造字法的基础上，利用假借、转注等手段又赋予旧字以新的意义。在给旧字赋予新义的过程中，出现了同形字问题。考察《六书本义》，我们认为"同形字"从词语各个义项之间的关系来看，存在以下几种类型。

（一）汉字初创时期，一形兼表多义，义项之间有渊源关系

一个汉字除了表示本义外，往往还兼表引申义或假借义。在汉字发展的早期阶段，有些文字原为本义而造，随着词义引申而派生出新的义项，在其后一段时期，新词虽已产生，却仍用旧形来兼表新义，从而出现了一字兼表数义的情况。如"昏"字，赵撝谦《六书本义》："日冥也。从日，氏省，日氏下则昏之意。……又与惛、睧、涽通。""昏"本表日之昏暗，后引申为心、目、水等的不明状态，《晋书·会稽文孝王道子传》："太元以后，为长夜之宴，蓬首昏目，政事多阙。"[①] 在为这些引申义和假借义造出"惛""睧""涽""婚""睧"等字之前，"昏"兼表这些词的本义、引申义和假借义等义项。在这里，各个义项之间具有一定的源流关系。

蔡永贵先生曾说："初创时期的汉字，在它刚产生的时候，由于是为了记录某一个词而创造的，所以它记录的对象往往是一个词。后来，这个词在语言发展的过程中引申分化了，由单义词变成了多义词，甚至派生出了新的词。……由于这些词意义同出一源，语音形式或未变或在原词之语

---

① 《汉语大字典》(缩印本)，四川辞书出版社、湖北辞书出版社，1992，第628页。

音形式上稍有变化，因而仍用原来的那个字表示这些词义。"① 如 "眉" 字，赵撝谦《六书本义》："目上毛，上指额理有毛形。" 毋庸置疑，"眉" 是 "额理有毛形" 的象形。蔡永贵先生认为："眉毛是主体眼睛旁边的附属物，（于是）最初语言上便把类似'眉'一样垂临主体的事物也称作'眉'。"② 如 "临水如眉临目也"③ 的 "湄"，"近前各两，若面之有眉也"④ 的 "楣"，"筑土高起为坛，又于坛外四面委土为庳垣，令高出于埒，使有堳埒"⑤ 的 "堳"，等等。古人根据词语音义的相关性及其母文类属义的特点，派生造出了与 "眉" 意义相关的一系列字，这些新派生出的字与母文之间具有一定的关联性。在造出 "湄" "楣" "堳" 等字之前，"眉" 一形兼表数义，各个义项之间具有一定的渊源关系。

在汉字词义的派生过程中，有些字虽为本义而造，在一段时间内又用来记录派生词，在为本义造出新的字形之前，有些汉字一形兼表数义，形成同形字现象。如 "要" 字，赵撝谦《六书本义》："要，伊尧切，身中，象窈窕形。从臼，以持为意。……从女，上有脑，臼在左右为意。隶作要，作腰，非。""要" 本是 "腰" 的本字，后引申出 "要领、关键" 之义，《后汉书·南匈奴传》："深知兵要。"⑥ 后造 "腰" 字记录源词（本字），而 "要" 则成为派生词的专用字。还如 "亦" 字，赵撝谦《六书本义》："夷益切，人之臂亦也。从大，左右指两亦。亦作掖、作夜，非。借旁及之词。" 在这里 "亦" 不仅兼表名词性质的 "腋" 和动词性质的 "掖"，而且还承担了引申义 "夜" 和假借义的 "旁及之词"。

---

① 蔡永贵：《汉字字族探论》，《宁夏大学学报》（人文社会科学版）2008 年第 5 期，第 2～3 页。
② 蔡永贵：《汉字字族探论》，《宁夏大学学报》（人文社会科学版）2008 年第 5 期，第 7 页。
③ （清）王先谦：《释名疏证补》，上海古籍出版社，1984，第 67 页。
④ （清）王先谦：《释名疏证补》，上海古籍出版社，1984，第 272 页。
⑤ （清）孙诒让：《周礼正义》，中华书局，1987，第 426 页。
⑥ 商务印书馆辞书研究中心修订《古代汉语词典》（第 2 版），商务印书馆，2015，第 1735 页。

（二）假借同形，词语之间有源流

在汉字的使用过程中，古人对一些音近义通的字，经常混用，从而造成异词同形现象。赵撝谦《六书本义》称之为"因义之借"，"因义之借者，初本裁衣之始，而借为凡物之始；状本犬之形象，而借为凡物之状也"。由赵氏说解可知，"初"本"裁衣之始"而引申为"凡物之始"，"状"由犬的形象而引申为一切形象之表征。可见，赵氏所谓"因义之借"，除具音近义通的条件外，最主要的特征就是引申联想作用。

考察赵撝谦《六书本义》全书收字，凡因假借而形成的同形字，多是声义相兼。如"西"字，赵撝谦《六书本义》："鸟宿巢上也，象鸟在巢。……亦作棲、作栖，非。借日入方名。""西"本为"鸟宿巢上也"的象形字，因词义引申而假借为"日入方名"。在赵撝谦《六书本义》中还有一种类似情况，赵氏称之为"转注而假借"，"转注而假借者，如顷，本顷厌之顷，既转而为顷刻之顷矣，因顷刻之声，而借为顷亩之顷。过，本过逾之过，既转而为既逾曰过之过矣，因既逾曰过之声，而借为过失之过也"。由"顷""过"二例，可知"转注而假借"之义转与本义义近，义转后所形成假借，也与义转义相关。

在假借同形中，还有一种同源通假现象，因词义的暗指状态而使文字形义相互通用。赵撝谦《六书本义》称之为"因义转注"，"因义转注者，恶本善恶之恶，以有恶也，则可恶_{去声下同}，故转为憎恶之恶"。"恶"，本指"善恶"之"恶"，因别人的恶劣行径而使人感到厌恶，从而引申为"憎恶"之"恶"。此外，赵氏特别将音读标识出来以音变来释义，强调音读转变对字义转变的影响，以说明词语同源对同形字形成的重要作用。

在赵撝谦《六书本义》中，还有些异词同形现象比较复杂，貌似文字形体之间的源流关系，又像词义之间的源流关系，既有文字的孳乳派生现象，又有词义的引申现象。如"人"字，《六书本义》："人，日执切，由上而入也。象从上俱下形。""内"，《六书本义》："内，奴对切，自外入中也。从入门省，入于门内之意。"由赵氏解释可知，"人"是"由上而入"表"纳入，使进入"义，而"内"是"自外入中"表"纳入，使入内"义。《史记·秦始皇本纪》："百姓内粟千石，拜爵一级。"① 《汉书·食货志上》："边食足以支五岁，可令入粟郡县矣。"②此处，"入粟"和"内粟"都表"纳粟"。可见，"内""入""纳"三字之间具有一定的词义源流关系。

（三）假借同形，词语之间无联系

在赵撝谦《六书本义》一书中，比较常见的同形字现象是因借形而形成的。《六书本义·假借论》曰："无义之借者，易本蜥蜴之易，而借为变易之易；财本货财，而借为财成之财也。"依赵氏说解，此类假借，假借义与本义之间在意义上毫无关联。"易"本为虫兽，后来借作变易之"易"。虫兽之"易"和变易之"易"，在意义上毫无关联。"财"字本义为"货财"，后借用为"财成"之"财"，也同"易"字一样，借形不借义。

在假借同形中，有些字或有本字而不用，却用他字来表示，相沿成习，与本字形成同形关系。正如仲洁先生所说："（有些词）在某一个意义上原来明确有本字，后来却一直不用本字，用了一个音同或读音相近而意义无关的字。"③ 如"昆"字，赵撝谦《六书本义》："昆，公浑切，同也。比日为昆。太阳照临并同之意。……又与晜同。""晜，公浑切，兄也。从㸟，及也，及枉弟上者兄之意也。俗借昆，作晜，非。""晜"原是"兄"的本字，借用表示"太阳照临并同之意"的"昆"形来表示。据学者考证，本有其字的假借不完全是仓促之间找不到本字或写了别字，有时可能还有别的原因。譬如别音义、避重复、求新奇等因素，此外仿古、用字不规范等，也都是造成本有其字同形假借的重要原因。

有些同形假借字，既承担本义，又承担假借义，且二者之间无关联。如"夫"字，赵撝谦《六书本义》："夫，风无切，丈夫也。从一、大，

---

① 《汉语大字典》（缩印本），四川辞书出版社、湖北辞书出版社，1992，第41页。
② 《汉语大字典》（缩印本），四川辞书出版社、湖北辞书出版社，1992，第43页。
③ 仲洁：《一种特殊的通假字——兼论通假的定义》，《宁夏大学学报》（人文社会科学版）2001年第6期，第38页。

丈夫之意。转音扶语词。"由赵氏解释可知,"夫"的本义指"丈夫",又假借为语气助词和指示代词。还如"次"字,赵撝谦《六书本义》:"次,七四切,不前不精者皆曰次,从欠少劣意。二声,借次弟,又造次。"在古代汉语中,还存在本义消亡只保留假借义的同形假借现象。如"奚"字,赵撝谦《六书本义》:"奚,弦鸡切,坐罪男女为奴,少才知者为奚。"甲骨文写作"🧍",像一个被绳索捆绑之人,寓意"奴隶",《周礼·天官·冢宰》:"酒人:奄十人,女酒三十人,奚三百人。"① 后被假借用作疑问代词保留在古汉语中,本义已消亡。

(四)造字耦合,同音并义不为假借

在汉字的造字过程中,不仅存在为同一个词造出两个或多个字形,也可能为不同的词造出同一个形体,这就是文字学上的造字耦合现象。赵撝谦《六书本义》将因文字耦合而形成的同形字现象称作"同音并义不为假借","同音并义不为假借者,台说之台,即台我之台,皆得从口而为意,从吕而为声也;壬担之任,既象治壬之形,壬娠之壬,亦象怀壬之形也"。由赵氏对"台""壬"二字说解,知其所谓"同音并义不为假借",为一字二义或多义情形。虽为一形二义或多义,但诸字字义彼此互不相干,各自代表本义,也无借用情形。②

在造字耦合的过程中,有些同形字并不全是造字者选择了相同的构字法和造字构件,其中有一部分则是书写者对旧有字形进行有意识的标义改造过程。如"炮"字,最先写作"砲",《宋史·兵志十一》:"火箭火砲不能侵。"③ 而"炮"字,《说文》:"毛炙肉也。从火,包声。"④ 随着火药武器材料的变化,人们将"石"字旁标义改造为"火"字旁,使"炮火"的"炮"与表示"烹饪烧烤"的"炮"同形。还如"红"字,除了

---

① 《汉语大字典》(缩印本),四川辞书出版社、湖北辞书出版社,1992,第228页。
② 张治东:《从赵古则之〈六书本义〉探析假借》,《宁夏大学学报》(人文社会科学版)2008年第5期,第54页。
③ 《汉语大字典》(缩印本),四川辞书出版社、湖北辞书出版社,1992,第1014页。
④ (汉)许慎:《说文解字》,中华书局,1963,第208页。

表示"颜色红"之义外，还表示妇女纺织、刺绣等的"女红"行为。为了减少理解歧义，现在人们又将"红"字标义为"工"或"功"等。

另外，在古人"形声相益"的造字活动中，不同词的书写形式在意符和声符两方面偶然选材相同的现象是比较常见的。据学者考证，造字同形以占汉字总数 90% 左右的形声字为数最多。① 如赵撝谦《六书本义》："凤皇之朋，即鹍朋之朋，文皆象其飞形；杷枋之杷，补讶切，收麦之器，白加切，又为木名，乐器之枇杷续作琵琶，皆得从木以定意，从巴以谐其声。"在这里，赵氏以"文皆象其飞形""皆得从木以定意"说明了形符或意符在同形字造字过程中的作用和意义。

（五）音变同形，注释为他字之用者

词语在使用过程中因其词义不断引申，在一定条件下就会派生出新词。有时新词的产生并不是以书面造字为标志的，而是在用其旧形的情况下，通过改变某字的读音来改变词义，有学者称其为"音变构形"②，赵撝谦《六书本义》则称之为："展转其声而注释为它字之用者。""展转其声而注释为它字之用者，有因其意义而转者，有但转其声而无意义者，有再转为三声用者，有三转为四声用者，至于八九转者亦有之，其转之法，则与造谐声相类。"如"长"字，赵撝谦《六书本义》："仲良切，发之长也，象毛发垂。……借凡物长永字。转丈两切，齿高位尊之称。又直谅切，賸也。"此类同形字，主要由音变形成。有了音变，字义也会随着改变。

在赵撝谦《六书本义》中，赵氏将"音变同形"分为"转声"和"转音"两类。"转声"，《六书本义》："声者，平、上、去、入四声也。""转声"在古代汉语中，主要是由平、上、去、入四个声调所形成的音变。如"重"字，《六书本义》："重，直容切，重叠也。从王壬出在上之

---

① 金国泰：《同形字来源例析》，《吉林师范学院学报》1991 年第 2 期，第 22 页。
② 倪怀庆：《〈墨子〉中的同形字探析》，《宁夏大学学报》（人文社会科学版）2013 年第 3 期，第 54 页。

意，东声。……转上声，轻之对。又去声，可重也。""转音"，就是指七音互相转化的音韵学现象，包括唇、舌、齿、牙、喉、半舌和半齿等七音的相互转化。如"巨"字，《六书本义》："果羽切，工所用为方者。从工，中指所为之方。亦作榘或转距、句、萬。俗作矩。转音巨大也。又与续讵同，岂也，谁也。又去声音。"

在古代汉语中，还有一种破读现象。传统的破读，是用改变字的读音以区别字义或词性的一种方法。如"妻"字，赵撝谦《六书本义》："妻，千西切，妇与己齐者。从女，又持中以奉箕帚之意。……转去声，以女为人妻也。""妻"读"千西切"时，是名词"妻子"之义，当"转去声"后，成为动词"为人妻也"。再如"奇"字，赵撝谦《六书本义》："奇，渠骂切，异也。大可为奇，犹言最好之意。……转居宜切，不偶。亦用畸。"

有些方言词与普通话词语混用，意义不同却采用相同的书写形式。正如郑玄所云："其始书之也，仓促无其字，或以音类比方假借为之，趣于近之而已。受之者，非一邦之人，人用其乡，同言异字，同字异言，于兹遂生矣。"① 如"车"字，《六书本义》："车，尺遮切，舆轮总名。象形。借贝名，作砗，非。方音如居。"还如"困"字，《六书本义》："困，区仑切，圆亶，从禾于口中为意。借戾貌。又贝大而俭者困，作蜦，非。方音巨陨切。"

三 "同形字"产生原因

（一）内部因素

汉字是记录汉语的书写符号系统，它的产生和发展深受汉语本身、文字结构，以及汉字系统内部各构成要素的影响和制约。

1. 语言与文字发展的不平衡性

文字是记录语言的书写符号系统，在语言的基础上产生并受语言发展

---

① 喻遂生：《文字学教程》，北京大学出版社，2014，第259页。

的制约。关于文字与词汇的关系，姚永铭先生曾指出："文字与词汇的不相对应，大致有三种情况：一是语言中已有相应的词，暂时却没有相应的字，也就是说字的产生晚于词的产生，这就是一般所谓的'有音无字'；一是同一个词，不同的时代用不同的字来表示；一是同一个字，不同的时代表示不同的词。"[①] 在汉语和汉字的发展过程中，词汇产生和发展的速度远远快于文字产生和发展的速度，词汇呈开放式无限制发展，数量可以达到无穷，而文字形体却总有一定的限量，无论字形怎么变化，都难以适应词汇不断发展的需要。蔡永贵先生就指出："语言和文字毕竟不是一回事，词是随着社会的发展、认识的发展而变化的，其变化是相对积极的；而字一经产生后便形成了一种体系，有一种稳固性……而文字适应语言的变化是相对滞后的，它一般尽可能保持一段时间的稳定，用旧字记录新词（包括派生词），不到不得已的时候不会变。"[②] 因此，在语言和文字的相互适应过程中，以有限的字形去记录无限的词汇，必然会出现矛盾、失去平衡。其结果必然使汉字在具体记录汉语中不断增加的词汇时，往往不是一形对一词，而是一形对多词。这便是汉字字库中存在相当数量同形字的重要原因。

2. 文字系统内部各成员的相互作用和影响

古汉字的文字结构尚未稳固定型，文字内部各组成构件的位置常常变化不定、具有很大的灵活性，"偏旁移位的情况时有可见"[③]，同时，各组成构件之间，由于字形简省、构件位移、形旁类化、构件变异、形近混用等原因，使文字形体不断发生变化从而形成一定数量的同形字。如构件互移形成同形字：娵—娶、桜—案、杗—宋、晕—晖等；形近混用形成同形字：晲—睨、箪—簟、謫—嫡等；类化偏旁形成同形字：崩—塴、凳—檕、益—溢、韭—韮等；更换偏旁形成同形字：犴—奸、礑—鐺、礦—

---

① 姚永铭：《同形词与汉语词汇史研究》，《古汉语研究》2006 年第 2 期，第 53 页。

② 蔡永贵：《汉字字族探论》，《宁夏大学学报》（人文社会科学版）2008 年第 5 期，第 6 页。

③ 张涌泉：《汉语俗字研究》，商务印书馆，2010，第 101 页。

鑽、祺—旗等。张涌泉先生曾说:"汉字由篆而隶,隶变以后继以楷变,字形结构渐趋固定,结构不同往往就意味着另外一个字。"① 综观整个文字发展史,同一个汉字在不同的发展阶段,其基础构件因字形的演变而不断发生变化,非字构件有时也会与成字构件同形,从而影响字体的趋同或变异。黄侃先生曾说:"笔势不过一点一横一直一斜四者,故异字同形者多,而其势不得不有所避就。或小变其笔势,又或求字体之茂美,则增加笔画。"② 从这个角度讲,文字系统内部各成员的相互作用和相互影响是产生同形字的根本原因。

3. 文字系统的继承性

汉字是中华民族的伟大创举,汉族先人利用本民族固有的造字思维模式创制了一系列集意蕴、绘画、建筑等美感于一身的方块汉字,这些汉字在某种程度上具有一定的相似性和继承性。与汉语词汇的不断丰富发展相比,汉字的产生和发展相对比较缓慢,具有一定的稳定性和继承性。古代曾产生过的字,因所代表的词在语言中消失而不再使用,但它的形体却并未消失,往往被赋予新的意义以记录汉语词汇,从而导致一个字形记录着古今殊异的音义。如"而"字,赵撝谦《六书本义》:"而,人之切,颊毛也。《考工记》:'作其鳞之而。'象毛垂下形。亦作耏、作髵,非。借语助词汝也。""而"本为"颊毛"的象形字,后被借用为语气助词后,本义已废弃不用。还如人称代词"我"字,赵撝谦《六书本义》:"我,语可切,施身自谓也。从身省,戈声。""我",甲骨文写作"𢦔""𢦏",本为一种兵器的象形字,假借为第一人称代词后,本义已消亡。

4. 汉字结构的局限性

汉字的构形元素是构件,最小的元素即形素,有限的形素组成数以万计的单字。③ 相对而言,汉字的构件数量较为有限,构件的组合方式也有限度。利用有限的构件，以有限的组合方式来创制新字，难免会与字库已有文字重合同形。譬如我们比较熟悉的"体"字，《汉语大字典》："同'笨'。粗劣。《广韵·混韵》：'体，粗貌。又劣也。'《正字通·人部》：'体，别作笨，义同。'"① 由此，我们可知"体"原是"从人、本声"的形声字，读［bèn］，表示"笨重"之义，同"笨"；现在又是"體"的简化字，"从人、从本"，当"身体"讲时，读［tǐ］。

（二）外部因素

裘锡圭先生曾指出："同形字多数不是同时并行的。"② 人们在造字的过程中，由于时代差异、方言差异，以及思维方式的不同，不同时间、不同地点都会造出一定数量的异词同形字。

1. 时代因素

关于同形字的时代差异，宋代学者郑樵曾有精辟论断："夫物之难明者，为其名之难明也，名之难明者，谓五方之名既已不同，而古今之言亦自差别。"③ 尽管前代已造出大量可供使用的文字，但后人在使用过程中却有不同的理解。吕思勉先生就说："又有字形不变，然后世之义，全与古异者，此不啻旧字已废，复以新义起而用之，亦与字之孳乳有关者也。"④ 如"吃"字，《说文》："吃，言謇难也。"⑤ 即"口吃"之义，从古代文献的用例即可证明，《史记·老子韩非列传》："非（韩非子）为人口吃，不能道说，而善著书。"⑥ 表示"吃饭"之"吃"应是后来才出现的。再如近指代词"这"字，据学者考证，先秦时期读作"鱼变切"，表示"迎接"之义；到了隋唐时期，在佛经文献中又读作"之石切"，与

---

① 《汉语大字典》（缩印本），四川辞书出版社、湖北辞书出版社，1992，第55页。
② 裘锡圭：《文字学概要》，商务印书馆，2006，第218页。
③ （宋）郑樵：《通志二十略》，王树民点校，中华书局，2016，第1982页。
④ 吕思勉：《中国文字小史》，北京理工大学出版社，2016，第165页。
⑤ （汉）许慎：《说文解字》，中华书局，1963，第33页。
⑥ （汉）司马迁：《史记》，江苏古籍出版社，2002，第510页。

"适"异体；唐以后才逐渐演变成了近指代词。① 在现实生活中，随着人们思维观念的发展和变化，人们对同一个事物的认识也会随之发生变化。譬如"吕"字，赵撝谦《六书本义》："吕，两举切，脊肉，象垂骨联结形。亦作膂，借旅。昔太岳为禹心吕之臣，故封吕侯，子孙因以为姓。……续收侣。""吕"，甲骨文写作"吕"②，像两块连在一块的骨头，表示"脊骨"③，现在有些地方却将此字附会成"以口相接"，清翟灏《通俗编·妇女》："《元池说林》：'狐之相接也，必先吕。吕者，以口相接。'按：此传奇中猥亵庾语，乃亦有本。"④ 因时代因素而形成的同形字，在古籍文献中留下了较多实例，像喝、怕、扛、找、扮、椅、橡、蟁、蚨等字，查阅《说文》《广韵》《汉语大字典》等工具书，可知这些字在不同时代具有不同的音义。对此，王力先生曾表示："有些字偶然和字典里的一些僻字同形，但是只有文字学家看见过这些僻字，一般群众是不理会它们的。"⑤

2. 地域因素

语言具有地域性，记录语言的文字同样也具有地域性。在汉字的创制过程中，由于地域的不同和方言的差异而产生了许多同形字。如"杷"字，《六书本义》："杷枋之杷，补讶切，收麦之器，白加切，又为木名，乐器之枇杷续作琵琶，皆得从木以定意，从巴以谐其声。"某地有"收麦器"为"杷"，因器具为木制，故造字者便造一"从木，巴声"的"杷"字为之；另地则产一"植物"名"杷"，于是当地人又造一"杷"字为之；有些地方还将乐器"琵琶"之"琶"用"杷"来表示。同样是"杷"字，因为造字之人、地的不同，取义亦异。现在，当"枋柄"讲的

---

① 袁宾、何小宛：《论佛经中的"这"是近指词"这"的字源》，《语言科学》2009 年第 2 期，第 113～123 页。

② 中国社会科学院考古研究所编辑《甲骨文编》，中华书局，1965，第 327 页。

③ 《汉语大字典》（缩印本），四川辞书出版社、湖北辞书出版社，1992，第 243 页。

④ 《汉语大字典》（缩印本），四川辞书出版社、湖北辞书出版社，1992，第 243 页。

⑤ 王力：《字的形音义》，中国青年出版社，1953，第 9 页。

"杷"已并入"把"字,当"收麦器"讲的"杷"写作了"耙"字。章太炎先生曾说:"古来列国分立,字由各地自造,音亦彼此互异。……古者方国不同,意犹相通。造字之初,非一人一地所专,各地各造,仓颉采而为之总裁。"① 还如"尿"字,有两种音读,均表"小便"。读 [suī] 时,只限于名词,读 [niào] 时,既是名词还兼作动词。为何一个字形义均相同而音读不同呢?吕叔湘先生认为,这"是不同方言混合的结果"。②

3. 造字思维的继承性、类推性和创新性

汉字是汉族先民超凡智慧的结晶,它的产生和发展深受汉民族思维方式的制约和影响。由于汉民族思维方式在某种程度上具有相似性和继承性,对造字方法的理解、音符意符的运用与前代相似③,以及造字思维联想的多头性、构字规则的一致性和构字理据的趋同性,使得一些在意义上没有内在联系的词出现字形耦合现象。譬如"皇天后土"的"后",赵撝谦《六书本义》:"后,很口切,继体君也。从人口,施令以告四方之意。""后"本是"施令以告四方"的"继体君也",引申为帝王的嫡妻"皇后",因"皇后"系女性,便给"后"字加形旁"女"写作"姤"。《敦煌变文集·叶净能诗》:"皇帝一见大笑,妃姤共贺帝情,应内人惊笑不已。"④ 但"姤"又是"妒"的异体字,如张衡《文选·思玄赋》:"咨姤嫇之难并兮,想依韩以流亡。"李善注:"妒,忌也。嫇,美也。言嫉妒者,憎恶美人。"⑤ 在这里,"姤"兼表"皇后"之"后"与"嫉妒"之"妒"两种意义。

---

① 章太炎:《章太炎讲国学·小学略说》,金城出版社,2008,第67页。
② 金国泰:《同形字来源例析》,《吉林师范学院学报》(社会科学版)1990年第1期,第25页。
③ 章红梅:《试析汉魏六朝石刻中的同形字》,《西南科技大学学报》(哲学社会科学版)2005年第3期,第8页。
④ 《汉语大字典》(缩印本),四川辞书出版社、湖北辞书出版社,1992,第439页。
⑤ 周艳红、马乾:《同形字的定义和类型》,《河北科技大学学报》(社会科学版)2015年第2期,第76页。

四 "同形字"产生途径

（一）同一字形取义的多向性导致一形多用

构形来源与构字理据的多重性，是产生同形字的主要途径之一。因为汉字不是一时一地的产物，汉字书写者或个别字形的首创者在记录汉语词汇的时候，偶然选用了相同的造字方式或构件材料，便会产生异词同形现象。如"回"字，赵撝谦《六书本义》："回，力隈切，阴阳薄动成声也。……作雷。转与回通，作回、廻、迴，非。""回""回"一作水源，一象雷，造字之初因形状相似，而采用了相同的字形。裘锡圭先生对此认为："分头为不同的词造的、字形偶然相同的字。"① 还如"找"字，当"寻找"义时读［zhǎo］，是"从扌，从戈"的会意字；读［huá］时，又是"划"的异体字，"从手，戈声"。张桂光先生曾说："同形字多数是不同的人在不同时间、不同地点造字的偶然巧合，不排除同时为两词制字的可能。"② 如"甭"，读［bà］，北朝俗字以"甭"为"罢"，见《颜氏家训·杂艺》；音［béng］，北方方言以"甭"表"用不着""不必"；音［qì］，《龙龛手鉴》以"甭"为"弃"。③

文字是语言和社会文化高度发展的产物，语言的社会属性在于它的约定俗成，而记录语言的书写符号在一定程度上也是约定俗成的。因此，造字在一定程度上也会体现类似于行业性质的社会语言。譬如，化学家为金属元素所造出的一系列字，就充分体现了文字的这种特质。像铊、铬、镐等字，在古代汉字中就已有之，放在这里又被赋予了新的科学含义。虽然各时代、各地区对文字形体有不同的约定，但内心经验对所有人都是相同的，凭借这种潜在的经验创制出来的文字，在字形的耦合上成为可能。

语言文字还体现了一定的阶层性，白维国先生曾指出："不同社会阶

① 裘锡圭：《文字学概要》，商务印书馆，2006，第 209 页。
② 张桂光：《汉字学简论》，广东高等教育出版社，2004，第 221 页。
③ 张桂光：《汉字学简论》，广东高等教育出版社，2004，第 222 页。

层的人所用语言有各自不同的特点，官场的，行业的，市井的，村野的，狎邪场所的，秘密组织的，鱼龙高下，五花八门。"① 从这个角度讲，造字耦合，有时候也会因为造字者所处的生活环境或所处阶层不同而使其在造字选材或构形上形成思维观念的差异，使新造的字跟历史上已有的字形，或其他地域及领域已出现的某个字形趋同。总体而言，同一字形取义的多向性会因造字者所处时代、地域，及其所处社会阶层不同而反映在造字者心理或思维上。

（二）书写变化造成同形字

从商代的甲骨文、西周的金文，到秦汉的小篆、隶书，以及汉以后的楷书、行书、草书等，汉字形体历经多次演变。在这个过程中，汉字笔画得到增减、省改和简化，构件发生讹变、更易和类化等，使得原本不同的两个字形讹变成了同一个字形。如"刀"字，赵㧑谦《六书本义》："刀，都劳切，兵器，象形。借小船，俗用�*。"此处，"刀"之"小船"义并非假借而来，而是书写变异所致。"刀"，篆书写作"刀"，"舟"，篆书写作"舟"，二字的篆体极为相似，随着字形简省和字体的演化，表"小舟"的"刀"逐渐和表"兵器"的"刀"体形混合，从而"形近混用"。《诗·卫风·河广》："谁谓河广，曾不容刀。"还如"幸"字，甲骨文写作"𡎚"，象"手拷"之形，为"梏"之初文，音读〔gù〕或〔niè〕，隶变后写作"幸"；当读〔xìng〕时，"从屰，从夭"，会"吉而免凶"之义，隶变后也写作"幸"。两字隶变前区隔明显，隶变后成为同形字。唐兰先生曾指出："中国文字既以形体为主，讹变是免不了的，由商周古文字到小篆，由小篆到隶书，由隶书到正书，新文字总就是旧文字的简俗字。"②

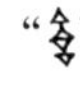

文字的省简或汉字的简化也会形成同形字。如"厂"字，赵㧑谦《六书本义》："厂，疑旰切，水至高者，象形，籀从干声。"按赵氏说解，

① 顾之川：《明代汉语词汇研究》，河南大学出版社，2000，第 2 页。

② 唐兰：《中国文字学》，上海古籍出版社，1979，第 183 页。

“厂”本是“山崖”的象形字。简化后的“厰”也写作“厂”，遂与古“厂”字同形。另外，在文字的使用过程中，由于受上下文字形、字义的影响，会出现形旁类化现象，使得类化后的文字与字库中已有文字同形。如传说中的九黎族首领“蚩尤”，因“蚩”字从“虫”，受“蚩”字的类化影响，“尤”字也加“虫”旁而写作了“蚘”，成为“蛔”字的同形字。类似的类化同形字还如：“巴蕉”（芭）、“家伙”（傢）、“家具”（傢俱）、砂鐺（礑）、苍耳（茸）、崩（塴）塌等。

除了上述几种情况外，汉字构件的易位、变异、繁简、形近混用、更换偏旁等因素也会形成同形字。譬如，更换形旁：“嫖—標”，《说文》：“嫖，轻也。从女，票声。”[①]《广韵·宵韵》：“嫖，身轻便貌。”唐李元纮《绿墀怨》：“征马噪金珂，嫖姚向北河。”[②] 此处，“嫖”即“标致，漂亮”，同“標”。

类似字例还如：呞—饲、抳—纴、腕—脘、緽—縝、晲—晥、葷—鞾、嘀—谪，等等。

五 结语

通过以上对同形字有关问题的梳理，以及与之相关概念的比较和分析，我们对同形字的产生类型、产生原因以及产生途径有了较为清晰的认识和了解。毋庸置疑，同形字是汉字在汉语的发展演变过程中产生的一种特殊的语言文字现象，是形体相同而来源和意义不同的一组字。同形字虽然形体相同，语法功能和词汇意义却截然不同。今天我们继续了解和掌握同形字，对于我们梳理古代文献材料中一些较为错综复杂的语言文字现象有极为重要的帮助。姚孝遂先生曾说：“客观事物是非常复杂的，人们的思想意识是非常丰富的，像中国古代汉字这样一种文字在表达概念的时

① （汉）许慎：《说文解字》，中华书局，1963，第 264 页。

② 《汉语大字典》（缩印本），四川辞书出版社、湖北辞书出版社，1992，第 452 页。

候，如果一一都用专门的符号，势必会产生多得无法计量的文字形体。"①因此，在汉语的发展过程中，同形字对于控制汉字字数增长、促进文字分化，以及提高汉字使用率等方面发挥了极为重要的作用。同时，研究同形字，对于勾勒汉字发展史和完善汉字理论体系，以及更为科学准确地梳理汉语方言具有重要意义。另外，同形字的存在也使人们在记录语言和阅读文献时产生了词语混淆和理解歧义的困惑。从这个角度讲，辨析同形字现象，对于梳理汉字词义演变、甄别词性、区分异词、探求本字、系联同源和揭示新词的形成过程，具有一定的学术参考价值。当然，研究同形字，对我们整理古籍文献、编纂大型辞书，以及订正讹误、辨析异文等也不无裨益。

---

① 姚孝遂：《许慎与〈说文解字〉》，中华书局，1983，第36页。

第五章 《六书本义》成就与不足

　　赵撝谦《六书本义》是明代文字学的开山之作，也是有明一代的字学代表之作。《六书本义》有关六书理论及语言文字学现象的许多观点和思想，源于郑樵的《通志·六书略》和张有的《复古编》，赵氏的可贵之处在于，其研究并不拘泥于郑、张二人，更是打破了许慎《说文》分析汉字小篆形体的藩篱，以翔实的古文字资料为基础，于每一字进行审慎解读，研究方式别出心裁，故能自出新说，这对我们后来的研究者是很有启发的。

第一节　与《说文》比较

　　《六书本义》依照"子母相生"的原则，在《说文》五百四十部的基础上，剔除了一些不能生字的部首，删除了为已经消失的汉字而设立的部首，设三百六十部来统率其所收一千三百字。赵撝谦精简部首的方式，不仅反映了文字构形形旁的发展变化，也方便了人们对汉字部首的查检，为后世检字法意义上部首的出现奠定了理论基础。《六书本义》摒弃《说文》"据形系联"的编排方法，按照"数位、天文、地理、人物、草木、虫兽、饮食、服饰、宫室、器用"等十个类目将其所收的一千三百字逐一进行分析和解说，这种用事类来编排部首的办法，充分显示了赵撝谦《六书本义》在编排体例上的严密性，与《说文》相比应该说是一个较大进步。《六书本义》承袭《说文》，以汉字小篆形体为解说对象。以小篆为字头，兼收某些字的"古文字""古文奇字""籀""续""隶""通""讹"等字体，对汉字字形发展的演变轨迹有十分清晰的把握。同时，《六书本义》于每一小篆形体下都标注该字的楷书字体，方便人们查阅对照汉字。通过分析比较，赵㧑谦《六书本义》与许慎《说文》相比，主要呈现以下几个方面的特点。

一　析形较《说文》更为严谨

赵㧑谦精通"六经、百氏之学"，据传其家中藏有大量石鼓拓片，"诚西周故物"①，可见赵氏的古文字功底相当深厚，反映在《六书本义》中，赵氏对文字字形结构的分析较《说文》更为严谨，很多都与我们今天所能见到的甲骨文初形相吻合，现举有关字例分析如下。

土，《六书本义》："能吐生万物故曰土，象有物从地吐出形。"（《理篇·土部》）《说文》："地之吐生物者也。二象地之下，地之中。物出形也。"②

按："土"，甲骨文写作"𡊁"，象有"◊"从地平线"一"上破土而之形，三点指事符号"ʼ˙ˋ"表示滴落于地面的泥尘。

屵，《六书本义》："厂上见明屮也。从屮于厂上为意。"（《理篇·厂部》）《说文》："岸上见也。从厂从之省。"③

按：段玉裁《说文解字注》在"岸上见也"下注曰："岸者，厓陵而高也。岸上见，故从厂、屮会意。"④ 并在"从厂从之省"下注曰："之省二字当作屮。"⑤ 由段氏注解可以看出，赵氏的说解更为合理。

建，《六书本义》："立朝律也。从辵律省，建行律法之意。"（《人物

①　（明）赵琦美：《赵氏铁网珊瑚》，载《四库全书》，上海古籍出版社，2003，第2页。
②　（汉）许慎：《说文解字》，中华书局，1963，第286页。
③　（汉）许慎：《说文解字》，中华书局，1963，第194页。
④　（清）段玉裁：《说文解字注》，上海古籍出版社，1988，第447页。
⑤　（清）段玉裁：《说文解字注》，上海古籍出版社，1988，第447页。

下篇·廴部》)《说文》:"立朝律也。从聿从廴。"①

按:《说文解字注》在"从聿"下注曰:"律省也。"②"律"即"法律,法令"或"规则""遵守"等义,放在此处,赵氏将"建"释为"从廴律省,建行律法之意"从逻辑上更能说得通。

具,《六书本义》:"膳餐之馔具也。凡粥食之礼则实诸鼎乃告。具从収持鼎省为意。"(《人物中篇·収部》)《说文》:"共置也。从廾从贝省。古以贝为货。"③

按:"具"甲骨文写作"𤔲",由𦥑(双手)和鼎(鼎,既是祭器也是高级饮食器皿)组成,会"为招待客人拿出精致饮食器皿"之意。赵氏的解释,与甲骨文的文字初义更为吻合。

勺,《六书本义》:"齐也。从二在勹中。二指物之匀齐。"(《人物上篇·勹包部》)《说文》:"少也。从勹二。"④

按:段玉裁《说文解字注》在"少也"下注曰:"少当作帀字之误也。帀者,匊也;匊者,帀遍也。遍者,帀也。是可以得匀之义矣。《广韵》曰:'匀,遍也,齐也,作少必讹。'"⑤

毋,《六书本义》:"禁止也。从女守一为意。"(《人物上篇·女部》)《说文》:"止之词也。从女有奸之者。"⑥

按:段玉裁《说文解字注》将"从女"改为"从女一"后注:"女,有奸之者,一,禁止之,令勿奸也。"⑦

二 释义较《说文》更为明晰

许慎在《说文》中采用了互训、重言等一些传统的训释方法,释义

---

① (汉)许慎:《说文解字》,中华书局,1963,第44页。

② (清)段玉裁:《说文解字注》,上海古籍出版社,1988,第77页。

③ (汉)许慎:《说文解字》,中华书局,1963,第59页。

④ (汉)许慎:《说文解字》,中华书局,1963,第187页。

⑤ (清)段玉裁:《说文解字注》,上海古籍出版社,1988,第433页。

⑥ (汉)许慎:《说文解字》,中华书局,1963,第265页。

⑦ (清)段玉裁:《说文解字注》,上海古籍出版社,1988,第626页。

言简意赅，解释简洁明了。但是，也有很多释义不够明确的地方。赵撝谦《六书本义》尽量回避了这种训释弊端，表述更为具体生动、准确翔实，使人能够较为清晰地明了字形与字义之间的关系。例如：

夜，《六书本义》："莫也。从夕亦省声。"（《天文篇·夕部》）《说文》："舍也。天下休舍也，从夕亦省声。"①

按：许慎以叠韵为训，段玉裁《说文解字注》："休舍犹休息也。舍，止也。"② 许慎《说文》只解释了夜的特征，却没有从词义本身做出解释，而赵撝谦《六书本义》的解释更为通俗易懂。

坴，《六书本义》："坴，高于曰坴。从土，圥声。亦加自作陆。"（《理篇·土部》）《说文》："坴，土块坴坴也。从土圥声。读若逐。一曰坴梁地。"③

按：段玉裁《说文解字注》在"土块坴坴也。"下注："坴坴，大块之貌。"④ 《说文》："陆，高平地。从自从坴，坴亦声。"⑤ 笔者以为，"坴"和"陆"是一对古今字，就是高出地平面的平阔土地。

亢，《六书本义》："人颈当口喉处，从大一指其处。"（《人物上篇·大部》）《说文》："人颈也。从大省，象颈脉形。"⑥

按：徐锴《说文解字系传》："亢，喉咙也。"徐灏注笺："颈为头颈之大名，其前曰亢，亢之内为喉，浑言则颈亦谓之亢。"⑦

看，《六书本义》："以手翳目望也。从手于目上为意。"（《人物中篇·目部》）《说文》："睎也。从手下目。"⑧

---

① （汉）许慎：《说文解字》，中华书局，1963，第 142 页。
② （清）段玉裁：《说文解字注》，上海古籍出版社，1988，第 315 页。
③ （汉）许慎：《说文解字》，中华书局，1963，第 286 页。
④ （清）段玉裁：《说文解字注》，上海古籍出版社，1988，第 684 页。
⑤ （汉）许慎：《说文解字》，中华书局，1963，第 304 页。
⑥ （汉）许慎：《说文解字》，中华书局，1963，第 215 页。
⑦ 《汉语大字典》，四川辞书出版社、湖北辞书出版社，1988，第 118 页。
⑧ （汉）许慎：《说文解字》，中华书局，1963，第 72 页。

按：桂馥《说文义证》："凡物见不审，则手遮目看之。"①

甚，《六书本义》："尤安乐也。从甘匹，甘于匹偶，乐甚之意。"（《人物中篇·甘部》）《说文》："尤安乐也。从甘从匹，耦也。"②

按："甚"，金文写作"凵"，象"品尝美酒，安逸享受"之状，表示"沉溺声色，贪爱淫乐"之义。《六书本义》较《说文》用"甘于匹偶，乐甚之意"道出了"甚"之"沉溺声色"的实质。

冰，《六书本义》："疑夌切，水寒结冻也。从水结冰为意，俗作凝。"（《天文篇·仌部》）《说文》："水坚也，从仌从水。凝，俗冰，从疑。"③

按：在这一字例中，用"水寒结冻"来解释"冰"，显然要比"水坚"让人更易于理解。

亾，《六书本义》："逃也。从人于乚，逃亡之意。"（《数位篇·人部》）《说文》："逃也。从入从乚。"④

按："亾"，甲骨文写作"屮"，金文写作"乚"，表示"手持盾、甲之类的护具缩头逃跑"之义。

凷（块），《六书本义》："苦怪切，土墣也。从土，上屈指其状。亦作块。"（《理篇·土部》）《说文》："墣也。从土，一屈象形。块，或从鬼。"⑤

按："凷"，金文大篆写作"凷"，象盛装在类似于背筐之类的容器中的块状土，表示"土块"。赵撝谦《六书本义》"从土，上屈指其状"的释义，显然要比《说文》"一屈象形"容易理解得多。

三 纠正《说文》不当之处

酉，《六书本义》："酿曲米以供祭祀宾客之饮也。仪狄造杜康润色之

---

① 《汉语大字典》，四川辞书出版社、湖北辞书出版社，1988，第1034页。
② （汉）许慎：《说文解字》，中华书局，1963，第100页。
③ （汉）许慎：《说文解字》，中华书局，1963，第240页。
④ （汉）许慎：《说文解字》，中华书局，1963，第267页。
⑤ （汉）许慎：《说文解字》，中华书局，1963，第186页。

象酉在缶瓮中，上有盖。亦作酒。"（《饮食篇·酉部》）《说文》："就也。八月黍成可为酎酒。"①

按："酉"，甲骨文写作"🍶"，像在一个大缸"🍶"中间加一横变成"🍶"，表示缸里有液体、酒汁，"🍶"像过滤酒糟的酒篓，造字本义当为"酿在大缸里的酒"。当"酉"的"酒坛"本义消失后，甲骨文再加形符"水"另造"酒"代替。

戺，《六书本义》："《尔雅》：'落时谓之戺'，从户巳声。亦作厄。旧同，今正。"（《宫室篇·户部》）《说文》："广煕也，从𠬝巳声。"②

按："戺"，《汉语大字典》释作："门轴。《尔雅·释宫》：'落时谓之厄'，唐陆德明释文：'厄，本或作戺'。"③ 许慎《说文》的释义当为引申义。

啻，《六书本义》："语时不啻之词，犹言何但。《书》：'不啻如自其口出'，从帝声。亦借翅，俗隶作啻。毛氏以为蹄，非也。"（《人物中篇·口部》）《说文》："语时不啻也，从口帝声。"④

按："啻"，《汉语大字典》释作："副词。但，只，仅。常用在表示疑问或否定的字后，组成'不啻''匪啻''何啻''奚啻'等词，在句中起连接或比况作用。"⑤

侖，《六书本义》："简册仑理也。从亼册为意。"（《数位篇·亼部》）《说文》："思也。从亼从册。"⑥

按：段玉裁《说文解字注》曰："侖，理也。"⑦

困，《六书本义》："木不得插也。从木在口中为意。"（《数位篇·口

---

① （汉）许慎：《说文解字》，中华书局，1963，第311页。
② （汉）许慎：《说文解字》，中华书局，1963，第250页。
③ 《汉语大字典》（缩印本），四川辞书出版社、湖北辞书出版社，1992，第945页。
④ （汉）许慎：《说文解字》，中华书局，1963，第33页。
⑤ 《汉语大字典》（缩印本），四川辞书出版社、湖北辞书出版社，1992，第277页。
⑥ （汉）许慎：《说文解字》，中华书局，1963，第108页。
⑦ （清）段玉裁：《说文解字注》，上海古籍出版社，1988，第223页。

部》)《说文》："故庐也。从木在口中。"①

按："困"，甲骨文写作""，指接近根部的树干被地面上石砌的池子限制，生长受阻。由此可见，赵撝谦《六书本义》的解释更为合理。

叒，《六书本义》："顺也，汝也。从三又。朋友之际，至顺之意。"（《人物中篇·又有部》）《说文》："日初出东方，汤谷所登，榑桑，叒木也。"②

按："叒"为"若"的初文。《六书精蕴》："叒，顺也。"金文或加"口"为"若"。"若"，甲骨文写作""，像高举两臂理顺长发，表示"理顺"义。

氐，《六书本义》："木命根也。象木根蟠屈坐地之形……借至也。"（《草木篇·氐部》）《说文》："至也。从氏下箸一，一，地也。"③

按："氐"，金文写作""，像一个人低头垂手抵地。造字本义应为："低头垂手至地"。赵撝谦《六书本义》不仅解释了"氐"字的本义，也指出了它的假借义。

元，《六书本义》："头也。人页在上，故从人二为意。借始也，大也。"（《人物上篇·人部》）《说文》："始也。从一、从兀。"④

按："元"，甲骨文写作""或""，像在人的上端加指事符号"一"或"二"，表示"人体之顶，头或头部"。而"始也""大也"等义项应是从"头或头部"的义项引申而来，并非"元"字本义。

四 增补《说文》未释字义

汉字在刚产生的时候，字义比较单一。但是随着语言交际需要的变化，一些汉字在使用过程中意义发生了变化，从而产生了假借义、引申义等众多义项，这些新产生的假借义或引申义逐渐成为常用义。为了满足人

---

① （汉）许慎：《说文解字》，中华书局，1963，第129页。
② （汉）许慎：《说文解字》，中华书局，1963，第127页。
③ （汉）许慎：《说文解字》，中华书局，1963，第266页。
④ （汉）许慎：《说文解字》，中华书局，1963，第7页。

们的实际用字需求，赵撝谦《六书本义》在解释本义的同时，指出了该字的假借义和引申义。

（一）增收假借义

来，《六书本义》："郎才切，小麦。……象其枝叶有芒刺形。亦作徕。……借到也。作俫、侁，非。"（《草木篇·来部》）《说文》："象芒束之形，天所来也，故为行来之来。"①

按："来"本是"麦"的象形字，后借作"行来"之"来"，本义已消亡。②

我，《六书本义》："语可切，施身自谓也。从身省，戈声。……下直象人身形。"（《人物上篇·身部》）《说文》："施身自谓也。……一曰古杀字。"③

按："我"，甲骨文写作"𢆶""𢆶"，本是"一种带齿的兵器"，假借为第一人称代词后，本义消亡。

必，《六书本义》："定案之词，八象气出形，戈声。"（《数位篇·八部》）《说文》："分极也，从八戈，戈亦声。"④

按："必"，甲骨文写作"𢆶"，金文写作"𢆶"，本是器械的手柄"柲"的本字。由甲骨文、金文可以看出，"必"是在戈的手柄上加了两竖，表示"戈柄"。当"必"被借作副词后，为其"手柄"本义再加"木"旁又造了"柲"字。

句，《六书本义》："语绝为句，从口，丩声。"（《人物中篇·口部》）《说文》："曲也，从口丩声。"⑤

按："句"，甲骨文写作"𠃌"，本义为"曲"，后假借为"语句、诗句"的"句"。

---

① （汉）许慎：《说文解字》，中华书局，1963，第111页。
② 姚孝遂：《许慎与〈说文解字〉》，中华书局，1983，第37页。
③ （汉）许慎：《说文解字》，中华书局，1963，第267页。
④ （汉）许慎：《说文解字》，中华书局，1963，第28页。
⑤ （汉）许慎：《说文解字》，中华书局，1963，第50页。

易，《六书本义》："夷益切，蜥蜴、蝘蜓、守宫也。象头、尾、四足形。作蜴，非。借交变也。因为交易、变易。……转以鼓切，不难也。"（《虫兽篇·象形廿附》）《说文》："蜥易、蝘蜓、守宫也。《祕书》说：日月为易，象阴阳也。一曰从勿。凡易之属皆从易。"①

按："易"本是"蜥蜴"的本字，假借为难易之"易"后，又为其本义另造"蜴"。

单，《六书本义》："多寒切，孤薄也。从卑，吅声。"（《人物中篇·卑部》）《说文》："大也。从吅卑，吅亦声阙。"②

按："单"，甲骨文写作"𮉟"，指在武器"丫"的末端各加一个棱形圈"◐"，表示置于机械装置、用于发射的石头或石块。在冷兵器时代，古人用干戈、抛石机等器械攻城夺寨。当"单"的"攻城战斗"本义消失后，后人再加"弓"另造"弹"，加"戈"另造"戰"（战）代替。

（二）增收引申义

昏，赵撝谦《六书本义》："昏，日冥也。……借昏姻字本作婚。……又与惛、慁、殙通。"（《天文篇·日部》）《说文》："日冥也。从日，氏省。氏者，下也。"③

按："昏"的本义是"黄昏"，表示太阳刚刚落山的时段，由于古人举行婚礼时，一般选择在黄昏举行，因此，"昏"又引申出"结婚、婚姻"等义项。

身，赵撝谦《六书本义》："身，躳也。从人，余指身及四肢形。"《说文》："躳也，象人之身。"④

按："身"，甲骨文写作"𠂎"，象怀有身孕之形，本义当为"怀孕"，后来引申出了"身体，自身"等义项。随着语言文字的深入发展和书面交流的需要，"身"的本义逐渐被人们所淡忘，于是另造"妊"字来承担

---

① （汉）许慎：《说文解字》，中华书局，1963，第198页。
② （汉）许慎：《说文解字》，中华书局，1963，第35页。
③ （汉）许慎：《说文解字》，中华书局，1963，第138页。
④ （汉）许慎：《说文解字》，中华书局，1963，第170页。

"身"的本义。

辟，赵撝谦《六书本义》："辟，必益切，法也。……从辛从口，用法，从卩制辛为意。……又与躄、避同。"（《数位篇·辛部》）《说文》："法也。从卩从辛，节制其罪也。从口，用法者也。"①

按："辟"，甲骨文写作"𢆶"，像手拿刑具向犯人施法，寓意"刑法"，引申出"法律、法度、法庭"等义，因为法律具有警示作用，"法庭"要求人们"肃静、回避"，又引申出"回避、退避、躲避"等义。

尸，《六书本义》："人死体从人，偃卧之反体为意。"（《人物上篇·人部》）《说文》："陈也，象卧之形。"②

按：容庚《金文编》："象屈膝之形。后段夷为尸，而尸之意晦。祭祀之尸，其陈之祭，有似于尸，故亦以尸名之。"可见，"尸体"之"尸"是由表示"陈列"的意义引申而来的，赵撝谦在《六书本义》中收录了"尸"的引申义。

臬，《六书本义》："门橛也。出入由之，故从自木为意。"（《草木篇·木部》）《说文》："射准的也，从木从自。"③

按：王筠《说文释例》："臬以木为之，故从木；射者之鼻，与臬相直，则可以命中，故从自。自，鼻也。""臬"的本义为"箭靶"，后引申而产生"门橛"义。

益，《六书本义》："伊昔切，饶也。从水在皿中。饶益之意。"（《器用篇·皿部》）《说文》："饶也。从水皿，皿，益之意也。"④

按："益"，甲骨文写作"𥜪"，象"水满溢出器皿"之形。本义是"水满溢出"，后引申出"富裕""富足""增加""更加""逐渐"和"好处、利益"等义。

---

① （汉）许慎：《说文解字》，中华书局，1963，第187页。
② （汉）许慎：《说文解字》，中华书局，1963，第174页。
③ （汉）许慎：《说文解字》，中华书局，1963，第123页。
④ （汉）许慎：《说文解字》，中华书局，1963，第104页。

五 增收《说文》未收之字

赵撝谦《六书本义·凡例》曰："对《说文》当收不收，如希、由之类。"据统计，《六书本义》补充了《说文》未收之字有 12 个。

卅，息入切，四十并也。从二廿相连为意。（《数位篇·廿部》）

由，夷周切，所经从处。《韩诗》注："东西耕曰横，南北耕曰由。"从田而指经行之径。古作遙。借因也。亦转繇。《汉宣纪》："上亦亡繇。"知又与卣通，书若颠木之有由蘖，作柚，非。（《理篇·田部》）

畾，鲁猥切，坡土为营壁也。从三田，即土意。亦加土作壘。古僮象形，作磊。亦作壘、作壗，非。畾、蕾、讄、鸓、罍从其声。（《理篇·田部》）

免，美辨切，妇人生子免身也。从人勹，出人为意。亦作挽。借止也。（《人物上篇·勹包部》）

杀，所八切，戮也。上象二刀相交杀形，术声。亦作殺……减削也。作刹、煞，非。又弑同。（《人物下篇·杀部》）

个，古贺切，竹一枝也，《史》："竹万个"，从竹省半为意。亦作箇，支、隶字从之。转与翰同。《考工记》："梓人为侯上两个。"又与介同。（《草木篇·竹部》）

妥，土火切，安也。从爪、安省，爪手安妥之意。古转绥。（《虫兽篇·爪部》）

弗，此象以二物直穿之形，借习也。与掼、遺同。作惯，非。方音楚限切。（《饮食篇·象形三附》）

希，张里切，刺粉米无画也。《周礼》："司服希冕。"从巾，上指刺文互形。书用绤，或混黹、襺……借雉名，作鵗，非。转同稀，又与睎通。（《服饰篇·巾部》）

刕，力至切，刀钴也。又里之切，剥也。亦作剺，并从三刀为意。转音黎，姓也。（《器用篇·刀部》）

匦，力侯切，侧逃也。从内于匚纳藏扁蔽之意。俗用漏，从丙讹。

（《器用篇·匸部》）

呿，古滑切，塞口也。从乭省声。俗用搰，古作潏、諙等，从者与舌混，当辨。（《人物中篇·口部》）

六　附会《说文》之处

宋元明时期，人们尚未接触到殷墟甲骨文古文字材料，所以赵撝谦《六书本义》在讲解一些具体字例时，仍然用小篆字体来分析诠释汉字，当遇到说解不清的状况时，便过多附会《说文》，列出所谓"兼书"来敷衍，有囿于"六书"局限之嫌。

監，《六书本义》："临下也。从卧，与临同意。"（《人物上篇·卧部》）《说文》："临下也，从卧。"[1]

按："監"是"鉴"的本字，"監"，甲骨文写作"𦣻"，表示"人在水盆前，盛水为镜，自我审视"。在造字之初的远古时代，人们一般盛水为镜，从水盆中照看自己的影子。当"監"的"照镜"本义消失后，再加"金"旁另造"鑑"（鉴）代替。

男，《六书本义》："力田为男子之职也。"（《人物上篇·力部》）《说文》："丈夫也。从田从力，言男用力于田也。"[2]

按："男"，甲骨文写作"𤰔"，金文写作"𤰞"，由甲骨文、金文等古文字可以看出，"男"由"田"和"力"两个形符组成，左边的"田"表示"田野，庄稼地"，右边的"力"表示农具"耒"。汉字初创时期，在田野开荒耕种是古代男子的主要职责，造字者将两个形符合起来会"在田野劳作"之义，表示"男人"。

香，《六书本义》："虚良切，黍稷芳气。从黍、甘为意。"（《草木篇·黍部》）《说文》："芳也，从黍，从甘。《春秋传》曰：黍稷馨香。"[3]

---

① （汉）许慎：《说文解字》，中华书局，1963，第170页。
② （汉）许慎：《说文解字》，中华书局，1963，第291页。
③ （汉）许慎：《说文解字》，中华书局，1963，第106页。

按：段玉裁《说文解字注》在“芳也”下注曰：“芳草香也，芳谓草。”[1]“香”，《汉语大字典》释作：“气味芬芳。与‘臭’相对。如稻花香。”[2]

姦，《六书本义》：“厶也。从三女为意。俗用奸，作姧，非。”（《人物上篇・女部》）《说文》：“私也，从三女。”[3]

按：段玉裁《说文解字注》于“从三女”下注曰：“君子远色而贵德。”[4] 笔者以为，由于受儒家传统思想的影响，许、赵、段三人的解释均有所隐讳，不够明晰。实际上，通俗点讲“姦”就是“淫乱”之意，由“淫乱”义又引申出了“私通”“狡诈，邪恶”等义项。而“私也”“厶也”均是引申义，不是其本义。由此看来，段玉裁的解释更为接近用词实际。

吉，《六书本义》：“善也。士无择言，故从士口为意。”（《人物中篇・口部》）《说文》：“善也，从士口。”[5]

按：“吉”，甲骨文写作“”，金文写作“”。由甲骨文、金文字形可以看出，“吉”是一个由表示权威力量的斧钺符号和表示言语的“口”字所组成，造字本义应是：“帝王祭祀时对天地神灵的颂赞。”《汉语大字典》释作：“古代祭祀鬼神的礼仪。”[6] 许、赵二人没有见过甲骨文，将表示斧钺的字符与“士”对等，释义不免有所牵强。

㪅，《六书本义》：“改也。从攴，过则攴之使改，丙声。俗隶作更。”（《人物中篇・又有部》）《说文》：“改也。从攴丙声。”[7]

按：“㪅”，甲骨文写作“”，像手持木槌敲钟撞鼓，造字本义当为：“打更报时”。《汉语大字典》解释作：“（更）为古代夜间计时单位，

① （清）段玉裁：《说文解字注》，上海古籍出版社，1988，第330页。
② 《汉语大字典》，四川辞书出版社、湖北辞书出版社，1988，第1839页。
③ （汉）许慎：《说文解字》，中华书局，1963，第265页。
④ （清）段玉裁：《说文解字注》，上海古籍出版社，1988，第626页。
⑤ （汉）许慎：《说文解字》，中华书局，1963，第33页。
⑥ 《汉语大字典》，四川辞书出版社、湖北辞书出版社，1988，第242页。
⑦ （汉）许慎：《说文解字》，中华书局，1963，第68页。

一夜分为五更，每更约两小时。"①

色，《六书本义》："颜气也。颜色人之仪卪，故从人、卪为意。"（《人物上篇·人部》）《说文》："颜气也。从人，从卪。"②

按："色"，甲骨文写作"𠂔"，金文写作"𠂔"，像两性一前一后（甲骨文字形）或一上一下（金文字形）做亲密接触，造字本义应为"两性交合"。

詹，《六书本义》："多言也。从言从厃从八，言之多者则厃，故从八以分之意。"（《人物中篇·言部》）《说文》："多言也，从言，从八，从厃。"③

按：《古代汉语词典》释作："詹"通"瞻"，《诗·鲁颂·閟宫》："泰山岩岩，鲁邦所詹。"④"詹"的籀文写作"詹"，像人站在岩穴之上远眺、预警。后由"预警"引申出"话多"义，许、赵二人所谓"多言也"当为其引申义。

爲，《六书本义》："于妫切，母猴也。上从爪，下从反爪定意，中象其腹，下象挛拳形。"（《虫兽篇·爪部》）《说文》："母猴也。"⑤

按："爲"，甲骨文写作"爲"，象手牵着大象，表示"牵象驯化"之意。因为赵氏没有见过殷墟甲骨文等古文字资料，所以在分析这个字形的时候，牵强地附和了许慎《说文》中的释义。

束，《六书本义》："缚薪也，从木受口为意。"（《草木篇·木部》）《说文》："缚也，从口木。"⑥

按："束"，甲骨文写作"束"，像捆绑在木棍"木"上的包囊"O"，造字本义为用绳带系扎行囊，表"捆、缚"之义。其中，"口"为"O"

---

① 《汉语大字典》，四川辞书出版社、湖北辞书出版社，1988，第9页。
② （汉）许慎：《说文解字》，中华书局，1963，第187页。
③ （汉）许慎：《说文解字》，中华书局，1963，第28页。
④ 商务印书馆辞书研究中心修订《古代汉语词典》（第2版），商务印书馆，2015，第1893页。
⑤ （汉）许慎：《说文解字》，中华书局，1963，第63页。
⑥ （汉）许慎：《说文解字》，中华书局，1963，第128页。

的隶定楷化符号，并非许、赵二人所谓"从口木"或"从木受口"之义。

羴，《六书本义》："尸连切，羊臭。从三羊相喷为意。"（《虫兽篇·羊部》）《说文》："羊臭也，从三羊。凡羴之属皆从羴。羶，羴或从亶。"①

按：查阅《古代汉语词典》和《现代汉语词典》，对"羴"的解释都是"羊肉的气味"。而许、赵二人为何要解释为"从三羊（相喷）"之义，令人费解。

第二节　成就与不足

赵撝谦《六书本义》是明代文字学的开山之作，也是有明一代的字学代表。赵撝谦汲取宋元两代字学研究的精华，对"六书"的含义、分类及其所衍生的语言文字现象做了精辟论述和阐释，并在此基础上对其所收录的一千三百字逐一进行了分析和说解，于每字先注音，后释义，再析形。音、形、义解释完毕后，再说明文字的假借、转注、词义引申等情况，以及训释异体字、古今字、假借字、通假字、同源字、同形字、俗字等其他文字现象。

赵氏这种对文字的钻研和考释方法，曾博得四库馆臣的认可和赞誉，《四库全书总目提要·六书本义提要》称其曰："《六书本义》辨别六书之体，颇为详晰。其研索亦有苦心，故录而存之。"可见赵撝谦《六书本义》在一定程度上为清代学者所肯定。其实，他的很多研究方法和结论，对我们今天研究汉字仍具有重要的学术价值和参考价值。

近人赵振铎也说："戴侗的《六书故》、杨桓的《六书统》、周伯琦的《六书正讹》、赵古则的《六书本义》……都是这个系统的著作。清代以来，正统派的许学家们看不起它们，其实这些著作里面蕴涵着一些有关文

---

① （汉）许慎：《说文解字》，中华书局，1963，第78页。

字问题的新思想，值得发掘。"①

通过以上各章节的分析和介绍，我们对赵撝谦《六书本义》在文字学研究上的贡献应该有了一个较为清晰的认识和看法。现试就其在文字学研究的一些成就与不足略做简单探讨。

一 成就

（一）通过部首编订字书

1. 定部首三百六十部

赵撝谦为《六书本义》定部首，折中了各家分部优长，其中受许慎《说文》"五百四十部"和郑樵《六书略》"三百三十部"的影响最深。赵撝谦《六书本义·凡例》曰："《说文》原作五百四十部，唐林罕《小说》加一部，宋释梦英《字原》减一部，郑夹漈以为当作三百三十类，以去子不能生者二百十，皆为未当。今定为三百六十部，不能生者附各类后，能生而旧无者则增入之。"在编排方式上，亦以类目统驭部首，再依部首列字。认为"不能生者"，既不能单独作部首，又不隶属其他部首的字，则置于卷末，以《附录》处理。

赵撝谦为《六书本义》依照"子母相生"的原则，在许慎《说文》五百四十部的基础上，剔除了一些不能生字的部首，删除了为已经消失的汉字而设立的部首，设三百六十部来统率其所收一千三百字。赵撝谦精简部首的方式，不仅反映了文字构字形旁的发展变化，也方便了人们对汉字部首的查检，为后世检字法意义上部首的出现奠定了实践基础和理论基础。

当然，与《说文》"始一终亥""据形系联"不同，赵撝谦《六书本义》按照事类将所收一千三百字分为数位、天文、地理、人物、草木、虫兽、饮食、服饰、宫室、器用等十个类目，共十二卷，正如赵撝谦《六书本义》所云："分为十类，以象天地生成之数；著为十二篇，以象

---

① 赵振铎：《中国语言学史》，河北教育出版社，2000，第293页。

一年十二月。部凡三百六十，以当一朞之日。"

《六书本义》摒弃了《说文》"据形系联"的编排方法，用事类分全书为十二卷，每卷依据其类别来归类部首、统摄文字，赵氏这种用事类来编排部首的办法，充分显示了赵㧑谦《六书本义》在编排体例上的严密性。这是赵㧑谦在编排方法上的一个突出成就，与《说文》相比应该说是一个较大进步。

2. 立部首编订字书

赵㧑谦《六书本义》全书收字一千三百个，以"子母相生"的方式，编订部首为三百六十部，再以十个类目编列部首，每部之下，依象形、指事、会意、谐声等六书依次列字，全书约三分之二以上的部首都标明本部所收字的字数。赵氏还在很多部首的下面说明本部所收之字多含有某义，这是承袭许慎《说文》而来。《说文》在每部之下都说明"凡某之属皆从某"，这对文字形义的阐释具有一定的意义。

《六书本义》部首确立多是依据文字形旁，以形为经，但立部次第，却不同于《说文》"据形系联"，而是依"正生"象形为十类，分全书为十二卷，每卷依其类别，归类部首，统摄文字。虽然赵氏在列部次序上，孰先孰后毫无章法，列字却井然有序。虽然赵㧑谦《六书本义》的很多理论观点主要承袭郑樵《通志·六书略》而来，但在体例编排上却能跳出《六书略》不设立部首的局限，而取《说文》之精华，说明他能正确地认识前代学者的成就，又在他们的基础上有所创新。

（二）六书分类颇为详晰

1. 对各书分类解说详于先前字书

赵㧑谦《六书本义》承袭郑樵《通志·六书略》的分类方法，采"正生""兼生"分类六书。但不同于郑樵《六书略》的是，赵氏于每一个细目都详细举例，以说明内涵。如指事类，赵㧑谦《六书本义》分为"正生附本"和"事兼声"两类，其中"正生附本"，赵㧑谦《六书本义》的解释是："正生附本，盖造指事之本，附于象形，如'本、末、朱、禾、未、束'之类是也。夫木象形文也，加一于下则指为本；加一于上则指为末；加一于中则指为末；以其首曲而加，则指为禾；以其枝叶之繁而加则指为朱；以其条干有物而加，则指为束。其字既不可谓之象形，又不可谓之会意，故谓之指事"。

相比之下，郑樵在《通志·六书略》中的分类却显得较为琐碎，如郑樵分"指事"为"正生附本"和"兼生"两类，其中"兼生"又分为"事兼声""事兼形""事兼意"，但是郑樵在每一书之前只说了定义，并没有指明为何要这样分。而赵撝谦不仅指明了"六书"的定义和分类原则，而且还举字例加以说明，这都是《六书本义》相比以前字书所独有的优点。

2. 对六书差异剖析更为细腻

赵撝谦鉴于明以前字书，多"以指事为象形，会意为指事……至有以转注为假借，会意为转注"的诟病，对"六书"差异区分得更为细腻。譬如关于"象形""指事"两者区别："象形文也，指事亦文也，象形文之纯，指事文之加也"；关于"会意""谐声"两者区别："会意、谐声，字也，谐声字之纯，会意字之间也"；关于"假借""转注"两者区别："假借者，本非己有，因它所授，故于己为无义；转注者，展转其声，而注释为它字之用者也"，分析说明"转注""假借"之别时又指出：一系音转义变，一系同音假借。

关于"文"与"字"的关系，赵撝谦也有自己独到的见解。赵撝谦在《六书本义·会意论》曰："象形、指事，文也；谐声，字也，会意，文字之间也。"在《六书本义·六书总论》又曰："独体为文，合体为字。象形、指事，文也。象形，文之纯；指事，文之加也。会意、谐声，字也。谐声，字之纯；会意，字之间也。"赵氏利用逆向性思维，以"反其文"方式，从象形反体、指事反体和会意反体的结构中认识会意的造字方式，非常难能可贵。

赵撝谦将象形、指事、会意、谐声、假借和转注等彼此独立的各书有机地联系成了一个整体，揭示各书出现的顺序和相互之间的联系，进一步发展了六书理论，大大丰富了"六书"的内涵。将象形、指事、会意、形声、转注和假借等"六书"有机地联系在一起，显示了汉字形体演变发展的层级性，赵撝谦《六书本义》能够从文字发展演变的整体上认识和分析汉字结构，说明他的着眼点是比较高的。

重视文字形体发展的孳乳过程，视"象形"为万世文字之祖。《六书本义·凡例二》曰："子从母生，孙从子出，各有所统。先形、次事、次意、次声，虽从母为子，而又能生它字者，既见于所生母下，而又别出为部，亦犹人皆出于父母，既长而又能生其所生也。"赵撝谦认为"象形"为"文字之本"，即"象形"是最早的造字方法，指事、会意和谐声等皆是以"象形"为基础孳乳而出的造字方法。赵氏还视象形"文"为汉字孳乳衍生的最初构件，"六书"以"象形"为"万世文字之祖"，通过文字的拆分与叠加，孳乳衍生出了更多汉字。

3. 采"正生""兼生"剖析"六书"结构，提出"声兼意"说

赵撝谦《六书本义》承袭郑樵《通志·六书略》分类"六书"的原则来说明"正例"和"变例"。赵撝谦《六书本义》象形、指事皆设有兼生，象形兼生为"形兼声""形兼意"，指事兼生为"事兼声"。二书兼生结构与谐声、会意结构近似，按理应以会意、谐声归类，赵氏却不将二者放入会意、谐声，这是因为二书兼生结构中，各有一不成文形符，字义须透过附加的形符才能表达完整。由此说明赵氏主张会意、谐声，必由独立之文所构成，每一形符或声符皆地位同等，无轻重之别。凡声符或形符不具表意功能，或其中一形符不成文者，皆纳入兼生。

关于"谐声"造字法的分类，赵撝谦《六书本义》除了"正生"谐声外，还提出了谐声"变生"和谐声"兼生"的观点，这主要是承袭郑樵谐声"兼生"理论而来。[①]"兼生"设"声兼意"，"变生"设"三、四体"谐声。其中，"声兼意"就是我们今天所说的"亦声"字。谐声之"声兼意"，是既能够提示意义又能够体现读音的构字方法，因"声兼意"兼表音义，从而具有一定的示源功能，"声兼意"的这一特征对于汉字语

---

① （宋）郑樵：《通志二十略》，王树民点校，中华书局，1995，第234页。

源学研究和古文字的考释具有重要的启示作用。

4. 强调"象形"的重要性

赵撝谦《六书本义》认为象形居文字之首，是整个汉字系统的基础，指事、会意、谐声都以象形为基础。许慎虽然在其《说文》中提出象形为"文"，但是没有强调象形在六书系统中的重要地位。而赵撝谦不仅强调了象形的重要性，还指出了象形和其他各书的关系。他于《六书本义·六书相生总图》中曰："约而言之，三十二类归之六书，六书归之四书，假借、转注不生故也。四书归之象形、指事，指事则又出于象形者也。"赵撝谦指出象形"文"是文字孳乳发展的最初构件，其他"六书"都是在象形"文"的基础上通过拆分与叠加的方式衍生而出的。他的这一观点比较符合汉字发展的实际规律，为我们研究汉字的起源和汉字构形学提供了科学依据。

赵撝谦不仅认为"象形"是"六书"之本，而且"六书"以象形"文"为构字原件孳乳出了众多汉字。赵氏充分肯定了"象形"在"六书"中的地位，足见他对汉字的内在结构和发展演变过程有较为深刻的理解和认识。即"象形"不仅是"六书"发展演变的基础，也是汉字发展演变的基础。基于这一理论，《六书本义》在列各部属字的时候，每部之下皆依象形、指事、会意、谐声等六书依次列字，首先象形字放在首位。赵撝谦在《六书本义》图考中，将其所列的"六义相关图"也是从"象形"开始的。

5. 依小篆列字

"六书"是建立在小篆的形体基础之上的，它并不具有普遍的适应性。小篆以前的甲骨文、金文，以及小篆之后的隶书、楷书，都有一些无法利用"六书"理论进行诠释的现象。如独体字在小篆里的确绝大部分还保留象物性，但是这些字在隶变、楷化以后已经义化，再称为象形已很不妥当。楷书中相当一部分独体字是黏合而成的，如果以独体象形字的观念去看，更是难以理解了。郑樵《六书略》，不取小篆，系以楷体。而赵撝谦《六书本义》虽祖述郑樵《六书略》，但已能认识到小篆列字的优势，取小篆列字，显示明初字学，已能逃脱宋学部分束缚，以重返汉学治学途径。

当然，造字是一个漫长的动态发展过程，有些造字细节已经被时间磨蚀，很多字究竟是怎么创造出来的，我们可能永远也无从得知，这就引发了我们现在对汉字结构分析时无法准确找出它到底是用哪种方式造出来的质疑和思考。因此，许慎《说文》问世后，不断有人对六书理论提出批判和修正。其实，有些汉字创制可能经过了很长时间的磨炼，某一个字的某一个结构先是用象形或指事方式造出来的，后来为了记录另外一个含义，又使用了形声或会意的方式。所以，我们在分析一个汉字结构的时候，有时会感觉有好几种方式蕴含其中。但无论怎样，这都显示了古人创制文字的智慧和中国传统文化的博大精深。

6. 明确了"六书"的层级关系

作为六种重要的造字方法，赵撝谦《六书本义》为我们明确了"六书"并不处在同一层级上的观点，象形、指事、会意是第一层级的造字法，直接来自图画或图画符号。从文字的产生过程来看，它们是汉字的造字基础。表形字中的象形字，是汉字最先产生的部分，会意、形声和大部分指事字都是以象形字为基础构成的。而假借、形声和转注则是第二层级的。假借需要先有一个借源字，借源字可以来自象形、指事、会意的任何一种造字法，形声字和转注字出现之后，也可以成为借源字，但多是同音通用，属于用字问题。

通过假借方法固定下来的表词字，字形多来自象形、指事、会意。形声造字法则是以假借同音字为声符，通过加注表意的形符以区别同声字的方法，一般来说，声符是形声的基础，声符可能来自象形、指事、会意中的任何一种造字法，已有的形声字、转注字也可以成为新形声字的声符。相对而言，转注造字法需要有一个源字，新字是由源字转注出来的，源字可能来自象形、指事、会意、形声中的任何一种造字法。汉字造字法的发展层次也验证了普通文字学所讲的文字从表形到表意，到表音的发展规律。象形字是表形的，指事字、会意字是表意的，假借字是表音的，形声字和转注字也有表音有成分在其中。但是表形字、表意字、表音字可以同时存在于一个文字系统中，说明表形、表意、表音的发展不是替代式的。因此，表音文字也不是文字发展的最终结果。

7. 将"六书"放在同等位置去看待

文字系统是逐渐形成并不断发展的，系统中的成分不是同时产生的，文字分新造和改造两种。"六书"中象形、指事、会意、形声是四种新造文字的方法，而假借和转注是改造文字的过程。既然是改造，那么改造前就要有一个原型。假借是借用原字的字形来表示一个新词，形音不变或音略转，而承载的意义不同。转注是在原字的基础上通过变形或增加符号以改造出一个新的字形，表示一个音义相关的词，从而形成一个新的形、音、义统一体。原字和改造后的字从造字的角度来讲不在一个时间层面上，所以对假借而言有本义和假借义之分，对转注字有源字和派生字之分。

（三）重视文字形体孳乳发展的演变过程

1. "以母统子，以子该母，子复能母，妇复孕孙"的文字分化孳乳观

赵撝谦《六书本义·原序》曰："古则自早岁即尝研精覃思，折衷诸家之说，附以己见，僎集六书之义，正其以母统子，以子该母，子复能母，妇复孕孙，生生相续，各有次第。"《六书本义》全书收一千三百字，分三百六十部，以"子母相生"的方式，设立部首统筹列字。再以十个类目编列部首，于每一部之下按形（象形）、事（指事）、意（会意）、声（谐声）的顺序排列所衍生的字，各书的兼书排列于各书之后，并指明所收字数。

赵撝谦《六书本义》认为，象形"文"是构成汉字的基础，而"字"则是由"文"孳乳而来，"举凡初文附加声符或形符，字义未受影响，此后其谐声或会意字，皆以初文分类六书"。① 赵撝谦《六书本义·六书总论》曰："独体为文，合体为字。象形、指事，文也。象形，文之

---

① 周美华：《赵撝谦〈六书本义〉"六书说"述要》，《中国文哲研究通讯》2009 年第 3 期，第 175～200 页。

纯；指事，文之加也。会意、谐声，字也。谐声，字之纯；会意，字之间也。"关于文字孳乳发展的演变规律，赵撝谦在《六书本义·凡例二》做了较为形象的比喻："子从母生，孙从子出，各有所统。先形、次事、次意、次声，虽从母为子，而又能生它字者，既见于所生母下，而又别出为部，亦犹人皆出于父母，既长而又能生其所生也。"

赵撝谦《六书本义》强调，文字最基本的字形是"母文"，由"母文"孳乳出的"子字"，再由"子字"衍生出新的字体，赵氏称之"孙字"。赵撝谦在对文字系统进行全面分析的基础上，归纳出了文字的"子母"说，并在《六书本义·凡例》补充曰："《说文》原作五百四十部，唐林罕《小说》加一部，宋释梦英《字原》减一部，郑夹漈以为当作三百三十类，以去子不能生者二百十，皆为未当。今定为三百六十部，不能生者附各类后，能生而旧无者则增入之。"《六书本义》依"象形"为"万世文字之祖"阐述了其文字孳乳衍生的理论，较早地发现了文字拆分与叠加的发展过程，他的这些独到见解，对后世文字学的发展具有重要的启迪和传承作用。

2. 重视汉字的形体演变轨迹并对不同文字字体进行充分展现

赵撝谦《六书本义》以小篆为字头，在其所收字的下面，还兼收了某字的"古文字""古文奇字""籀""续""隶""通""讹"等字体。这些不同的字体，充分反映了汉字字形发展的演变轨迹。赵撝谦《六书本义》对有些字还收录了形符、声符不同的其他字形，或者是或体字，也即我们今天所称的"异体字"或"古今字"等，赵氏对字体的这种列举方法，充分展现了汉字的不同文字字体，较好地体现了文字形体的发展规律。赵撝谦在《六书本义》中还收录了大量俗字。宋元之间，俗字泛滥，赵撝谦在正文字的同时，于每字之下，除了记录字音、字形、字义外，也兼收俗体字，呈现了文字在历史使用过程中的变化，也为我们查检俗字提供了丰富的汉字资料。

（四）字例选取典型，收《说文》当收未收之字

1. 以六书理论为指导，所选字例多具典型性

凡一字兼收古文、籀文、小篆等，赵氏必收录初文，以反映造字本

义。这种情况有以下三种。

（1）以古文、籀文作互见者，把"乁""𠄌""厶"等三字古文，置于"及""六""晶"三字下作重文。

（2）以籀文为正文者，如"𦬸"，赵撝谦《六书本义》："伊昔切，咽也。上象口，下象颈脉理形，今但用嗌。"（《人物下篇·形十四附》）

（3）以重文为正文者，如"渊之或体𣶃""沇之或体㳂""裘之或体𧚍"等。

赵撝谦《六书本义》以古文、籀文及重文作正文，虽造成体例不一，或入部之困扰，但就文字结构而论，某些字之古文形体，确系象物之形，从文字造字之初的形体来看能更清晰地反映造字本义。

2. 收录许慎《说文》当收未收之字

《六书本义》收录了《说文》所未收录的字例，如希、由、酉、阤等字，这弥补了《说文》收字之穷的缺陷。这一条在本书第一章第三节已有详细介绍，此处不再赘述。

（五）重视文字音、形、义的研究

汉字是音、形、义的统一体。因此，文字学研究，离不开音韵、训诂的支撑。赵撝谦《六书本义》非常重视对文字音、形、义的研究，赵撝谦曾被明太祖征召入京参与编修《洪武正韵》①，说明他在汉字音韵学研究方面有相当造诣。在《六书本义》中，赵撝谦对其所收录的一千三百字，于每字之下先列出反切标注读音，接着训释词义，然后剖析字形。例如"启"，赵撝谦《六书本义》："遣力切，开户也。户开如口开之易，故从户、口为意，今但用啟。"对文字的音、形、义解释完毕后，再说明文字的假借、转注、词义引申等情况，以及剖析文字的古今字、异体字、通假字、俗字、同源字等其他文字现象。

赵撝谦《六书本义》大量引用《说文》《尔雅》《方言》等古代小学

---

① （清）朱彝尊：《曝书亭集·赵撝谦传》，载《四库全书》，上海古籍出版社，2003，第106页。

类书以及其他古籍文献的说解来解释词义。例如"韯",赵撝谦《六书本义》:"息廉切,山韭也。《尔雅》:'山中有之。'从韭,韯声。俗为韯,非。凡从皆然。"这些古代字书对文字的释义言简意赅,精简准确,经过了实践的验证,引用经典文献来说解词义,大大增强了《六书本义》释义的权威性和准确性。当然,大量引用前人有关文字的训诂来解释字形字义,也说明赵撝谦很注重对已有研究成果的继承和发展。

(六)很多观点极具创见性,启人深思

赵撝谦《六书本义》能发前人所未发,较有创见性地提出一些观点,对于我们今天研究六书理论仍然具有一定的参考价值。

1. 关于象形之"形兼声""形兼意",指事之"事兼声"不归入会意、谐声,乃是因为二书兼生结构中,各有一不成文形符,字义须透过附加的形符才能表达完整

由此说明赵氏主张会意、谐声,必由独立之文所构成,每一形符或声符皆地位同等,无轻重之别。凡声符或形符不具表意功能,或其中一形符不成文者,皆纳入兼生。由此说明,象形、指事,可以由一独立形符附加内容而成,这对后来所提出的独体象形、合体象形等概念,极具启迪作用。

2. 关于假借和转注性质的定位问题,赵氏陷入假借、转注是用字还是造字说的漩涡中,这为我们明确二者的性质及特点理出了一条探寻之路

赵撝谦《六书本义》在其所收一千三百字每字字首都贯以六书之"象形、指事、会意、谐声"名目,唯不见"假借""转注",是因为赵氏以为"六书归之四书,假借、转注不生故也。四书归之象形、指事,指事则又出于象形者也"。赵氏以象形、指事、会意、谐声四书标于字例之首,是因为赵氏以为象形、指事、会意、谐声都是造字之法,而假借、转注则是用字之法。

赵氏在《六书本义·六书总论》中又曰:"盖至朴未散,六书之理,已悉具于冲漠无朕之中。粤自元气肇分,天浮地降,日月著明,星宿悬象,云雨变化,山川流峙,与夫人物草木鸟兽之纷然贲若者,莫非自然之

书。天不能画,于是荣河出图,假手皇羲,而六书之文兴。"依赵氏自序,知"书"即"文字","六书之文"说明所有文字皆由六书之法形成。象形、指事、会意、谐声等四书皆为造字法,而假借、转注与其他四书并称六书,则假借、转注性质必与四书相同。可是在字例的讲解以及《六书相生总图》中,何以将四书称为造字法,而假借、转注独独例外?可见,赵氏自己对于"转注"是"造字说"还是"用字说"犹豫不定。

另外,赵氏在假借之"同音并义不为假借"类中,认为假借有本字。假借义既有本字,何须再用来假借?这说明赵氏已发觉假借是造字方法,于是试图给予证明,但他又找不出翔实的证据来。当然,通过赵氏的这种思路,我们还应厘清假借与引申,假借与转注的区别,千万不可将文字的引申义当作假借现象来处理,也不能将转注与假借两种造字法混同。六书之假借,可以将意义毫不相干的字用以假借,也可以将意义相关的字用以假借,而一个字的引申义却不能看成二字相假借。

二 不足

(一)体例不一

1. 部首与列字重叠

赵撝谦《六书本义》最令人费解处,莫过于部首与列字重叠。据统计,《六书本义》全书部首与列字重叠者,有一百八十余处。赵氏往往将某些字已立为部首,于他部下又重复罗列该字,这种情况在《六书本义》字书正文中较为普遍。赵氏却解释说"虽从母为子,而又能生它字者,既见于所生母下,而又别出为部,亦犹人皆出于父母,既长而又能生其所生也"。赵氏此举,不仅无法使文字结构更趋明朗,反而因为体例错乱,令人不知所从。况文字一旦入部首,即不能再分解,若能分解,自然也该归入他部,岂有既入别部,又可兼作部首的道理?

2. 列字体例不一

《六书本义》采小篆列字,但部分字却收古文、籀文列字,如"回""丽"等字。这种情况在第三章第一节"象形探释"中有详细介绍。赵氏这种列字方式虽有一定的可取之处，为我们厘清了文字演绎转化的过程，但就整个汉字体系来说，也未免过于泥古。因为赵撝谦《六书本义》收古文为字头，所以很难给这些字归部，于是将它们附于每卷之末。这显示了赵撝谦《六书本义》在编排体例上的不足，也说明赵撝谦在归部上的不确定。

3. 各部所标示字数，与实际收字不合

赵撝谦《六书本义》于各部之下，多标示所收字数，但所收字数却常与实际收字不合，或标示字数，而未收字，只以"声十九""事五"等字眼含糊带过。关于赵氏于部首下标示字数与所收实际字数不合，或某部或只列文字，不见解说等情况，赵氏取舍依据的是什么？赵撝谦在《六书本义·凡例》做了说明："今既定三百六十部为母，其不能生而为子者，附本生母下，虽非子而义晦者亦入焉，合一千三百字，其余义显者，但存其数，若成书，则有《声音文字通》在焉。"可惜的是，《声音文字通》一百卷，大多已亡佚，现仅存三十二卷。要查《六书本义》中的字，还要跑去翻阅另一本残缺不全的书，赵氏此举实在不该。

4. 混淆假借与引申的概念

赵撝谦《六书本义》对"假借"的分类中有一个明显的疏漏，就是混淆了假借与引申的概念。如"因义之借"是因某些义本无其字，于是就取一义近且音同之字代替。"因义之借"所取借字，除具音同义近条件外，最主要的特征便是利用引申想象作用。而引申与假借是两个不同范畴的概念，赵氏在此却将二者牵强放在一起，实属不该。在具体字例的释义方面，赵氏将引申写作假借，使人容易混淆二者概念。譬如"皮"字，《六书本义》："剥取兽革。生曰皮，理之曰革，柔之曰韦。从又指所剥皮。……借肌表肤。"（《人物中篇·又有部》）在此处，"肌表肤"是"皮"的引申义，并非假借义。

（二）六书理论不足之处

1. 以八卦为文字之祖

在造字祖源上，赵撝谦《六书本义》以"象形"为"万世文字之祖", 认为指事、会意和谐声等皆是以"象形"为基础孳乳出的造字方法。视"象形"为文字的起源本无可厚非, 然而, 赵氏在阐述这一思想的同时也受到了朱熹易学思想的影响, 他说:"《易》有太极, 是生两仪, 两仪生四象, 四象生八卦。……八卦列于六经, 为万世文字之祖。"这不仅弄混了八卦和象形的关系, 而且对文字的起源也有误导之嫌, 是不可取之处。

2. 六书归类不够明确

赵撝谦《六书本义》关于象形、指事、会意、谐声以及转注与假借在归类上, 常有矛盾不清之处。譬如赵撝谦《六书本义》认为象形加物可以构成指事, 其实应该根据附加的具体内容来定, 若附加的内容可以成文又具有表意功能, 那么此字即可归入会意, 若具有表音功能则可归入谐声, 而不是简单的指事。

关于"转注""假借"二书是"造字说"还是"用字说"持徘徊不定态度, 在字例阐释和具体运用上也自相矛盾, 对二者区隔不甚明了。《六书本义》阐述转注、假借之别时, 以转注为声转而义转, 假借以音同而借义。两者分别, 本已明确, 但在转注、假借分类上, 却有"同音并义不为假借""双声并义不为转注", 此为一字二义, 音义相同字之情形。二例所言既皆为一字二义, 何以一入转注, 一入假借? 令人费解。

3. 本末倒置用六书界定文字的起源

众所周知, 古人提出"六书"这个名称后, 一般都认为它是六种造字方法。准确地说, 就是后人根据汉字的形体结构而总结出来的六种造字类型。从逻辑上讲, 应该是先有汉字, 然后才有"六书"理论。而赵撝谦《六书本义》认为先有象形, 其他各书都是在此基础上产生的, 以说明象形字在文字发展演变过程中的重要地位。这种提法不免让人生疑, 到底是先有汉字, 还是先有"六书"? 赵撝谦《六书本义》没有厘清文字的起源和"六书"在逻辑上到底是什么关系。

4. 未能突破"六书"的局限认识汉字

宋元明时期, 人们尚未接触到诸如殷墟甲骨文等更多的古文字资料。

所以，赵撝谦《六书本义》在讲解一些具体字例时，仍然采用小篆系统的传统六书理论来加以剖析和阐释，当遇到说解不清的状况时，就过多附会《说文》，列出所谓"兼书"来敷衍，有囿于"六书"局限之嫌。我们知道，汉字发展到楷书阶段，已经与造字之初的甲骨文有相当距离，即使小篆形体与甲骨文也不可同日而语。若用小篆字体去硬性探寻汉字本义，难免会走向片面或极端。

（三）关于部首分类的缺漏

1. 十个类目，无法网罗所有字例

天下事物千奇百怪，赵撝谦《六书本义》仅采"正生象形十种"这十个类目来统驭，根本无法全部予以网罗。有些无法划入十类目的字，是否收字？如何收？皆是《六书本义》未能解决的问题。况且要表达类别义，以部首收字，就可达此功能，赵氏既已采部首统字，又另立类别，也是多此一举。

2. 列部次第毫无章法

《说文》依据"分别部居、不相杂厕"的编写原则，用 540 个部首来统摄其收集的 9353 字（另有重文 1163 字），分部每部分配次第，皆有依据，虽说分部 540 部，多少有些琐碎，但部首之间"据形系联"皆环环相扣。《字汇》《康熙字典》等皆依笔画多少排列部首顺序，查阅起来，一目了然。而赵撝谦《六书本义》却只按篇目分立部首，孰先孰后，毫无章法，平白增添了查阅的麻烦。

总体而言，赵撝谦《六书本义》较为集中地反映了赵氏的"六书"学思想，在一定程度上，对六书理论进行了批判地继承和发展。通过对赵撝谦《六书本义》全方位的考察和研究，我们发现赵氏的"六书"理论并未宗法于许慎的《说文》，也有别于郑樵的《六书略》和张有的《复古编》，更不同于戴侗的《六书故》，有很多观点具有其独到的见解和认识，对我们今天从事文字学研究仍有相当的学术参考价值。

参考文献

［1］（汉）班固：《汉书》，中华书局，1962。

［2］曹伯韩：《国学常识》，江西教育出版社，2016。

［3］（清）曹仁虎：《转注古义考》，中华书局，1985。

［4］（宋）陈彭年：《钜宋广韵》，上海古籍出版社，1983。

［5］陈华文：《民俗文化学》，浙江工商大学出版社，2014。

［6］陈淑梅：《东汉碑隶构形系统研究》，上海教育出版社，2005。

［7］（清）戴震：《戴震文集》，赵玉新点校，中华书局，1980。

［8］党怀兴：《〈六书故〉研究》，陕西师范大学出版社，2000。

［9］（宋）丁度等编《集韵》，上海古籍出版社，1985。

［10］董希谦：《许慎与说文解字研究》，河南大学出版社，1988。

［11］（清）段玉裁：《说文解字注》，上海古籍出版社，1981。

［12］〔瑞士〕费尔迪南·德·索绪尔：《普通语言学教程》，裴文译，江苏教育出版社，2001。

［13］〔瑞士〕费尔迪南·德·索绪尔：《普通语言学教程》，高名凯译，岑麒祥、叶斐声校注，商务印书馆，1980。

［14］傅增湘：《藏园群书经眼录·经部二》，中华书局，1983。

［15］高亨：《文字形义学概论》，齐鲁书社，1981。

［16］高景成：《常用字字源字典》，语文出版社，2004。

［17］高明、涂白奎：《古文字类编》（缩印增订本），上海古籍出版社，

2014。

［18］《古汉语常用字字典》编写组：《古汉语常用字字典》，商务印书馆，1992。

［19］《古代汉语词典》编写组：《古代汉语词典》，商务印书馆，2015。

［20］管锡华译注《尔雅》，中华书局，2015。

［21］《汉语大字典》（缩印本），四川辞书出版社、湖北辞书出版社，1992。

［22］《汉语大字典》，四川辞书出版社、湖北辞书出版社，1987。

［23］何丹：《图画文字说与人类文字的起源——关于人类文字起源模式重构的研究》，中国社会科学出版社，2003。

［24］洪成玉：《古汉语常用同义词疏证》，商务印书馆，2018。

［25］洪成玉：《古今字字典》，商务印书馆，2013。

［26］洪治纲主编《章太炎经典文存》，上海大学出版社，2003。

［27］胡朴安：《文字学ABC》，商务印书馆，2017。

［28］胡朴安：《中国文字学史》，北京市中国书店，1983。

［29］胡奇光：《中国小学史》，上海人民出版社，1987。

［30］胡双宝编《异体字规范字应用辨析字典》，北京大学出版社，2012。

［31］黄德宽：《古文字学》，上海古籍出版社，2015。

［32］黄德宽：《汉字理论丛稿》，商务印书馆，2006。

［33］黄德宽、陈秉新：《汉语文字学史》，安徽教育出版社，2000。

［34］黄金贵：《古代文化词语考论》，浙江大学出版社，2001。

［35］（明）赵撝谦：《六书本义》，载（清）纪昀等编《文渊阁四库全书》（经部·小学类）第228册，台湾商务印书馆，1983。

［36］蒋礼鸿、任铭善：《古汉语通论》，浙江教育出版社，1984。

［37］（明）焦竑：《焦氏笔乘》，李剑雄点校，上海古籍出版社，1986。

［38］孔祥卿、史建伟、孙易：《汉字学通论》，北京大学出版社，2006。

［39］（明）李文绍：《皇明世说新典》，庄严文化事业有限公司，1995。

［40］李乐毅：《汉字演变五百例》（第2版），北京语言大学出版社，

2014。

［41］李绍唐：《古今词义演变举隅》，语文出版社，2017。

［42］梁东汉：《汉字的结构及其流变》，上海教育出版社，1959。

［43］〔法〕列维－布留尔：《原始思维》，商务印书馆，2014。

［44］刘梦溪主编《中国学术经典·章太炎卷》，河北教育出版社，1996。

［45］刘兴隆主编《新编甲骨文字典》，国际文化出版公司，1993。

［46］鲁实先：《转注释义》，台北洙泗出版社，1976。

［47］陆宗达：《说文解字通论》，人民出版社，1981。

［48］陆宗达、王宁：《训诂方法论》，中国社会科学出版社，1985。

［49］吕思勉：《中国文字小史》，北京理工大学出版社，2016。

［50］罗常培：《语言与文化》，吉林出版集团股份有限公司，2017。

［51］罗君惕：《汉文字学要籍概述》，中华书局，1984。

［52］马景仑：《汉语通论》，江苏古籍出版社，2002。

［53］马叙伦：《说文解字研究法》，中国书店，1988。

［54］孟昭水：《训诂通论与实践》，中国书籍出版社，2015。

［55］缪荃荪：《艺风堂藏书记·续记》，广文书局，1987。

［56］（清）莫友之：《藏园订补郘亭知见传本书目·经部·小学类》，傅增湘订补，傅熹年整理，中华书局，1993。

［57］濮之珍：《中国语言学史》，上海古籍出版社，2017。

［58］裘锡圭：《文字学概要》，商务印书馆，1988。

［59］色音主编《民俗文化与宗教信仰》，知识产权出版社，2012。

［60］沈兼士主编《广韵声系》，文字改革出版社，1960。

［61］沈津：《美国哈佛大学燕京图书中文善本书志》，上海辞书出版社，1999。

［62］施安昌：《颜真卿书干禄字书》，紫禁城出版社，1990。

［63］《说文解字：最新整理全注全译本》编委会编《说文解字：最新整理全注全译本》，中国书店，2010。

［64］（汉）司马迁：《史记》，江苏古籍出版社，2002。

［65］宋均芬：《汉语文字学》，北京大学出版社，2005。

［66］苏培成：《现代汉字学纲要》（增订本），北京大学出版社，2001。

［67］（清）孙德祖、邵友濂、周炳麟纂修（光绪）《余姚县志》，上海书店出版社，1993。

［68］孙常叙：《古汉语文学语言词汇概论》，上海古籍出版社，2016。

［69］孙钧锡：《中国汉字学史》，学苑出版社，1991。

［70］孙星衍：《平津馆鉴藏书记》，中华书局，1990。

［71］檀作文译注《颜氏家训》，中华书局，2016。

［72］唐兰：《古文字学导论》，齐鲁社，1981。

［73］唐兰：《汉字改革概论》，文字改革出版社，1961。

［74］唐兰：《中国文字学》，上海古籍出版社，1949。

［75］唐作藩：《音韵学教程》，北京大学出版社，2016。

［76］（清）王筠：《说文释例》，武汉市古籍书店，1983 年影印本。

［77］（清）王筠：《说文释例》，中华书局，2011。

［78］（宋）王观国：《学林》，田瑞娟点校，中华书局，1988。

［79］王力：《汉语史稿》，中华书局，2015。

［80］王力：《汉语音韵学》，中华书局，2016。

［81］王力：《汉语语法史》，商务印书馆，2000。

［82］王力：《同源词典》，商务印书馆，2002。

［83］王力：《中国语言学史》，山西人民出版社，1981。

［84］王宁：《汉字构形学导论》，商务印书馆，2015。

［85］王宁：《汉字构形学讲座》，上海教育出版社，2002。

［86］王宁：《汉字六论》，中国大百科全书出版社，2017。

［87］王宁：《汉字与中华文化十讲》，生活·读书·新知三联书店，2018。

［88］王宁主编《古代汉语通论》，北京师范大学出版社，1996。

［89］王文耀编著《简明金文词典》，上海古籍出版社，1998。

［90］魏建功：《汉字形体变迁史》，商务印书馆，2014。

［91］徐通锵：《语言论：语义型语言的结构原理和研究方法》，商务印书馆，2014。

［92］（汉）许慎：《说文解字》，中华书局，1963。

［93］（北齐）颜之推：《颜氏家训》，上海古籍出版社，1980。

［94］（元）杨桓：《六书统》，载《钦定四库全书》，上海古籍出版社，1989。

［95］杨树达：《文字形义学》，上海教育出版，1988。

［96］姚孝遂：《许慎与〈说文解字〉》，中华书局，1983。

［97］叶蜚声、徐通锵：《语言学纲要》，北京大学出版社，1997。

［98］于省吾：《甲骨文字诂林》，中华书局，1996。

［99］喻遂生：《文字学教程》，北京大学出版社，2016。

［100］（清）张廷玉等：《明史》，中华书局，1974。

［101］（宋）张有：《吴均增补增修·复古编》，书目文献出版社，1998。

［102］张桂光：《汉字学简论》，广东高等教育出版社，2004。

［103］张书岩主编《简化字·繁体字·异体字 对照字典》，上海辞书出版社，2016。

［104］张书岩主编《异体字研究》，商务印书馆，2004。

［105］张涌泉：《敦煌俗字研究》，上海教育出版社，1996。

［106］张涌泉：《汉语俗字研究》，商务印书馆，2010。

［107］张涌泉：《著名中年语言学家自选集·张涌泉卷》，上海教育出版社，2011。

［108］章太炎：《国学概论·国故论衡》，中华书局，2015。

［109］赵振铎：《中国语言学史》，河北教育出版社，2000。

［110］赵振铎：《中国语言学史》，商务印书馆，2017。

［111］浙江省地方志编纂委员会编（清雍正朝）《浙江通志》标点本，中华书局，2001。

［112］（宋）郑樵：《通志二十略》，王树民点校，中华书局，1995。

［113］《中国古籍善本书目》编辑委员会：《中国古籍善本书目·经部·

小学类》，上海古籍出版社，1998。

［114］中国社会科学院考古研究所编辑《甲骨文编》，中华书局，2010。

［115］周大璞主编《训诂学初稿》（第六版），武汉大学出版社，2015。

［116］周有光：《汉字改革概论》，文字改革出版社，1964。

［117］祝鸿熹编著《古代汉语三百题》，商务印书馆国际有限公司，2017。

［118］庄孔韶：《人类学概论》，中国人民大学出版社，2015。

［119］邹晓丽编著《基础汉字形义释源：〈说文〉部首今读本义》，中华书局，2007。

［120］左民安：《汉字例话》，中国青年出版社，1984。

［121］左民安：《细说汉字》，中信出版社，2015。

后　记

　　岁月蹉跎，光阴荏苒。从提笔到成书，一晃已近二十年。在这将近二十年的时间里，自己也从懵懂无知，到逐渐有了明确的研究方向。本书即将付梓，回首漫长而又艰辛的研究历程，真是感慨良多。但感慨之余，更多的还是收获后的感谢，感谢每一位在我写作过程中给予帮助的人。

　　我的学术成长经历了一系列的惊喜。首先给予我这种惊喜的，是《宁夏大学学报》主编马春宝先生。记得有一天下午，突然接到一个用座机打来的陌生电话。电话内容很简短，挂了电话我只搞清了两件事：对方是学报编辑，自称叫"导夫"；我的论文被录用了，但是还有一些不够成熟的地方需要修改。挂完电话，我整整激动了一个下午，因为自己的稿子被录用了。这激发了我撰写第二篇、第三篇的动力。事后，我才知道当时给我打电话的，原来是主编本人！回想与马春宝先生通话时的场景，他说话平和自然，毫无主编架子，这种平易近人的形象深深印进了我的脑海。

　　认可的力量是巨大的。老师、前辈、同行的关心、帮助和支持，尤其是研究生期间老师们的鼓励，是激发我完成本专著的主要动力。在十几年的时间里，我不断耕耘，不断学习，发表相关论文40余篇，这为我在本领域的扎根钻研打下了坚实基础。在写作过程中，老师的力量是不言而喻的。一直以来给予我无微不至关怀的蔡永贵先生、冯玉涛先生、东炎先生、胡玉冰先生、姜晓红先生，是我人生永不熄灭的灯塔。虽然毕业后，跟他们少有联系，但各位老师撰写的论文、书稿一直是我首选拜读的对

388

象，他们在各方面指引着我不断前行。

同学的帮助也是不可估量，很多同窗好友，走向工作岗位后，依然从事着本专业领域的研究。因为有着相同的知趣，交流起来才更为顺洽。每每遇到困惑的时候，同窗师友总是我第一个能够想起来并且无所顾忌去打扰的人。对于师兄、师姐，一直未曾间断联系的当属柳建钰、蔡淑梅，不论何时，一有困难，首先想到的就是他们。在书稿的撰写、修改阶段，与他们的交流是必不可少的环节。有了他们，负重前行，似乎只是一句口号。

在工作中，能够遇到"传帮带"的恩师是很幸运的，而我就是这个幸运儿。宁夏社会科学院副院长刘天明先生，在我的科研道路上，不仅时常为我释疑解惑、指点迷津，在我遭遇挫折的时候更是不断为我打气、鼓劲。这份恩情，没齿难忘。当然，在宁夏社会科学院，还有很多前辈、老师在不同场合帮助和关心着我。在这里，我就不一一感谢了。

在专著的出版过程中，非常感谢主管院长和科研组织处的领导及各位同事为我们忙前跑后协调各方关系，也很感谢社会科学文献出版社的责任编辑陈颖老师和张金木老师，对我书稿润色、修改和校对所付出的艰辛劳动。大家的辛勤付出，使书稿在出版过程中少走了很多弯路。

无规矩难以成方圆，制度的执行和政策的设定是做好一切工作的基础。只有立好规矩，做起事来才更为顺遂。张廉先生担任宁夏社会科学院院长以来，出台了很多有关科研工作的规章制度，为科研考核的量化细化工作制定了诸多规定。而院长本人也是一位治学严谨的学者，相信在他的带领下，宁夏社会科学院的明天一定会更好。

最后，还要感谢业内人士的帮助和指导。在写作过程中，我学习借鉴了业内很多学者的研究成果，由于引用文献较多，难免会出现一些疏漏，在此深表歉意。另外，由于个人水平有限，在写作过程中肯定会有一些错误，希望在以后的研究中能够弥补这些浅陋和不足。

著　者

2020 年 1 月

图书在版编目（CIP）数据

赵撝谦《六书本义》研究 / 张治东著. -- 北京：
社会科学文献出版社，2020.1
　（宁夏社会科学院文库）
　ISBN 978 - 7 - 5201 - 6057 - 5

　Ⅰ.①赵… Ⅱ.①张… Ⅲ.①六书 - 研究 Ⅳ.
①H122

中国版本图书馆 CIP 数据核字（2020）第 014534 号

宁夏社会科学院文库
赵撝谦《六书本义》研究

著　　者 / 张治东

出 版 人 / 谢寿光
责任编辑 / 陈　颖
文稿编辑 / 张金木

出　　版 / 社会科学文献出版社·皮书出版分社 （010）59367127
　　　　　　地址：北京市北三环中路甲 29 号院华龙大厦　邮编：100029
　　　　　　网址：www. ssap. com . cn
发　　行 / 市场营销中心 （010）59367081　59367083
印　　装 / 三河市尚艺印装有限公司

规　　格 / 开　本：787mm × 1092mm　1/16
　　　　　　印　张：25.25　字　数：374 千字
版　　次 / 2020 年 1 月第 1 版　2020 年 1 月第 1 次印刷
书　　号 / ISBN 978 - 7 - 5201 - 6057 - 5
定　　价 / 128.00 元